Was sich am Fleisch entscheidet

Thilo Hagendorff

Was sich am Fleisch entscheidet

Über die politische Bedeutung von Tieren

BÜCHNER

ISBN (Print) 978-3-96317-237-3
ISBN (ePDF) 978-3-96317-774-3
ISBN (ePUB) 978-3-96317-775-0

Satz: DeinSatz Marburg | tn

Druck und Bindung: Totem, Inowrocław/Polen
Die verwendeten Materialien sind zertifiziert als FSC-Mix.
Printed in EU

Bibliografische Informationen der Deutschen Nationalbibliothek

Die Deutsche Nationalbibliothek verzeichnet diese Publikation in der Deutschen Nationalbibliografie, detaillierte bibliografische Angaben sind im Internet über http://dnb.de abrufbar.

www.buechner-verlag.de

Inhalt

Einleitung

Menschen und Elefanten haben viele Gemeinsamkeiten. Genau wie Menschen sind Elefanten überaus soziale Wesen. Sie empfinden Empathie, verfügen über ein komplexes Gefühlsleben und Selbstbewusstsein und handeln nach moralischen Regeln. Die Tiere leben in unterschiedlich großen Familienverbünden zusammen, die von einem alten, erfahrenen Muttertier angeführt werden. Alle Tiere sorgen liebevoll füreinander, indem sie beispielsweise kranken oder verletzten Artgenossen Hilfe leisten. Wenn ein Elefant oder auch ein artfremdes Tier wie etwa ein befreundetes Nashorn stirbt, trauern die anderen Mitglieder der Gemeinschaft um es. Sie berühren den Körper des toten Tieres vorsichtig mit ihren Rüsseln, stehen einfach nur für eine Zeitlang in der Nähe des Körpers oder stoßen Laute der Trauer aus. Insgesamt sind Elefanten äußerst friedliche, ruhige und rücksichtsvolle Tiere. Dies kann sich jedoch ändern.

Die größte Gefahr für das Leben und Wohlbefinden von Elefanten stellt der Mensch dar. Er jagt sie wegen ihrer Stoßzähne, nutzt sie zur Beförderung von Lasten oder führt sie in Zirkussen vor. Außerdem drängt er sie in immer kleinere Lebensbereiche zurück. Durch Menschenhand werden jährlich viele Tausend Elefanten getötet.[1] Wenn junge Elefanten sehen, wie Mitglieder ihrer Herde oder gar ihre Mutter erschossen oder auf andere Weise getötet werden, brennt sich dieses Erlebnis tief in das Gedächtnis der Tiere ein. Und so ist es nicht unwahrscheinlich, dass Elefanten, die derart traumatisiert worden sind, ihrerseits möglicherweise beginnen, andere Lebewesen zu töten. Unter den Opfern befinden sich dabei nicht selten auch Menschen.[2] Elefanten, die verstörende Ereignisse wie etwa den Tod von nahestehenden Artgenossen miterleben müssen, entwickeln Symptome, die einer posttraumatischen Belastungsstörung gleichen.[3] Sie sind depressiv, übermäßig schreckhaft oder zeigen ein unberechenbares, hyperaggressives Verhalten. Bei Elefantenkindern, die ein Massaker durch Wilderer überlebt, dabei aber den Verlust der Muttertiere erlebt haben, hinterlassen derartige Ereignisse einen lebenslangen Einfluss auf ihre psychosoziale Konstitution. Insbesondere die Störung oder gewaltsame Aufhebung einer natürlichen Mutter-Kind-Beziehung oder die Ermordung der wichtigen Leitkuh bedeutet für Elefanten nahezu unweigerlich, dass sie psychische Pathologien entwickeln.

Mitunter ziehen Elefantenherden durch die Savanne, die lediglich aus jungen Tieren bestehen. Diese sind sich selbst überlassen, ohne die wichtige Begleitung der älteren Tiere. Eine Folge dessen sind willkürliche Fehden der Elefanten untereinander. Viele Elefantenbullen sterben, weil sie mit anderen Bullen in Kämpfe verwickelt werden. Ferner kommt es vor, dass Elefantenmütter ihre Kinder vernachlässigen oder abstoßen. Manche Mütter töten die Kinder anderer Elefanten. Zudem gibt es chronisch gestresste oder anderweitig verhaltensauffällige Tiere. Dazu gehören auch »Killerelefanten«, die Menschen angreifen, tottrampeln oder in menschlichen Siedlungen randalieren. Als resozialisierbar gelten psychisch kranke beziehungsweise verhaltensgestörte Elefanten nicht.[4] Alles in allem kann festgestellt werden, dass die Störung des natürlichen Sozialgefüges bei Elefanten dazu führt, dass diese nicht mehr in der Lage sind, ein friedliches Zusammenleben zu führen. Die eigentlich sensiblen, empathischen Tiere verrohen Stück um Stück.

Etwas Ähnliches lässt sich auch bei Tieren beobachten, die in Zoos gefangen gehalten werden. Primaten beispielsweise müssen in Zoos in Gehegen leben, die im Vergleich zu den natürlichen Lebensräumen der Tiere klein und beengend sind. Beobachtet man die Tiere über einen längeren Zeitraum, kann man feststellen, dass sie starke Spannungen und Aggressionen zeigen. Starke Tiere unterdrücken ihre schwächeren Artgenossen. Mütter vernachlässigen ihre Kinder. Kämpfe und Beißereien unter den Tieren führen zu Toten und Verletzten. Bereits vor vielen Jahrzehnten konnte bei Vergleichen zwischen in Freiheit sowie in Zoos lebenden Tieren gezeigt werden, dass aggressive Handlungen in Gefangenschaft signifikant häufiger auftreten als in freier Wildbahn.[5] Heute stellt man die Tiere, die durch die widrigen Lebensumstände im Zoo Verhaltensstörungen entwickeln – und dies sind je nach Tierart durchweg alle Tiere[6] –, schlicht mit Psychopharmaka ruhig.[7]

Es besteht kein Zweifel mehr darüber, dass bei Tieren – nicht anders als bei Menschen – Umwelteinflüsse einen signifikanten Einfluss darauf haben, inwieweit aggressive beziehungsweise destruktive Verhaltensweisen auftreten.[8]

Der berühmte Sozialpsychologe Erich Fromm, der sich in seiner Forschung ebenfalls mit aggressivem Verhalten im Tierreich auseinandergesetzt hat, schreibt im Hinblick auf in der Gefangenschaft von Zoos lebende Tiere: »Die Gemeinschaft [der Tiere] wird zu einem haßerfüllten Mob. Alle entspannen sich nur selten, man hat nie den Eindruck, daß sie sich wohl fühlen, und es kommt zu einem ständigen Zischen, Knurren und sogar zu Kämpfen.«[9] Anhand der Untersuchungen in Zoos lässt sich die Erkenntnis gewinnen, dass die Häufigkeit aggressiver und gewalttätiger Handlungen in einem Abhängigkeitsverhältnis steht mit der »Populationsdichte« der Tiere. Der Begriff der »Populationsdichte« greift hierbei jedoch letztlich zu kurz, da er die Tatsache verbirgt, dass mit einer Veränderung räumlicher Strukturen gleichsam eine Veränderung oder eben Zerstörung natürlicher Sozialstrukturen einhergeht.[10] Letzteres verursacht schließlich gewalttätiges, destruktives oder aggressives Verhalten, im Zuge dessen sich die Tiere untereinander unnötig Schmerzen und Leiden zufügen.

***

Was für die Gemeinschaft der Elefanten oder der Affen gilt, hat viel mit der Gesellschaft der Menschen zu tun. Auch sie leben vielerorts unter den Bedingungen beschädigter Sozialstrukturen. Auch sie sind verroht. Auch sie diskriminieren oder bekämpfen sich gegenseitig. Mitunter bringen sie sich aus Hass gegenseitig um. Sie handeln rücksichtslos, respektlos, achtlos. Sie sind vielfach unfähig, sich angemessen um ihre eigenen Kinder zu kümmern. Sie leiden an körperlichen und psychischen Erkrankungen und vielem mehr. Die Gründe dafür sind die gleichen wie bei den Elefanten oder den gefangenen Affen. Menschen haben verlernt, ein friedliches Leben zu führen. Sie haben ihre natürlichen Lebensgrundlagen und ihre natürliche Art des Zusammenlebens, die geprägt ist durch Empathie, Kooperation und Fairness, vielerorts vernichtet – genau wie sie dies mit den Elefanten getan haben oder mit den Tieren, die sie gefangen halten. Die Dinge sind aus dem Ruder gelaufen.

Die Idee, Parallelen zu ziehen zwischen tierlichen und menschlichen Gesellschaften, ist dabei weniger abwegig, als es vorerst scheinen mag. Bereits die beiden Wissenschaftler Marc Bekoff und Jessica Pierce haben in ihrer Forschung, in der sie moralisches Handeln bei Tieren untersuchen, diesen Gedanken festgehalten. Sie schreiben: »Wenn menschliche Gesellschaften zerfallen und das soziale Gefüge beschädigt wird, verlieren Menschen oft ihre moralische Orientierung. Dies kann auch für Tiergesellschaften gelten, die durch normative Standards und Verhaltensweisen zusammengehalten werden.«[11] Ähnlich wie Elefanten werden Menschen, diese aufgrund ihrer besonderen sozialen Fähigkeiten eigentlich so großartigen Tiere, vielfach ihren Potenzialen nicht mehr gerecht. Die Gesellschaft hat sich in einen Zustand manövriert, in dem Menschen sich gegenseitig daran hindern, ein friedliches, ausgeglichenes, nachhaltiges Leben führen zu können. Ein in großen Teilen rücksichtslos agierendes Wirtschaftssystem, die hohen Bevölkerungsdichten, der kollektive Stress, ein naturzerstörerischer Lebensstil und fehlende soziale Kohäsion haben dazu geführt, dass Gesellschaften sich in einem Strudel aus mehr oder minder subtiler Diskriminierung, Hass oder gar Gewalt befinden. Dabei wird das »falsche Leben«[12], wie der Philosoph Theodor W. Adorno es nennt, von den Älteren an die Jüngeren weitergegeben. Und in vielen Kindern und Jugendlichen, die über nichts weniger als die Zukunft des Planeten entscheiden, prägt sich das »falsche Leben« ein, noch bevor sie in der Lage sind, die Falschheit desselben zu reflektieren und sich von ihm loszusagen. Teil des falschen Lebens ist, nicht den Mut und das Selbstbewusstsein zu erlangen, von bestehenden Verhältnissen abzuweichen, gegen etablierte Normen zu handeln oder das Normale zu hinterfragen. Dies härtet das falsche Leben in der Gesellschaft aus, und es zu verändern scheint nahezu unmöglich geworden zu sein.

Die Umstände, die das Leben in der Moderne kennzeichnen, sind von vielen – auch moralischen – Fortschritten geprägt.[13] Dennoch gibt es offensichtlich diverse Entwicklungen, die mit Sorge zu betrachten sind. So verbreiten terroristische Vereinigungen überall auf der Welt Gewalt und Schrecken. Militäroffensiven durch verschiedene Nationen kosten Tausende Tote und traumatisieren Menschen über Generationen hinweg. Konflikte, Armut und Ressourcenknappheit treiben Millionen von Menschen in die Flucht. Polizeigewalt gegen missliebige Menschen, Demonstrierende oder die Ausübung zivilen Ungehorsams führt zu Verletzten und manchmal sogar Toten. Die Wut der Menschen resultiert in immer heftigeren Ausschreitungen. In diversen Ländern wählen Menschen, ohne sich der Konsequenzen bewusst zu sein, Diktatoren und Despoten ins Amt. Durch deren Agieren erodieren die Grundlagen eigentlich demokratisch organisierter Länder. Gruppierungen mit dem Charakter von Parallelgesellschaften mit rassistischen, nationalistischen oder anderweitig fanatischen Doktrinen erleben einen anhaltenden Zulauf.

Insgesamt gewinnt die politische Rechte vielerorts an Stärke. Getragen wird sie von einem Milieu zumeist bildungsferner Menschen,[14] dessen Entstehung durch bildungspolitische Verfehlungen nicht verhindert wurde. So ist eine Situation entstanden, in der Ideologien, die vom Hass auf »Andere« beziehungsweise soziale Fremdgruppen durchsetzt sind, das Denken und Handeln von vielen Menschen bestimmen. Rationale Diskussionen sind durch den verbreiteten Dogmatismus kaum noch möglich und enden oftmals in bloßen Beleidigungsexzessen. Verzerrt wird die Meinungs- und Überzeugungsbildung durch digitale Medien und Plattformen inklusive deren algorithmischer Selektion von Nachrichten und Anzeigen.[15] Dabei verringert sich nicht zuletzt die gesellschaftliche Kohäsion, wobei es zu einer zunehmenden Polarisierung und Radikalisierung politischer Ansichten kommt.[16]

Doch selbst angesichts all dessen muss festgestellt werden, dass allzu pessimistische Gesellschaftsanalysen, wie sie derzeit immer häufiger gezeichnet werden, mitunter schlicht falsch sind oder eindeutig positive Entwicklungen verkennen.[17] Und dennoch ist nicht zu verleugnen, dass trotz der lang anhaltenden Friedenszeiten auf vielen Teilen der Erde die Menschheit sich durch eine ganze Reihe kollektiver Fehlentscheidungen in eine nie zuvor dagewesene Nähe zu existenziellen, lebensbedrohlichen Risiken gebracht hat.[18] Dabei ist zu unterscheiden zwischen der Wahrscheinlichkeit, mit der bestimmte Risiken auftreten können sowie der Intensität der Auswirkungen derselben. Zu den Risiken mit der höchsten Eintrittswahrscheinlichkeit gehören laut einer Studie des World Economic Forum extreme Wetterereignisse, Naturkatastrophen, ein Fortschreiten des Klimawandels, Cyberattacken, große Fluchtbewegungen, Terroranschläge oder ökonomische Schadensszenarien. Zu den Risiken mit den stärksten Auswirkungen gehören der Einsatz von Massenvernichtungswaffen, extreme Wetterereignisse, Naturkatastrophen, der Klimawandel, das Artensterben, Wasser- und Lebensmittelknappheit, die Ausbreitung von Infektionskrankheiten sowie abermals Cyberangriffe und Massenmigration.[19] Auffällig bei dieser Auflistung ist, dass die überwiegende Mehrzahl der existenziellen Risiken ökologisch bedingt ist und als Folge eines gestörten Naturverhältnisses der Menschen auftritt. Nur wenige Risiken werden ausgelöst durch technologische, wirtschaftliche oder geopolitische Entwicklungen. Dies deutet darauf hin, dass das Fortbestehen der friedlichen und sicheren Lebensumstände, die in menschlichen Gesellschaften in den letzten Jahrzehnten errungen worden sind, am massivsten beeinflusst wird von der kollektiven Entscheidung für oder gegen ein umwelt- und klimaverantwortliches Handeln. Hierbei nimmt wiederum das Verhältnis zu den Tieren eine entscheidende und zentrale Rolle ein, schließlich gehen, wie ich noch ausführlicher zeigen möchte, wesentliche Anteile der aktuellen Naturzerstörung auf ein global ausgeweitetes System der Haltung von Milliarden an »Nutztieren« zurück. Darauf wird bislang nur allzu selten der Blick gerichtet.

Die Krisen moderner Gesellschaften ließen sich zu einer nicht enden wollenden Auflistung zusammenstellen. Dabei hat die Vielzahl aktueller sozialer und ökologischer Problemlagen ebenso viele Forderungen nach der Auflösung derselben hervorgebracht. In diesem Kontext bestimmen insbesondere einschlägige Massenmedien das »Agenda-Setting«.[20] Agenda-Setting bedeutet, dass etablierte Medien festlegen, worüber Menschen nachdenken und worüber sie sich unterhalten, wenn sie sich über das gesellschaftliche Geschehen austauschen und dabei eben Lösungen für soziale Probleme diskutieren. Weil sich aber die Medien in der Art, wie sie Berichterstattung betreiben, selektiv auf solche Ereignisse fokussieren, die mit einem bestimmten Nachrichtenwert versehen sind, gruppieren sich auch viele politische Aushandlungen und Forderungen ausschließlich um diese Ereignisse. Medien, Politik und Öffentlichkeit grenzen dabei unter gegenseitiger Beeinflussung ein, was an Themen überhaupt diskutiert wird. Diese Engführung dessen, was an Problemen und Problemlösungen medial, politisch oder öffentlich behandelt wird, hat den Effekt, dass bestimmte Vorschläge für soziale Veränderungen gar nicht erst in den Blick geraten, obwohl sie sich als äußerst positiv für das Gemeinwohl beziehungsweise das Wohlergehen der Gesellschaft herausstellen könnten. Die etablierten Problemhierarchien werden angeführt von Maßnahmen, welche die oben aufgezählten Themenkomplexe betreffen – terroristische Anschläge, kriegerische Konflikte, Flüchtlingsbewegungen, rassistische und nationalistische Diskriminierung, politische Umwälzungen, Wirtschaftswachstum und einiges mehr. Die Frage ist jedoch, ob die politische sowie mediale Priorisierung der genannten Themen angemessen ist – oder ob nicht möglicherweise wichtige Themenkomplexe ausgespart werden.

***

Tatsächlich wird insbesondere ein spezieller, dafür aber umso wichtigerer Themenkomplex nahezu gänzlich ausgelassen – nämlich der des Umgangs der

Menschen mit den Tieren. Tiere spielen in den Nachrichten, in den öffentlichen Debatten und politischen Aushandlungen nur äußerst selten eine Rolle. Sie sind weitgehend vergessen. Ab und an entstehen Diskurse über Massentierhaltung, über antibiotikaresistente Keime, über das Schreddern männlicher Küken oder auch mal über den einen oder anderen Schweinestall, in dem von Tierschützern heimlich gefilmt wurde. Aber eine wirklich einschneidende gesellschaftliche Auseinandersetzung mit der Art des Umgangs mit Tieren findet nicht statt. Dabei stecken genau darin, nämlich in der Art, wie Menschen Tieren gegenüber handeln, in fundamentaler Weise sowohl die Bedingungen, unter denen sich eine friedliche, nachhaltige Gesellschaft realisieren lässt, sowie der Ansatz dessen, was den Charakter eines Menschen ausmacht. Bereits der Philosoph Arthur Schopenhauer deutete dies an mit dem berühmten Ausspruch: »Mitleid mit Thieren [sic] hängt mit der Güte des Charakters so genau zusammen, daß man zuversichtlich behaupten kann, wer gegen Thiere grausam ist, könne kein guter Mensch sein.«[21] Dieser Satz konnte zu Schopenhauers Zeiten nur spekulativ darauf anspielen, was heute durch Forschung bewiesen ist, dass nämlich eine Korrelation besteht zwischen dem Blick eines Menschen auf Tiere sowie seinem Charakter beziehungsweise seiner Persönlichkeit. So bestätigen umfangreiche empirische Arbeiten beispielsweise, dass Gewalt gegen Tiere in Gewalt gegen Menschen mündet[22] und umgekehrt der friedliche Umgang mit Tieren einhergeht mit einem friedlichen Umgang mit Menschen[23].

Wenn man nun auf die beschriebenen Themenkomplexe, welche die massenmedialen Nachrichtenformate bestimmen, zurückkommt, dann scheint es sich hier in den meisten Fällen um Makrophänomene zu handeln, deren Größenordnung individuelles Handeln überschreitet. Kriege und Terror, soziale Spannungen, Umweltzerstörung, Armut und dergleichen scheinen in Niemandes individueller Verantwortung zu liegen, sondern jeweils von mehr oder minder abstrakten Kollektiven getragen zu sein. Faktisch jedoch sind sämtliche beschriebene Phänomene das Produkt des Agierens einzelner Menschen. Alle tragen Verantwortung. Es ist das individuelle Handeln, das zählt. Mag die, wie der Soziologe Ulrich Beck sie nennt, »organisierte Unverantwortlichkeit«[24] ein Charakteristikum der Moderne sein, so muss doch bei aller Komplexität der Probleme stets der Rekurs auf den Einzelnen stattfinden. Und die Frage muss sein, wo der Einzelne die Problemlagen der Welt verschärft – und was der Einzelne umgekehrt zu ihrer Lösung beitragen kann. Und genau hier muss man wieder auf die Tiere zu sprechen kommen. Wenn der Umgang mit Tieren jeweils im Kern abbilden kann, was den Charakter eines Menschen und sein Agieren in Dingen der Moral insgesamt ausmacht, dann muss das Verhältnis zu den Tieren in den Fokus genommen werden. Denn, und diese These soll im Laufe des Buches ihre detaillierte Untermauerung finden, wenn Menschen es schaffen, mit Tieren achtsam und friedlich umzugehen, geht damit auch die Lösung vieler anderer aktueller Krisen einher.

Worüber mehr gesprochen werden muss, ist die inmitten der Gesellschaft stattfindende, industriell organisierte Ausnutzung und Tötung von unzähligen empfindsamen, intelligenten und sozialen Lebewesen. Getragen und verantwortet wird sie von einer erdrückenden Mehrheit der Menschen. Und die Unfähigkeit, sich davon loszusagen, ja überhaupt nur die Schlechtigkeit des dahinter liegenden Systems zu erkennen, leitet oftmals über in die Unfähigkeit, gegen Diskriminierung aufzukommen, gegen Hetze, Hass und Gewalt sowie gegen die Vernichtung dessen, was die eigenen Lebensgrundlagen der Menschen ausmacht. Was die etablierte Art des Umgangs mit Tieren in der Gesellschaft ermöglicht und fördert, ist die selektive Ausschaltung von Empathie. Genau dieser Umstand ist es auch, der so viele weitere Probleme entstehen lässt. Doch wenn Menschen es schaffen, Tieren gegenüber Empathie zu empfinden, sie also in den Kreis jener Entitäten einzuschließen, die moralisch berücksichtigt und respektiert werden, wenn Menschen also aufhören, Tiere als minderwertige Wesen anzusehen und zu diskriminieren, und sie den Mut haben, Nein zu sagen zur Gewalt gegenüber Tieren, auch wenn diese Normalität ist, wie leicht muss es ihnen dann fallen, selbiges gegenüber ihresgleichen zu tun?

Wer sich gegen die Diskriminierung von Menschen einer anderen Hautfarbe, einer anderen Nation, einer anderen Religion, eines anderen Geschlechts oder einer anderen sexuellen Orientierung ausspricht, tut dies noch lange nicht gegen die Diskriminierung von Tieren. Viele Menschen essen Fleisch, sind aber gleichzeitig gegen Fremdenfeindlichkeit, Rassismus oder Homophobie.[25] Dagegen dürfte es schwierig sein, Menschen zu finden, die sich um der Tiere willen aktiv gegen deren Ausbeutung aussprechen und einen dementsprechenden Lebensstil pflegen, dabei aber gleichzeitig fremdenfeindliches, rassistisches oder homophobes Gedankengut vertreten. Schließlich verbirgt sich, wie beschrieben, in der Weise, wie Menschen Tieren gegenübertreten, die Wurzel dessen, was ihre moralische Verfassung insgesamt ausmacht. Deshalb muss das Agenda-Setting auf den Kopf gestellt werden. Man muss das, was am meisten zu verhindern versucht wird, nämlich die Thematisierung des problematischen, gewaltdurchsetzten Verhältnisses zu Tieren, zur dringlichsten Aufgabe machen. Und man muss das, was in den Nachrichten, politischen und öffentlichen Debatten am intensivsten zum Thema gemacht wird, auf seine wahren Ursachen zurückführen – nämlich selektive oder ausbleibende Empathie, Selbsttäuschung sowie die Unfähigkeit zur Lossagung von Normen, die Ungerechtigkeit fördern und bedingen. Menschen lernen am Fall der industriellen Tiervernichtung diverse irrationale Mechanismen der Verdrängung, Verzerrung und des Selbstbetrugs, die sie dann in weiteren Feldern der Gesellschaft ebenfalls in Anschlag zu bringen vermögen. Die konstitutive Rolle der Tierindustrie und des Konsums von tierlichen Körpern ist in diesem Prozess bislang nicht richtig erkannt worden. Dabei ist es von größter Dringlichkeit, zu sehen, dass das Problem der Tiervernichtung nicht eines unter vielen ist, sondern den Kern dessen darstellt, was an Übeln die Gesellschaft plagt.

Was aber, und hier schließt sich der Kreis, ganz wesentlich die Fähigkeit schult, Empathie zu empfinden und den Mut zu besitzen, aus bestehenden Verhältnissen auszubrechen, ist die Übung und Pflege eines friedlichen, respektvollen und achtsamen Verhältnisses zu Tieren. Wenn Menschen es schaffen, gegenüber Tieren – also Wesen, deren Sprache sie nicht sprechen, deren Gedanken sie nur schwerlich verstehen können und deren Aussehen sich von dem ihren stark unterscheidet – aufrichtig Achtung zu empfinden, dann schaffen sie selbiges auch untereinander. Es verlangt Menschen mehr ab, Tieren gegenüber, die in vielerlei Hinsicht gänzlich anders sind als sie selbst, Verständnis, Mitgefühl und Achtung aufzubringen, als selbiges bei Menschen untereinander der Fall ist. Sobald jedoch der Kreis der moralischen Rücksichtnahme einmal bis auf die Tiere ausgedehnt wurde, ist es ein Selbstverständliches, jene Inklusion nicht zu durchkreuzen mit der Exklusion bestimmter Menschengruppen. Umgekehrt schließt die Inklusion von Menschen mit verschiedenen Ethnien, Geschlechtern oder Nationalitäten in den Kreis der moralisch zu Berücksichtigenden nicht die gleichzeitige Exklusion von Tieren aus. Es ist also in der Tat die Beziehung der Menschen zu den nicht-menschlichen Tieren, die eine entscheidende Bedeutung für die sozialen Problemlagen dieser Welt besitzt. Und weil dies so ist, bedarf es der Thematisierung und Reflexion dieser Beziehung.

Dieses Buch soll dazu einen Beitrag leisten. Es ist ein Appell, das etablierte, vielfach von Gewalt geprägte Verhältnis zu Tieren als das wichtigste und dringlichste Problem der Moderne aufzufassen. Von nichts hängt die Zukunft der Menschheit so ab wie von der Frage, ob sie es schafft, in ein neues Verhältnis zu Tieren zu treten und ihnen gegenüber Achtung aufzubringen. Dies gilt umso mehr vor dem Hintergrund einer Tatsache, die aus heutiger Perspektive vielleicht noch wenig greifbar erscheinen mag. Doch so wie Menschen heute mit vielen Tieren umgehen, werden sie in absehbarer Zukunft mit ihresgleichen verfahren – sobald das, was derzeit noch als menschlich gilt, als Kategorie aufgehoben sein wird. Schließlich wird durch Bio- und Computertechnologie die Vorstellung, was einen Menschen ausmacht, zunehmend disponibel. Gentechnik und künstliche Intelligenz werden, wenngleich dies derzeit noch eigenartig klingen mag, die Kreation von Mischwesen aus Biomasse und Technologie – also »Cyborgs« – ermöglichen,[26] die »normalen« Menschen in derselben Weise gegenüber gestellt sein werden wie Menschen es heute den Tieren sind. Die Frage, die sich alsdann stellt, ist, wie jene superintelligenten Wesen mit den bloß minder intelligenten Individuen verfahren werden. Schafft die Menschheit es nicht, ein ethisches Leitbild universeller Achtsamkeit in ihr Handeln zu integrieren, so werden soziale Ungleichheiten – sobald ausreichend große Klüfte zwischen »enhancten« und »nicht-enhancten« Individuen gebildet sind – möglicherweise Auslöser einer neuen Unterdrückungs- oder gar Vernichtungsbewegung werden.

***

Aus der Überzeugung, dass die Gesellschaft in ein neues Verhältnis zu Tieren treten muss, ist dieses Buch entstanden. Es ist ein Werk zur Ethik. Derer gibt es bereits Tausende und Abertausende. Doch viele derselben machen einen entscheidenden Fehler. Wer über Ethik schreibt, der macht sich zumeist Gedanken darüber, wie grundlegende Werte, Normen oder Prinzipien des Handelns begründet werden können. Kurz gesagt: Es geht um die Entwicklung einer bestimmten Moral, also eines Sets an Handlungsanweisungen und Regeln. Ihnen scheint die Annahme zugrunde zu liegen, Menschen hätten bislang eine andere Moral, als die, die im Rahmen ethischer Fachdiskurse entwickelt worden sind und als müssten die Menschen davon überzeugt werden, dass die jeweils entworfene die bessere ist. Was sind, egal welche ethische Theorie in der westlichen Welt man sich ansieht, deren Erkenntnisse? Dass Menschen friedlich miteinander umgehen, Schmerzen und Leiden verhindern, sich gegenseitig respektvoll behandeln, Entscheidungen auf demokratischer Basis treffen, gerecht zueinander sein sollen und derlei mehr. Egal, welche Protagonisten und Spielarten ethischer Theorie man konsultiert, stets kommt man auf unterschiedlichen Begründungswegen zu den gleichen Ergebnissen. Die genannten Komplexe sind die großen Themen der Ethik – und sie werden unzählige Male in abstrakt geschriebenen Büchern und philosophischen Abhandlungen wiederbeschrieben. Der verbreitete Glaube ist, es bräuchte derartige Bücher über Ethik, um die Menschen, die sie lesen, zu einer angemessenen Moral anzuleiten. Wer ein Buch über ethische Themen schreibt, der hat einen privilegierten Zugang zu Erkenntnissen über die »korrekten« moralischen Regeln, welche die anderen, fachlich weniger gebildeten Menschen nicht befolgen, aber befolgen sollen. So ist zumindest die verbreitete Vorstellung.

Was also ist Ethik diesem Verständnis nach? Ethische Abhandlungen umfassen, wie erwähnt, typischerweise Konzepte rund um Gerechtigkeit, Diskriminierungsfreiheit, Glück und dergleichen mehr. Man tut dabei so, als hätte nur ein kleiner Teil der Menschen jene Werte und Normen internalisiert, als müsse die Gesellschaft jedoch so sein, dass alle sie sich aneignen. Bücher zur Ethik setzen voraus, dass es nur bestimmte, eher wenige Menschen sind, die moralisch korrekt handeln. Stillschweigend wird angenommen, dass durch das Lesen jener Bücher die Zahl derer steigt, die im Anschluss an die Lektüre »besser« handeln. Unabhängig davon, dass von Büchern eine derartige Wirkmacht nur in absoluten Ausnahmefällen ausgeht, ist es ein Fehler, zu glauben, die Ethik würde mit Themen und Konzepten operieren, die den Menschen, die sich nicht mit ethischen Theorien beschäftigen, fremd wären. Die Werte und Normen, für welche jene Theorien sich aussprechen, sind auch dort in der Gesellschaft, wo Ethik überhaupt nicht thematisiert wird, genauso vorhanden. Der Glaube, die Erkenntnisse der Ethik seien etwas, was in der Gesellschaft vermeintlich bis in die bildungsfernen, fremdenfeindlichen, homophoben, sexistischen, rechtskonservativen Milieus hinein verbreitet werden müsse, ist ein Irrtum. In jenen Milieus werden die Werte und Normen, die ihnen qua Ethik wie auch immer übermittelt werden sollen, längst befürwortet.

Auch die Menschen in jenen angesprochenen Milieus, von denen man sich stets gerne abgrenzt, haben eine Moral. Und diese Moral umfasst im Wesentlichen dieselben Werte und dieselben Normen, wie sie propagiert werden in den wissenschaftlichen Ethiktheorien der Philosophie. Es ist ja nicht so, als wollte nicht auch der Neonazi, der Schwulenfeind oder der Frauenhasser gerecht sein sowie friedlich und diskriminierungsfrei agieren. Bloß erstreckt sich die Gerechtigkeit, der friedliche und respektvolle Umgang miteinander lediglich selektiv auf die jeweilige Eigengruppe. Es ist mitnichten so, als bedürfte es der Ethik, um Neonazi, Schwulenfeind oder Frauenhasser, um bei diesen Beispielen zu bleiben, von einer »besseren« Moral zu überzeugen. Sie haben sich bereits genau die moralischen Grundsätze angeeignet, die so auch durch die Ethik vertreten werden. Sie unterscheiden sich demnach nicht von dem Mehrheitskollektiv der Mitte, also denjenigen, die sich abgrenzen von neonazistischen, homophoben oder sexistischen Haltungen und Praktiken. Jenes Mehrheitskollektiv der Mitte gleicht in wesentlichen Hinsichten den Menschengruppen, von denen es sich eigentlich abgrenzen will. Wenngleich Berichte über Aufmärsche von rassistischen, nationalistischen, homophoben Gruppierungen gerne betrachtet werden, um sich abzugrenzen, um sich besser zu fühlen und um die eigene überlegene Moral zu zelebrieren, so ist diese Distanzierung von den gezeigten Mobs doch in einer Weise scheinheilig. Das Kollektiv der Mehrheit hat im Wesentlichen dieselbe Moral, dieselben Normen und Werte. Der Unterschied liegt lediglich darin, dass die, auf die herabgeblickt wird, jene Normen und Werte lediglich auf eine kleinere Gruppe beschränken. Man blickt auf den Neonazi herab, auf den Schwulenfeind oder den Frauenhasser und sagt: »Der diskriminiert!« Es sind die anderen, die diskriminieren und anstößig handeln, nur man selbst macht es vermeintlich nicht. Und was es nun scheinbar bedarf, ist Ethik, um den rechtsradikal, homophob oder sexistisch denkenden Personen beizubringen, ihre Moral abzulegen und sich eine durch philosophische Ethik verifizierte Moral anzueignen. Dabei besteht, wie gesagt, zwischen den beiden Moralvorstellungen typischerweise kein essenzieller Unterschied.

Wesentliche ethische Grundwerte hinsichtlich gerechtem, respektvollem, friedlichem Handeln haben sich so gut wie alle Menschen angeeignet. Das Problem besteht – anders als kritische Abhandlungen besorgter Feuilletonisten vielleicht suggerieren mögen – nicht darin, dass zu viele Menschen jene Grundwerte abgelegt hätten. Das Problem besteht nicht in einer fehlenden Einsicht oder fehlenden Verbreitung jener Grundwerte. Das eigentliche Problem liegt darin, dass jenen Werten und Normen praktisch zuwidergehandelt wird. Der Neonazi respektiert seinen »Kameraden«, nicht jedoch seine dunkelhäutigen Nachbarn zwei Häuser weiter, die eigentlich genau so sind wie er selbst. Der Schwulenfeind ist grundsätzlich für Gerechtigkeit, auch wenn er für die willkürliche Benachteiligung homosexueller Menschen ist. Der Antifeminist verharmlost sexualisierte Gewalt, während er gleichzeitig Gewalt als generelles Konfliktlösungsmittel ablehnt. Die Beispiele ließen sich beliebig fortsetzen. Entscheidend an dieser Stelle ist, dass die allermeisten Menschen genauso inkonsequent sind. Auch sie sprechen sich für Gerechtigkeit, Gewaltfreiheit und Gleichbehandlung aus. Doch sie tragen die Kleidung aus den Ausbeutungsbetrieben ferner Länder, bewegen sich in umwelt- und klimazerstörenden Fahrzeugen, forcieren die Armut anderer Menschen durch ihren eigenen Beruf, essen täglich die Körper industriell getöteter Tiere und vieles mehr. Das Mehrheitskollektiv der Mitte gleicht in seinem Tun den gesellschaftlichen Randgruppierungen, auf die verächtlich herabgeblickt wird. Das Problem ist nicht das Fehlen von Ethik. Das Problem ist das Zuwiderhandeln gegen die Werte und Normen, von denen die allermeisten »normalen« Menschen, genauso wie der Neonazi, der Schwulenfeind oder Frauenhasser, eigentlich so überzeugt sind.

Der Fehler, der in den Büchern zur Ethik gemacht wird, liegt darin, dass stillschweigend angenommen wird, Ethik müsse den Menschen die Grundlagen einer an Friedfertigkeit, Gewaltfreiheit und Respekt orientierten Moral vermitteln. Dies ist nicht erforderlich. Bis auf ganz wenige Ausnahmen sind alle Menschen von der Richtigkeit einer derartigen Moral überzeugt. Und dennoch wird ihr systematisch zuwidergehandelt. Worauf Ethik also tatsächlich zielen sollte, ist, dass Menschen sehen, wofür sie bislang blind waren. Viele erkennen die Blindheit, die Irrationalität, die Widersprüche und Unzulänglichkeiten bei anderen, bei den Rassisten, den Rechtspopulisten, den Homophoben. Dabei muss der Blick, der derart auf andere gerichtet wird, gleichsam auf einen selbst gerichtet werden. Menschen müssen ihre eigene Blindheit aufdecken. Hierbei kann ihnen die Ethik im Sinne einer Reflexion des eigenen Handelns helfen. Durch sie soll erkannt werden, was bislang im unhinterfragten Dunkel blieb. Dies betrifft nicht allein die geistige Beschäftigung mit bislang verdrängten Themen. Ebenso geht es um praktische Entscheidungen, die bislang überhaupt nicht als Entscheidungen wahrgenommen wurden. Sobald als normal, routiniert, alltäglich, selbstverständlich, automatisiert, tradiert geltende Handlungszusammenhänge als individuell beeinflussbare Entscheidungszusammenhänge wahrgenommen werden, weitet man den Blick für Abweichung, Enthaltung, Widerstand sowie für Potenziale, Nein zu sagen und Veränderung herbeizuführen. Von diesen Potenzialen soll das vorliegende Buch handeln.

Vernichtung

Die Biomasse aller existierenden Landwirbeltiere verteilt sich auf drei Prozent Wildtiere, zweiunddreißig Prozent Menschen und fünfundsechzig Prozent »Nutztiere«.[1] Neunzig Prozent aller auf der Erde existierenden Tiere, die mindestens einige Kilo schwer sind, sind domestizierte Tiere.[2] Sechzig Prozent aller Säugetiere sind »Nutztiere«, sechsunddreißig Prozent sind Menschen und nur vier Prozent sind Wildtiere[3]. Ebenfalls leben nur dreißig Prozent aller Vögel in freier Wildbahn. Die restlichen siebzig Prozent werden als »Nutztiere« gefangen gehalten.[4] Weltweit werden derzeit jedes Jahr mehr als sechzig Milliarden Landtiere geschlachtet. Hinzu kommen geschätzt eine bis knapp drei Billionen Fische, die getötet werden.[5] Diese Zahlen, die nur noch geschätzt werden können, könnten jedoch auch deutlich höher liegen.[6] Statistiken über die Fischindustrie sprechen üblicherweise immer von Tonnen gefangener Fische, als ginge es lediglich noch um einen zu gewinnenden Rohstoff. Allein in Deutschland werden mehr als siebenhundert Millionen Tiere jährlich geschlachtet.[7] Auf die einzelnen Arten verteilt sind dies weit über sechshundert Millionen Hühner, knapp vierzig Millionen Puten, knapp vier Millionen Rinder, sechzig Millionen Schweine und Millionen anderer Tiere wie Schafe, Ziegen, Pferde, Enten oder Gänse. Doch was sagen diese Zahlen? Letztlich sind sie unbegreiflich. Was sich hinter den Zahlen verbirgt, ist nicht fassbar. Sie sagen wenig über das Schicksal der Tiere. Um dieses zu begreifen, muss man sich dem, was in den tierindustriellen Fabrikanlagen passiert, unmittelbar zuwenden.

Die Gesellschaft befindet sich nicht im Frieden. Es herrscht, metaphorisch gesprochen, ein Krieg der Menschen gegen die Tiere. Es ist ein ebenso sauberer wie systematisch versteckter Krieg, ein verstecktes Einsperren, Züchten, Verstümmeln, Mästen und Schlachten. Genau weil dies so ist, erweckt die Gesellschaft den Anschein, als ginge es in ihr überwiegend friedlich zu.[8]

In einem Aufsatz mit dem bezeichnenden Titel »War Has Almost Ceased to Exist«[9] beschreibt der Politikwissenschaftler John Mueller, dass die Zahl der Kriege derzeit einen historischen Tiefstand erreicht hat. Da wirkt es befremdlich, überhaupt von einem Gemetzel von kriegerischem Ausmaß zu sprechen. Doch dass es befremdlich wirkt, erklärt sich eben daraus, dass man das Gemetzel nicht sieht, nicht wahrnimmt beziehungsweise nicht wahrnehmen soll. »Industrial farming is one of the worst crimes in history«, so lautet der Titel eines Artikels, geschrieben von dem weltbekannten Historiker Yuval Noah Harari.[10] In dem Artikel bezeichnet Harari das Schicksal, das die Tiere in der Fleisch-, Milch- und Eierindustrie ereilt, als eines der drängendsten ethischen Probleme dieser Zeit. Schließlich hat die Tierindustrie gegenüber allen anderen Industriezweigen eine entscheidende Besonderheit. In ihr werden keine Dinge, sondern empfindungsfähige Lebewesen »produziert«. Es ist das Schicksal aller der Domestizierung unterworfenen Tiere beziehungsweise Tierarten, durch die Agrarrevolution und die Entstehung der Tierindustrie in ein System integriert worden zu sein, das sich durch eine maximale Widernatürlichkeit für die Tiere charakterisiert und diese unvorstellbaren Leiden aussetzt. Harari geht in seinem Artikel auf das die Domestizierung rechtfertigende Argument ein, dass das Leben der »Nutztiere« mit dem von wild lebenden Tieren verglichen werden kann, wobei letztere ständig der Gefahr ausgesetzt sind, von Raubtieren gefressen, von Parasiten befallen oder von Entbehrungen aller Art heimgesucht zu werden. Domestizierte Tiere sind hingegen in der vermeintlich glücklicheren Position, vor Raubtieren sicher, von Menschen umsorgt, vor Wind, Regen und Kälte geschützt sowie stets mit Wasser und Futter versorgt zu sein. Wie Harari aber betont, ist diese Argumentation zu kurz gedacht. Zwar sorgt der Mensch dafür, dass domestizierte Tiere sowohl als Art als auch als Einzeltier vorerst erhalten bleiben, um von ihnen Fleisch, Milch, Eier, Federn, Häute und vieles mehr zu gewinnen. Im Rahmen dieses Prozesses jedoch werden Tiere einer Nutzungslogik unterworfen, die aus ökonomischer Perspektive zu kurzfristigen Gewinnen führt und die große Erträge an Tierprodukten erbringt, die dabei allerdings die evolutionär ausgehärteten, natürlichen Bedürfnisse der verwendeten Lebewesen völlig übergeht. Ein Tierhalter, der die physischen, emotionalen sowie sozialen Bedürfnisse seiner Tiere ignoriert, hat dadurch sogar ökonomische Vorteile. Er spart Kosten, indem Tiere möglichst wenig durch Menschen umsorgt werden, indem möglichst viele Tiere auf möglichst engem Raum gefangen gehalten werden, indem

Mastbuchten möglichst wenig gereinigt werden oder indem die Tiere so früh wie möglich getötet werden. Die Produktivität der Betriebe wird ferner gesteigert durch den Gebrauch von Antibiotika oder Hormonen, durch Gentechnik oder auch Methoden der Lichtmanipulation oder des Futterentzugs.[11] Damit ist die Geschichte der Tierindustrie eine Geschichte der Intensivierung. Eine Intensivierung der Züchtung, Haltung und Vernichtung von Tieren.

Alle Tiere, menschliche wie nicht-menschliche, entwickelten im Laufe ihrer Evolution Instinkte, Triebe, angeborene Reaktionen, Vorlieben und Verhaltensrepertoires, mit denen sie sich ihrer jeweiligen natürlichen Umwelt anpassten und die das Überleben sowie die Reproduktion der eigenen Art durch die reibungslose Eingliederung in eine ökologische wie soziale Umwelt sicherstellen. Alle Tiere entwickelten ein Motivationssystem, das Verhaltensweisen fördert, die dem Selbsterhalt sowie der Fortpflanzung dienen. Dabei verschwinden die aus dem Motivationssystem heraus erwachsenden Instinkte, Triebe et cetera nicht einfach, sobald sich Umweltbedingungen verändern und die Instinkte oder Triebe nicht mehr überlebenswichtig sind. Dementsprechend korrelieren die vielfältigen Bedürfnisse, die domestizierte Tiere und im Übrigen auch Menschen haben, nicht mit den aktuellen Bedingungen, unter denen sie leben, sondern mit den Bedingungen, wie sie vor Tausenden von Jahren typischerweise herrschten. Anders gesagt: Es gibt eine Diskrepanz zwischen dem evolutionär ausgehärteten Anpassungsrepertoire einer Tierart und den Anforderungen eines künstlichen Haltungssystems.[12] Diese künstlichen Haltungssysteme der Tierindustrie zwingen den Tieren verschiedene »Stressoren« auf, die in der Natur nicht oder nur in eingeschränkter Form existieren. Dazu zählen etwa massive Bewegungseinschränkungen, fehlende Erholungs- und Rückzugsmöglichkeiten, der aversive, also unerwünschte Kontakt zu Menschen, eine eingeschränkte und unnatürliche Nahrungsaufnahme, die Zerschlagung natürlicher Sozialverbünde, künstliches Licht, Lärm, Gestank oder anhaltende unangenehme Temperaturen.[13] Ferner können die Tiere die allermeisten ihrer natürlichen Verhaltensweisen nicht ausleben. Dazu zählen beispielsweise die Nahrungssuche und die damit verbundenen kognitiven Herausforderungen, zudem die Balz, die Partnerwahl, der Nestbau, die Kinderpflege, die Ausbildung stabiler Gruppenstrukturen und vieles mehr.

Während menschliche Tiere, die ebenfalls unter unnatürlichen, artwidrigen Umweltbedingungen leben, mit aufwendigen Kulturtechniken versuchen, auf den »Mismatch« zwischen ihrer inneren Natur sowie der äußeren Umwelt zu reagieren, bloß um sich dabei häufig noch tiefer in gesellschaftliche Miseren zu steuern,[14] verfügen domestizierte Tiere nicht über die Möglichkeit, qua einer beschleunigten kulturellen Evolution ihre »Fehlangepasstheit« an die Haltungssysteme auszugleichen, in denen sie ihr Leben fristen müssen. Alle domestizierten Tiere haben, nicht anders wie ihre nicht-domestizierten Verwandten, hochkomplexe, evolutionär gebildete und ausgehärtete Vorlieben, Instinkte oder Triebe, die jedoch in der Tierindustrie nicht im mindesten befriedigt werden können. Sie werden stattdessen missachtet oder ignoriert. Es werden Qualzuchten entwickelt, Familienverbünde werden systematisch zerrissen, Tiere werden in kleine Käfige oder Buchten eingesperrt, sie werden verstümmelt, erhalten unnatürliches Futter, leiden an unbehandelten physischen wie psychischen Krankheiten, werden unter widrigsten Bedingungen transportiert und schließlich unter Einsatz verschiedener Maschinen getötet, oft begleitet von unnötigen Qualen, welche die Mitarbeiter in Schlachthöfen ihnen zufügen.

Harari führt in seinem Text das Beispiel von Rindern an.[15] Vor Tausenden von Jahren mussten Rinder, um zu überleben, miteinander kommunizieren und kooperieren. Genau wie andere Säugetiere sind Rinder demnach sehr soziale Tiere. Und wie alle sozialen Säugetiere lernen Kälber die zum Überleben notwendigen sozialen Fähigkeiten durch das Spiel mit anderen Tieren. Durch die Evolution hat sich dieser Trieb, genau wie das Bedürfnis, seiner eigenen Mutter nah zu sein, tief in die Natur der Tiere eingeprägt. Wenn nun jedoch in der Milchindustrie die Kälber von ihren Müttern getrennt werden, damit sie die zum menschlichen Konsum bestimmte Muttermilch nicht trinken, und sie isoliert in winzige »Kälberiglus« eingesperrt werden, dann führt dies zu massiven Leiden.

Dies ist nur ein Beispiel von unzähligen anderen, wie die Tierindustrie unweigerlich vorhandene natürliche Bedürfnisse der Tiere missachtet. Moderne Techniken wie Impfungen, Hormongaben oder Medikamente, Klimaanlagen, Futterautomaten, Spaltenböden, Zuchttechniken, Computersteuerungen, Melkmaschinen, Brutschränke und vieles mehr machen es möglich, die Tiere in ein System einzupassen, das auf der einen Seite ökonomisch effizienter kaum sein könnte, das aber auf der anderen Seite eine maximale Widernatürlichkeit hinsichtlich der arteigenen Bedürfnisse der Tiere besitzt. Dabei macht auch die vielfach als Ausnahme gehandelte Bio-Tierhaltung keinen wirklichen Unterschied. In ihr leiden die Tiere nachgewiesenermaßen in ähnlichem Ausmaß wie in konventionellen Tierfabriken.[16] Die Tierindustrie ist damit, genau wie der Historiker Harari es schreibt, sowohl in qualitativer als auch in quantitativer Hinsicht eines der größten Verbrechen der Geschichte, das Menschen an den Tieren, an der Umwelt und an sich selbst je begangen haben. Um verstehen zu können, warum ein solches Urteil angemessen ist, bedarf es ausführlicher Erklärungen. Dazu soll an dieser Stelle vorerst das Schicksal der tierlichen Opfer beschrieben werden. Zu diesem Zweck soll ein genauerer Blick auf die unmittelbaren Funktionsweisen und Folgen jener Industrie geworfen werden. Obgleich der abgedroschene Spruch, man wisse, wo das Fleisch, die Milch oder die Eier »herkommen«, zum aktiven Sprachschatz nahezu jedes Mischköstlers gehört, gibt es faktisch eine weit verbreitete Unwissenheit und falsche Vorstellungen über die Mechanismen der Tierindustrie. Wäre dies anders, gäbe es sie schlicht nicht – weil sie boykottiert würde. Um hier Aufklärung zu schaffen, sollen im Folgenden deren verschiedene Zweige genauer beleuchtet werden.

***

Begonnen hat alles mit der Domestizierung. Damit bestimmte Tierarten domestiziert werden konnten, brauchten sie eine Reihe an Eigenschaften.[17] Zu diesen Eigenschaften gehören beispielsweise eine rasche Geschlechtsreife, die Fähigkeit, sich in Gefangenschaft zu vermehren, eine angemessene Körpergröße, Geselligkeit oder ein hierarchisches Sozialleben. Ungeeignet sind hingegen Tiere, die beispielsweise sehr wild sind, weit oben in der »Nahrungskette« stehen, besonders wählerisch bei der Nahrungsaufnahme sind, langsam wachsen, zurückgezogen leben oder leicht in Panik geraten. Die Domestizierung bestimmter Tierarten erfolgte im Sinne der Nutzung derselben. Es ging um die Gewinnung tierlicher Rohstoffe wie Milch, Wolle, Haut oder Fleisch, aber auch um den Einsatz von Tieren zum Zweck der Arbeitserleichterung. Eine weithin kaum bedachte Folge der Domestizierung bestand allerdings darin, dass diverse Infektionskrankheiten von Tieren auf Menschen übergesprungen sind und, da lange keine sinnvollen Behandlungsmethoden bekannt waren, zu massivem Leiden und unzähligen Todesfällen geführt haben. Dies hält bis heute an. Früher waren es Masern, Mumps oder Pest, heute sind es Vogelgrippe, BSE, AIDS oder Covid. Eine zunehmend größere Gefahr bilden zudem antibiotikaresistente Keime, die sich im Zuge der massenhaften und systematischen Verabreichung von Medikamenten in den Tierställen bilden.

Die Domestizierung und Nutzung bestimmter Tierarten hatte auch soziale Folgen, die insbesondere dergestalt waren, dass sich die Beziehung zwischen Menschen und Tieren veränderte, und zwar von einer Begegnung auf Augenhöhe hin zu einer einfachen Hierarchie mit dem Menschen an der Spitze. Die Vorstellung, dass der Mensch gewissermaßen der »Bestimmer« ist und domestizierte Tiere sein Eigentum sind, hält bis auf den heutigen Tag an, wenngleich sich hier und da Widerstand dagegen regt. Als »Meister« über die Tiere haben Menschen demnach keine Skrupel gehabt, durch gezielte Züchtung gleichsam die Natur und das Wesen von Tieren so zu verändern, dass sie immer passgenauer in bestimmte Nutzungsstrukturen eingefügt werden können. Dieser Durchgriff auf die Natur der Tiere findet seinen bisher traurigsten Höhepunkt in den heutigen Qualzuchten. Leiden und Schmerzen werden dabei zum essenziellen Bestandteil eines jeden Tierlebens, sei dies bei Kühen, Schweinen, Hühnern, Puten oder anderen Tieren. Die züchterische Veränderung domestizierter Tiere hat nicht zuletzt eine unnatürliche Abhängigkeit derselben gegenüber Menschen geschaffen. Dies geht so weit, dass beispielsweise viele Puten nur noch künstlich besamt werden können, da eine natürliche Fortpflanzung aufgrund des enormen Gewichts der qualgezüchteten Tiere gar nicht mehr möglich ist.

Qualzuchten sind nicht nur ein Bestandteil der Züchtung von Hunde- oder Katzenrassen, etwa bei Perserkatzen, Möpsen oder Bulldoggen. Qualzuchten sind gleichsam ein Symptom des Systems der modernen Fleischproduktion. Diese nahm ihren Anfang in den ersten Massentierhaltungssystemen zu Beginn des zwanzigsten Jahrhunderts. Mit einer intensivierten Tierhaltung sollte ein stetig wachsender Markt für Fleischprodukte, Eier und Milch bedient werden. Kleinbäuerliche Strukturen reichten nicht mehr aus, um den geschaffenen Bedarf an Tierprodukten zu bedienen. Also entwickelten sich fabrikartige Haltungssysteme, in denen Tiere in immer größerer Anzahl gezüchtet, gemästet und getötet werden konnten. Mit Methoden, wie sie im Zuge der Industrialisierung entwickelt wurden, konnten Tiere wie Kühe, Schweine oder Hühner auf engstem Raum, mit regulierter Wasser- und Futterzufuhr sowie automatisierten Abläufen auf eine Weise gehalten werden, die sämtliche für den Zweck der Fleisch-, Milch- oder Eierproduktion »überflüssigen« Lebensregungen der Tiere unterband. Die Art der Tötung der Tiere in den berühmten Union Stock Yards in Chicago, die in Form von Fließbandarbeit durchgeführt wurde, diente Henry Ford als Vorbild für seine Autofabriken.

Heute treibt man die industrielle Optimierung der Tierproduktion weit über die bloße Fließbandarbeit in Schlachtfabriken hinaus. Nahezu jeglicher Aspekt des tierlichen Lebens wird durch Menschen kontrolliert. Moderne Haltungseinrichtungen arbeiten mit künstlichem Licht und damit gleichsam mit künstlichen Tag- und Nachtzyklen, mit künstlichen Lüftungssystemen, künstlichen Reproduktionsmethoden, künstlich zusammengesetzten Tiergruppen, künstlichem Futter und so weiter.

»Nutztiere« werden als durchnummerierte Produktionseinheiten betrachtet. Sie setzen, wie es in einem Lehrbuch der »Tierproduktion« lapidar heißt, »Pflanzen [...] in schmackhaftes Fleisch um.«[18] Tiere als »Fleischlieferanten« zu bezeichnen, degradiert sie zu schlichten Biomaschinen. Und in dem Glauben, sie seien tatsächlich Maschinen, werden sie in künstliche Haltungssysteme eingefügt und diesen angepasst. Die systematischen Verstümmelungen, die Schweinen, Kühen, Hühnern, Puten und vielen weiteren »Nutztieren« zugefügt werden, legen ein beredtes Zeugnis ab über das Bild des Tieres als Produktionsmaschine. Erst durch das Abtrennen der Schwänze, das Herausschneiden der Hoden, das Herausbrennen der Hornansätze oder das Abschneiden der hochsensiblen Schnäbel wird es möglich, die Tiere auf engstem Raum in widernatürlichen Haltungssystemen gefangen zu halten, sie dort zu mästen und ihr Leben qua industrieller Prozeduren zu verwalten. Ziel tierindustrieller Organisation ist die Erwirtschaftung eines maximalen Ertrags an Fleisch, Milch, Eiern, Wolle, Leder und weiteren Tierprodukten. Dabei werden jegliche erdenkbaren technischen Methoden eingesetzt, die geeignet sind, ertragssteigernd zu wirken – unabhängig von deren Auswirkungen auf das Wohl der betroffenen Tiere. Vom Embryotransfer bis hin zur Fließbandschlachtung sind den technischen Ausgestaltungen der effizienten Tierverwertung keine Grenzen gesetzt. Die Nebenfolgen dieser Industrie,[19] die von einem gigantischen Landverbrauch, der gewaltigen Wasserverschmutzung, dem massenhaften Ausstoß klimaschädlicher Gase, der Entstehung von zahlreichen Tierseuchen, Zivilisationskrankheiten sowie multiresistenten Keimen bis hin zum Artensterben oder der Forcierung sozialer Ungleichheiten reicht, werden meistens ignoriert oder gar abgetan.[20]

Unabhängig von den vielfältigen ökologischen und sozialen Nebenfolgen der Tierindustrie soll im Folgenden das Schicksal der Tiere beschrieben werden, die zum Zweck der Nahrungsmittelproduktion genutzt werden. Der Fokus liegt dabei auf Schweinen, Rindern, Hühnern, Puten und Fischen. Dies sind jedoch nur einige der Tiere, die industrieller Ausbeutung ausgesetzt sind und deren Fleisch und andere Körpersubstanzen in einer gigantischen Maschinerie industriell »erzeugt« werden. Wenngleich den genannten Tieren hier besondere Aufmerksamkeit geschenkt und deren Schicksal genauer beschrieben werden soll, darf nicht vergessen werden, dass dies nur ein kleiner Ausschnitt aus der Organisation der Verwertung von Lebewesen innerhalb der Tierindustrie ist. Nicht explizit beschrieben wird das Leben von Schafen, Ziegen, Hasen, Kaninchen, Kamelen, Büffeln, Eseln, Pferden, Enten, Gänsen und vielen weiteren, die alle in mehr oder minder großem Umfang und in Abhängigkeit zu verschiedenen Kulturen als »Nutztiere« betrachtet und als solche dem Menschen unterworfen werden. Für alle diese Tiere gilt, dass im Kontext ihrer tierindustriellen Ausbeutung essenzielle Grundbedürfnisse zurückgedrängt, dass sie künstlich gezüchtet, verstümmelt, eingesperrt und nicht selten brutal behandelt und getötet werden.

***

An dieser Stelle soll mit den Schweinen begonnen werden. Schweine, die zur Fleischproduktion genutzt werden, verbringen ihr Leben in Zucht- oder Mastbetrieben. Während Zuchtbetriebe den Zweck verfolgen, möglichst viele Ferkel zu »produzieren«, dienen Mastbetriebe ausschließlich der Mästung der etwas älteren Tiere, damit diese möglichst rasch ihre »Schlachtreife« erhalten. »Reif« sind die Tiere, sobald sie ein Gewicht von etwas über einhundert Kilogramm erreicht haben, was nach nicht einmal einem Lebensjahr der Fall ist. Während dieses kurzen Lebens müssen Schweine, die äußerst intelligente, soziale und verspielte Tiere sind, extreme Qualen durchstehen. Seinen Anfang nimmt das Leben eines typischen »Mastschweins« wie erwähnt in einem Zuchtbetrieb. In diesem werden »Zuchtsauen« gehalten, die auf eine möglichst hohe »Wurfleistung« gezüchtet sind. Das bedeutet, dass die Schweinemütter in ihrem Leben möglichst viele Nachkommen in die Welt setzen sollen. Hierbei sind die »züchterischen Erfolge« mitunter so weit getrieben, dass einzelne Muttersauen mehr Ferkel gebären als sie Zitzen besitzen. Die Schwangerschaft der Tiere wird künstlich eingeleitet. Dabei werden, unabhängig vom natürlichen Zyklus der Tiere, Spermien von speziellen »Hochleistungsebern« in die Vaginen der Sauen eingeführt. Zum Zweck der Brunftauslösung beziehungsweise Brunftsynchronisierung werden Hormone eingesetzt[21] oder Eber in winzigen, mit Rollen versehenen Metallkäfigen vor den Köpfen der Sauen vorbei durch die Laufgänge der Stallanlagen gefahren. Die Sauen sind dabei in einer Reihe in »Kastenständen«, also körperengen Metallkäfigen, fixiert. In diesen Käfigen können sich die eigentlich bewegungsfreudigen Tiere nicht einmal um die eigene Achse drehen. Wollen sich die Tiere hinlegen, müssen sie ihre Beine in den Kastenstand des Nachbartieres strecken. Dabei brechen sich immer wieder Tiere ihre Beine, wenn ihre Artgenossen sich zum Hinlegen und wegen ihres hohen Gewichts auf diese herabfallen lassen. Bei alle dem werden die Tiere gezwungen, auf hartem Betonspaltenboden zu liegen, durch den sie ihren eigenen Kot in die Güllegrube hindurchdrücken. Als wäre dies nicht genug, werden sie zudem restriktiv gefüttert, was für die Tiere ein anhaltendes Hungerleiden bedeutet.[22] Derartig gefangen gehalten verbringen Muttersauen einen nicht unerheblichen Teil ihres Lebens. Währenddessen entwickeln die Tiere diverse Verhaltensstörungen und werden aufgrund ihrer ausweglosen Lage regelrecht verrückt. Phänomene wie das Leerkauen bis zur Bildung von Schaum vor dem Mund sowie das Stangenbeißen oder krankhafte »Weben« mit dem Kopf gehören zum Alltag in Schweinezuchtbetrieben.[23] Als weitere Folgen der Verhaltensstörungen verletzen die Tiere sich, es entstehen schmerzhafte Entzündungen und ihre Gelenke oder Zähne nutzen sich übermäßig ab. Eigentlich ist es zumindest in Deutschland gesetzlich vorgeschrieben, dass Muttersauen nicht die gesamte knapp viermonatige Schwangerschaft über in Kastenständen gehalten werden dürfen. Vorgesehen ist, dass die Tiere in einen ebenfalls mit Spaltenboden versehenen Gruppenbereich gehen können, in dem sie sich wenigstens ein paar Meter weit bewegen können. Faktisch jedoch halten sich viele Zuchtbetriebe nicht an diese Vorschrift und sperren Sauen ohne Unterbrechung in Kastenständen ein.

Als wäre die Qual für die Tiere im »Deckzentrum« in den Kastenständen nicht bereits genug, verlegt man die werdenden Schweinemütter kurz vor der Geburt in »Abferkelabteile«, in denen sie erneut in körperengen Metallkäfigen fixiert werden. In diesen bringen die Sauen, in der Regel bedingt durch die Gabe eines geburtsauslösenden Hormons, inmitten von Exkrementen und Harn verschmutzten Buchten und auf hartem Boden liegend, ihre Jungen zur Welt. Die Käfige, in denen die Tiere eingesperrt sind, werden euphemistisch als »Ferkelschutzkörbe« bezeichnet. Deren Zweck soll es sein, »Erdrückungsverluste« zu verringern. In der Enge der Abferkelbuchten kann es vorkommen, dass Sauen sich beim Hinlegen versehentlich auf eines ihrer Kinder legen und dieses dabei erstickt. Der Ferkelschutzkorb soll dies verhindern. Faktisch jedoch gelingt dies nur bedingt. Trotz der Vorkehrungen sterben in Schweinezuchtbetrieben unzählige Ferkel, weil sie unter ihrer eigenen Mutter eingeklemmt werden. Während in der freien Natur Schweine ein weiches Nest mit genügend Platzangebot für den Nachwuchs gebaut sowie Verhaltensweisen entwickelt haben, um ein Erdrücken der Kinder zu verhindern, so haben die Tiere in den widernatürlichen Bedingungen der Abferkelställe diese Möglichkeiten nicht. Und so dienen die Ferkelschutzkörbe tatsächlich weniger den Tieren als dem Arbeitsschutz der Landwirte. Indem nämlich die Muttertiere in jene Metallkäfige eingesperrt werden, sind sie gleichzeitig unfähig, ihren Nachwuchs zu verteidigen. Dies ist insbesondere dann von Bedeutung, wenn es um die betäubungslose Verstümmelung der Ferkel geht. Werden die Mütter auf die Schreie ihrer Kinder aufmerksam, wollen sie diese verteidigen – doch genau dies wird durch die Ferkelschutzkörbe verhindert. Schließlich können sich die Tiere in ihnen nicht einmal um die eigene Achse drehen.

Die betäubungslose Verstümmelung der Ferkel ist eine von vielen grausamen Praktiken, die sich in der Tierindustrie finden. So werden männliche Tiere in eine »Kastrierhalterung« gespannt, um ihnen mit einem Skalpell den Körper aufzuschneiden und die Hoden zu entnehmen. Dies hat den Grund, dass das Fleisch eines gewissen Anteils der männlichen Tiere andernfalls den als unangenehm empfundenen »Ebergeruch« entwickeln würde. Allen Ferkeln werden zudem die Zähne abgeschliffen. Dabei kommt ein »Zahnschleifgerät« oder eine einfache »Zahnfeile« zum Einsatz. Durch den Eingriff soll verhindert werden, dass die Tiere die Brust ihrer Mutter beim Trinken der Milch verletzen, denn selbst kleine Wunden können aufgrund der miserablen hygienischen Verhältnisse in den Tierfabriken rasch schwerwiegende Infektionskrankheiten zur Folge haben. Hinzu kommt, wie bereits erwähnt, dass durch die Züchtung bestimmter Schweinerassen diese derart große »Würfe« haben, dass es vorkommen kann, dass nicht alle Tierkinder eine Zitze der Mutter für sich beanspruchen können und dementsprechend Kämpfe um den Platz an der Mutterbrust ausbrechen. Ferner werden mit »Schwanzkupiertrafos« oder »Schwanzkupierzangen« Ferkeln große Teile ihrer Ringelschwänze abgetrennt, sodass nur ein kleiner Schwanzstumpf übrigbleibt. Dies erfolgt, um das gegenseitige Anbeißen derselben in der Schweinemast zu verringern. Hier leiden die intelligenten Tiere an derartiger Langeweile und Reizarmut, dass sie die Ringelschwänze oder auch die Ohren ihrer Buchtgenossen anbeißen. Bewusst wird beim Kupieren ein kleiner Schwanzstumpf erhalten, da dieser empfindlicher ist als die Schwanzspitze und dadurch von Schwanzbeißen betroffene Tiere dazu bewegt werden, rascher den sie beißenden Tieren auszuweichen.[24]

In den Abferkelbuchten leben die Schweinemütter mit ihren Ferkeln ebenfalls auf Spaltenböden. Durch den Spaltenboden kann es vorkommen, dass die Zitzen der Sauen beim Liegen in die Schlitze gedrückt werden und beim Aufstehen abreißen.[25] Ihrem Bedürfnis, ein Nest zu bauen, können die Sauen in den Abferkelbuchten nicht nachgehen. In freier Natur würden sie aus Ästen, Laub, Gras und weiterem Material ein weiches Nest herrichten, um ihrem Nachwuchs eine geschützte Umgebung zu bieten. Das Nestbauen ist für die Tiere ein derart wichtiges und essenzielles Bedürfnis, dass sie ihm auch in Gefangenschaft nachkommen wollen. Da Sauen hier jedoch in Metallkäfigen fixiert sind und auf Spaltenböden leben, ist dies unmöglich, sodass Verhaltensstörungen entstehen.[26] Beim verzweifelten Versuch, ein Nest zu bilden, reiben die Muttersauen mitunter so fest mit ihrer Nase über den Boden oder gegen die Buchteneinrichtung, dass sie sich blutige Verletzungen zuziehen. Generell können die Tiere die allermeisten natürlichen Verhaltensweisen bei der Geburtsvorbereitung sowie der Betreuung des Nachwuchses in der Schweinezucht nicht ausleben. Schließlich ist allein schon die Kontaktaufnahme mit den Ferkeln durch die Fixierung im Ferkelschutzkorb massiv behindert.

Typischerweise gebärt eine Sau in Gefangenschaft bei einem »Wurf« circa zehn bis vierzehn Ferkel. Viele der kleinen und empfindlichen Tiere sterben jedoch rasch, da sie erkranken, sich verletzen oder ersticken. Tiere, die im Wachstum zurückbleiben oder abgemagert sind, werden als »Kümmerer« bezeichnet. Ferner gibt es Tiere, die keinen Saugreflex, angeborene Anomalien oder gespreizte Hinterbeine haben. Da diese Tiere eigentlich einer besonderen tierärztlichen Behandlung bedürften, diese jedoch mit Kosten verbunden wäre, tötet man die Tiere. Dieses Schicksal, nämlich getötet zu werden einzig aufgrund des Umstands, nicht rasch genug zu wachsen oder krank zu sein, ereilt unzählige Tiere. In größeren Betrieben gehen Arbeiter jeden Morgen durch die Abferkelabteile, greifen nach den sogenannten »Kümmerern« und schlagen sie tot. Dabei werden die Tiere an den Hinterbeinen genommen und mit dem Kopf gegen den Boden oder die Stallwand geschlagen. Dieses Vorgehen endet für viele Tiere nicht tödlich, sondern lediglich in einer Schädelfraktur. Die noch lebenden, schwerverletzten, zappelnden oder zitternden Ferkel werden anschließend lebend weggeworfen. Das derartige Totschlagen junger

Ferkel ist ein Industriestandard und wird in jedem konventionellen Schweinezuchtbetrieb praktiziert. Erst in jüngerer Zeit wurde in verschiedenen deutschen Bundesländern beschlossen, dass das Erschlagen von Ferkeln nicht mehr zulässig ist. Nun sollen Ferkel mit einem stumpfen Schlag auf den Kopf betäubt und anschließend »entblutet« werden.[27] Dass dieses Verfahren, das ebenfalls häufig nicht »sachgerecht« durchgeführt wird, nicht minder grausam ist als das bloße Totschlagen, bedarf wohl keiner weiteren Erläuterung. Fakt ist, dass Schweinezuchtbetriebe je nach Größe regelrechte Berge totgeschlagener Ferkel produzieren. Die Tiere werden erst in Eimern, Schubkarren oder noch größeren Behältnissen gesammelt, bevor sie dann in beißend stinkende Kadavercontainer weggekippt werden.

Nachdem die Ferkel geboren wurden, dürfen sie nur wenige Wochen bei ihren Müttern leben. Bereits nach kurzer Zeit trennt man beide voneinander, wobei die Ferkel in sogenannte »Flatdecks« verbracht werden. Für die Sauen beginnt anschließend eine wenige Wochen währende »Wartephase«, bevor sie erneut in Kastenstände eingesperrt und künstlich besamt werden. Die Tiere durchleiden diesen Kreislauf üblicherweise für etwa drei Jahre, bevor die »Wurfleistung« nachlässt und sie geschlachtet sowie durch »Jungsauen« ersetzt werden. Dieser Prozess wird »Remontierung« genannt. Führen andere Gründe wie etwa Erkrankungen oder Verletzungen zur Herausnahme von Sauen aus dem »Produktionszyklus«, kann es sein, dass diese inmitten ihrer Schwangerschaft getötet werden. Während der Schlachtung erfahren die ungeborenen Tiere dabei einen langsamen Erstickungstod im Mutterleib.

Bevor die Sauen geschlachtet werden, leiden die Tiere nicht nur an den bloßen Haltungsbedingungen ihrer Gefangenschaft in den Schweinezuchtbetrieben, sondern in der Regel auch an diversen schweren Erkrankungen. Die intensive »Ferkelproduktion« führt zu Eierstockzysten, Infektionen des Reproduktionstraktes, Zitzen-, Klauen- oder Hautverletzungen, Harnwegsinfektionen, Lungenschäden, Knochenschwächen oder Herz-Kreislauf-Erkrankungen.[28] Viele der erwähnten Krankheiten entwickeln sich aufgrund zuchtbedingter Eigenarten der Tiere, sodass auch bei Zuchtsauen von Qualzuchten gesprochen werden kann. Dazu kommen die bereits erwähnten und beschriebenen Verhaltensstörungen, also psychische Leiden.

Die erwähnten Flatdecks, in welche die wenige Wochen alten und von ihren Müttern getrennten Tiere verlegt werden, sind viereckige, nur wenige Quadratmeter große Buchten, die gewissermaßen die Vorstufe der eigentlichen Schweinemast bilden. Hier werden die Jungtiere unter anderem mit verschiedenen Impfungen behandelt. In größeren Betrieben werden die Tiere dazu von mehreren Arbeitern innerhalb ihrer Bucht mit Treibhilfen zu einem möglichst kompakten »Knäuel« zusammengepresst, um dann in hohem Arbeitstempo mit »Impfstäben« gestochen zu werden. Durch die Hektik und den Stress rennen die verstörten Tiere dabei wild übereinander her, wobei sie sich nicht selten an den in ihren Leibern steckenden Spritzenkanülen innerlich verletzen. Häufig verfehlen die Arbeiter auch die richtigen Körperstellen beziehungsweise »Applikationsorte« etwa an der Nackenmuskulatur, an der die Impfung erfolgen soll, und treffen die Tiere mit den spitzen Impfstäben ins Gesicht oder an anderen empfindlichen Körperpartien. Die durchgeführten Impfprogramme sind gewissermaßen die Vorbereitung auf die Mastphase, in der das Risiko von Infektionen durch Krankheitserreger wie etwa das »Porcine Circovirus« besonders hoch ist. Die eigentliche Ferkelaufzucht in Flatdecks dauert nur wenige Wochen. Anschließend werden die »Absatzferkel« von den Schweinezucht- in Schweinemastbetriebe verlegt. Sofern die Tiere nicht in einem Betrieb mit »geschlossenem System« leben und Zucht und Mast innerhalb ein und derselben Anlage stattfinden, können die Tiere, wenn sie aus den Luftschlitzen der Tiertransporter, die sie in die Mastställe verfrachten, hinausblicken, zum ersten Mal in ihrem Leben frische Luft riechen.

Schweinemastbetriebe sind im Grunde mehr oder minder große Hallen, die in einzelne Abteile aufgegliedert sind. Diese bestehen wiederum typischerweise aus mehreren Buchten. In diesen Buchten werden die Schweine dicht an dicht gefangen gehalten. Dabei steht ihnen kaum mehr Platz zu, als ihr eigener Körper einnimmt. Durch die erdrückende Enge können bei Rangkämpfen rangniedere Tiere den ranghöheren nicht ausweichen, was diese zusätzlich aggressiv macht. Nur bei einem Bruchteil der bestehenden Betriebe haben die Tiere die Möglichkeit, einen Auslauf zu nutzen und frische Luft zu atmen. Ebenfalls kommt nur in einem Bruchteil der Betriebe Einstreu zum Einsatz. Typischerweise leben die Tiere schlicht auf hartem Betonspaltenboden, was in vielen Fällen zu schmerzhaften Schleimbeutelentzündungen oder anderen Erkrankungen führt.[29] Die Befriedigung grundlegender Bedürfnisse wie etwa das Scharren oder Wühlen in weichem Untergrund ist für die erkundungsfreudigen Tiere unmöglich. Auch verletzen sich die Tiere häufig an den Spalten oder Betonkanten. Die unter den Spaltenböden befindlichen flüssigen Exkremente sondern Ammoniak und andere übel riechende beziehungsweise reizende Gase ab, welche die Schweine mit ihren äußerst empfindlichen Nasen permanent einatmen müssen und welche bei den Tiere häufig eitrige Augenreizungen verursachen. Wenn die Tiere Atemwegserkrankungen haben, was in der Schweinemast an der Tagesordnung ist, husten die Tiere mitunter derart stark beziehungsweise häufig, dass es durch den dadurch bedingten Druck auf die inneren Organe zu Mastdarmvorfällen kommen kann. Dabei tritt ein mehr oder minder großer Abschnitt des Rektums aus der Afteröffnung aus. Durch die Abschnürung durch den Schließmuskel des Afters kommt es anschließend zu einem langsamen Absterben des ausgetretenen Darmabschnitts. Dazu kommt, dass andere Schweine diesen aufgrund der Reizarmut in den Buchten anbeißen. Dabei erleiden die betroffenen Tiere über Tage, Wochen oder Monate hinweg extreme Schmerzen.

Die Intensivmast sorgt dafür, dass die Schweine in kürzester Zeit zunehmen. Aufgrund der Zucht, die auf eine möglichst rasche »Fleischzunahme« abzielt, leiden die Tiere an zahlreichen körperlichen Gebrechen. Das unnatürliche Kraftfutter leistet sein Übriges. Innerhalb von nur etwas mehr als einem halben Jahr haben die Tiere ihr »Schlachtgewicht« von über einhundert Kilogramm erreicht. Trotz dieser kurzen Lebensdauer ist jeder Tag, den die Schweine in den Mastbetrieben verbringen müssen, quälend lang. Die intelligenten Tiere leiden an extremer Langeweile. Gesetzlich vorgeschrieben ist »Beschäftigungsmaterial«, mit dem die Tiere die Langeweile und Reizarmut kompensieren sollen. Dabei kommen »Spielketten«, Plastik- oder Holzteile sowie Dosierungstechniken beim Futter, welche die Tiere kognitiv anregen sollen, zum Einsatz. Dies ist jedoch der ausgeprägten Intelligenz der neugierigen, über Selbstbewusstsein verfügenden Tiere[30] nicht angemessen. Dass es trotz des vorgeschriebenen Beschäftigungsmaterials in so gut wie jedem Betrieb zu Verhaltensstörungen wie Schwanz-, Scheiden- oder Ohrenbeißen bei den Tieren kommt, bestätigt, dass Mastbuchten keinen geeigneten Lebensraum für sie darstellen.

Schweine sind, anders als mitunter vermutet, äußerst saubere Tiere. Dies zeigt sich etwa daran, dass sie es vermeiden, Kot oder Harn in der Nähe ihrer Liegeplätze auszuscheiden. Stattdessen haben Schweine, wenn sie denn in Freiheit leben dürfen, spezielle Kotplätze, die in größerem Abstand zu den Schlafnestern liegen.[31] In den kleinen Buchten von Schweinemastbetrieben ist diese Trennung nicht möglich. Und so werden die empfindsamen, sauberen Tiere gezwungen, in einem Areal zu leben, das in der Regel bis an die Wände hoch mit Kot verschmiert ist. Bei älteren Schweinemastanlagen funktioniert mitunter das Absaugen des Kots aus dem Güllekeller, der sich unterhalb der Spaltenböden befindet, nicht richtig, sodass es den Kot von unten durch die Spalten drückt und die Tiere regelrecht durch ihre Ausscheidungen waten müssen. Auch passiert es immer wieder, dass kleinere Tiere durch Lücken, die zwischen den Platten der Spaltenböden entstehen können, in den Güllekeller stürzen, wo sie nach einem langen Todeskampf in den flüssigen Exkrementen ersticken. Doch auch ohne derartige Zwischenfälle bedeutet die Allgegenwart von kranken, toten oder verwesenden Tieren, von Sporen, Krankheitserregern, Spulwürmern, Maden, Fliegen, Kakerlaken und Ratten sowie Staub und unerträglichem Gestank für die sensiblen Tiere, die in diesen Bedingungen bis an ihr Lebensende gefangen gehalten werden, extremes Leid. Damit die Tiere diese Zustände überhaupt überleben und die »Sterberaten« eingedämmt werden können, werden Schweinen systematisch Antibiotika verabreicht. Dennoch sterben in Deutschland jährlich knapp zwei Millionen Tiere allein aufgrund der Haltungsbedingungen.

Die Tiere, welche die Mastphase überleben, werden, sobald ihr »Schlachtgewicht« erreicht ist, nicht selten unter Einsatz roher Gewalt auf Tiertransporter getrieben. Vorher werden die Tiere mit einer »Viehverkehrs-Verordnungs-Nummer« versehen, um eine Rückverfolgbarkeit der Tiere von der Schlachtung bis zur Aufzucht zu ermöglichen. Bei der »Anbringung« der Nummer auf den Tieren wird ein »Schlagstempel« verwendet. Dabei handelt es sich um eine metallene Platte, auf der Ziffern und Buchstaben angebracht werden, wobei diese abgebildet werden in Form von ziffern- oder buchstabenartig angeordneten, langen Metallspitzen. Diese Metallspitzen werden mit »Tätowiertusche« versehen und anschließend mithilfe des Schlaggeräts in das Fleisch der Tiere getrieben. Dabei ist es erforderlich, jede »Flanke« eines Tieres zu markieren, da es im Schlachthof in zwei Hälften getrennt wird und jede Tierhälfte bürokratisch erfassbar bleiben soll. Nachdem also jedes Tier eines »Mastdurchgangs« markiert und auf einen Tiertransporter getrieben ist, werden die Schweine dort, dicht aneinandergedrängt, in eine Schlachtfabrik verbracht.

Dort angekommen, werden die Tiere meistens nicht weniger grausam aus den Tiertransportern herausgetrieben, wobei Elektroschocker oder verschiedene Schlagwerkzeuge eingesetzt werden. Nach einer kurzen Wartezeit werden die Tiere mit Kohlenstoffdioxid betäubt, indem sie in eine Grube, die mit dem

Gas gefüllt ist, hinabgelassen werden. In der Grube bekommen die Tiere Todesangst und quälende Erstickungsgefühle. Sie schreien, schlagen um sich und versuchen verzweifelt, der eisernen Gondel zu entkommen, in der sie zu mehreren eingesperrt sind. Die tatsächliche Betäubung setzt nur langsam ein und ist vom massiven Leiden der Tiere begleitet. Häufig kommt es vor, dass die Betäubung aufgrund der zu kurzen Verweildauer in der Kohlenstoffdioxidgrube fehlschlägt. Gleiches gilt für alternative Schlachtmethoden, bei denen den Tieren beispielsweise eine Elektrozange an den Kopf gehalten wird, wobei Strom das Gehirn der Tiere durchfließt und sie so betäuben soll. Dieses Verfahren wird sowohl von Hand durchgeführt als auch automatisiert. Fehlbetäubungen entstehen dabei, weil die Elektroden nicht »korrekt« angesetzt werden und die Tiere lediglich einen starken Stromschlag erleiden. Laut Aussage der Bundesregierung liegt die Fehlbetäubungsrate bei handgeführten elektrischen Betäubungsanlagen bei über zehn Prozent.[32] Diese vermutlich noch deutlich zu niedrig angesetzte Angabe bedeutet dennoch bereits für unzählige Tiere, dass sie den Schlachtprozess bei vollem Bewusstsein und Empfindungsvermögen miterleben. Und obwohl es in Deutschland verboten ist, Schweine mit der Elektrozange zu treiben oder zu ziehen, wird auch dies regelmäßig praktiziert. Neben der Elektrobetäubung sowie der Verwendung von Kohlenstoffdioxid-Senkgruben werden Schweine ferner mit Bolzenschussgeräten betäubt. Dabei wird ein Metallstab durch den Schädel der Tiere in ihr Gehirn getrieben. Durch diese Maßnahme soll die Bewusstlosigkeit der Tiere eintreten. Doch Fehlbetäubungen sind auch hier an der Tagesordnung.

Der Betäubung der Tiere schließt sich, unabhängig von deren »Erfolg«, die »Entblutung« an. Diese erfolgt bei liegenden oder hängenden Tieren. Zur Aufhängung werden die Tiere zuerst an einem Hinterbein mit einer »Anschlingkette« in die »Entbluterohrbahn« eingehangen. Kopfüber am Schlachtband baumelnd, häufig noch zappelnd, wird ihnen ein Messer in den Hals getrieben. Dabei werden einfache Handmesser verwendet oder Hohlmesser, durch welche das aus den Tieren heraustretende Blut direkt abgesaugt wird. Durch das Herauslaufen des Blutes aus dem Körper soll der Tod der Tiere eintreten. Da jedoch die entscheidenden Blutgefäße beim »Stechen« nicht selten verfehlt werden, bluten die Tiere vielfach nicht »richtig« aus. So kommen sie aufgrund der nur temporär wirkenden Betäubung wieder zu Bewusstsein – sofern sie dies nicht zuvor schon waren. Auch kann es sein, dass sie vor dem endgültigen Ausbluten in die mit heißem Brühwasser gefüllte Enthaarungs- oder Abflammmaschine gelangen, in der sie zappelnd um sich treten und schlagen. Dies betrifft offiziellen Statistiken zufolge über eine halbe Million Tiere jährlich in Deutschland.[33] Der weitere Schlachtprozess im sogenannten »Reinbereich« besteht in der Zerlegung der Tiere. Die Gedärme werden entfernt, die Gliedmaßen abgetrennt und schließlich der gesamte Tierkörper mit einer Art elektrischen Säge in zwei Hälften getrennt. Dies alles wird von Hand oder auch maschinell erledigt, wobei Geräte wie etwa »Brustbeinsägen«, »Enddarmfreischneider«, »Schweinekopfzangen« oder »Halbierungssägen« zum Einsatz kommen. Am Ende des Schlacht- und Zerlegeprozesses verbleiben von den tierlichen Individuen nur noch vordefinierte Fleischpartien und übel riechende »Schlachtabfälle«.

***

Kaum minder schrecklich wie das Leben von Schweinen ist jenes von Rindern. Rinder sind intelligente, bewegungsfreudige und sehr soziale Tiere. Sie haben, genau wie Schweine, Hühner und andere als »Nutztiere« missbrauchte Lebewesen, vielfältige essenzielle Bedürfnisse. Eine Befriedigung dieser Bedürfnisse ist Rindern, die für die Milch- oder Fleischindustrie benutzt werden, nicht oder nur mit größten Einschränkungen möglich. Dies liegt in erster Linie an der Art, wie Rinder gehalten werden sowie an den Mechaniken der Milchproduktion, zu der etwa die Trennung zwischen Muttertier und Kind gehört. Betroffen sind hiervon allein in Deutschland über zehn Millionen Rinder, wobei circa ein Drittel dieser Tiere in der Milchindustrie verwendet wird.[34] Dabei gibt es im Wesentlichen zwei Haltungssysteme. Entweder leben die Tiere in Laufställen oder in Anbindehaltung. Laufställe sind mehr oder minder große Hallen, in denen die Tiere sich in Liegeboxen aufhalten oder über verschiedene Gänge laufen können. Diese bestehen aus hartem Betonspaltenboden, durch den die Exkremente der Tiere hindurchgedrückt werden. Aufgrund der Größe der Tiere ragt ihr Körper häufig über die Liegeboxen hinaus in den Bereich des kotverschmierten Spaltenbodens, wo ihre empfindlichen Euter, Schenkel oder Klauen sich auf bloßem Beton befinden. Damit die Tiere nicht in den Bereich der Liegeboxen koten, werden »Nackenriegel« eingesetzt. Diese hindern die Tiere daran, ihren Rücken zum Abkoten zu beugen. In manchen Betrieben wird als Alternative zum »Nackenriegel« ein Draht oberhalb der Tiere gespannt, an dem den Tieren ein schmerzhafter Elektroschock zugefügt wird, sobald sie in der »falschen« Position abkoten wollen. In der Anbindehaltung stehen die Tiere nebeneinander aufgereiht vor dem Futtertrog, wobei sie über Halsbänder mit daran befestigten Ketten an einer Metallvorrichtung fixiert werden. Während sich die Tiere in Laufställen zumindest innerhalb der Betriebe einigermaßen frei bewegen können, werden die Tiere in der Anbindehaltung zur nahezu gänzlichen Bewegungslosigkeit gezwungen. Die Tiere können sich, ähnlich wie Sauen in Kastenständen, nicht einmal um die eigene Achse drehen. In Deutschland praktizieren typischerweise eher kleinere Betriebe die Anbindehaltung. Gerechtfertigt, aber nicht aufgewogen wird das durch die Fixierung zugeführte Leid damit, dass den Tieren in der Regel wenigstens für einige Monate im Jahr Weidegang ermöglicht wird.

In der Milchindustrie wird die Muttermilch von Kühen gewonnen, indem diese einmal pro Jahr künstlich besamt werden. Dabei gelten die Tiere circa ab ihrem fünfzehnten Lebensmonat als »zuchtreif«. Um den »richtigen« Zeitpunkt der »Belegung« beziehungsweise künstlichen Besamung zu finden, muss der Beginn der Brunst festgestellt werden, wobei verschiedene Brunstsymptome beobachtet werden können. Hierbei kommen auch technische Hilfsmittel wie etwa Geräte zur Leitfähigkeitsmessung von Scheidenflüssigkeit oder Pedometer zur Messung erhöhter Bewegungsaktivitäten zum Einsatz. Auch kommen in vielen Betrieben biotechnische Verfahren zur Brunstsynchronisation zur Anwendung. Dabei wird den Kühen beispielsweise das Hormon Prostaglandin verabreicht, um eine zeitgleiche Brunst der Tiere zu erlangen. Gleiches wird mit der Ovulationssynchronisation erreicht, die ebenfalls über Hormongaben gesteuert wird.[35] Wird nach der Besamung keine weitere Brunst festgestellt, hat mit hoher Wahrscheinlichkeit die Trächtigkeit der Tiere begonnen. Die Trächtigkeitsdauer beträgt knapp dreihundert Tage. Einige Wochen vor dem voraussichtlichen Geburtstermin werden die trächtigen Kühe »trockengestellt«. Während der »Trockenstehperiode«, die verschiedene Risiken für die Eutergesundheit birgt, wird beispielsweise mit internen »Zitzenversieglern« versucht, Infektionen zu vermeiden. Dabei wird eine Paste in die Zitzenkanalöffnung am Euter gespritzt, welche diese dann verschließt und das Eindringen von Bakterien verhindert. Später wird der Pfropf des »Zitzenversieglers« wieder entfernt.

Sobald der Geburtstermin zu erwarten ist, werden die trächtigen Tiere in das »Abkalbeabteil« verlegt. Die eigentliche Geburt kann sich unter Umständen mehrere Stunden lang hinziehen. Sie erfolgt häufig nicht »problemlos«, sodass mechanische »Zughilfen« zum Einsatz kommen. Dabei werden

Ketten oder Stricke an den Vorderbeinen des Kalbs befestigt und dieses mit Gewalt aus dem Muttertier gezogen. Keine Seltenheit ist hier das Einreißen der Gebärmutter oder der Scheide. Kälber, die sich nicht in der korrekten Geburtsposition befinden, werden etwa mit »Augenhaken«, die innerhalb der Gebärmutter in den Augenwinkeln der Tiere verankert werden, in die richtige Position gebracht. Insgesamt überleben circa ein Zehntel aller in der Tierindustrie geborenen Kälber die Geburt oder die darauffolgende Kälberaufzucht nicht. Typische Krankheiten, welche die jungen Tiere bekommen, sind Kälberdurchfall, Rindergrippe, Paratyphus, Kälberlähme, Kokzidiose und viele weitere. Aufgrund des geringen wirtschaftlichen Wertes, den Kälber besitzen, wird häufig auf eine kostspielige Krankenbehandlung durch einen Tierarzt verzichtet, sodass die Tiere einen langsamen Tod sterben.

Sobald der Geburtsvorgang abgeschlossen ist, wird bei Kühen nach einer »Rastzeit« von circa fünfzig Tagen eine erneute Besamung durchgeführt. Dieser Prozess aus Besamung, Trächtigkeit und Geburt wird konstant wiederholt. Dabei werden »Milchkühe« nur wenige Jahre alt, bis ihr Körper durch die Strapazen der permanenten »Milchproduktion« so ausgelaugt ist, dass sie getötet werden. Wie jedes andere Säugetier auch geben Kühe nur dann Muttermilch, wenn sie Nachwuchs bekommen. Der weit verbreitete Glaube, Kühe gäben »einfach so« Milch, trifft nicht zu. Es bedarf immer der Schwangerschaft sowie der Geburt eines Kalbs. Sowohl während der Trächtigkeit als auch nach der Geburt werden die Tiere dann gemolken. Obwohl die Milch natürlicherweise für das geborene Kalb vorgesehen ist, erhält es diese nicht. Stattdessen wird den jungen Tieren ein Milchaustauscher verabreicht. Muttertier und Kalb werden zudem voneinander getrennt, da die Milch gemolken und verkauft und eben nicht von den Jungtieren getrunken werden soll. Diese Trennung sorgt bei den betroffenen Tieren für einen massiven Leidensdruck, wobei der Trennungsschmerz über Monate hinweg anhalten kann. Wie bei allen anderen Säugetieren – und damit nicht anders als bei Menschen auch –, besteht eine natürliche, sehr enge Bindung zwischen Mutter und Kind.

Wie wichtig diese emotionale Beziehung ist, zeigte etwa der Psychologe Harry F. Harlow in seinen berühmten Experimenten mit Rhesusaffen, denen er verschiedene leblose »Ersatzmütter« aus Draht anbot.[36] Die Experimente haben eine große Debatte über die ethische Zulässigkeit bestimmter Tierversuche ausgelöst. Da Harlow junge Rhesusaffen von ihren Müttern trennte und mehr oder minder isoliert aufwachsen ließ, gelten seine Experimente aus heutiger Sicht als besonders grausam. Was an dieser Stelle jedoch vergessen wird, ist die Tatsache, dass dieselbe Grausamkeit, die Harlow einigen hundert Affen antat, in der Tierindustrie eine Standardprozedur ist, die Milliarden von Tieren betrifft. Der Umstand, dass insbesondere in der Milchindustrie Kälber in »Kälberiglus« isoliert und getrennt von ihrer Mutter gehalten werden, zeigt einmal mehr, dass innerhalb der Tierindustrie selbst essenziellste Bedürfnisse der Tiere systematisch missachtet werden. Allein das Saugbedürfnis der Kälber, das sich normalerweise in circa sechstausend täglichen Saugzügen beim Muttertier entfalten würde, wird in der mutterlosen Aufzucht durch die zweimal täglich erfolgende Eimertränkung auf circa dreihundert Saugzüge reduziert.[37] Dieses »Saugdefizit« und die damit einhergehenden Verhaltensstörungen bedingen bei den Tieren langanhaltende Leiden. Verstärkt wird dieses ferner durch die unnatürliche Fütterung der Kälber aus Tränkautomaten oder -eimern bei gleichzeitigem Entzug von notwendigem Raufutter, was zahlreiche Krankheiten nach sich zieht. Dazu zählen beispielsweise der Kälberdurchfall, Hemmungen bei der Organentwicklung und Verhaltensstörungen wie etwa das gegenseitige »Besaugen« oder Augen- und Zungenrollen.

Das weitere Schicksal, das Kälber in der Tierindustrie ereilt, wird durch ihr Geschlecht bestimmt. Während weibliche Tiere in den meisten Fällen für die Milchgewinnung verwendet werden, werden männliche Tiere in die Kälbermast gegeben, wo sie der »Fleischproduktion« dienen. Mastbetriebe umfassen somit entweder Kälber von »Milchkuhrassen«, speziell für die »Fleischproduktion« gezüchtete Bullen, mitunter Ochsen, also kastrierte Tiere, oder selten auch Färsen, also weibliche Rinder vor der ersten Geburt, sowie »unproduktive Milchkühe« beziehungsweise »Altkühe«, die der »Ausmast« zugeführt werden. In den Mastbetrieben werden die Tiere bis zu einem »Schlachtgewicht« von mehreren Hundert Kilo gehalten. In den meisten Fällen leben die Tiere hier in Laufställen, in denen sie sich zumindest auf einer begrenzten Fläche frei bewegen können. Dennoch leben die Tiere in starker Enge, bei der jedem Tier nur wenige Quadratmeter Platz zur Verfügung stehen. In der Anbindehaltung, die selten auch zur Mast bei Rindern eingesetzt wird, werden die Tiere zudem zur nahezu gänzlichen Bewegungslosigkeit verdammt. Der Einsatz von Betonspaltenböden in sämtlichen Haltungssystemen sorgt ferner dafür, dass jeder Tritt für die Tiere unangenehm ist, dass viele Tiere sich verletzen, auf dem glitschigen, kotverschmierten Boden ausrutschen, Liegebeulen bekommen und vieles mehr. Rennen oder Springen, was ein wichtiges Bedürfnis der Tiere darstellt, wird durch diese Art der Haltung verunmöglicht. Da der Kot der Tiere nicht sofort durch den Spaltenboden in den Güllekeller fällt, sondern erst durch die Hufe der Tiere durch die Spalten hindurchgedrückt werden muss, sind Rinder zudem in vielen Betrieben durch das Liegen in ihren eigenen Exkrementen am ganzen Körper damit beschmiert.

Ganz wesentlich sind die Leiden und Schmerzen, die Rinder in den Betrieben der Milch- oder Fleischindustrie erfahren, durch die Art der Zucht der Tiere bedingt. Die genetische Auswahl von Tieren, die immer höhere Milch- oder Fleischerträge bringen, hat in Kombination mit der widernatürlichen Stallunterbringung dazu geführt, dass die Tiere systematisch bestimmte Krankheiten ausbilden. Dazu gehören insbesondere das Lahmen, die äußerst schmerzhafte bakterielle Entzündung der Euter, auch »Mastitis« genannt, sowie diverse Funktionsstörungen bei der Fortpflanzung und Stoffwechselerkrankungen wie etwa die Ketose, die durch das verabreichte, unnatürliche Kraftfutter ausgelöst wird.[38] Weitere Erkrankungen, unter denen viele Tiere zu leiden haben, sind Ekzeme an den Oberschenkeln durch das permanente Reiben derselben an den unnatürlich vergrößerten Eutern, Labmagenverlagerungen, Erkrankungen der Klauen, Geschwüre und vieles mehr. Durch das »Drenchen«, also die Zwangsernährung schwacher Kälber mit »Schlundsonden«, oder auch die übliche Vergabe von künstlichen Milchaustauschern entstehen weitere Gesundheitsprobleme. Letztlich muss man angesichts des breiten Spektrums systemimmanenter Erkrankungen bedenken, dass Rinder, genau wie Schweine, Hühner, Puten und andere »Nutztiere« auch, Qualzuchten sind. Demnach gibt es eine Gleichzeitigkeit von haltungs- und zuchtbedingten Erkrankungen, die jedoch alle in gleichem Maße zu anhaltenden Schmerzen und Leiden bei den Tieren führen.

Ein weiterer Aspekt der Haltung von Rindern ist, dass auch diese verstümmelt werden, um sie den Haltungsbedingungen anzupassen. So werden Kälber, die nicht bereits zuchtbedingt keine Hörner mehr ausbilden, in speziellen Vorrichtungen fixiert, damit ihre Hornansätze mit einem Brenneisen ausgebrannt werden können. Alternativ kommen auch »Ätzstifte« zum Einsatz. Die Enthornung wird ohne Betäubung vorgenommen, da eine solche mit »unnötigen« Kosten verbunden wäre. Kühe, die keine Hörner haben, benötigen weniger Platz am Futtertrog. Außerdem sind sie einfacher zu bändigen und stellen eine geringere Gefahr für Menschen dar. Auch können enthornte Tiere ihre Artgenossen nicht versehentlich verletzen, sodass die »Fleischqualität« der Tiere nicht durch zusätzliche Schrammen oder Prellungen eingeschränkt wird.

In vielen Ländern werden zudem die Schwänze der Kühe abgetrennt. Alle diese Praktiken geschehen ohne Betäubung und haben für die Tiere nicht nur massive Schmerzen während des Eingriffs zur Folge, sondern auch lange Zeit danach. Dasselbe gilt für die Kastration, die in vielen Betrieben bei männlichen Tieren vorgenommen wird. Die Kastration erfolgt typischerweise mit einer »Burdizzo-Zange«, mit der für eine längere Zeit die Samenstränge der zu kastrierenden Tiere abgequetscht werden. Durch diese Maßnahme kommt es zu einer dauerhaften Schädigung der Hodenarterien und damit zur Unfruchtbarkeit der Tiere. Dieselbe Methode kommt nicht nur bei Rindern, sondern auch bei der Kastration von Ziegen und Schafen zur Anwendung.

Das wohl grausamste Kapitel sowohl der »Milchviehindustrie« als auch der Kälber- beziehungsweise Rindermast ist die Schlachtung der Tiere. Sobald die Tiere nicht mehr ausreichend Milch geben oder ihr »Schlachtgewicht« erreicht haben, werden sie auf Transporter getrieben und zu Schlachtbetrieben gebracht. Die Transportzeiten können dabei weit über vierundzwanzig Stunden hinausgehen. Ein durch permanenten Zeitdruck bedingter rauer und brutaler Umgang mit den Tieren, die Nichteinhaltung diverser gesetzlicher Vorschriften zum Schutz der Tiere, das permanente Eingesperrtsein in den engen Transportern auf verkoteten Ladeflächen, der Stress durch Hitze oder Kälte sowie eine unzureichende Versorgung mit Futter und Wasser führen bei vielen Tieren dazu, dass sie während des Transports versterben. Ein gewisser Anteil der in Europa lebenden Rinder wird von Viehexporteuren zudem gezielt ins außereuropäische Ausland transportiert. Da es aufgrund der durchgehend erforderlichen Kühlkette teurer wäre, Fleisch zu exportieren, werden die Tiere lebend verfrachtet. Der Transport dauert hierbei nicht selten viele Tage und kann etwa von Deutschland bis in die Türkei reichen.[39] Über Lastkraftwagen und Schiffe werden die Tiere bis vor die Tore der Schlachthöfe gekarrt. Viele Rinder können bei den Verladungen nicht mehr aufstehen, da sie zu erschöpft, verwundet, krank, dehydriert oder verhungert sind. Also werden Kräne oder andere Maschinen eingesetzt, um die Rinder mit Seilen umzuladen, die jeweils an einem ihrer Vorderbeine angebracht werden. Bei diesem Prozess bricht in der Regel das Bein, um das sich das Seil schlingt, was es den Tieren noch schwerer macht, sich zu bewegen. Mit Peitschen, Elektroschockern, Knüppeln, dem Brechen des Schwanzes oder Stichen in die Augen werden die Tiere solange gequält, bis sie sich dennoch mit letzter Kraft und auf ihren gebrochenen Beinstummeln aufstützend in die Tötungskammern bewegen. Dort ist es nicht selten Brauch, den Rindern die Sehnen der Hinterbeine zu durchtrennen. Diese Methode nimmt den Tieren vollends ihre Flucht- beziehungsweise Bewegungsfähigkeit. Einem ähnlichen Zweck dient das Zerschneiden der Augen, das in den Ländern, in denen es keinerlei Tierschutzgesetze gibt, ebenfalls stattfindet.

Aber auch innerhalb Europas, wo umfangreiche Tierschutzgesetze existieren, ist das Schicksal der Rinder nicht weniger schrecklich. Die Tiere, die lebendig an den Schlachtfabriken ankommen, werden ebenfalls mit Gewalt von den Transportern abgeladen. Lahmende Tiere oder sogenannte »Downer«, die es gar nicht mehr auf die Beine schaffen, werden durch Elektroschocker, Mistgabeln, Knüppel, Messerstiche oder andere Methoden wie etwa dem Schwanzbrechen oder dem Eindrücken der Augen dazu getrieben, sich doch aufzurichten und fortzubewegen. Mitunter werden Tiere, bei denen auch die Zufügung maximaler Schmerzen nicht mehr »hilft«, einfach hinter Fahrzeuge oder an stationäre Seilwinden gebunden und in den Bereich der Tötungskammer geschleift. Hier werden alle Tiere mit einem Bolzenschussgerät betäubt, wobei ein Eisenbolzen durch den Schädel beziehungsweise das Stirnbein und ein Stück weit in das Gehirn der Tiere getrieben wird. Dadurch wird das Gehirn der Tiere sowohl entlang des Schusskanals als auch an der Hirnbasis sowie der gegenüberliegenden Seite des Einschusses durch die Gewalteinwirkung des Bolzens beschädigt beziehungsweise zerstört. Auch kommt es zur Beschädigung von Blutgefäßen. Diese Art der Betäubung schlägt häufig fehl, sodass die Tiere eben nicht betäubt sind, sondern den weiteren Schlachtvorgang bei vollem Bewusstsein und Schmerzempfinden miterleben. Aufgrund der Tatsache, dass Schlachtfabrikarbeiter in der Tötungskammer Tiere wie am Fließband betäuben und aufschlitzen, entsteht mit der Zeit eine gewisse Gleichgültigkeit und Abstumpfung gegenüber dem Schicksal der Tiere,[40] sodass »unsachgemäßes« Arbeiten unvermeidlich ist.

Bei der zudem erlaubten Methode des Schächtens wird prinzipiell auf die Betäubung verzichtet und sofort der Schnitt zur »Entblutung« gesetzt. Der »Entblutungsschnitt« in die Kehle wird von Ohr zu Ohr tief in den Hals eingetrieben. Häufig werden die Tiere dabei durch einen »Weinbergschen Umlegeapparat« auf den Rücken gedreht. Die Tiere, die dabei Todesangst durchleben, brüllen, reißen ihre Augen auf oder versuchen, durch heftiges Zappeln vergeblich zu fliehen. Im weiteren Schlachtvorgang wird an eines der Hinterbeine der Tiere eine Kettenschlaufe angelegt, sodass die Tiere kopfüber an einen an der Decke angebrachten Kettenzug gehangen werden können. So hängend, sollen die Tiere ausbluten. Dieser Prozess kann mehrere Minuten dauern. Dabei atmen die Tiere durch die aufgrund des Kehlschnitts eröffnete Luftröhre Blut ein, was zusätzlich zu einem Erstickungsgefühl führt. Die faktische Bewusstlosigkeit der Tiere tritt erst sehr spät ein, da das Gehirn der Tiere nicht allein durch die durchschnittenen Halsadern, sondern zusätzlich durch Adern in einem knöchernen Kanal der Halswirbelsäule versorgt wird.[41]

Bei egal welcher Schlachtmethode kommt es gerade bei derart großen Tieren wie Rindern immer wieder zu »Zwischenfällen«. So trifft oftmals der Bolzenschussapparat nicht die richtige Stelle, da die Tiere in den Tötungsboxen in Panik versetzt sind und nicht stillhalten. Oder es müssen mehrere Bolzenschüsse erfolgen, damit überhaupt eine Betäubung einsetzt. In vielen, gerade kleineren Schlachthöfen findet keine Überprüfung statt, ob eine erfolgreiche Betäubung überhaupt eingesetzt hat. Doch selbst wenn dies der Fall ist und sichergestellt wird, dass die Tiere durch den Einschlag des Bolzens am Schädel »weggetreten« sind, hält die Betäubung oft nicht lange genug an. Kopfüber und an einem Hinterbein am Schlachtband hängend, fangen die Tiere an, mit den Beinen zu schlagen, sich aufzubäumen, zu brüllen und zu röcheln. Der »Entblutungsschnitt«, der entweder per »Bruststich« erfolgt oder bei dem die Halsschlagadern der Tiere mit dem Schlachtmesser getroffen und geöffnet werden sollen, misslingt ebenfalls häufig. Dann schießt zwar Blut aus der Schnittwunde, aber das Blut fließt zu langsam aus dem Körper der Tiere, sodass der Tod, der letztlich durch eine Unterversorgung des Gehirns mit Sauerstoff erfolgt, erst im Verlauf der weiteren Zerlegung eintritt, bei der die Füße der Tiere mit einem Messer abgetrennt werden und schließlich der Kopf. In weiteren Arbeitsschritten werden die Organe aus den Tieren entnommen und die Haut mit speziellen Maschinen abgezogen.

Neben den genannten »Zwischenfällen«, die mehr die Regel als die Ausnahme sind, wie Videoaufnahmen aus Schlachthöfen in aller Welt, aber auch speziell aus Deutschland und Nachbarländern zeigen, kommt es immer wieder zur Schlachtung schwangerer Kühe. Da die Kühe in der Milchindustrie durch die permanente künstliche Befruchtung gewissermaßen »dauerschwanger« sind, kann es vorkommen, dass Landwirte Tiere, die für den Betrieb etwa aufgrund von Gesundheitsproblemen nicht mehr ausreichend Profit bringen, kurzfristig zur Schlachtung abgeben – unabhängig davon, ob sie schwanger sind oder nicht. Erst beim Zerlegen der Kühe in den Schlachtfabriken können dann die mehr oder minder weit entwickelten Föten tot aus den Gebärmüttern herausgeholt werden. Die jungen Tiere, die in vielen Fällen eigentlich bereits als Kälber lebensfähig wären, ersticken zuvor im Zuge der Betäubung beziehungsweise Schlachtung ihrer Mütter in einem minutenlangen Todeskampf. Zusammen mit den entnommenen Organen landen sie dann auf dem Schlachtabfall. Dies könnte verhindert werden, würden vor der Schlachtung Schwangerschaftstest durchgeführt. Doch da diese mit Kosten verbunden sind, verzichtet man auf sie.

***

Neben Säugetieren wie Schweinen oder Rindern werden auch Vögel als »Nutztiere« gehalten. Zu diesen Vögeln gehören insbesondere Hühner, Puten, Enten, Gänse und Wachteln. Hierbei muss wiederum differenziert werden zwischen Vögeln, die in der Eierindustrie verwendet, und Vögeln, die allein zum Zweck der »Fleischgewinnung« gehalten werden. Zwar werden auch »Legehennen« nach einem kurzen Leben geschlachtet, sodass deren Körper als »Suppenhühner« vermarktet werden können, allerdings wird den Tieren insbesondere der Zweck zugeschrieben, Eier zu legen. »Masthühner« dagegen, die auf einen raschen »Fleischansatz« gezüchtet sind, legen keine Eier, sondern verbringen ihr nur wenige Wochen dauerndes Leben in stickigen Hallen auf ihrem eigenen Kot am Boden sitzend, bevor ihnen ihr Leben in einer Schlachtfabrik genommen wird. Die verschiedenen Vögel werden entsprechend ihrer unterschiedlichen Nutzungsarten in speziellen Haltungssystemen untergebracht. Alle Haltungsformen bedeuten für die intelligenten, sozialen und mit einer einfachen Form von Selbst- und Zukunftsbewusstsein[42] ausgestatteten Tiere schwere Leiden und Schmerzen. Dies wird insbesondere dadurch verdeutlicht, dass ein gewisser Prozentsatz der jeweils in einem Stall oder Stallabteil eingesperrten Tiere allein aufgrund der quälerischen und unnatürlichen Haltungsbedingungen stirbt. Bei männlichen »Mastputen« beispielsweise sind dies typischerweise zehn Prozent eines »Mastdurchgangs«.[43] Bei Stallanlagen mit zehntausend Tieren bedeutet das, dass tausend Tiere »verenden«, will heißen: Jedes einzelne dieser Tiere stirbt einen langsamen, leidvollen Tod.

Weltweit leben die meisten Hühner, die zur Eiergewinnung gehalten werden, in winzigen Käfigen, wo sie mit einigen anderen Artgenossen so zusammengepfercht werden, dass sie nicht einmal ihre Flügel ausstrecken können.

In Europa ist die konventionelle Käfighaltung, die häufig als »Legebatterie« bezeichnet wird, seit einigen Jahren verboten. Allerdings ist das Verbot lange ignoriert worden. Und global betrachtet kommen nach wie vor die meisten Eier aus derartigen Haltungssystemen. Die konventionelle Käfighaltung ist in Europa ersetzt worden durch die »Kleingruppenhaltung«. Diese Form der Haltung bedeutet schlicht eine Art Käfigvergrößerung. In die vergrößerten Käfige darf allerdings wiederum eine größere Anzahl an Tieren eingepfercht werden. An den Lebensbedingungen der Tiere und der Enge, der sie ausgesetzt sind, hat sich demnach so gut wie nichts verändert. Neben der Kleingruppenhaltung gibt es die »Volieren-« oder »Bodenhaltung«, bei der die Vögel häufig weniger auf dem Boden leben, wie es der Begriff suggeriert, sondern auf speziellen Gestängen in einer Art metallenem Regal mit mehreren Etagen, die euphemistisch auch als »Bewegungsebenen« bezeichnet werden.[44] Und obwohl die Tiere bei dieser Haltungsart nicht in einzelne Käfige gesperrt werden, so leiden sie doch gleichermaßen an der Enge, dem Gestank, der Langeweile, der hohen Staubbelastung und dem Schmutz. Viele Tiere reagieren auf den Stress, der durch den unzureichend bemessenen Raum sowie durch fehlende Möglichkeiten zum Scharren und Picken auf natürlichen Böden zwecks Futtersuche ausgelöst wird, mit Kloaken- oder Federpicken. Bei letzterem beißen sich die Tiere gegenseitig die Federn aus und picken anschließend in die blutigen Wunden. In der Bodenhaltung haben die dadurch verletzten Tiere noch ansatzweise eine Chance, ihren Artgenossen auszuweichen. In der Käfighaltung ist selbst das nicht möglich. Unzählige Tiere sterben so an ihren Verletzungen. Die toten Tiere werden nicht selten über einen längeren Zeitraum in den Haltungseinrichtungen belassen, sodass tote Tiere zwischen lebendigen verwesen. Als Reaktion auf intensives Federpicken wird unter anderem das Kunstlicht, das die Stallungen erhellen soll, soweit gedämmt, dass die Tiere quasi im Dunkeln sitzen und sich nicht mehr gegenseitig sehen können. Dann wird auch das Federpicken weniger. So wird dem einen Missstand mit einem anderen begegnet. Paradox daran ist, dass derartige Maßnahmen noch unter dem Label des praktischen »Tierschutzes« betrieben werden können – schließlich wird aktiv dafür gesorgt, dass weniger Tiere verletzt werden und sterben.

Aus Gründen des »Tierschutzes« findet auch eine systematische Verstümmelung der Hühner statt. Hühnern, die zur Eierproduktion gehalten werden, »kupiert« man die empfindlichen Schnäbel. Das heißt, dass die mit schmerzempfindlichen Nerven durchsetzte Spitze des Schnabels, der eigentlich als wichtiges Tastorgan dient, abgetrennt wird. Dieser Eingriff in die körperliche Unversehrtheit der Tiere verursacht lang anhaltende, mitunter auch chronische Schmerzen. Durch das Schnabelkürzen soll erreicht werden, dass sich die Tiere, wenn sie in engen Käfigen oder stickigen Hallen zusammengepfercht sind, mit einer geringeren Wahrscheinlichkeit gegenseitig verletzen. Schließlich können Tiere, deren Schnabel verstümmelt ist, die Federn anderer Tiere schlechter erfassen.

Allein in Deutschland leben etwa 40 Millionen Hühner, die zum Zweck der Eiergewinnung gehalten werden. Dabei können die Tiere, egal in welchem Haltungssystem sie ihr Leben verbringen müssen, selbst Grundbedürfnisse nicht ausleben. Zu diesen Grundbedürfnissen zählen die Freiheit von Krankheiten, Verletzungen oder allgemein Schmerzen und Leiden, das freie Bewegen und Erkunden der Umgebung, das Leben in intakten sozialen Gemeinschaften, der Nestbau, das Ausleben arteigener Verhaltensweisen wie Scharren mit den Füßen, Picken oder Sandbaden, ungestörtes Ruhen oder Schlafen, das Ausbilden einer stabilen Rangordnung und vieles mehr. Selbst bei der sogenannten »Freilandhaltung« ist die Befriedigung der Grundbedürfnisse von Hühnern nicht gewährleistet, denn die Tiere erhalten nur zu begrenzten Zeiten Auslauf unter freiem Himmel, leben ansonsten aber wie ihre Artgenossen in Bodenhaltung. In der Bodenhaltung, dem am häufigsten in Deutschland praktizierten Haltungssystem, haben die Tiere nur auf einem kleinen Teil der Bodenfläche Einstreu, die jedoch in kürzester Zeit mit Kot durchsetzt ist. Der größte Anteil des Bodens, auf dem die Tiere leben müssen, besteht aus Metallstangen oder Gittern. Auf diesem unnatürlichen Untergrund ziehen sich viele Hühner schmerzhafte Fußverletzungen zu.

Zu den leidvollen Lebensbedingungen zählen zudem die kaum erträglichen Luftverhältnisse in den Betrieben.[45] Insbesondere durch den Abrieb der Federn und die am Boden vorhandene Einstreu ist die Luft derart dicht mit Staub durchsetzt, dass das Atmen schwerfällt. Der überwiegend lungengängige Feinstaub ist ferner Träger von krank machenden Keimen. Durch die Zersetzung des Kots in den Stallungen entstehen zudem übel riechende »Schadgase« wie etwa Ammoniak, das die Tiere permanent einatmen müssen und das in vielen Fällen zu quälenden Atemwegserkrankungen und Augenreizungen führt.

Die zuchtbedingt hohe »Legeleistung« der Hühner verursacht weitere anhaltende Schmerzen und Leiden. Legten die Vorfahren moderner »Legerassen« kaum fünfzig Eier pro Jahr, um ihren Nachwuchs zu sichern, so sind es heute circa dreihundert Eier jährlich, die von Tieren stammen, deren Brutinstinkt in Gänze »weggezüchtet« ist. Die hohe »Legeleistung« führt nicht selten zu Eileiterentzündungen und anderen Erkrankungen, die häufig mit einem frühen Tod der Tiere enden. Neben jenen Entzündungen leiden viele Tiere an Herz-Kreislauf-Erkrankungen, Parasitenbefall, Arthritis, Infektions- und Knochenerkrankungen sowie Skelettanomalien und derlei mehr.[46] Die Körper der gestorbenen Vögel werden, sofern sie denn nach einiger Zeit durch Arbeiter eingesammelt werden und nicht inmitten der anderen Hühner verwesen, achtlos in Mülltonnen oder andere Kadaverbehälter außerhalb der Stallungen gebracht.

Einem frühen Tod sehen genau genommen alle Tiere entgegen. Könnten Hühner in Freiheit eigentlich weit über zehn Jahre alt werden, so wird ihr Leben in der Eierindustrie meistens bereits nach circa einem Jahr gewaltsam beendet. Dies gilt jedoch nur für die weiblichen Tiere. Deren Brüder, die aufgrund des fehlenden Menstruationszyklus keine Eier legen und auch für die »Fleischgewinnung« nicht rentabel sind, da sie nicht auf schnellen Fleischansatz hin gezüchtet wurden und damit zu langsam wachsen, um rentabel verkauft zu werden, werden bereits wenige Stunden nach dem Schlüpfen getötet. So landen die Küken nach dem Schlüpfen und der Bestimmung ihres Geschlechts auf Förderbändern, wobei die männlichen Tiere meistens einem Trichter zugeführt werden, an dessen Unterseite rotierende Metallblätter die kleinen Tiere in Stücke reißen. Eine Alternative zum sogenannten »Kükenschreddern« stellt das Vergasen der Tiere mit Kohlenstoffdioxid dar. Hier müssen die Tiere, anstatt bei lebendigem Leib zerstückelt zu werden, einen langsamen Erstickungstod sterben. Diese Praktiken betreffen allein in Deutschland knapp fünfzig Millionen Tiere jährlich. Und obwohl seitens der Politik »Ausstiegsszenarien« aus dem »Kükenschreddern« angekündigt werden, hat sich an der Praxis des millionenfachen maschinellen Zerfetzens fühlender Lebewesen bislang nichts geändert.

Während der »Legeperiode« werden zur Einsparung von Futterkosten in vielen Betrieben »schlechte Leger« laufend »ausgemerzt«.[47] Die »älteren« Tiere, deren »Legeleistung« nach etwas mehr als einem Lebensjahr durch die permanenten Strapazen abnimmt, werden »ausgestallt« und geschlachtet. Dabei werden die Tiere von Ausstallern eingefangen, also zu mehreren an den Beinen gepackt und in Kisten gestopft. Mit den Kisten wird typischerweise äußerst ruppig verfahren. Sie werden geworfen, getreten oder aus großer Höhe fallen gelassen. Dass sich die Tiere darin Knochen brechen, Quetschungen oder anderweitige Verletzungen zuziehen, ist für die unter Zeitdruck stehenden Ausstaller unbedeutend. Die Tiere müssen lediglich noch so lange überleben, bis sie die Schlachtfabrik erreichen. Zu dieser werden sie per Tiertransporter gefahren. Im Schlachtbetrieb werden die Tiere aus den Kisten entnommen, kopfüber ans Schlachtband gehängt und durch ein Elektrobad gezogen. Anschließend wird ihnen die Kehle aufgeschnitten, sodass sie verbluten. Da dieser Prozess häufig fehlschlägt, die Tiere also entweder nicht richtig betäubt sind oder der Halsschnitt nicht »richtig« erfolgt, erleben unzählige Tiere den Schlachtprozess bei vollem Bewusstsein mit.

Die Eierindustrie stellt einen eigenen Industriezweig dar. Dieser ist wie erwähnt zu differenzieren von der industriellen Misshandlung von Vögeln zum Zweck der Fleischgewinnung. Zu den hier verwendeten Tieren gehören insbesondere »Masthühner«, »Mastputen«, »Mastenten« und »Mastgänse«. Hier dienen in einem ersten Schritt spezielle Zuchtbetriebe der Produktion von Eiern, die ausgebrütet werden. Es werden »Elterntierfarmen« betrieben, in denen ausgewählte Zuchttiere zur Produktion von möglichst vielen Nachkommen benutzt werden. Die gelegten Eier werden von den Elterntierfarmen in Brütereibetriebe verbracht, wo die Tiere nach einiger Zeit aus ihren Eiern schlüpfen. Anschließend werden die Jungtiere in strukturlose Masthallen verfrachtet, in denen sie am Boden auf ihrem eigenen Kot leben müssen. Anders als in Haltungssystemen für Rinder oder Schweine haben Masthallen für Geflügel keinen Spaltenboden, durch den der Kot durchgetreten werden kann. Daher bildet sich insbesondere in den späteren Phasen der Mast eine mehrere Zentimeter dicke, stinkende Kotplatte, auf der sich die Tiere bewegen müssen.

In der Hühnermast werden – außer bei der geschlechtergetrennten »Roastermast« – sowohl männliche als auch weibliche »Brathähnchen« aus speziellen Geflügelzuchtbetrieben eingestallt. Bei der Putenmast ist es ähnlich, bloß, dass hier weibliche und männliche Tiere getrennt gehalten werden, da sie unterschiedlich schnell wachsen und zu verschiedenen Zeitpunkten ausgestallt werden. In der konventionellen Hühnermast werden nicht selten Stallanlagen mit über hunderttausend Tieren betrieben. Bei einer solchen Menge an Tieren ist es auch bei intensiver »Tierkontrolle« unmöglich, jedem Tier die nötige Betreuung zukommen zu lassen. Dies ist auch gar nicht gewollt. Schließlich erzeugt etwa die tierärztliche Behandlung einzelner Tiere zusätzliche Kosten. Erkrankungen sind für die Mäster nur dann von Relevanz, wenn sie eine ausreichend hohe Anzahl an Tieren betreffen. Dann werden zumeist über das

Trinkwasser Antibiotika an die gesamte Herde ausgegeben. Solche Antibiotikabehandlungen erhalten über fünfundneunzig Prozent aller »Masthühner«[48]. Zudem verdursten viele Tiere schlicht, da sie aufgrund von Schwäche oder Krankheit nicht mehr die Tränkvorrichtungen erreichen. Oder aber die schwachen Tiere werden beim Stalldurchgang entdeckt, da sie einfach liegen bleiben und nicht wie die anderen Tiere davonstieben. Dies bedeutet für die Tiere in der Regel, dass sie erstochen, totgeschlagen oder lebendig entsorgt werden.

Da den Tieren das natürliche Sättigungsgefühl »weggezüchtet« worden ist,[49] fressen sie große Mengen der nährstoffkonzentrierten Mastfuttermischungen und setzen so im Brust- und Beinbereich rasch Muskulatur und Fett an. So erfahren beispielsweise Puten im Laufe ihres kurzen Lebens eine Gewichtszunahme von über zwanzig Kilogramm.[50] Dies entspricht einer Gewichtssteigerung um das circa Dreihundertfache des Gewichts als Küken. »Masthühner« werden bereits nach circa dreißig bis vierzig Tagen geschlachtet, »Mastputen« je nach Geschlecht nach hundert bis hundertfünfzig Tagen. Für alle Tiere gilt, dass sie noch als junge Vogelkinder getötet werden. Während die natürliche Lebenserwartung der Tiere mehr als zehn Jahre beträgt, so umfasst ihr Leben in Tierfabriken nur einen Bruchteil dieser Zeit. Zwar sehen die Tiere in den späteren Phasen der Mast aufgrund der Überzüchtung äußerlich so aus wie erwachsene Tiere. Doch an dem hohen, kindlichen Piepsen der Hühner wird deutlich, dass es sich um Jungtiere handelt. Diese müssen sich, beispielsweise im Falle von »Masthühnern«, sobald sie ihr »Mastendgewicht« erreicht haben, mit über zwanzig Artgenossen einen Platz von einem Quadratmeter teilen. Faktisch bedeutet dies, dass in den Mastanlagen für Hühner, Puten und andere Vögel irgendwann die gesamte Stallfläche mit Tieren vollgepfercht ist. Spätestens unter diesen Bedingungen ist es für die Tiere unmöglich, ihre natürlichen Verhaltensweisen auszuleben und essenzielle Grundbedürfnisse zu befriedigen. Dazu gehört, ähnlich wie bei den »Legehennen«, die Pflege des Sozialverhaltens, das freie Ausstrecken der Flügel, die Gefiederpflege, freie Bewegung und das Scharren. Auch steigt mit zunehmender »Besatzdichte« die Zahl der kranken Tiere.[51] Zudem kann es passieren, dass sich Tiere aufgrund der Enge gegenseitig erdrücken. Gerade bei Massenpaniken, die insbesondere bei den schreckhaften Puten immer wieder ausbrechen, sterben Hunderte von Tieren. Ferner wirkt sich insbesondere das ununterbrochene Stehen und Liegen auf dem mit Kot bedeckten, feuchten Boden negativ auf die Gesundheit und das Befinden der Tiere aus. Ammoniak und andere Schadgase belasten die Tiere. Das stechend riechende Ammoniak hat seine höchste Konzentration am Boden der Stallanlagen, wo die Tiere es permanent einatmen müssen und dadurch Entzündungen der Augen, Schleimhautreizungen oder andere Atemwegserkrankungen davontragen. Studien haben ergeben, dass unter den üblichen Bedingungen der Hühnermast zum Ende der Mast hin über neunzig Prozent des Bodens aus Exkrementen bestehen.[52] Dies bewirkt unter anderem krankhafte Veränderungen an den Füßen und Brüsten der allermeisten Tiere.[53]

Weitere Faktoren, die das Leben der Tiere zu einer Tortur machen, sind die Verstümmelungen der Schnäbel bei Puten und Enten, die unnatürlichen Lichtverhältnisse in den Mastbetrieben oder das durch Lärm oder Gedränge gestörte Ruheverhalten. Würde die Mastphase länger anhalten, als dies üblicherweise der Fall ist, würden derart viele Tiere an den Haltungsbedingungen sterben, dass die Tierhaltung ihre Rentabilität einbüßen würde. Knochendeformationen, Beinschäden, Gelenkserkrankungen, Herz-Kreislauf-Erkrankungen, Brustblasen, Hautverletzungen et cetera machen die Tiere zu derart fragilen Wesen, dass es verwunderlich ist, wie sie überhaupt die wenigen Tage ihres Lebens überleben. Studien ergaben, dass die Bewegungsaktivität von »Masthühnern« am Ende der Mastphase derart reduziert ist, dass sich die Tiere nur noch während eines winzigen Bruchteils der Zeit eines Tages überhaupt fortbewegen.[54]

Auch Enten und Gänse, die ebenfalls zur »Fleischgewinnung« gezüchtet und gemästet werden, erleiden ein trauriges Schicksal. Besonders tierquälerisch für Enten wirkt sich aus, dass diesen in den Mastbetrieben – mit Ausnahme der Tränknippel – der Zugang zum Wasser verwehrt wird. Dabei ist es ein Grundbedürfnis von Enten, sich im Wasser aufzuhalten, dort zu tauchen, im Wasser nach Nahrung zu suchen oder sich damit zu putzen. Auch diese Vogelart ist von der regelmäßigen Verstümmelung des Schnabels, einem sensiblen Tastorgan der Tiere, aus den bereits beschriebenen Gründen betroffen. In der Praxis verhindert dieser Eingriff die haltungsbedingten Verhaltensstörungen jedoch nicht. Bei Enten werden zusätzlich die Krallen abgeschnitten, um Kratzverletzungen vorzubeugen. Diese entstehen insbesondere dann, wenn die Tiere in der Enge der Mastbetriebe übereinander herlaufen. Bei dem Eingriff werden alle Zehen der Tiere zusammengedrückt und mit einem Schnitt gekürzt. Dabei werden mitunter auch die empfindlichen Glieder der vorstehenden Mittelzehe amputiert.[55] Wie bei den anderen Tierarten auch, so erfolgen die genannten Eingriffe bei Enten ebenfalls ohne die vorherige Gabe schmerzlindernder Mittel.

Die Schlachtung der Hühner, Puten, Enten und Gänse erfolgt im Grunde auf die gleiche Weise wie die der »Legehennen«. Eine Gruppe an Ausstallern fängt die Tiere ein, indem sie an den Beinen gepackt und in Kisten geschleudert werden. Für »Masthühner« sind sogar maschinelle Ausstallungsmethoden entwickelt worden. Dabei fährt ein mähdrescherartiges Gefährt durch den Stall und »saugt« die Tiere über rotierende Gummiwalzen ein. In der Maschine werden die Hühner über Förderbänder in Transportkisten verfrachtet. Viele tote Tiere fordert indes der stressbehaftete Transport zum Schlachtbetrieb. Diejenigen Hühner, Puten, Gänse oder Enten, welche die Tortur des mitunter viele Stunden dauernden Tiertransports überstehen, werden im Schlachtbetrieb aus den Kisten entnommen und kopfüber in die Metallbügel des Schlachtbands gehängt. Die Tiere schreien dabei und flattern heftig mit den Flügeln. Viele brechen sich im Zuge dessen die Flügelknochen. Das Schlachtband fährt dann typischerweise entlang eines Elektrobads, das die Tiere betäuben soll, bevor ihnen durch eine Art Sägeblatt, an dem die Tiere entlang gezogen werden, der Hals aufgeschlitzt wird und sie ausbluten.

***

Während Vögel zahlenmäßig die am häufigsten als »Nutztiere« missbrauchten Landtiere stellen – allein in Deutschland werden jährlich über eine halbe Milliarde Tiere getötet –, ist die Zahl der tierindustriell getöteten Fische nochmals weitaus höher. Dennoch zählen Fische zu den »vergessenen« Opfern der Tierindustrie. Weit verbreitet ist der Glaube, Fische hätten kein Schmerzempfinden und bedürften daher keines besonderen Schutzes. Die Annahme, Fische könnten nicht leiden, ist jedoch falsch – zahlreiche Forschungsarbeiten belegen die Schmerzempfindlichkeit von Fischen.[56] Dass Fische so selten als Individuen wahrgenommen werden, die in den Tierschutz inkludiert werden müssen, liegt auch an ihrer phänotypischen Andersheit im Vergleich zu anderen Tieren. Dabei sind Fische »höheren« Tieren durchaus ähnlich hinsichtlich ihrer ebenso komplexen wie umfangreichen geistigen und kommunikativen beziehungsweise sozialen Fähigkeiten[57] sowie ihrer Fähigkeit, Werkzeuge zu gebrauchen.[58] Fische werden jedoch, ungeachtet ihrer individuellen Fähigkeiten und ihres Leidensvermögens, typischerweise wie eine bloße Ressource behandelt und in gigantischen Mengen aus den Meeren geholt. Die »Überfischung« betrifft dabei einen Großteil der Fischbestände und gefährdet die

Ökosysteme der Meere. Die Diskussionen über »Fangquoten« und »Überfischung« lassen dabei vergessen, dass trotz der unmessbaren Zahl gefangener und getöteter Fische jedes einzelne Tier ein empfindsames Individuum war, das aus seiner natürlichen Lebenswelt gerissen wurde und einen grausamen Tod erlitten hat. Die Rede vom »Beifang« suggeriert, es gäbe eine Trennung zwischen Tieren, die nur »aus Versehen« ins Netz gegangen sind und »Zielarten«, die korrekterweise gefangen wurden. Tatsächlich sind vierzig Prozent aller weltweit gefangenen Fische »Beifang«.[59] Als »Beifang« werden dabei alle Fische definiert, die entweder nicht verarbeitet oder ins Meer zurückgeworfen werden.[60] Unter den Tieren, die aufgrund »unselektiver Fischerei« gefangen und anschließend wieder ins Meer zurückgegeben werden, sind in unzähligen Fällen auch »Sympathieträger« des Tierreichs wie Delphine, Wale oder Schildkröten. Einen großen Anteil des »Beifangs« machen als zu klein erachtete Fische aus oder Fische, die einer Art angehören, mit der sich auf dem Fischmarkt wenig Gewinn machen lässt.

Das Fangen der Fische erfolgt in den meisten Fällen über Schleppnetze. Diese von einem oder mehreren Schiffen gezogenen Vorrichtungen sind so aufgebaut, dass die Fische durch die nach vorne gerichtete große Öffnung der Netze eingefangen werden und dann am hinteren Ende derselben, dem »Steert«, bis zum Einholen der Schleppnetze verbleiben. Eine besonders zerstörerische Art der Fischerei findet durch den Einsatz von Grundschleppnetzen statt. Diese werden direkt über den Grund der Meere gezogen, wobei die Zerstörungskraft der Netze mit einem Schlag ganze Ökosysteme auslöscht. Ein Teil der Tiere stirbt bereits vor dem Einholen der Schleppnetze, da sie durch den immensen Druck, den die Körper der Tiere in der Enge der Fangsäcke aufeinander ausüben, ihre Kiemen nicht bewegen können und ersticken. Neben der Fischerei mit Schleppnetzen stellt der Einsatz von Kiemennetzen eine weitere Methode dar, Fische zu fangen. Kiemennetze werden senkrecht ins Meereswasser gehangen. Die Tiere, die in ein Kiemennetz schwimmen, verfangen sich mit ihren Kiemendeckeln oder Flossen in den aus feinen Maschen bestehenden Netzen. Dabei geraten die Tiere durch die vergeblichen Versuche, sich zu befreien, allmählich in Panik. Durch das Zappeln verfangen sie sich jedoch nur noch stärker in den Netzen, was nach einem langen Todeskampf bis zum Ersticken führen kann. Neben Schlepp- und Kiemennetzen kommen auch Ringwaden zum Einsatz, die kreisförmig um ganze Fischschwärme gelegt und dann zugezogen werden. Die darin gefangenen Fische werden dann entweder durch das Einholen der Netze oder mit Saugpumpen, die in die Ringwaden gehalten werden, an Bord der Schiffe befördert. Eine weitere Fangmethode sind Langleinen, die mit zahlreichen davon abgehenden Köderhaken besetzt sind, auf die wiederum lebendige Köderfische aufgespießt sind. Diese »Bestückung« der Köderhaken erfolgt häufig maschinell. Die Langleinen werden anschließend zwischen Meeresgrund und Wasseroberfläche angebracht, wobei im Laufe der Zeit immer mehr Tiere an den Köderhaken anbeißen, die sich durch Lippen, Kiemen oder andere Körperteile der Fische bohren und sie an der Leine festhalten. Ähnlich wie Langleinen werden Stellnetze, die schlicht die Form großflächiger Netze haben, in senkrechter Ausrichtung mit Bojen, Gewichten oder Ankern in den Meeren angebracht. Im Laufe der Zeit verfangen sich immer mehr Tiere in ihnen, bevor sie dann nach einer gewissen Standzeit eingeholt werden. Ebenfalls in der Liste der Fangmethoden muss die Harpune erwähnt werden. Harpunen sind mit Widerhaken versehene Speere, mit denen große Fischarten wie Wale oder Schwertfische beschossen werden. Steckt die Harpune einmal in einem der Tiere, wird abgewartet, bis es »erschöpft« ist, bevor es dann mit Leinen gesichert an Bord der Schiffe gezogen und der weiteren Schlachtung unterzogen wird.

Die tierschutzrechtliche Vorschrift, dass Tiere vor der Tötung betäubt sein sollen, wird in weiten Bereichen der Fischfangindustrie ignoriert. Unzähligen Tieren platzt im Zuge der Einholung beispielsweise von großen Schleppnetzen und des damit verbundenen Druckabfalls die Schwimmblase, anderen Tieren werden die Augen aus den Höhlen gedrückt, mitunter treten Teile der Gedärme aus den Mündern sowie Aftern der Tiere heraus.[61] Häufig werden die Fische in noch lebendigem Zustand »weiterverarbeitet« beziehungsweise »ausgenommen«. Die Schlachtmethoden für Fische sind in der Mehrzahl der Fälle derart, dass die Tiere nur langsam das Bewusstsein verlieren und einen äußerst leidvollen Tod sterben. Der Todeskampf der Tiere reicht von wenigen Minuten bis hin zu mehreren Stunden.[62] Getötet werden die Tiere, indem man sie ersticken lässt, wobei sie, um die »Fleischqualität« zu verbessern, teilweise in Eis oder Eiswasser gelegt werden, was den Todeskampf der betroffenen Fische jedoch in die Länge zieht. Ferner lässt man die Tiere ausbluten, indem man ihnen die Kiemen aufschneidet oder aufreißt. Eine weitere Methode ist das Ersticken der Tiere in mit Kohlenstoffdioxid gesättigtem Wasser, das mitunter ebenfalls mit Eis angereichert ist, mit anschließender »Entblutung«. Auch bei dieser Methode dauert der Todeskampf der Tiere mehrere Minuten bis weit über eine Stunde. Getötet werden Fische ferner durch einfaches Ausnehmen ohne vorherige Betäubung, wobei der Tod durch eine Mischung aus Ersticken und Verbluten eintritt. Bei der Ausweidung werden verschiedene Verfahren eingesetzt, die je nach Art der Fische variieren. Heringe werden beispielsweise »gekehlt«, indem der Magen-Darm-Trakt aus den Tieren herausgenommen wird, bei Steinbutt wird die Leber entfernt oder bei Kabeljau werden die gesamten Eingeweide entnommen. Auch in partiell ausgeweidetem Zustand leben die Tiere in manchen Fällen noch für eine längere Zeit. Weiter wird den gefangenen Fischen der Kopf abgeschnitten, was beispielsweise bei Aalen, die nur sehr schwer zu töten sind, gemacht wird. Eine weitere Methode ist das Anästhesieren der Tiere beispielsweise durch Nelkenöl sowie das anschließende Erschlagen oder Aufspießen. Ebenfalls zur Tötung eingesetzt werden sauerstoffarme, Salz- oder Ammoniak-Bäder, die ebenfalls einen langsamen Tod für die betroffenen Tiere bedeuten. Viele Fische werden zudem durch Elektro-Immobilisierung oder Elektrofischung getötet. Bei ersterer Methode werden Fische einem schmerzhaften, nicht tödlichen Stromschlag ausgesetzt, der sie lediglich bewegungsunfähig, nicht jedoch empfindungslos macht. In durch den Stromschlag immobilisiertem Zustand werden die Tiere dann ausgenommen. Bei letzterer Methode wird Strom direkt ins Wasser zu den Tieren geleitet, die anschließend an die Wasseroberfläche getrieben und dort mit Netzen eingeholt werden. Der Stromschlag, dem die Tiere beim Elektrofischen ausgesetzt werden, ist mit großen Schmerzen für die Tiere verbunden und führt häufig zu Blutungen oder sogar gebrochenen Wirbelsäulen.[63] Neben diesen auf eine Masse an Tieren angewendeten Tötungsarten gibt es eine ganze Reihe an Tötungsmethoden, die auf einzelne Tiere gerichtet sind. Gängig ist der Betäubungsschlag, der nicht nur beim »Angelsport«, sondern auch in der kommerziellen Fischerei eingesetzt wird. Hier wird mit einem Holzknüppel auf den Kopf der Tiere geschlagen, wobei anschließend mehr oder minder schnell der Tod der Tiere eintritt. Eine dem Betäubungsschlag ähnliche, jedoch besonders grausame Methode ist der Explosionsschock, der beispielsweise beim »Dynamitfischen« eingesetzt wird. Bei diesem werden allerdings nur diejenigen Fische »zuverlässig« getötet, die sich unmittelbar im engeren Detonationsradius aufhalten. Alle davon weiter entfernten Tiere erleiden mehr oder minder schwere Verletzungen. Des Weiteren wird beim sogenannten »Spiking« ein Eisenstab in das Gehirn der Fische getrieben, wobei je nach Verfahren ebenfalls Teile des Rückenmarks beschädigt werden können. Die Methode des »Spikings« wird insbesondere bei größeren Tieren wie etwa Thunfischen eingesetzt. Aufgrund der Tatsache, dass die Tiere vor dem »Spiking« zappeln und das Gehirn der Fische schwer zu treffen ist, misslingt das »Spiking« in vielen Fällen, sodass die Tiere nur verletzt werden, aber nicht bewusstlos oder tot sind. Ähnlich wie beim »Spiking« werden in manchen Fischfanggebieten gerade größere Fische auch mit einem Gewehr erschossen.

Aufgrund der Tatsache, dass die Tötung von Fischen in den allermeisten Fällen massenhaft passiert und industriell organisiert wird, ist das Schicksal einzelner Individuen bedeutungslos.[64] Die Schmerzen, der Stress und die Angst, welche die Tiere zu Millionen und Milliarden erleiden, sind für die Fischindustrie irrelevant. Dies gilt für die Jagd auf wilde Fische genauso wie für Fischfarmen. In »Aquakulturen«, welche die Form von Teichen, Zuchtbecken, Netzgehegen oder Meereskäfigen haben können, werden sowohl Süßwasser-, als auch Meeresfische gezüchtet, wobei häufig lediglich eine einzelne Fischart »produziert« wird. Auch Krebstiere wie beispielsweise Garnelen werden, sofern sie nicht in der Wildnis qua Reusen oder Grundschleppnetzen gefangen werden, in Aquakulturen gezüchtet. Nicht anders als in Mastanlagen für Landtiere werden die Meerestiere in Aquakulturen auf engstem Raum gefangen gehalten. Dies führt zu diversen Problemen; unzählige Tiere werden krank, verletzen sich aufgrund der Enge beispielsweise an den Flossen gegenseitig, können ihre natürlichen Verhaltensweisen nicht ausleben, sind in ihrer freien Bewegung eingeschränkt, leiden an Reizarmut, werden aggressiv oder sterben verfrüht.[65] Bei Lachsen, die in Aquakulturen leben und als »drop outs«, also unterentwickelt gelten, konnten über Biomarker gar depressionsartige Zustände festgestellt werden.[66]

Nicht anders als in Mastanlagen für Landtiere bereitet den Tieren das »Handling«, also die Entnahme aus dem Wasser, die Sortierung, das Überprüfen der Geschlechtsreife, die Entnahme von Geschlechtsprodukten oder die Vorbereitung auf Transporte oder Schlachtungen enormen Stress. Eine weitere Parallele besteht in der gezielten Zucht von möglichst schweren, schnell wachsenden Tieren mit optimalen »Futterumsatzraten« und hohen Krankheitsresistenzen. Da die extremen »Zuchterfolge«, die mitunter bei Fischen in Aquakulturen erreicht worden sind, mit zuchtbedingten Leiden für die Tiere einhergehen, ist es nur angemessen, auch hier von Qualzuchten zu sprechen. Bei der Zucht werden Hormone, biotechnische Verfahren zur Chromosomenmanipulation oder Geschlechtsumkehrung, Druckluft zur Eierentnahme aus den Tieren und vieles mehr eingesetzt, was ebenfalls auf unterschiedlichen Wegen zu Leiden bei den Tieren führt.[67] Krankheiten, Infektionen, Missbildungen oder der Befall mit Parasiten führen zum Tod unzähliger Fische, noch bevor diese geschlachtet werden. Um Parasiten wie beispielsweise Seeläuse zu bekämpfen, werden umweltschädliche chemische Substanzen ins Wasser gegeben, die auch bei den Fischen zu Leiden führen. Um Aquakulturen herum entstehen in der Folge enorme Umweltschäden. Zu diesen tragen auch die anfallenden Fäkalien sowie die im Wasser verwesenden Fischkadaver bei. Auf diese Weise werden wiederum auch Wildtiere in Mitleidenschaft gezogen. Aufgrund der Tatsache, dass in Aquakulturen häufig karnivore Tiere gehalten werden, müssen wiederum weitere Fische gefangen werden, um diese in Form von Fischmehl oder Fischöl in die Aquakulturen geben zu können.[68] Dabei wären viele der zu Fischmehl beziehungsweise -öl verarbeiteten und somit Aquakulturen zugeführten Fische auch direkt für den menschlichen Verzehr »geeignet«. Die Tötung von in Aquakulturen gehaltenen Fischen erfolgt mithilfe der bereits beschriebenen Methoden. Besonders tierquälerisch ist die Praxis, den Tieren im Zuge der »Hälterung« in Aquakulturen mehrere Tage vor der Schlachtung keine Nahrung mehr zu geben, damit sich der Verdauungstrakt leert und bei der Schlachtung weniger Fäkalien anfallen.[69]

***

Diese und viele weitere Details sind den allermeisten Menschen, die Fische als Teil ihrer Ernährung sehen, nicht bekannt. Die allgemeine Unkenntnis über die Grausamkeit, die den Tieren widerfährt, ist die Voraussetzung dafür, dass die Fischindustrie in ihrer jetzigen Ausgestaltung überhaupt bestehen kann. Nur sehr langsam findet eine gesellschaftliche Aufklärung statt über die Bedingungen, unter denen nicht nur Fische, sondern desgleichen auch Schweine, Rinder oder Vögel leben und sterben müssen. Dabei darf jedoch eine Sache nicht aus dem Blick verloren werden, nämlich die Tatsache, dass es Menschen gibt, welche die Arbeit der Züchtung, Mästung und Tötung der Tiere unmittelbar ausführen. Welche Rolle spielen diese Menschen, und wie ist ihre Beziehung zu den Tieren, über die sie Macht ausüben? Tatsächlich wird die Art des Umgangs von Menschen mit den in den Tierfabriken gefangen gehaltenen Individuen kaum thematisiert. Leicht mag der Eindruck entstehen, dass Schweine, Hühner, Kühe und andere »Nutztiere« in spezielle

Zucht- und Mastanlagen verbracht werden und dort gewissermaßen im Rahmen ihres vorbestimmten Zwecks schlicht verweilen, während Tierwirte beziehungsweise »Tierpfleger« nur dann in die industriell organisierte Lebenswelt der Tiere eingreifen, wenn spezielle Aufgaben erledigt werden müssen und bestehende automatisierte Abläufe Störungen aufweisen. Faktisch jedoch findet in Tierfabriken täglich eine mehr oder minder direkte Interaktion zwischen Menschen und Tieren statt. Schwache oder kranke Tiere werden getötet oder in spezielle Abteile verbracht, Kadaver werden entfernt, geschlechtsreife Tiere werden künstlich befruchtet, Tiere mit einem bestimmten Gewicht werden um- oder ausgestallt, Impfprogramme werden durchgeführt, neugeborene Tiere werden verstümmelt, zur Milchproduktion gehaltene Tiere werden gemolken und vieles mehr. Wovon die allermeisten Menschen kaum Ahnung haben – es sei denn sie haben direkten Kontakt zu tierindustriellen Praktiken oder Tierschutzdiskursen –, ist die Gewalt und der Sadismus, der in Tierfabriken ausgeübt wird. Es gibt so gut wie keine wissenschaftlichen Erhebungen über die Frage, mit welcher Regelmäßigkeit tierquälerische Gewalthandlungen in den verschiedenen Bereichen der Tierindustrie auftreten. Eine winzige Ausnahme bildet eine wissenschaftliche Befragung unter Schweinezüchtern von Grahama J. Coleman und Kollegen.[70] Im Rahmen ihrer Studie konnte festgestellt werden, dass die Züchter sehr negative Einstellungen den Tieren gegenüber haben, wobei davon auszugehen ist, dass den Einstellungen entsprechend auch die Tiere behandelt werden. Während die Wissenschaft also nur unzureichend eine Antwort auf die Frage geben kann, wie Menschen in tierindustriellen Anlagen mit den darin lebenden Lebewesen verfahren, bringen investigative Recherchen eine gewisse Auskunft über das, was hinter den Betriebsmauern vor sich geht. Die Bilder, die im Rahmen verdeckter Recherchen von Whistleblowern oder Tierschützern an die Öffentlichkeit gebracht werden, sprechen eine deutliche Sprache und bringen mit konstanter Regelmäßigkeit mehr oder minder krasse Fälle von Tierquälerei zum Vorschein. Man muss an dieser Stelle anmerken, dass die verdeckten Recherchen, wie sie Tierschützer durchführen, typischerweise in zufällig ausgewählten Betrieben durchgeführt werden, ohne dass dabei vorher spezifische Kenntnisse über Fälle von Tierquälerei bekannt wären. Die Recherchen werden entweder über die heimliche Installation von Minikameras in Tierhaltungs- oder Schlachtbetrieben durchgeführt. Oder Menschen, die das Schicksal von »Nutztieren« dokumentieren wollen, lassen sich in tierindustriellen Betrieben anstellen, arbeiten undercover und filmen dabei mit in Kleidungsstücken oder anderen Gegenständen versteckten Kameras. Nur auf diese Weise ist es möglich, eine authentische und unverzerrte Bestandsaufnahme des Arbeitsalltags und des gewöhnlichen Umgangs mit den Tieren zu erhalten. Überall auf der Welt sind auf diese Weise Videoaufnahmen aus großen und kleinen, »konventionell« und »biologisch« wirtschaftenden, modernen und traditionellen Tierfabriken und Schlachthöfen entstanden. Sie alle zeigen dabei das Gleiche, nämlich von Menschen an Tieren verübte Grausamkeiten.

Angestachelt durch Lobbyisten aus der Agrarindustrie hat in den letzten Jahren eine zunehmende Kriminalisierung von verdeckten Recherchen in Tierhaltungsbetrieben stattgefunden. Dabei lautet der hauptsächliche Vorwurf, dass es staatliche Stellen seien, denen es obliege, als Kontrollorgan aufzutreten. Faktisch jedoch wird die Einhaltung des bestehenden Tierschutzrechts, das an sich bereits Tierquälerei ermöglicht, so gut wie nicht überprüft.[71] Laut offiziellen Zahlen werden Tierfabriken im Durchschnitt alle siebzehn Jahre kontrolliert.[72] Dabei finden die Kontrollen meist mit Vorankündigung statt, sodass herumliegende Kadaver, hygienische Mängel oder andere Verstöße rechtzeitig beseitigt werden können. Hinzu kommt, dass Korruption und Vetternwirtschaft die Wahrscheinlichkeit eines ordnungsgemäßen behördlichen Durchgreifens bei Rechtsverstößen auf ein Minimum senkt.[73] Und auf die ganz wenigen Amtsveterinäre, die tatsächlich Verstöße gegen den Tierschutz ahnden wollen, wird massiver Druck ausgeübt. Sie sind mit anonymen Morddrohungen, Mobbing oder Versetzungen innerhalb ihrer Behörde konfrontiert. Dementsprechend ist es nicht falsch, zu urteilen, dass tierhaltende Betriebe praktisch rechtsfreien Räumen gleichen, in denen die Tiere der willkürlichen Machtausübung der Züchter und Mäster schutzlos ausgesetzt sind.

Doch nicht nur tierhaltende Betriebe, auch und gerade Schlachtfabriken qualifizieren sich in einem expliziten Sinn als rechtsfreie Räume. Dies hat unter anderem Gail Eisnitz bewiesen, die umfangreiche Recherchen über amerikanische Schlachthäuser anstellte, wobei sie insbesondere Interviews mit Mitarbeitern von Schlachtbetrieben führte und ihre Ergebnisse in einem Buch festhielt.[74] So berichtet ein Arbeiter etwa über die Misshandlung von Schweinen während der Schlachtung: »›[…] du wirst es [das Tier] töten. Bloß, dass du es nicht einfach so tötest, sondern hart rangehst, hart treibst, die Luftröhre zerstörst, sie in ihrem eigenen Blut ertrinken lässt. Oder du ihm die Nase spaltest. Einmal rannte ein lebendes Schwein in der Tötungskammer herum.

Es blickte zu mir auf und ich hielt es fest, nahm mein Messer und – piek –, stach ihm das Auge aus, während es einfach nur so dasaß. Und das Schwein schrie einfach nur. Einmal nahm ich mein Messer – es ist scharf genug – und schnitt das Ende der Nase eines Schweins ab, genau wie ein Stück Bologna. Das Schwein wurde für ein paar Sekunden verrückt. Dann stand es einfach da und sah irgendwie dumm aus. Also nahm ich eine Handvoll Salzlake und rieb sie ihm in die Nase. Jetzt ist das Schwein wirklich verrückt geworden und hat seine Nase überall hingerieben. Ich hatte noch ein bisschen Salz auf meiner Hand – ich trug einen Gummihandschuh – und ich rammte das Salz direkt in den Arsch des Schweins. Das arme Schwein wusste nicht, ob es scheißen oder blind werden sollte.‹«[75] Beschreibungen sadistischer Grausamkeiten gegenüber Tieren finden sich in Eisnitz‘ Buch an diversen Stellen. Was sonst nur aus den fiktiven Werken psychisch kranker Menschen wie etwa dem Marquis de Sade oder durch die gewaltigsten Menschheitsverbrechen im Kontext von Folter, Genoziden oder Kriegsgeschehnissen bekannt ist, das ist in tierindustriellen Einrichtungen nicht selten der banale Alltag.

Es sind die Schlachthäuser, in denen das Grauen seine extremste Ausformung annimmt. Dabei sind jegliche Lebewesen, egal ob Menschen oder Tiere, die gezwungen werden, sich in einer der zahlreichen Tötungsfabriken aufzuhalten, Opfer eines falschen Systems. Schlachthofarbeiter machen ihre Arbeit häufig aus einer ökonomischen Notlage heraus. In der Regel stammen sie aus anderen Ländern als jenen, in denen sie arbeiten. Sie kennen ihre Rechte nicht oder können diese häufig allein schon aufgrund von Sprachbarrieren nicht gegen die teilweise illegal oder mafiös agierenden Firmengeflechte durchsetzen. Schlachthofarbeiter verbringen Tage, Wochen, Monate und Jahre damit, an auf das Maximum beschleunigten Fließbändern ein und denselben Bewegungsablauf auszuführen. Weil durch den steigenden Fleischkonsum in der Gesellschaft immer mehr Tiere in immer kürzerer Zeit geschlachtet werden müssen, wird die Tötungsarbeit zunehmend schlampiger gemacht.[76] Die gestiegenen »Tötungsfrequenzen« resultieren darin, dass immer häufiger und immer mehr Tiere bei vollem Bewusstsein und Schmerzempfinden mehr oder minder große Teile des Schlachtprozesses durchlaufen, bis hin zur Häutung und Zerstückelung. Die Diskussionen über Fehlbetäubungen bei Rindern, lebende Schweine im »Brühbad« oder Schafe, denen bei voller Empfindungsfähigkeit mit Druckluft die Haut vom restlichen Körpergewebe getrennt wird, sind Symptome dieser Praxis. In einem Artikel über den Schlachthofarbeiter

Ramon Moreno schreibt der Journalist Jo Warrick: »Zwanzig Jahre lang war er [Ramon Moreno] ein ›second-legger‹, ein Job, der darin besteht, die Hinterbeine von Schlachtkörpern zu schneiden, während sie mit einer Geschwindigkeit von dreihundertneun Tieren pro Stunde vorbeirasen. Die Rinder sollten tot sein, bevor sie zu Moreno kamen. Aber zu oft waren sie es nicht. [...] ›Sie blinzeln. Sie geben Laute von sich‹, sagte er leise. ›Ihr Kopf bewegt sich, die Augen sind weit aufgerissen und blicken umher.‹ Trotzdem musste Moreno schneiden. An schlechten Tagen, sagt er, erreichten Dutzende von Tieren seine Station deutlich lebendig und bewusst. Einige würden bis zum Schwanzschneider, zum Bauchauftrenner, zur Häutung überleben. ›Sie sterben‹, sagte Moreno, ›Stück für Stück‹.«[77]

Für die Arbeiter, die mit zunehmend höheren Fließbandgeschwindigkeiten zurechtkommen müssen, ist das Verletzungsrisiko bei der Tötungsarbeit – aber auch in anderen Bereichen der Tierindustrie[78] – enorm.[79] Arbeiter rutschen auf dem mit Blut überströmten und mit Exkrementen versetzten Boden aus, sie verletzen sich an Messern oder anderen scharfen Werkzeugen, sie werden von zappelnden, bereits am Schlachtband hängenden und um ihr Leben ringenden Tieren getreten, sie stecken sich mit Infektionskrankheiten an, sie sind von Erkrankungen wie Sehnenscheidenentzündungen, Karpaltunnelsyndromen oder vibrationsbedingten vasospastischen Syndromen durch die repetitiven Arbeitsabläufe geplagt. Hinzu kommt, dass Arbeiter erschreckend häufig gefährliche antibiotikaresistente Bakterien in sich tragen.[80] Schlachthofarbeiter und andere in der Tierindustrie Beschäftigte haben im Falle von erlittenen Verletzungen oder Erkrankungen bei gewissen Arbeitsunfällen einen Anspruch auf Geldzahlungen, die ihren erlittenen Schaden ausgleichen sollen. Für die psychischen Auswirkungen der Tötungsarbeit unter den beschriebenen Bedingungen, die weniger durch unerwartete Ereignisse wie einen Arbeitsunfall entstehen,[81] sondern vielmehr aus der tagtäglichen, ganz normalen Konfrontation mit Leiden, Qualen und Tod resultieren, gibt es nur bedingt Versicherungen. Die psychischen Konsequenzen tierindustrieller Arbeit werden weitgehend nicht beachtet. Dabei wiegt die psychische Belastung jener Arbeit noch schwerer als die physische. Eine längere Tätigkeit in den Tötungsräumen von Schlachtfabriken bewirkt eine unweigerliche Beeinträchtigung der psychischen Gesundheit der betroffenen Menschen.[82] Durch die hohen Fließbandgeschwindigkeiten müssen Schlachthofarbeiter in kürzester Abfolge Tiere aufhängen, betäuben, »entbluten«, häuten, ausnehmen und zerschneiden. Dabei macht ein Arbeiter immer nur eine der genannten Tätigkeiten. Dass kann etwa bedeuten, dass eine Person acht Stunden täglich nichts anderes als Halsschnitte ausführt oder immer wieder ein und denselben Schnitt an einem bereits zerstückelten Tierkörper setzt.

Während der Arbeitsabläufe im »Stechraum« röcheln und schreien die Tiere. Sie wehren sich gegen die Arbeiter oder versuchen, aus Angst zu fliehen. An den Schlachtbändern hängende Tiere übergeben sich. Das aus den Tieren austretende Blut spritzt über den Boden und die Wände. Schlachthofarbeiter kommen dabei täglich mit mehr Gewalt und Grausamkeit in Kontakt als andere Menschen in ihrem ganzen Leben. Schlachthofarbeiter sehen nicht bloß dem grauenvollen Sterben von unzähligen Tieren zu – sie beteiligen sich unmittelbar selbst daran.[83] Dies geht nicht spurlos an der psychischen Konstitution der Arbeiter vorbei. Das permanente Treiben, Töten, Ausweiden und Zerschneiden von Lebewesen oder auch nur die Beobachtung dieser Tätigkeiten verursacht posttraumatische Belastungsstörungen.[84] Symptome dessen sind der bei Schlachtfabrikarbeitern häufig anzutreffende Alkohol- oder Drogenmissbrauch, Albträume, Depressionen, Angst- oder Panikzustände und Ähnliches. Dass derartige Symptome auftreten, kann als Hinweis gedeutet werden, dass die Psychen von Schlachtern, Tierexperimentatoren, Züchtern oder Mästern eine unnatürliche Spaltung vornehmen müssen zwischen ihrer eigentlichen Anlage, sich Tieren spontan verbunden zu fühlen, sie als empfindsame Lebewesen wahrzunehmen, und ihrer der tierindustriellen Arbeit angepassten kognitiven Verfassung, mit der sie Empathie mit Tieren ausschalten müssen. »Schlachthofarbeit verletzt die natürliche Veranlagung einer Person, die direkte Tötung eines Tieres zu vermeiden. Indem Schlachtfabrikarbeiter gewöhnlich gegen ihre natürliche Präferenz gegen das Töten verstoßen, ist es sehr wahrscheinlich, dass sie psychisch krank werden.«[85] Die vielleicht auf den ersten Blick paradox anmutende Konsequenz aus diesen Erkenntnissen ist die, dass die Kopfschlächter, Ferkelzüchter, Schweinemäster, Milchviehhalter et cetera aufgrund ihrer eigenen misslichen Lage hinsichtlich ihrer physischen und psychischen Gesundheit sich den Forderungen, die von der Tierrechtsbewegung vorgebracht werden, anschließen müssten. Schließlich würde eine Realisierung jener Forderungen nicht nur eine Veränderung für die Tiere bedeuten, sondern gleichsam für die Menschen, die das tierindustrielle System aufrechterhalten und selbst darunter leiden.

Erst die künstlich bewerkstelligte, widernatürliche und krankmachende Deaktivierung von Gefühlen des Mitleids ermöglicht, dass Tieren systematisch Gewalt angetan wird. Dies betrifft vor allem Männer. Weil Mitgefühl keine Haltung ist, die mit den Erfordernissen vorherrschender Männlichkeitsideale vereinbar ist, und Männer Gefühlsregungen im Allgemeinen eher unterdrücken sollen, leiden sie unter der herbeigeführten Situation.[86] Die rein instrumentelle Beziehung, die Landwirte, Züchter, Mäster oder Schlachter zu »ihren« Tieren unterhalten, führt zu signifikant geringerer Empathie gegenüber den Tieren, als dies im Rest der Bevölkerung der Fall ist.[87] Das fehlende Vermögen, sich mit Tieren zu identifizieren und sie als »schwächere«, zu schützende Individuen wahrzunehmen, führt bei Menschen, die in der Tierindustrie arbeiten, nicht selten dazu, Gewalt auch gegen »schwächere« Mitmenschen anzuwenden.[88] Eine Untersuchung von Amy Fitzgerald und Kollegen[89] konnte sogar zeigen, dass in Landkreisen, in denen Schlachtfabriken sind, höhere Kriminalitätsraten vorherrschen bei Sexualdelikten, Mord, Raub, Diebstahl oder Brandstiftung. Schlachtfabriken – und andere tierindustrielle Einrichtungen wohl auch – wirken sich also nicht nur negativ auf die individuelle psychische Verfasstheit einzelner Personen aus, sondern sie beeinflussen auch die lokale Gemeinschaft an sich.

Typische tierindustrielle Routinearbeiten wie Verstümmeln, Treiben oder Schlachten sind offensichtlich mit Leiden für die Tiere verbunden. Also wehren sie sich. Sie versuchen zu fliehen, sie schreien oder zappeln. All dies verlangsamt, stört oder unterbricht die Arbeitsabläufe, die zudem mit maximaler Geschwindigkeit durchgeführt werden müssen. Nicht selten führt dieser Umstand dazu, dass Arbeiter wütend auf besonders »widerspenstige« oder »bockige« Tiere werden. Dann mündet die ohnehin bereits einseitig gewalthaltige Interaktion zwischen Menschen und Tieren in Sadismus. Auf den Aufnahmen der versteckten Kameras, die Tierschutzaktivisten auf der ganzen Welt in tierindustriellen Betrieben aufhängen, wird dies tausendfach festgehalten. Dabei fällt auf, dass die sadistische Behandlung von Tieren nicht ausschließlich im Affekt erfolgt. Häufig ist auch zu beobachten, dass der Sadismus gegenüber den Tieren in einer erschreckenden Ruhe und Gelassenheit geschieht. Die Abstumpfung der daran beteiligten Personen ist so total, dass für sie selbst der Sadismus seine Bedeutung als willkürliches Gewalthandeln verloren hat.

Deutsche Tierschutzorganisationen dokumentierten alleine in der jüngeren Vergangenheit, wie Arbeiter schwache Enten mit Mistgabeln aufspießen, wie sie Hühner unter ihren Schuhen zerdrücken, wie sie schwache Küken lebendig in den Abfall werfen, wie Puten in der Krankenbucht mit einem Knüppel zusammengeschlagen werden, wie Rinder mit Elektroschockern gequält werden, wie Sauen mit Schaufelschlägen aus Kastenständen getrieben werden, wie Schweine mit Drahtbürsten an ihren Genitalien traktiert werden, wie Arbeiter in Schweinezuchtbetrieben Ferkel auf dem Boden zerschmettern, wie »Ausstaller« Puten wie Fußbälle vor sich her treten, wie Schlachter fehlbetäubte Rinder mit Füßen treten, wie »Mastschweine« mit einem Vorschlaghammer erschlagen werden, wie laufunfähige Rinder mit Radladern umhergeschliffen werden, wie Schweinen vor der Schlachtung ihre Augen ausgestochen werden, und derlei Dinge mehr. Und dies sind nur Beispiele von Ereignissen, die in Deutschland mehr oder minder zufällig dokumentiert wurden.

In anderen Ländern sieht es nicht anders aus. Virgil Butler, ein ehemaliger Schlachthofmitarbeiter, beschreibt den Sadismus, den er bei der Tötung von Hühnern in einem Schlachthof bei der amerikanischen Firma Tyson Foods miterlebt hat. So schildert er beispielsweise »Scheißkämpfe« unter den Schlachtfabrikarbeitern, bei denen Exkremente mit gezielten Faustschlägen aus Hühnern herausgequetscht und durch die Luft geschossen werden.[90] Dabei verletzen sich die Tiere so schwer, dass ihre Rippen und ihr Rückgrat bricht und ihnen Blut aus Mund und After kommt – oder sogar die inneren Organe aus den Tieren austreten. Eine andere Praktik, die Butler regelmäßig beobachtete, war, dass Arbeiter die Beine von Hühnern miteinander verknoten.[91] Bei diesen »Spaßknoten« werden die Knochengelenke der Beine ausgerenkt sowie die Knochen der Tiere mehrfach gebrochen. Dabei stechen Knochensplitter durch die Haut und führen zu Blutungen. Weil die derart mit ihren eigenen Gliedmaßen verknoteten Tiere nicht ans Schlachtband gehängt werden können, gelten die »Spaßknoten« als »Streich«, den Arbeiter Neuangestellten zu spielen pflegen. Auch beschreibt Butler eine Praktik, die er als »Ausmerzen der Zwerge« bezeichnet und bei der kleinwüchsige oder verkümmerte Hühner in Absaugventilatoren geworfen und darin zerstückelt werden.[92] Ferner beobachtete Butler, wie Arbeiter Hühner ans Schlachtband hängen und dabei ihre Köpfe in die After der jeweils nebenhängenden Tiere stecken oder wie Tiere einfach an den Flügeln oder Köpfen in die Bügel der Schlachtbänder gehängt werden, sodass der von einer Maschine durchgeführte Kehlschnitt nur die Beine der Tiere absägt.[93]

Diese Schilderungen bezeugen, wovon im Eingang des Kapitels die Rede war. Die Gesellschaft befindet sich nicht im Frieden. Es herrscht ein regelrechtes Gemetzel, ein – im übertragenen Sinne gesprochen – Krieg der Menschen gegen die Tiere. Wenn der Historiker Yuval Noah Harari also schreibt, die Tierindustrie sei eines »der größten Verbrechen in der Geschichte«[94], und der Rechtswissenschaftler Jens Bülte die Tierindustrie als »organisierte Kriminalität«[95] bezeichnet, dann kann man diesen Urteilen eigentlich nur zustimmen. Dennoch formiert sich in der Gesellschaft so gut wie kein Widerstand gegen die massenhafte Vernichtung der Tiere. Im Gegenteil wird sie aktiv verteidigt und gefördert. Warum dies so ist, soll im Folgenden beschrieben werden.

Ausbruch

Die große psychologische Frage, die sich beim Blick auf die beschriebene Industrie stellt, lautet, wie eigentlich gute Menschen grausame Dinge tun können. Die Forschungen sowohl zu den Geschehnissen in Kriegen, während Genoziden oder auch im Kontext der Tierindustrie zeigen durchweg auf, dass Menschen in der Lage sind, ihre moralischen Skrupel sowie ihre Schuldgefühle beim oder nach dem Vollzug bestimmter Handlungen selektiv auszuschalten.[1] Quasi alle Menschen können, sofern sie ihre Psyche und ihre Wahrnehmungen nur entsprechend manipulieren, sich an grausamen Handlungen beteiligen oder diese direkt selbst ausüben – und dabei gleichzeitig ein positives Selbstbild bewahren. So sprechen etwa João Graça und Kollegen in Anlehnung an Forschungen von Albert Bandura[2] von sechs Prinzipien, die es Menschen erlauben, moralisch verwerflich zu handeln und sich gleichzeitig nicht schuldig zu fühlen.[3] Erstens geht es um das Prinzip der moralischen Rechtfertigung, bei der das falsche Handeln als Mittel zu einem höheren Zweck dargestellt wird. So wird etwa das millionenfache Schreddern von Küken damit gerechtfertigt, dass es »Teil der nachfragegerechten Produktion von Eiern« sei und die im öffentlichen Interesse stehende »Lebensmittelversorgung der Bevölkerung« sichere.[4] Zweitens werden beim Prinzip des euphemistischen Labelns sprachliche Distanzierungsleistungen vollbracht, indem gewalthaltige Handlungszusammenhänge mit beschönigenden Ausdrücken oder Begriffen beschrieben werden. Ein Beispiel von vielen wäre dabei etwa der Begriff des »Ferkelschutzkorbs«, der faktisch ein körperenges Eisengestänge ist, in dem Schweinemütter über Wochen und Monate hinweg fixiert und gefangen gehalten werden. Drittens werden Vergleiche eingesetzt, bei denen das selbst begangene Unrecht damit verteidigt wird, dass auf anderes Unrecht verwiesen wird. So neigen viele Menschen dazu, ihren eigenen Fleischkonsum damit zu verteidigen, dass sie auf andere, »wichtigere« Problemlagen wie etwa Kinderarmut, Kriege oder

Umweltprobleme verweisen. Viertens wird die eigene Verantwortung für gewalthaltige Handlungszusammenhänge geleugnet. Die Verantwortung wird von sich selbst abgespaltet und einer größeren Gruppe zugeschrieben, was als »Diffusion« bezeichnet wird. Oder die Verantwortung wird auf andere übertragen, indem etwa vorgegeben wird, diese anderen würden die Gewaltausübung initial verursachen. Dieses Prinzip kommt beispielsweise dann zum Tragen, wenn Menschen die Schuld für Tierquälerei auf die Züchter, Mäster, Transporteure oder Schlachter schieben, deren Arbeit sie eigentlich nachfragen und selbst finanzieren. Fünftens wirkt das Prinzip der selektiven Aufmerksamkeit oder der Vermeidung, wenn bestimmte Informationen, die auf die negativen oder schädlichen Konsequenzen des eigenen Handelns verweisen, ausgeblendet werden. Dies lässt sich etwa dann beobachten, wenn Menschen Informationen, im Rahmen derer die vegane Lebensweise positiv dargestellt wird, abwerten und umgekehrt anti-vegane Texte als besonders treffend empfinden. Sechstens gibt es das Prinzip der »Dehumanisierung«, bei dem die Opfer des eigenen Handelns beispielsweise als unfähig, Schmerzen oder Leiden zu empfinden, oder als moralisch Außenstehende portraitiert werden. Dieser Mechanismus kommt beispielsweise dann zum Tragen, wenn Menschen leugnen, dass Fische Schmerzen empfinden und so der Verzehr von Fischen für moralisch unbedenklich erklärt wird.

Alle erwähnten Mechanismen, mit denen erklärt wird, wie Menschen, ohne sich dabei schlecht zu fühlen, unmoralisch handeln können, werden in der Psychologie mit dem Begriff der »moralischen Abkopplung« von bestimmten Situationen beschrieben. Menschen halten sich in der Regel für gut, sie haben bestimmte moralische Ideale, denen sie nicht zuwiderhandeln wollen. Dennoch tun sie genau dies. Das Besondere dabei ist, dass sie durch diese Inkonsequenz hinsichtlich ihrer moralischen Überzeugungen und Werthaltungen gerade nicht in Konflikt mit sich selbst geraten. Kein Mensch kann sich davon freisprechen, anfällig dafür zu sein, Gewalt zu rechtfertigen oder gar selbst auszuüben. Gleichwohl gehen die meisten Menschen davon aus, nicht fähig dazu zu sein, beispielsweise als Soldat eine andere Person hinzurichten, als Gefängniswärter eine andere Person zu foltern, als Kopfschlächter ein anderes Tier zu töten, als Unternehmensführer umweltzerstörerische Vorgänge anzuordnen, als Waffenhändler mit Tötungsinstrumenten zu handeln, als Wissenschaftler sinnlose Neugierexperimente mit Tieren durchzuführen oder vergleichbare Dinge zu tun. Solche Taten vollbringt, so die allgemeine Vorstellung, lediglich eine kleine Gruppe »abnormaler« Menschen, die als mehr oder weniger böse oder charakterlich verkommen erachtet werden. Dennoch unterscheiden sich auch »normale« Menschen nicht signifikant von genau jenen Menschen, welche die erwähnten oder ähnliche Dinge tun, durch die massive und gänzlich unnötige Schmerzen, Leiden oder Schäden angerichtet werden. Menschen verfügen über einen moralischen Sinn und ein moralisches Gewissen – und dennoch sind sie in Handlungszusammenhänge involviert, die grausam, brutal, gewalttätig und vernichtend sind. Es ist die Macht der Situation, die Menschen dazu verführt, falsche Dinge zu tun. Menschen schaffen es vielfach nicht, dem Gruppendruck zu widerstehen, anders zu sein, etablierten sozialen Praktiken entgegen zu handeln, die subtilen Sanktionen auszuhalten dafür, dass sie abweichen. Die Internalisierung dessen, was als normal gilt, was untrennbar mit der Kultur verbunden ist, sitzt so tief, dass Menschen auch im Verborgenen noch Handlungen, die im offensichtlichen Widerspruch zu ihren moralischen Überzeugungen stehen, mit dem Ausspruch rechtfertigen: »Das machen doch alle!«[5]

Der Psychologe Albert Bandura, der Urheber der Theorie der moralischen Abkopplung, hatte in erster Linie Situationen im Kopf, in denen Menschen im Rahmen von Ausnahmesituationen inhumane Dinge tun, die ihren eigentlichen moralischen Überzeugungen zuwiderlaufen. Sobald die Ausnahmesituation vorüber ist, beispielsweise ein Krieg, ein Genozid oder ein anderes Verbrechen,[6] setzt man sein »normales« Leben wieder fort, als wäre »nichts gewesen« und ohne dass man dabei in permanentem Konflikt mit sich stünde. Möglich wird dies durch die selektive Ausschaltung von selbststrafenden Mechanismen wie etwa dem des schlechten Gewissens. Das Besondere im Zusammenhang mit der Aufrechterhaltung und Legitimierung der Tierindustrie ist nun, dass es hier nicht um eine Ausnahmesituation geht, sondern um eine permanent und fest in der Gesellschaft verankerte Institution. Daher müssen auch die Methoden, mit denen es zur selektiven Ausschaltung eines schlechten Gewissens gegenüber der Beteiligung an der systematischen Massenvernichtung von empfindsamen Lebewesen kommt, umso mächtiger sein. So durchziehen die Rechtfertigungsmuster, mit denen die Praktiken der Tierindustrie legitimiert werden, ausnahmslos sämtliche soziale Systeme, von der Politik, der Wirtschaft, dem Recht, den Medien bis hin zur Bildung. Quasi sämtliche tierindustriellen Praktiken werden mit Euphemismen belegt. Es wird von einer absoluten Notwendigkeit des Verzehrs von Tierprodukten zur Aufrechterhaltung der eigenen Gesundheit ausgegangen. Es findet eine radikale »Dehumanisierung« der Opfer statt, indem Tiere als kategorial andere Lebewesen eingestuft werden als Menschen. Nicht zuletzt nimmt auch die Ignoranz gegenüber den Konsequenzen des Massenschlachtens extreme Ausmaße an. Und ist die Wahrnehmung des Schlachtens unvermeidlich, wird es nicht als das Grauen erkannt, das es ist, sondern verharmlost und beschönigt. Die entsprechenden Denk- und Wahrnehmungsmuster werden von Kindesbeinen an erlernt und verinnerlicht. Später können sie geradezu reflexhaft und automatisiert abgerufen werden. In Personenkreisen, die alle denselben Mechanismen der moralischen Abkopplung unterliegen, festigen sich jene Denk- und Wahrnehmungsmuster durch gegenseitige Bestätigung. Sie werden, ungeachtet ihrer offensichtlichen Irrationalität, als selbstverständlich ausgewiesen.

Albert Bandura schreibt in einem seiner Aufsätze treffend, dass die »Umwandlung« von zivilisierten in gewalt- oder tötungsbereite Menschen nicht durch eine Veränderung ihrer Persönlichkeit oder ihres moralischen Standards erreicht wird. Vielmehr wird sie erreicht, indem die Moral des Gewaltzufügens oder Tötens kognitiv neu definiert wird, sodass sie frei von Anflügen des schlechten Gewissens erfolgen kann[7]. Wer in den Krieg zieht, so Banduras Beispiel, der tut dies nicht, weil er einen Hang zu Grausamkeit und Unterdrückung hat und andere Menschen mit Kugeln zerfetzen, Familien zerstören und Kinder zu Waisen machen will. Wer in den Krieg zieht, macht dies, um in fremden Ländern Demokratien zu etablieren, um sein Heimatland zu beschützen, um den Frieden sicherzustellen, um Zivilisten zu beschützen oder um Terroristen zu bekämpfen, um nur einige Motivlagen anzuführen.

Das Erstaunliche an der psychologischen Forschung ist, dass deren leitende Köpfe, Albert Bandura, Stanley Milgram, Philip Zimbardo und viele weitere, zu keinem Zeitpunkt an Mensch-Tier-Interaktionen oder gar die Tierindustrie gedacht haben, sondern sämtliche ihrer Untersuchungen rein anthropozentrisch ausgerichtet waren. Und dennoch sind die Ergebnisse aus den Forschungsarbeiten problemlos auf den Bereich der Mensch-Tier-Interaktion und das Verhältnis der Menschen zur Tierindustrie sowie daran anschließend auf den Bereich der Zerstörung von natürlichen Lebensgrundlagen übertragbar.[8] Daran lässt sich ablesen, dass Phänomene von Gewalt und Brutalität nicht isoliert betrachtet werden können. Es macht keinen signifikanten Unterschied, wer die Opfer sind. Menschen müssten sich gegenseitig dazu anhalten, sich für alle Individuen, die Unterdrückung ausgesetzt sind – und freilich für den Erhalt ihrer natürlichen Lebensgrundlagen – einzusetzen. Doch die allermeisten Menschen tun nichts dergleichen. Die Gesellschaft scheint sich im Frieden mit sich selbst und ihren Praktiken zu wähnen – und betrügt sich in diesem Wahn doch selbst über die Folgen der mehr oder weniger verdeckt und verdrängt ausgeübten Gewalt und Zerstörung.

Die Techniken des Selbstbetrugs werden dabei vererbt. Eltern übertragen ihre Routinen, bestimmte Tiere zu essen, auf ihre Kinder, bevor diese die Routinen eigenständig reflektieren können.[9] So werden Normen und Werte, die in Abhängigkeit zum jeweiligen Kulturkreis ganz bestimmte Tierarten zu »Nutztieren« degradieren und ihre Gefangenhaltung und Tötung legitimieren, von Generation zu Generation weitergegeben. Zwar sind Kinder ab einem bestimmten Entwicklungsalter sehr wohl in der Lage, auch entgegen den in ihrem Umfeld etablierten Normen selbstständige Urteile zu fällen und sich aus moralischen Überlegungen heraus etwa für einen von der Normalität abweichenden Lebensstil zu entscheiden,[10] allerdings ist damit zu rechnen, dass insbesondere der elterliche Widerstand gegen solche Entscheidungen letztlich doch zu einer Anpassung führt. Wirksamer Protest gegen die Vorgaben nicht nur der Eltern entfaltet sich, wenn überhaupt, erst später. Er stellt sich ein, sobald der Widerspruch zwischen der natürlichen, biophilen Zuneigung zu Tieren, der Information über die Haltung von »Nutztieren« und dem eigenen Handeln erkannt wird. Dieser Widerspruch verschafft vielen Menschen ein schlechtes Gewissen. Doch die Macht dessen, was als normal gilt, darf nicht unterschätzt werden. Anstatt das schlechte Gewissen aufzulösen, indem das eigene Handeln verändert wird, erfinden Menschen Ausflüchte und werten die Auslöser des schlechten Gewissens ab[11].

Menschen sind in dem, wie sie handeln, zu großen Teilen durch ihre soziale Umwelt beeinflusst. Ihre Umwelt jedoch ist eine, in die Tiere insbesondere in Form von Produkten eingebettet sind. Wenn Menschen in den Supermarkt gehen, dann kaufen sie dort das ein, was das Sortiment bietet, was in Griffweite liegt. Es ist praktischer, bequemer, nahe liegender und einfacher, die vorhandenen Produkte zu konsumieren, als solche, zu deren Erlangen man einen gewissen Aufwand treiben muss. Wer nicht auf das üblicherweise Verfügbare zurückgreifen möchte, der wird dafür auf verschiedene Weise subtil sanktioniert. Es bereitet erst einmal zusätzlichen Aufwand, beispielsweise nachhaltige Produkte oder Nahrungsmittel ohne tierliche Inhaltsstoffe zu erhalten. Auch ist es nötig, sich für eine von der Normalität abweichende

Art des Konsums zu verteidigen, zu rechtfertigen und sich möglicherweise bei anderen für entstehende »Unannehmlichkeiten« zu entschuldigen. Die Abweichung beispielsweise von der Norm, die den regelmäßigen Konsum tierlicher Produkte vorsieht, fällt auf und wird als Angriffsfläche benutzt. Es bedarf demnach sozusagen einer ausgesprochenen charakterlichen Stabilität, um die anhaltende Abweichung von dem, was als normal gilt, durchzustehen.

Der Philosoph Theodor W. Adorno, der die Negation, den Widerstand, die Ablehnung bestehender Verhältnisse zu zentralen Kernthemen seiner philosophischen Arbeit machte, schreibt in diesem Zusammenhang in einem seiner Bücher: »An denen, die das unverdiente Glück hatten, in ihrer geistigen Zusammensetzung nicht durchaus den geltenden Normen sich anzupassen – ein Glück, das sie im Verhältnis zur Umwelt oft genug zu büßen haben –, ist es, mit moralischem Effort, stellvertretend gleichsam, auszusprechen, was die meisten, für die sie es sagen, nicht zu sehen vermögen oder sich aus Realitätsgerechtigkeit zu sehen verbieten. Kriterium des Wahren ist nicht seine unmittelbare Kommunizierbarkeit an jedermann.«[12] Ein eigentümliches »Glück« ist es, in seiner »geistigen Zusammensetzung nicht durchaus den geltenden Normen sich anzupassen«. Einher geht mit diesem Glück, sich an der Peripherie der Gesellschaft wiederzufinden. Der Abweichler ist stets auch ein Außenseiter. Das Typische, Alltägliche, Durchschnittliche ist nicht das seine. Das schützende soziale Klima, das jene umgibt, die dazugehören, die in den Vielen aufgehen, wird verlassen. Auch der Philosoph Charles Taylor schreibt: »Manche sind dazu bestimmt, der riesigen Marschkolonne vorauszueilen und selbständig loszuschlagen. Ihr Wert wird in dieser Zeit nicht verstanden, ja es kann noch gar nicht verstanden werden. Aber sehr viel später werden die übrigen aufholen, und die originelle Minderheit wird Anerkennung finden und nach ihrem Tod gefeiert werden.«[13] Unabhängig davon, ob man die Einschätzung von Taylor teilen mag, ist doch auffällig, dass erneut die Rede von einem spezifischen Unverständnis ist. Auch Adorno spricht von der fehlenden Kommunizierbarkeit der Wahrheit an jedermann. Doch woher kommt diese Verständnisbarriere, diese kollektive Uneinsichtigkeit? Um diese Frage zu beantworten, lohnt sich erneut ein Blick in die Psychologie.

Menschen verfügen über eine ganze Bandbreite an psychischen Mechanismen, um Informationen abzuwehren, die »bedrohlich« für die eigene Identität, die eigenen Überzeugungen, das eigene Handeln beziehungsweise die eigenen Gewohnheiten sind. Im Wesentlichen geht es dabei um Techniken des Selbstbetrugs. Bereits Albert Bandura beschreibt, wie oben umrissen, in seiner Theorie der moralischen Abkopplung das Prinzip der selektiven Aufmerksamkeit. Dieses ließe sich unter Rückgriff auf Überlegungen des Sozialpsychologen William von Hippel weiter ausdifferenzieren.[14] Neben der selektiven Lenkung von Aufmerksamkeit, die sich nur auf solche Informationen richten soll, die mit dem eigenen Denken und Handeln in Übereinstimmung zu bringen sind, steht die Technik des selektiven Suchens. Bei dieser vermeiden Menschen, aktiv nach weiteren Informationen zu suchen, bei denen sich ein Widerspruch zu eigenen Werten, Überzeugungen oder Handlungsweisen auftun könnte. Die Selektion betrifft insbesondere den Konsum von Medien, etwa die Auswahl von Social-Media-Abonnements, Zeitungsartikeln oder Fernsehberichten. Sollte es dennoch einmal zu einem Kontakt mit »unangenehmen« Informationen kommen, entfaltet eine weitere Technik ihre Wirkung, nämlich die der voreingenommenen Interpretation. Dabei geht es insbesondere um die prinzipielle Abwertung von Spannung erzeugenden Informationen, also darum, ihnen weniger Bedeutung oder Wahrheit zuzugestehen. Eine weitere Möglichkeit, auf »unangenehme« Informationen zu reagieren, besteht darin, diese rasch wieder zu vergessen oder, was noch eher der Fall ist, auf verzerrte oder falsche Weise zu erinnern. Andererseits können »intakte« Erinnerungen auch – was eine weitere Technik des Selbstbetrugs darstellt – rationalisiert werden, indem Handlungen oder Überzeugungen, die im Widerspruch stehen zu jenen Erinnerungen, »schöngeredet« oder auf unlogische oder irrationale Weise gerechtfertigt werden. Darüber hinaus findet Selbstbetrug statt, wenn man sich selbst davon zu überzeugen versucht, dass eigentlich unwahre Informationen die Wahrheit darstellen oder umgekehrt. Auch, wenn dies schwer zu akzeptieren ist, so zeigt die Psychologie doch, dass Menschen ständig zu irrationalen oder selbstbetrügerischen Mitteln greifen, um ihr Verhalten nicht verändern oder um nicht von einer gegebenen sozialen Norm abweichen zu müssen. Menschen klammern sich also erfolgreich an ihre Überzeugungen und bleiben bei ihrem zwar als normal und sozial akzeptiertem, aber dennoch moralisch offensichtlich unhaltbarem Handeln.

Welche absurden Ausmaße dies annehmen kann, wird am anschaulichsten dort, wo Menschen rechtfertigen, dass sie industriell gezüchtete, gemästete und getötete Tiere essen. Hier werden sämtliche Formen des Selbstbetrugs wirksam. Wie viele Menschen behaupten, Pflanzen hätten auch Gefühle, wenn sie ihren Fleischkonsum verteidigen, obwohl sie wissen, wie unsinnig eine solche

Aussage ist? Dies entspricht dem Mechanismus, dass unwahre Informationen plötzlich nicht mehr als solche gehandelt werden. Wie viele Menschen vermeiden kritische Zeitungsartikel oder Medienberichte, in denen es um Missstände im Tierschutz geht, um nicht vor Augen geführt zu bekommen, dass sie das, was sie eigentlich verurteilen, nämlich Tierquälerei, selbst unterstützen? Hier geht es um die Technik des selektiven Suchens beziehungsweise der selektiven Aufmerksamkeit. Wie viele Menschen reden Bilder oder Videos aus Tierfabriken, die durch Tierschutzorganisationen verbreitet werden, klein, indem sie behaupten, diese seien gestellt oder künstlich dramatisiert? Dies entspricht der Technik der voreingenommenen Interpretation. Wie viele Menschen verdrängen oder vergessen Medienberichte oder Hinweise über die gesundheitlichen Schäden des Konsums von Tierprodukten, um diesen weiterhin pflegen zu können? Hier kommt die Technik des verzerrten oder verdrängten Erinnerns ins Spiel. Wie viele Menschen rechtfertigen den tierindustriellen Komplex, indem sie Parallelen zu entfernten Jäger-Sammler-Gesellschaften, fleischessenden Tieren wie Löwen oder fiktiven »Einsame-Insel-Szenarien« ziehen? Hierbei handelt es sich um die Technik der Rationalisierung. Und wie viele Menschen behaupten von sich, nur ganz wenig Fleisch zu essen oder nur beim Metzger des Vertrauens einzukaufen, obwohl beides offensichtlich falsch ist? Bei dieser Technik versuchen Menschen, sich selbst zu überzeugen, dass eine falsche Aussage dennoch Richtigkeit hat.

So lassen sich sämtliche Techniken des Selbstbetrugs durchgehen. Dabei handelt es sich beim Selbstbetrug um eine Verhaltensweise, die durchaus als sehr negativ wahrgenommen wird. Doch wenn die Situation es erfordert, tun Menschen alles, um nicht von ihren erlernten Gewohnheiten, Überzeugungen und Einstellungen oder von dem, was sozial akzeptiert und normal ist, beziehungsweise von dem, was die anderen Menschen in der je eigenen Umwelt tun, abweichen zu müssen. Sogar mit den Mitteln der Neurobiologie kann demonstriert werden, dass Menschen eine automatische Abwehrhaltung gegenüber »identitätsbedrohenden« Wahrnehmungen einnehmen. Wenn Menschen nachgewiesen wird, dass sie einer offensichtlich falschen Überzeugung sind oder offensichtlich falsch handeln, und diese Überzeugung oder Handlungsweise konstitutiv ist für die jeweilige Persönlichkeit oder politische Identität eines Menschen, hat dies den Effekt, dass bestimmte Teile des Gehirns besonders aktiviert oder umgekehrt »heruntergefahren« werden.[15] Dies bedeutet, dass Menschen eine Abwehrhaltung einnehmen, dass sie »zumachen«

und eine rationale Auseinandersetzung mit den jeweils gegebenen, »unangenehmen« Informationen nicht möglich ist. Die Neurobiologie des Menschen zeigt, dass die Identität eines Menschen einem gewissen Schutz unterliegt, dass äußere Eingriffe in oder gar Angriffe auf das, was die inneren Überzeugungen und Einstellungen einer Person ausmachen, abgewehrt werden. Dieser Mechanismus wird problematisch, wenn bestimmte Umstände oder Entwicklungen Verhaltensänderungen erforderlich machen, nämlich dann, wenn das auf den Prüfstand zu stellende Verhalten Schäden verursacht, die zu bleibendem Verlust, zu Katastrophen, zu Schmerzen oder Leiden von Lebewesen führen.

***

Es gibt viele Menschen, die sich für eine bessere Welt aussprechen, die über soziale Veränderungen schreiben, die sich selbst entgegen heftigem Widerstand nicht davon abbringen lassen, darüber zu sprechen, wie Dinge anders sein könnten und dass Dinge anders sein müssen. Das Problem ist jedoch, dass selbst diese Menschen, welche die Fähigkeit zu kluger Kritik besitzen, allzu häufig wider besseren Wissens handeln. Wie viele Menschen engagieren sich gegen den Klimawandel, haben aber nicht den Mut, ein Leben ohne Auto zu führen? Wie viele Menschen lehnen Massentierhaltung ab, essen aber weiterhin die Tiere aus selbiger? Wie viele Menschen sehen prinzipiell die Wichtigkeit von Menschenrechten, während sie gleichzeitig Billigprodukte aus menschenunwürdigsten Produktionsstätten kaufen? Wie viele Menschen kritisieren die Kluft zwischen Arm und Reich, ohne jedoch auch nur eine Gelegenheit auszulassen, sich mit allen Mitteln zu bereichern? Wie viele Menschen sehen die Zerstörung der Umwelt kritisch, pflegen dabei jedoch weiterhin ein Konsumverhalten, das unweigerlich Umweltzerstörung bedeutet? Die Liste der Beispiele ließe sich beliebig fortsetzen. Wenn Menschen tatsächlich eine bessere Welt herbeiführen wollen, bedarf es, so trivial dies klingen mag, nicht nur kritischen Denkens, sondern auch dementsprechenden, konsequenten Handelns.

Es bedarf weniger Mut, sich in seiner Rhetorik in die Reihen der Gesellschaftskritiker einzureihen, als tatsächlich anders zu handeln, als es die eigene soziale Umgebung vormacht. Was erforderlich ist, sind Lebensstilveränderungen. Es mutet dabei geradezu als ein performativer Widerspruch an, dass hier wiederum nur geschrieben steht, dass es einer praktischen Veränderung bedarf, und dieses Buch dies doch unmöglich herbeiführen kann, da es eben nur ein

Buch ist und das Schreiben desselben nicht viel bedurfte. Und dennoch soll an dieser Stelle ausgesprochen sein, dass es einer kritischen Masse bedarf, die damit beginnen muss, das, was derzeit als normal gilt, zu durchbrechen und zu einer neuen Normalität überzugehen.[16] Menschen müssen ein anderes Leben verkörpern und für etwas anderes stehen als für das, was sich nicht weit von ihnen in den Treibgängen der Schlachthöfe, in den Betonzellen der Mastställe oder in den Käfigen der Tierversuchslabore abspielt. Sie müssen ebenfalls für etwas Anderes stehen als das, was weit von ihnen entfernt in den von Bombenangriffen zusammengestürzten Häusern, in den Gefängniszellen moderner Sklavenfabriken oder in den sich selbst überlassenen Elendsvierteln der großen Städte passiert. Aus dem Wissen über solches Geschehen müssen sie ihre Schlüsse ziehen. Und diese Schlüsse münden unweigerlich in den Imperativ, dass sie sich und ihr Leben ändern müssen. Denn aus dem Wissen über das Elend der Welt erfolgt eine Verantwortung, von der alle sich angesprochen fühlen müssen.

Viele Menschen hängen einem Bild ihrer eigenen Gattung an, das den Menschen als rationales Wesen beschreibt. Und tatsächlich können viele gesellschaftliche Phänomene, vom Wirtschaftswachstum über technologische Systeme bis hin zur Rechtsprechung, erklärt werden unter Rückgriff auf die Rationalität des Menschen. Doch was dabei häufig aus dem Blick gerät, ist, dass diese Rationalität für sich genommen irrational ist. Die Produkte jener Rationalität entsprechen nicht den wirklichen Interessen der Menschen, sie bilden ein falsches Bewusstsein ab und zeigen, dass Menschen an eine Gesellschaft samt ihren Ideologien angepasst sind, die ihnen gelinde gesagt nicht zum Vorteil gereichen.[17] Rational wäre das Bedürfnis, sich dem zu verweigern, wozu die soziale Umwelt, die Kultur uns bewegen wollen, insbesondere den destruktiven Tendenzen, die in der Gesellschaft etabliert sind. Leider unterliegen viele Menschen einer Form der Vergesellschaftung, die in erster Linie aus Anpassung und Identifikation an die herrschenden Lebensumstände und Normen besteht. Eine Sozialisation, die über bloße Anpassung hinausgeht, gelingt nur, wenn insbesondere Heranwachsende durch Bildung zu Eigenständigkeit und Selbstbestimmung befähigt werden, sich gegen kulturelle und soziale Assimilation zu schützen. Menschen müssen die Fähigkeit erlangen, sich in den Dingen, die sie umgeben, gerade nicht wiederzufinden.

Gewaltfreiheit ist ein Wert, dem in der Gesellschaft eigentlich eine zentrale Bedeutung zukommt. Wer behauptet, es sei in Ordnung, in zwischenmenschlichen Interaktionen Gewalt anzuwenden und Gewalt als ein Mittel der Problemlösung einzusetzen, der lädt sich im Mindesten eine große Erklärungslast auf oder kommt mit sinnvollerweise bestehenden Gesetzen in Konflikt. Gewalt erscheint für die allermeisten Menschen nur in absoluten Ausnahmefällen als legitimes Mittel. Menschen beanspruchen für ihre Moral und ihr Selbstbild, Prinzipien einer Ethik der Gewaltfreiheit integriert und internalisiert zu haben. Und doch wird all dies häufig durch alltägliches Handeln konterkariert. Menschen sind in der Lage, Handlungsweisen, über deren Gewaltförmigkeit sie sich völlig im Klaren sind und die sie deshalb ablehnen, vor sich und vor anderen zu legitimieren. Menschen können stets eine Reihe an Gründen nennen, warum sie dies getan haben oder jenes, obwohl es eigentlich offensichtlich moralisch falsch war. Das Erschreckende dabei ist, dass die Bereitschaft, sich direkt oder indirekt an gewalttätigen Handlungszusammenhängen zu beteiligen, nicht etwa voraussetzt, dass man psychisch krank, sadistisch, zynisch oder anderweitig »abnormal« ist. Durch sein Handeln einen der zentralsten Werte der Kultur zu missachten, nämlich den der Gewaltfreiheit, erfordert keinen besonderen abweichlerischen Charakter. Ganz im Gegenteil. Einzig nötig ist es, etablierten sozialen Normen zu folgen. Paradoxerweise braucht es gerade abweichlerische Charaktere, um die Idee einer Gesellschaft umzusetzen, in der tatsächlich achtsam und gewaltfrei agiert wird.

Um diesen Umstand besonders drastisch zu verdeutlichen, kann es hilfreich sein, sich die Verbrechen im Nationalsozialismus anzusehen. Wie konnten die Menschen, die damals aktiv an der Judenvernichtung teilnahmen, die Kinder, Frauen und Männer systematisch töteten, sich zu derartigen Gräueltaten in die Lage versetzen? Waren dies alles psychisch kranke, sadistische oder in anderer Weise fehlgeleitete Menschen? Die Frage ist eindeutig zu verneinen. Die Massenmörder von damals waren bis auf einige Ausnahmefälle ganz normale Menschen mit moralischen Grundsätzen, Werten, einem moralischen Gewissen und Hemmungen. Wenn Menschen aus der Perspektive der heutigen Zeit Kenntnis und Anschauung von abscheulichen Gewalttaten wie etwa denen aus der Zeit des Nationalsozialismus erhalten, dann neigen sie dazu, die Verantwortlichen als perverse, kranke, durchgedrehte Verrückte wahrzunehmen. Dadurch versichern sich Menschen, dass sie anders sind, eben nicht pervers, krank, durchgedreht. Sie versichern sich ihrer Überzeugung, niemals Vergleichbares tun zu können. Das Problem dabei ist jedoch, dass sie sich täuschen.

Der Sozialpsychologe Harald Welzer hat in seinen Forschungen zum Nationalsozialismus herausgearbeitet, dass die Menschen, die im Auftrag des damaligen Regimes Morde begingen, sich nicht als Mörder fühlten.[18] Sie haben sich nicht korrumpieren lassen müssen. Sie mussten ihre moralischen Standards nicht aufgeben. Sie handelten einfach in Konformität mit etablierten sozialen Normen, die besagten, dass die Juden »Untermenschen« seien und eine Gefahr für das »deutsche Volk« darstellten. Die Täter »mordeten gewissermaßen nicht als Person«, schreibt Welzer, »sondern als Träger einer historischen Aufgabe, hinter der ihre persönlichen Bedürfnisse, Gefühle, Widerstände notwendig zurückstehen mussten. Das heißt, sie mordeten mit Hilfe einer subjektiven Distanz von der Rolle, die sie ausfüllten.«[19] Die Massenmörder, die sich hinsichtlich ihres Sozialisationshintergrundes nicht wesentlich von der restlichen Bevölkerung unterschieden, blieben trotz ihrer Taten »anständige« Menschen. Sie waren weder gezielt brutalisiert noch wahnsinnig oder zu Sadisten umerzogen worden. Sie taten einfach, was von ihnen erwartet wurde. Die kognitive Dissonanz, die sie überkam, als sie ihre Gräueltaten begingen, vermochte aufgelöst zu werden, indem sie sich darauf beriefen, einfach eine von der Gesellschaft zugeteilte Rolle zu erfüllen. Die Rollenerfordernisse geboten, sich »zusammenzureißen« und nicht »schwach« zu sein.

Es manifestieren sich hierbei handlungstheoretisch gesehen gewöhnliche Phänomene. Teil derselben ist die Konstruktion einer sozialen Fremdgruppe. Ihr können Juden angehören, Muslime, Frauen, Menschen mit dunkler Hautfarbe, Behinderte, Migranten oder eben bestimmte Tierarten. Voraussetzung dafür, dass Menschen wissentlich, systematisch und aktiv an Gewalthandlungen teilnehmen, ist nicht, dass sie eine Psychopathologie ausbilden. Weder die Nationalsozialisten, die im Namen der Hitler'schen Ideologie ihre Verbrechen begingen, noch – um ein Beispiel aus neuerer Zeit anzuführen – die Soldaten, welche die Gefangenen in Abu Ghraib folterten, waren per se psychisch Kranke, sondern vielmehr ganz normale Menschen.[20] Es ist die jeweilige soziale Situation, die normale Menschen zu Folterknechten, Mördern und Sadisten macht. Wesentliche Eigenschaft der jeweiligen sozialen Situation muss dabei sein, dass bestimmte Individuen zu »anderen« werden und aus der »eigenen« Gesellschaft beziehungsweise aus dem Kreis derjenigen, denen moralische Rücksichtnahme zuteilwerden soll, ausgeschlossen werden. Alsbald diese Ausschließung sich in Form eines entsprechenden sozialen Normgefüges etabliert hat und die Diskriminierung, Marginalisierung und Deklassierung jener »anderen« sich zur Normalität entwickelt hat, ist es bis zur Durchführung von Genoziden und Massenmorden kein allzu weiter Schritt mehr. Um es kurz zu sagen: In jeder beliebigen Gesellschaft lässt sich, wenn die soziale Situation es nur zulässt, Personal finden für Konzentrationslager, Foltergefängnisse oder ähnliche Vernichtungseinrichtungen.

Wären die nationalsozialistischen Massenmörder Wahnsinnige, psychisch Kranke oder Sadisten gewesen, würden sie sich gegenüber ihren Taten gleichgültig verhalten, auch wenn sie zu der Einsicht kämen, dass Juden Menschen sind wie sie selbst und eben keine »anderen« beziehungsweise keine soziale Fremdgruppe sind. Aber es ist mit ziemlicher Sicherheit davon auszugehen, dass die Aufhebung der Fremdgruppenkonstruktion jene Massenmörder in einen Zustand des Ekels und der Abscheu vor sich selbst versetzt hätte. Dies ist zu vergleichen mit der Abscheu, welche die allermeisten Menschen heute empfinden, wenn sie auf die damaligen Verbrechen zurückblicken und dabei eben nicht davon ausgehen, dass es eine »Judenfrage« gab, deren »Endlösung« erforderlich war. Ohne an dieser Stelle nun strikte Parallelen ziehen zu wollen, so ist doch festzustellen, dass ein derartig moralisch motivierter Ekel vor sich selbst auch in anderen Bereichen zu beobachten ist, in denen sich Moralvorstellungen und Fremdgruppenkonstruktionen wandeln. An dieser Stelle gilt es daher nochmals zu betonen, dass die kollektive Beteiligung an beziehungsweise kollektive Billigung von gewaltsamen Handlungen innerhalb damaliger als auch heutiger Gesellschaften nicht das Resultat ist von ebenso kollektiv auftretenden psychischen Anomalien oder sadistischen Motiven. Die beunruhigende Tatsache ist, dass Menschen völlig normal und gleichzeitig verantwortlich für die schrecklichsten Grausamkeiten sein können. Es sind die einen prägenden sozialen Normen oder Überzeugungen, die darüber entscheiden, ob Gewalt gegen andere unterstützt oder bekämpft wird. Entscheidend ist, ob Menschen fähig sind, jene sozialen Normen vor dem Hintergrund einer Ethik der Achtsamkeit zu prüfen. Und ob sie den Mut haben, in ihrem Handeln von jenen Normen abzuweichen, sollte dies geboten sein.

Wären die Menschen, die den Nationalsozialismus unterstützten, in der Lage gewesen, soziale Normen hinsichtlich postulierter Ungleichheiten zwischen Menschen, Normen über Hierarchien zwischen verschiedenen Personengruppen oder Normen bezüglich eines pseudowissenschaftlich begründeten Rassismus zu hinterfragen und von ihnen abzuweichen, die industriellen Massentötungen wären undenkbar gewesen. Doch die Menschen passten sich den mithilfe massenpsychologischer und gewaltsamer Methoden verbreiteten Normen an, die Verfolgung und Vernichtung von Juden und Andersdenkenden legitimierten. Und heute vollzieht sich, wenngleich in einem ganz anderen Kontext, zumindest aus psychologischer Perspektive betrachtet, in Ansätzen Vergleichbares. Die Frage, wie es möglich ist, dass Menschen es zulassen, dass mitten unter ihnen empfindungsfähige, intelligente und soziale Lebewesen zu Milliarden und industriell organisiert auf unvorstellbar grausame Weisen gequält, verstümmelt, gefangen gehalten und in Fließbandarbeit getötet werden, scheint durch Nichts vernünftig zu beantworten. Und doch erhält die Antwort auf diese Frage im Licht des eben geschilderten eine erschreckende Klarheit. Es ist die Norm, bestimmte Tiere als kategoriell »andere«, als Lebewesen zweiter Klasse, als der Gruppe der Menschen nicht ebenbürtig zu sehen. Nur eine äußerst kleine Minderheit hat den Mut, sich dieser der Gewalt den Weg bereitenden Exklusion tierlicher Individuen zu verweigern. Dass man hier über eine solch kleine Minderheit sprechen muss, liegt darin begründet, dass jener erforderliche Mut, selbst ein »Abweichler« zu sein, nicht einfach so aufgebracht werden kann.

Um zu verdeutlichen, welche Beschaffenheit dieser Mut hat, der erforderlich ist, um etablierte soziale Normen, die noch so abscheuliche Gewalttaten legitimieren mögen, zu negieren, sollen nochmals die Geschehnisse zur Zeit des Nationalsozialismus aufgegriffen werden. So gab es beispielsweise Bataillone, die den Auftrag hatten, jüdische Menschen massenhaft zu erschießen. Besondere Bekanntheit erlangte das »Polizeibataillon 101«, da die Männer, die diese Gruppe bildeten, nach allem, was an heutigen Erkenntnissen über den Fall vorliegt, frei waren, zu entscheiden, ob sie sich an den extrem grausamen Erschießungen, die in Polen durchgeführt werden sollten, beteiligen oder nicht.[21] Ernsthafte Sanktionen hätten die Männer im Fall der Verweigerung nicht befürchten müssen. Sie wären lediglich wegen ihres nonkonformistischen Verhaltens aufgefallen. Aber die Männer des »Polizeibataillons 101« schossen lieber, als dass sie den herrschenden Gruppennormen zuwidergehandelt hätten. Von der Norm, die Juden zu »unwertem Leben« erklärt und ihre Vernichtung vorgibt, abzuweichen, hätte bedeutet, nicht loyal gegenüber der Eigengruppe gehandelt, sich von der Gruppe isoliert zu haben und aus ihr ausgeschert zu sein, als »Schwächling« zu gelten, keine Anerkennung aus ihr mehr beziehen zu können.

Die Soldaten in den Dreißiger- und Vierzigerjahren des vergangenen Jahrhunderts hatten nicht die Fähigkeit, ihren moralischen Referenzrahmen infrage zu stellen. Für sie war das, was heute bei den allermeisten Menschen Abscheu auslöst, banale Normalität. Dies beweisen historische Dokumente aus der Zeit des »Dritten Reichs«, darunter Feldpostbriefe, Augenzeugenberichte,

Memoiren oder Abhörprotokolle von deutschen Gefangenen. Letztere sind von besonderem historischem Wert, da sie authentische Gesprächsverläufe der Soldaten aufzeigen. Mit erschreckender Beiläufigkeit erzählen sich die Soldaten von Erschießungen von Kindern, von Vergewaltigungen von Zwangsarbeiterinnen, von Folter und systematischen Misshandlungen. Da werden Soldaten an Fleischhaken aufgehangen oder mit der Zunge auf Tischen festgenagelt, verhungernde Kriegsgefangene werden genötigt, ihre bereits toten Kollegen zu verspeisen, Frauen werden massenvergewaltigt und anschließend umgebracht, Kinder und Babys werden an den Haaren festgehalten und per Kopfschuss ermordet, Pferde und Kühe werden mit Maschinengewehren von Kampffliegern aus zerfetzt, »unwerte« Menschen werden in Tiertransportern in Vernichtungslager befördert, Kriegsgefangene oder Kühe werden zur Minenräumung über Felder getrieben und dergleichen mehr. Die Erwähnung solcher und vieler weiterer Grausamkeiten durch die deutschen Soldaten sind typischerweise eingebettet in Erzählungen über Trivialitäten, allgemeines Kriegsgeschehen, über Erinnerungen oder alltägliche Erlebnisse, über Kinobesuche, Musik, Landschaftseindrücke oder technische Details von Kriegstechnik. Was man heute als extreme Gewaltauswüchse wahrnimmt, hatte für die beteiligten Soldaten keine besondere Bedeutung. So konnten Berichte über Massenerschießungen, Raub, Folter, Vergewaltigung oder andere Misshandlungen ohne weitere Hervorhebung eingebettet werden in alltägliche Erzählungen. Zudem wurde das massenhafte Töten und Hinrichten während der Diktatur Hitlers von vielen Vollstreckern als »Arbeit« empfunden, die erledigt werden musste. Diese »Arbeit« wurde nicht als Verbrechen wahrgenommen, sondern als normaler Prozess, der Aufgaben umfasste, die ohne weitere Hinterfragung erledigt werden mussten. Zu Kriegszeiten bestand eine selbstverständliche Legitimation der Tötungstätigkeit.

Eine wissenschaftliche Auswertung der von Briten angefertigten Abhörprotokolle deutscher Soldaten in Kriegsgefangenschaft unternahmen unter anderem der Historiker Sönke Neitzel zusammen mit weiteren Forschern.[22] Die zentrale Feststellung dabei lautet, dass die Gewalt und Grausamkeit, die einen heute erschaudern lässt, in der damaligen Kriegszeit als schlichte Normalität gesehen wurde, die keiner weiteren moralischen Reflexion oder Kritik unterzogen wurde. Wenn ein deutscher Soldat einem seiner Wehrmachtskollegen erzählte, wie er jüdische Jugendliche ihr eigenes Grab ausheben ließ, bevor er sie erschoss, dann erzeugte diese Schilderung nicht die geringste Erregung oder gar Ablehnung. Ganz im Gegenteil bilden solche Berichte den Inhalt gewöhnlicher Alltagsgespräche. Sie sind dabei weder Auslöser von Widerspruch, Streitigkeit noch moralischer Ablehnung. Die Soldaten nehmen jene Grausamkeiten nicht als solche, sondern als nicht weiter außergewöhnlichen Teil des Krieges wahr. Sie teilen dabei denselben kulturellen sowie situativen Referenzrahmen beziehungsweise Erwartungshorizont, in dem es keine Besonderheit darstellt, davon zu erzählen, dass man andere Menschen eigenhändig misshandelt oder ums Leben gebracht hat. Der »Raum des Sagbaren«, wie Sönke Neitzel und Harald Welzer ihn nennen,[23] war zur Zeit des Zweiten Weltkriegs ein anderer, als er es heute ist. Würde man heute in Gesprächen mit Bekannten, Freunden oder Kollegen darüber berichten, wie man einen anderen Menschen gequält oder gar umgebracht hat, würde dies erhebliche Konsequenzen nach sich ziehen, die von moralischer Missachtung und sozialer Isolation bis hin zu strafrechtlicher Verfolgung reichen.

Diese Beispiele aus dem Kontext der Verbrechen des »Dritten Reichs« stellen keine einmaligen Sonderfälle dar. Die sozialen Umstände, die das massenhafte Ermorden von Juden ermöglichten, sind nicht unähnlich den Umständen, die in Ruanda zum Genozid zwischen Hutu und Tutsi führten, bei dem mehrere Hunderttausend Menschen unter grausamsten Umständen ihr Leben ließen. Auch die Massenermordungen zur Zeit des Vietnamkriegs etwa in My Lai oder die Massenexekutionen im Zusammenhang des postjugoslawischen Krieges waren keine chaotischen Ausbrüche unkontrollierter Gewaltexzesse. Vielmehr waren es zweckrational organisierte und vergleichsweise geordnete Verbrechen, die ermöglicht wurden durch die Herstellung eines bestimmten sozialen »Klimas«, in dem Vorstellungen rund um die Andersheit, Nicht-Zugehörigkeit, Ungleichheit der jeweils zu tötenden Menschengruppen gedeihen konnten und welches die Menschen, die Exekutionen ausführen sollten, auf ihre »Arbeit« vorbereitete. Wenn soziale Normgefüge es nur nahelegen, finden sich auch ganz normale, humanistisch gebildete, mit den Werten der Moderne sozialisierte Menschen nahezu im Handumdrehen zum Quälen, Foltern und Töten bereit.[24] Die moralische Abstoßung, welche die allermeisten Menschen heutzutage empfinden, wenn sie an jene Praktiken denken, liegt lediglich darin begründet, dass für sie ein anderes normatives Regelwerk maßgeblich ist. Erst der zeitliche Abstand und der Wandel der sozialen Umstände erlaubt es, mit Abscheu auf das zu blicken, was sich in Deutschland, Polen, Vietnam, Ruanda oder Bosnien ereignet hat.

***

Aus der Erforschung der geschilderten Geschehnisse lassen sich grundsätzliche Erkenntnisse über das Funktionieren der menschlichen Psyche sowie des sozialen Miteinanders gewinnen. Schließlich wurde auch in ganz anderen Kontexten als dem der nationalsozialistischen Verbrechen oder anderer Genozide nachgewiesen, dass völlig normale Menschen zu schrecklichen Taten imstande sind, sofern ihnen dies durch ihre soziale Umwelt nur wirksam nahegelegt wird. Zu nennen wären hier etwa drei klassische Experimente aus der Sozialpsychologie. Erstens kann das berühmte Experiment des Psychologen Stanley Milgram erwähnt werden, in dem zufällig ausgesuchte Menschen mehrheitlich allein durch Anweisungen von Autoritätspersonen dazu gebracht wurden, anderen Menschen, die sie nicht sahen, deren – wohlgemerkt gestellte – Schreie sie allerdings hören konnten, Stromstöße zu versetzen, von denen die Probanden glauben mussten, dass sie tödlich wirken konnten.[25] Das Milgram-Experiment wurde in den Sechzigerjahren durchgeführt. Mehrfache, obgleich mit leichten Abweichungen im Versuchsaufbau erfolgte Wiederholungen des Experiments in neuerer Zeit bestätigen jedoch, dass die meisten Menschen heute wie damals bereit sind, anderen massiv zu schaden, sofern ihnen dies nur durch Autoritätspersonen nahegelegt wird[26]. Dass Menschen auch dann gesetzten sozialen Normen folgen, wenn dies offensichtlich unsinnig ist und den eigenen Überzeugungen widerspricht, zeigen zweitens auch die Konformitätsexperimente des Sozialpsychologen Solomon Asch. Bei den Experimenten mussten Probanden angeben, welche von drei Linien in ihrer Länge einer bestimmten Referenzlinie entspricht. Bei dem Experiment waren ebenfalls eingeweihte Personen anwesend, die gemeinsam bewusst offensichtlich falsche Aussagen tätigten. Die Folge dessen war, dass die Probanden sich der Gruppenmeinung anschlossen und somit Aussagen tätigten, von denen sie selbst eigentlich überzeugt sein mussten, dass sie falsch seien.[27] Neben den Experimenten von Milgram und Asch kann drittens das Stanford-Prison-Experiment erwähnt werden, das 1971 von Philip Zimbardo geleitet wurde.[28] Gegenstand des Experiments war die Aufteilung von etwas mehr als zwanzig Probanden in zwei Gruppen, nämlich in »Gefangene« und in »Wärter«. Während die »Gefangenen« tatsächlich in Zellen gehalten wurden, hatten die »Wärter« nicht nur die Aufgabe, ihrem »Job« auf möglichst realistische Weise nachzugehen. Sie hatten ferner die Erlaubnis – und wurden, wie inzwischen bekannt ist, durch die Versuchsleiter gleichsam subtil dazu angeregt[29] –, die »Gefangenen« zu erniedrigen, zu ängstigen, zu langweilen oder anderweitig psychisch zu missbrauchen. Und tatsächlich nutzten die »Wärter« dies auf derart brutale Weise aus, dass das Experiment nach sechs Tagen abgebrochen werden musste. Die allesamt überaus berühmt gewordenen Experimente von Asch, Milgram und Zimbardo zeigen, dass Menschen sich je nach Situation in einer Weise konform und gehorsam verhalten, die zu schrecklichen Folgen führen und große Schäden anrichten kann.

Die jeweilige soziale Umwelt gibt Menschen in ihrem Denken und Handeln einen normativen Referenzrahmen vor, an dem sie sich orientieren. Sie lassen sich auf diesen Referenzrahmen ein und sehen alternative Entscheidungsmöglichkeiten nicht, die sich eigentlich permanent vor ihnen auftun. Sofern jene Referenzrahmen beziehungsweise die Menschen umgebenden sozialen Normen es vorsehen, dass offensichtlicher Nonsens behauptet wird wie in den Experimenten von Asch, dass andere mit Stromschlägen traktiert oder erniedrigt werden wie in den Experimenten von Milgram und Zimbardo, oder eben, dass Menschen oder Tiere systematisch getötet werden, dann kommen Menschen dem in der Regel nach, auch wenn individuelle moralische Überzeugungen dagegen sprechen oder intuitive Skrupel oder Hemmungen aufkommen. Menschen sind, so schwer dies zu akzeptieren ist, als Individuen in ihrem Verhalten in erster Linie das Produkt ihrer sozialen Umwelt. Allein dann, wenn Menschen durch Bildung, Vorbilder und entsprechende soziale Strukturen in die Lage versetzt werden, alternative Entscheidungsmöglichkeiten zu erkennen und gleichzeitig den Mut aufbringen, sich gegebenenfalls auch gegen den moralischen Referenzrahmen, der ihr Denken und Handeln einfasst, zu stellen, werden sie zu ethisch handelnden Individuen. Entscheidend ist, zu einer eigenen Einschätzung einer angemessenen Handlungsoption zu kommen und diese auch dann auszuführen, wenn sie nicht konform geht mit derjenigen, die seitens der jeweiligen sozialen Umwelt erwartet wird.

Die moralische Ablehnung von bestimmten Praktiken erfordert, diese überhaupt als etwas wahrzunehmen, was auch anders sein könnte, was nicht so zu sein hat, wie es ist. So ermöglicht es etwa der heutige Wertekanon, die Geschehnisse des Zweiten Weltkriegs moralisch abzulehnen. Hier von moralischer Ablehnung zu sprechen, ist eigentlich noch zu schwach formuliert. Intuitiv würde man eher von Abscheu, von Missachtung, von Entsetzen oder Grausen sprechen. Es ist der kulturell etablierte Referenzrahmen, der Menschen eine andere Sicht auf die Taten ermöglicht. Zu den Gewissheiten und Erwartungen, die den heute etablierten »Raum des Sagbaren« ausmachen, gehört es folgerichtig, die Geschehnisse, die sich im Nationalsozialismus zugetragen haben, aufs Schärfste zu verurteilen. Das bedeutet jedoch nicht, dass sich in dem heutigen Referenzrahmen nicht ebenfalls eine Normalität und Banalität des Brutalen, Gewalttätigen und Grausamen manifestieren könnte. Auch wenn es so scheint, als hätte sich der Referenzrahmen über die Zeit hinweg massiv verändert, so sind doch die psychologischen Mechanismen, die zu einer Normalität von systematischer, massenhafter und massiver Gewalt gegen bestimmte Individuen führen können, zeitlos wirksam.

Dass im Nationalsozialismus nahezu eine gesamte Gesellschaft dazu gebracht wurde, das Töten entweder zu akzeptieren oder mehr oder minder direkt daran zu partizipieren, erklärt sich im Wesentlichen dadurch, dass mit den Juden eine Fremdgruppe konstruiert wurde, gegen die man sich selbsterhöhend und durch vermeintlich biologisch bedingte Überlegenheit absetzen konnte, auch wenn man selbst in den Vertikalspannungen des Sozialen eher zu den Zurückgebliebenen oder Verlierern gehörte. Letztlich hat sich die große Mehrheit der Menschen im Zuge des Holocaust und der Kriegshandlungen exklusions-, gewalt- und tötungsbereit gezeigt. Wenn die Situation es zuließ, wurde gedemütigt, misshandelt, gefoltert oder erschossen. Nur eine winzige Minderheit an Personen hatte den Mut, sich zu widersetzen, nicht normal zu sein und sich gegen das mörderische Gesamtsystem zu stellen.

Festzuhalten bleibt, dass die Psyche der Menschen zur Zeit des Nationalsozialismus oder anderer vergangener Verbrechenszusammenhänge sich in ihrer Verfasstheit quasi nicht von der Konstitution der Psyche heutiger Menschen unterscheidet. Es sind psychologisch betrachtet die gleichen Menschen, die heute Gesellschaft bilden – und damals gebildet haben. An der emotionalen und intellektuellen Ausstattung der Menschen, der sozialen Kognition, den Potenzialen für Moralentwicklung und Rationalität hat sich nichts verändert. Daher sind auch die Anfälligkeit und Unterstützungsbereitschaft für gewalttätiges Handeln damals wie heute in ähnlichem Ausmaß vorhanden. Die Immunität und Widerstandsbereitschaft gegen Gewaltanwendung oder Vernichtungsarbeit ist damals wie heute alles andere als ausgeprägt. Es sind die Gruppennormen, der soziale Kontext, der Referenzrahmen, die Fremdgruppenkonstruktionen, die normale, psychisch gesunde Menschen dazu bringen, Dinge zu tun, die grausam, brutal oder gar sadistisch sind. Individuelle Persönlichkeitseigenschaften oder Charaktermerkmale werden dabei zwar nicht völlig bedeutungslos, ihr Einfluss verringert sich jedoch stark gegenüber der Wirkmacht der jeweiligen sozialen Situation. Menschen sind, auch wenn dies unbehaglich wirken mag, in ihrem Denken und Handeln wie erwähnt in erster Linie ein Produkt des sozialen Umfelds, in das sie eingebettet sind.

Wo jenseits von Kriegen und Genoziden zeigen sich in der gegenwärtigen, sich als zivilisiert verstehenden Gesellschaft Parallelen zur systematischen Tötungsarbeit? Die beschriebenen Praktiken in der Tierindustrie drängen sich als solche geradezu auf. Als Kritik an denselben haben einige Autoren nicht davor zurückgeschreckt, direkte Holocaustvergleiche zu bemühen.[30] Unter den Autoren sind mitunter Holocaustüberlebende selbst oder deren Nachfahren wie etwa der Philosoph David Sztybel. Sie beschreiben, wie Juden, genau wie Tiere, als Lebewesen von geringerem Wert klassifiziert wurden. Sie wurden mit Nummern versehen und in Tiertransportern in die Vernichtungslager gebracht, wo sie in möglichst schnellen Arbeitsabläufen auf möglichst effektive Weise massenhaft ermordet wurden. Die Konzentrationslager waren dabei nach dem Vorbild amerikanischer Stockyards und Schlachthöfe gestaltet.[31] In anderen Kontexten werden Holocaustvergleiche angeführt zum Zweck des Abgleichs von Opfer- oder Todeszahlen. Indem die Judenvernichtung als schlechthinnige Referenz für das Böse genommen wird, soll die Schwere anderer, eben der mit dem Holocaust verglichenen Verbrechen bekräftigt werden. Hierbei wird jedoch die moralische Problematik des Aufwiegens eines bestimmten Leidens gegen ein anderes verkannt. Indes wird der Holocaustvergleich normalerweise nicht aus antisemitischen Motiven heraus getätigt, sondern ist Ausdruck der gefühlten Ohnmacht angesichts eines überwältigenden Unrechts. Dennoch muss davon abgesehen werden, bestimmte Opfergruppen zu instrumentalisieren, um die Schwere anderer Gewalttaten zu betonen. Die Tatsache, dass dieses Buch sowohl tierindustrielle Praktiken als auch Verbrechenszusammenhänge im Nationalsozialismus beschreibt, dient weder dazu, Opferzahlen gegeneinander aufzuwiegen, noch der Untermauerung der Grausamkeit des einen oder anderen Geschehens. Was die Beschreibungen aber zeigen können, ist, dass die psychologischen und sozialen Umstände, die derartige Gewaltzusammenhänge möglich machen, sich gleichen. Gezeigt werden soll, dass früher wie heute nicht nur dieselbe Anfälligkeit für Gewalt ermöglichende Denk- und Handlungsmuster zu beobachten ist, sondern auch dieselbe Wirksamkeit und Etablierung dieser Muster. Es ist in diesem Zusammenhang selbstverständlich, dass es erhebliche Differenzen gibt zwischen Holocaust und Schlachtfabrik, zwischen Konzentrationslager und Tiermast. Die Differenzen ergeben sich unter anderem aus den verschiedenen Arten von Gewalt, die hier wie dort zur Anwendung kommen. Je nach Situation kann Gewalt um ihrer selbst verübt werden, beispielsweise wenn Menschen in Gefängnissen willkürlich gefoltert werden oder wenn Arbeiter sadistische Handlungen an Tieren verüben. Gewalt kann aber auch einen bestimmten Zweck verfolgen, etwa wenn Soldaten ihre Waffe verwenden, um andere Soldaten davon abzuhalten, ihre Stellung einzunehmen, oder wenn Landwirte Ferkel verstümmeln, damit diese den Haltungsbedingungen besser angepasst werden können. So unterschiedlich die Umstände in Kriegshandlungen, während Erschießungen, bei »Säuberungsaktionen«, bei Gefangenentransporten oder bei der Massentierhaltung, am Schlachtband, beim Kükenschreddern, der »Pelzernte« oder dem »Finalversuch« auch sein mögen, ihr gemeinsamer Nenner ist die Manifestation von Gewalt. Es wird getötet zur Erreichung eines Zwecks oder bestimmter vorgegebener Ziele, es wird kaltblütig gehandelt oder hoch emotional, individuell oder im Kollektiv, im Rahmen subjektiver Vorstellungen oder institutioneller Vorgaben, es wird getötet um des Tötens willen oder gequält um des Quälens willen. Und so sehr sich die konkreten Situationen der Gewaltanwendung unterscheiden, so sehr gleichen sie sich doch darin, dass Gewaltausübung sich nur entfalten kann, wenn bestimmte psychische und soziale Voraussetzungen erfüllt sind, die klar umrissen und beschrieben werden können. Zu diesen Voraussetzungen gehören Gruppennormen, die Gewalt zulassen, die Konstitution einer Fremdgruppe, die gegenüber der Eigengruppe abgewertet wird, sowie die Ausschaltung von Regungen der Fürsorglichkeit oder des Mitgefühls.

Konkreter sowie in Anlehnung an die oben beschriebenen Sachverhalte bestehen Parallelen darin, dass die Menschen, die ihre Arbeit unmittelbar innerhalb des Komplexes der Tierindustrie verrichten, in der Regel nicht schwerwiegend geistig erkrankt, pervers oder anderweitig abnormal sind. Ihre Arbeit des Tötens, der Gefangenenaufsicht, des Verstümmelns, des Züchtens, des Experimentierens, des Häutens et cetera wird als »Arbeit« gesehen, nicht anders als andere Erwerbsarbeit. Es gibt Berufe wie »Kopfschlächter«, »Ferkelerzeuger«, »Geflügelmäster« oder einfach nur »Tierpfleger«. Das Töten, Quälen beziehungsweise die Gewaltanwendung an sich wird institutionalisiert, es gibt entsprechende Ausbildungszweige, Stellenanzeigen, Bezahlungsroutinen, Märkte und so weiter. Die Züchter, Mäster, Schlachter, Metzger, Transporteure oder Veterinärmediziner fühlen sich nicht als brutale Gewalttäter. Sie sehen in ihrer

Arbeit eine soziale Notwendigkeit, die eingefasst ist in ein Normengefüge, das vorgibt, was zu tun ist, was als anständig gilt und was nicht. Sie haben moralische Standards, die »lediglich« Tiere zu Nutzungsobjekten degradieren, mit denen ökonomisch möglichst effektiv verfahren werden muss. Kommt dennoch einmal das schlechte Gewissen auf, etwa wenn mitangesehen werden »muss«, wie Schweine nahezu ihr gesamtes Leben lang in körperengen Metallgittern gefangen gehalten, wie Küken in großen Trichtern zu Abertausenden geschreddert oder wie Kälber ihren Müttern entrissen werden, wird dies verdrängt, indem die »Notwendigkeit« der Prozesse betont wird – schließlich gibt es eine Nachfrage der »Verbraucher« nach bestimmten Produkten, und diese Nachfrage muss bedient werden. So kann es passieren, dass Landwirte, Experimentatoren oder Fleischer nicht selten ihre Tätigkeit mit einer subjektiven Distanz zu der Rolle ausführen, die sie darin verkörpern. Sie tun einfach, was von ihnen erwartet wird. Sie passen sich den Normen, die selbst maximale Grausamkeiten gegen Tiere vorsehen und diese zu schlichten Produktionseinheiten herabstufen, mehr oder minder unhinterfragt an. Genau wie die Massenvernichtungen in den oben beschriebenen Kriegen, so ist auch das industrielle Produzieren, Verstümmeln, Gefangenhalten in den eigenen Exkrementen und Töten von Tieren per Kehlschnitt kein chaotischer Auswuchs eines unkontrollierten Gewaltzusammenhangs, sondern ein überaus rational, effektiv und geordnet organisiertes Vorgehen. Aufgrund des massiven Machtgefälles zwischen Menschen und den jeweils verwendeten »Nutztieren« gibt es in erschreckender Regelmäßigkeit sadistische Auswüchse und von der Ordnung abweichende Folterexzesse, etwa wenn »Pelztieren« absichtlich bei lebendigem Leib die Haut abgezogen wird, wenn Schweine mit Elektroschockern an den Augen oder Genitalien traktiert oder Kühe in Schlachthöfen lebendig ausgeweidet werden. Aber diese Auswüchse ändern nichts an der Tatsache, dass die Tierindustrie insgesamt ein mit bürokratischer Genauigkeit organisiertes, rational geordnetes Unternehmen ist. Dies mag auch ein Grund dafür sein, dass diejenigen Menschen, die direkt in Berufen der Tierindustrie beschäftigt sind, ihr Tun nicht als moralisch problematisch erachten, sondern wie erwähnt als völlig normale, sozial erforderliche Tätigkeit. Individuelle Skrupel oder Hemmnisse bestehen höchstens anfänglich, zu Beginn einer Tätigkeit im Schlachthof, in einer Mast- oder Zuchtfabrik. Doch anhand der Möglichkeit, sich bei Kollegen oder im Wissen um die breite gesellschaftliche Akzeptanz des eigenen Tuns rückversichern zu können, sind jene individuellen Skrupel oder Hemmnisse rasch beseitigt.

Exklusion

In einem seiner Bücher schreibt der berühmte Philosoph Jacques Derrida: »Von nun an kann niemand mehr ernsthaft die Verleugnung verleugnen. Niemand kann mehr ernsthaft und auf Dauer verleugnen, daß die Menschen alles tun, was sie können, um diese Grausamkeit zu verbergen oder vor sich zu verbergen, um im Weltmaßstab des Vergessens oder das Verkennen dieser Gewalt zu organisieren, die manch einer mit den schlimmsten Genoziden vergleichen würde.«[1] Wovon spricht Derrida hier? Er spricht von der nicht mehr zu verleugnenden Organisation des Vergessens und Verkennens der Gewalt gegen Tiere. Desgleichen wäre von einer Organisation repressiver Maßnahmen zu sprechen gegenüber dem Engagement, das Vergessen und Verkennen aufzudecken und anzumahnen. Tatsächlich kann niemand mehr, der auch nur ansatzweise offen ist für Informationen über den Zustand tierindustriell geprägter Gesellschaften, die Verleugnung verleugnen, wie es Derrida schreibt. Die Tiertransporter rollen tags und nachts über die Straßen, Zucht- und Mastanlagen stehen allerorts, die Medienberichte über deren Innenleben sind da, die politischen Diskussionen laufen, die Folgen für Umwelt und Gesundheit sind spürbar und vieles mehr. Dennoch geht die Durchführung und Organisation der tierindustriellen Vernichtungsmaschinerie nahezu ungehindert und uneingeschränkt weiter. In der industriellen Ausbeutung der Tiere beweist sich das Scheitern der zivilisierten Kultur. Es beweist sich an dem Geschehen hinter den fensterlosen Wänden und verschlossenen Türen der Zucht-, Mast- und Schlachtbetriebe, an dem milliardenfachen Peinigen und Quälen. Auf den Tiertransportern grinsen Schweinefratzen und die Milchverpackungen zeigen Kühe grasend auf grünen Weiden. In den Betrieben selbst liegen die Tiere in Eisengestängen, verenden im eigenen Kot, leiden an schrecklichen Krankheiten, ertragen permanente Qualen. Doch die kognitive Leistung, von den Zeichensystemen der Werbung oder dem Stück Individuum auf dem Teller auf die dahinterstehende Industrie zu schließen, erbringen wenige. Das Verleugnen konsequent aufzuheben, ohne dabei der Gewalt bewusst Akzeptanz entgegenzubringen, hieße, sein Leben ändern, einem Großteil gängiger Gewohnheiten eine Absage erteilen zu müssen. Den Mut, dies zu vollbringen, hat nur, wer gelernt hat, gegen Mehrheiten, Autoritäten und die Macht des Normalen aufzubegehren.[2]

Weil aber in nahezu allen Bereichen des sozialen Lebens Anpassung als Erfolg gewertet wird und nicht Abweichung, ist der Veganismus, verstanden als praktisch gelebte Nichtunterstützung der Tierindustrie und der gesamten Marktsparte, die sich ihr angliedert, einer noch vergleichsweise kleinen Gruppe mutiger Abweichler vorbehalten. Der Veganismus ist der moralische Gegenentwurf zu den biopolitischen Exklusionsbewegungen, die Tiere als Nicht-Subjekte, als bloße Ware außerhalb des Einzugsbereichs moralischer und juristischer Schutzmaßnahmen stellt. Mit Bezug auf die tierindustriellen Lager, in denen unzählige Tiere ihr Leben in Gefangenschaft verbringen müssen, könnte man von Zuständen sprechen, in denen »alles möglich« wird. Tierfabriken sind räumliche Einfassungen eines permanenten, zur Normalität gewordenen Ausnahmezustands. Das Schockierende dabei ist, dass selbst demokratische Rechtsstaaten sich nicht daran stoßen, dass durch Tierfabriken quasi rechtsfreie Räume geschaffen worden sind.[3] In den Lagern der Tierindustrie sind die darin gefangenen Individuen der Willkür und dem Frust der dort Beschäftigten ausgeliefert, deren Empathiefähigkeit durch die ebenso banale wie grausame Routine ihrer Arbeit verkümmert ist. Die Fabrikation von Leichen ist in der Tierindustrie zum Paradigma des Alltäglichen geworden, die eigentliche Extremsituation des Tötens zur routinierten Gewohnheit. In den Schlachtfabriken sterben keine Individuen, sondern »Exemplare«.[4]

Die Frage ist, welche Maßnahmen ergriffen werden müssen, damit Menschen ohne Skrupel in jener Zone der Exkludierten grausam agieren können. Die Tierindustrie hat hier stellenweise eine Art Immunologie ausgebildet, die Gewalt nicht als solche erscheinen lassen soll. So manifestieren sich selbst innerhalb der Tierindustrie, die bereits im Allgemeinen einer starken Exklusion unterzogen ist, weitere Exklusionsbewegungen. Beispielsweise werden in einem Lehrwerk für Fleischkontrolleure, das an gleich welcher Stelle die Grausamkeit gegen Tiere gekonnt euphemistisch umschreibt, Schlacht- und Betäubungsmethoden besprochen. Im Abschnitt zur Betäubung durch Kohlendioxid heißt es: »Als Vorteile dieser Betäubungsmethode werden angesehen: Kein Geschrei im Stechraum«.[5] Hier setzt jene angesprochene Immunologie ein. Es geht um Gewöhnungsstrategien und Strategien zur Verschleierung des Schrecklichen. Die eigentlich tief bewegende, natürliche Empörung über die Tötung von Lebewesen soll verlernt werden. Die über »Dip-Lift-Systeme« erreichte, technische Exklusion des »Geschreis« aus dem Stechraum ist nicht allein eine Taktik zur Hinauszögerung einsetzender Psychopathologien der Kopfschlächter. Sie bezweckt gleichzeitig eine Ausschaltung der normalerweise wirksamen Beobachtungserzwingung, womit man den Sachverhalt beschreibt, dass sich Menschen unter gewöhnlichen Umständen von vorsätzlichen Tötungshandlungen kaum abwenden können. Unter den hier beschriebenen Bedingungen wird die traumatische Dimension des Tötens bewusst unterdrückt, um Abstumpfungsprozesse konditionieren zu können. Das Ziel ist die Überführung von resonanter Irritation in nicht-resonante Gewöhnung, mit dem Endziel einer Belastungsneutralität der Psyche gegenüber Gewalttaten.

Die Dynamik, die sich im Kontext von Schlachtfabriken zeigt, manifestiert sich gleichsam im Krieg. Der Psychologe Dave Grossman, der sich auf die Erforschung der Psychologie des Tötens spezialisiert hat, spricht von einem »Gewaltimmunsystem«[6], das Menschen mit einer natürlichen Hemmung ausstattet, anderen Lebewesen Gewalt zuzufügen oder sie von Angesicht zu Angesicht zu töten. Wird diese Hemmung durchbrochen, führt dies zu zahlreichen Psychopathologien, wie sie sich bei Menschen beobachten lassen, die systematische Tötungsarbeit verrichten.[7] Typische Erkrankungen sind etwa Persönlichkeits- oder Angststörungen, posttraumatische Belastungsstörungen, Wahnbildungen, Schlafprobleme, Hypersensitivität gegenüber bestimmten Reizen, manisch-depressive Erkrankungen und dergleichen mehr. Letztlich, so stellt Grossman fest, entwickelt quasi jeder Soldat nach einer gewissen Dauer im Kampfeinsatz das eine oder andere Symptom einer psychischen Erkrankung.[8] Besonders gilt dies jedoch für jene Soldaten, die unmittelbar an Gewalt- oder Tötungsakten beteiligt sind. Soldaten hingegen, die lediglich Zeugen jener Akte werden, ohne jedoch selbst tötend oder gewalttätig zu agieren, entwickeln deutlich seltener Psychopathologien. So finden sich etwa bei Schiffsbesatzungen, die nicht von Angesicht zu Angesicht andere Menschen töten, wie dies bei Fußsoldaten in der Regel der Fall ist, eher wenige »psychiatrische Ausfälle«. Sobald die Tötungsarbeit einen eher distanzierten Charakter hat, in dem die individuellen Folgen der Gewaltanwendung nicht unmittelbar ersichtlich und wahrnehmbar sind, nimmt auch die Wahrscheinlichkeit ab, im Zuge jener Arbeit psychische Erkrankungen oder Störungen zu entwickeln. Grossman führt in seiner Untersuchung »On Killing«[9] in diesem Zusammenhang etwa das Beispiel der Bombardierung Hamburgs durch die Britische Royal Air Force im Jahr 1943 an. In dem durch das Bombardement ausgelösten Feuersturm starben Zehntausende Menschen, worunter insbesondere Frauen, Kinder und ältere Menschen fielen. Hätten die britischen Bomberpiloten, so Grossman, alle diese Menschen individuell mit einem Flammenwerfer umbringen müssen, so wäre ein solcher kriegerischer Akt aufgrund der psychologischen Folgewirkungen nicht durchführbar gewesen. Durch die vergleichsweise anonyme Tötung der Hamburger Bevölkerung mit Distanzwaffen in Form von verschiedenen Bombentypen jedoch konnten die britischen Soldaten die »Operation Gomorrha« ausführen, ohne selbst dabei größere psychische Folgeschäden davonzutragen. Grossman leitet daraus ab, dass es eine Relation zwischen dem psychologischen Widerstand, Tötungshandlungen zu begehen, sowie der physischen Distanz zu den jeweiligen Opfern gibt. Je geringer die Distanz, desto intensiver die Hemmung. Am wenigsten sind demnach die sexuelle Nähe zu einem Opfer und deren gleichzeitige körperliche Schädigung oder gar Tötung miteinander vereinbar. Die Realisierung sexueller Gewalt bedarf daher entweder bereits vorangehender psychischer Störungen oder sie zieht selbige nach sich. Anders verhält es sich beim anderen Extrem, nämlich der Tötung durch Distanzangriffe mit Artillerie oder Bomben. Hier bedarf es weder vorhergehender Psychopathologien, um entsprechende menschen- oder tierschädigende Handlungen auszuführen, noch ziehen diese zwangsläufig jene Pathologien nach sich. Zwischen den Extremen der sexuellen Gewalt und des Artillerie- oder Bombenangriffs stehen andere Schädigungsarten, wobei die psychische Resistenz gegenüber Schädigungshandlungen von mit Fäusten, Messern oder Bajonetten geführten Nahkämpfen über Schusswechsel mit Pistolen, Gewehren oder Scharfschützengewehren jeweils nachlässt.

Überträgt man diese Überlegungen aus dem Bereich der Militärpsychologie auf die angesprochene Immunisierung der Schlachtfabrikarbeiter, erklärt sich die zunehmende Verbreitung von Betäubungsanlagen mit Kohlenstoffdioxid. Anstatt Tiere im unmittelbaren Kontakt von Angesicht zu Angesicht mit einem Bolzenschussapparat oder einer Elektrozange zu malträtieren und damit die Wahrscheinlichkeit zu erhöhen, dass die Schlachter psychisch erkranken, verfrachtet man die Tiere automatisiert in eine nicht einsehbare Maschine. Darin werden sie mehrere Meter tief in eine Gasatmosphäre herabgelassen und ringen in den Metallgondeln, in denen sie eingesperrt sind, zappelnd nach Luft, bis sie im besten Fall betäubt wieder aus den Gasgruben herausgefahren werden, woraufhin ihnen die Kehle aufgeschnitten wird. Nach demselben Prinzip arbeitet man in »moderneren« Schlachthöfen mit »Entblute-Hohlmessern«, die das austretende Blut unmittelbar absaugen, sodass ein weiteres Indiz, das intuitiv mit Gewalt assoziiert ist, unsichtbar wird. Die gleiche Dynamik jedoch, die sich in Schlachtfabriken vollzieht, dass nämlich – intentional oder auch implizit durch Automatisierungsprozesse begünstigt – eine gewisse »schützende« Distanz zu einem eigentlich traumatisierenden Geschehen aufgebaut wird, vollzieht sich in der Gesellschaft als solcher. Die industrielle Erzeugung, Mästung und Verwertung von »Nutztieren« wird fein säuberlich dem Wahrnehmungsbereich der Menschen entzogen. Andernfalls würden sie aufgrund der hohen psychischen Belastung, die der Anblick des Umgangs mit den Tieren zwangsläufig verursacht, nicht mehr akzeptieren, was diesen angetan wird. Tierprodukte zu konsumieren ist also in gewissem Sinn wie Bombenwerfen. Der Schaden, den man anrichtet, wird nicht unmittelbar wahrgenommen. Daher können völlig normale, psychisch gesunde Menschen zu Unterstützern von gewaltdurchsetzten Handlungszusammenhängen werden, deren direkte Erfahrung eigentlich zu größtem innerlichen Unbehagen und Abneigung führen würde.

***

Aus den psychologischen Befunden zum Erleben physischer Gewalt lässt sich ableiten, dass Tiere in modernen Gesellschaften gleichzeitig radikal exkludiert und inkludiert sind. Diese paradoxe, einklammernde Ausklammerung löst sich davon, ein Widerspruch zu sein, weil Ein- und Ausklammerung auf unterschiedlichen Ebenen stattfinden. Tiere sind einerseits inkludiert in das gesellschaftliche Leben. Man begegnet ihnen, wenn sie als Nahrungsmittel dienen oder als Kleidung, wenn sie Teil wissenschaftlicher Experimente sind, wenn sie gejagt werden oder zur Unterhaltung dienen, wenn sie als Haustiere in Familien integriert werden, wenn sie in Werken der Kultur, etwa in Filmen oder Büchern, auftreten, wenn sie in Zoos oder Museen ausgestellt sind, wenn sie als Transportmittel benutzt werden, wenn sie als Symbol für etwas stehen et cetera. Die Inklusion steht jedoch unter dem Vorzeichen eines Nutzungsverhältnisses, bei dem Tiere als Mittel zum Zweck dienen und zumeist verdinglicht sind, also als Objekt oder Ware dienen. Es sind nicht wirklich die Tiere inkludiert, sondern vielmehr verschiedene Produkte ihrer Ausnutzung. Tiere sind daher eben auch radikal exkludiert, insofern sie als Individuen, als Wesen, die für sich selbst stehen, nicht als Teil der Gesellschaft angesehen werden. Die Exklusion bedeutet dabei gleichzeitig eine Ausschaltung moralischer Rücksichtnahme. Dies ist gleichbedeutend mit einer Aufhebung von Einrichtungen, die vor Gewalt schützen oder verübte Gewalt sanktionieren. Die Exklusion von Tieren ist darin nicht anders geartet als die Exklusion von Menschen. Gegenüber Handlungen wie dem Freiheitsentzug, der Verletzung, der Verstümmelung oder der Tötung herrscht eine allgemeine Gleichgültigkeit. Was »innerhalb« der zivilisierten Sozialwelt durch einen aufwendigen Apparat an emotionalen Hürden, Normen, Gesetzen und Sanktionsmechanismen strikt eingehegt ist, wird außerhalb jener zivilisierten Sozialwelt bedeutungslos.

Der Philosoph Giorgio Agamben hat diesen Sachverhalt durch die Figur des »homo sacer«, des straffrei zu tötenden Lebens, zu beschreiben versucht.[10] Dabei hat er, obwohl dies naheläge, nicht die industrielle Vernichtung von »Nutztieren« beleuchtet, sondern sich auf die Exklusion von Menschen fokussiert und besonders Konzentrationslager analysiert. Lager sind die Orte, wo Menschen auf das, wie Agamben es nennt, »nackte Leben« reduziert werden. Die Figur des »nackten Lebens« beschreibt ein Wesen, das beliebig verletz- und tötbar ist, das ein bloßes Exemplar unter vielen ist, das außerhalb der Moral- und Rechtsordnung steht, das der Macht ohne jede Vermittlung ausgeliefert ist. Im Lager, jenem Ort, an dem der Ausnahmezustand zur Regel geworden ist, ist »alles möglich«. Es gibt keine Handlung, die als unzulässig oder gar als Verbrechen erscheinen würde. Und so ist es letztlich genau diese Form der Exklusion, die, von »außen« betrachtet, nicht nur die größten Verbrechen der Menschheitsgeschichte hervorbrachte und weiterhin hervorbringt, sondern auch die industrielle Tierhaltung und -tötung ermöglicht. Es mag Tierschutzgesetze geben, moralische Vorbehalte gegen das Quälen und Verletzen von Tieren, politische Diskurse über den Tierschutz und vieles mehr. Doch all dies berührt nur marginal die Praxis in den Fabrikanlagen der Tierindustrie. Die Schweine, Kühe, Hühner, Puten oder Kaninchen in den Käfigen, Kastenständen, Mastbuchten, Melkständen, Transportern und Tötungsboxen sind der Willkür derer ausgeliefert, die ihr »nacktes Leben« zu Produkten verarbeiten. Über Jahrzehnte hinweg ist durch mutige Aktivisten in aller Welt mit versteckten Kameras dokumentiert worden, dass gegenüber den Tieren tatsächlich »alles möglich« ist. Die versteckten Kameras eröffnen einen winzigen Spalt, um aus der zivilisierten Welt heraus einen kurzen Blick in die Sphäre derjenigen zu werfen, die exkludiert sind, damit ihre toten Körper und Körperprodukte inkludiert werden können.

Es mag für viele Menschen abwegig klingen, bei »Nutztieren« im Sinne Agambens von »nacktem Leben« zu sprechen, das straffrei verletz- oder tötbar ist. Dabei entspricht dies genau den Tatsachen. In der rechtswissenschaftlichen Fachliteratur ist dementsprechend etwa von einer »besonderen Zurückhaltung bei der Verfolgung [von Tierschutzkriminalität]«[11], von einer legislativen sowie exekutiven »Erstarrung gegenüber [einem] offen illegalen System«[12] oder von der »faktischen Straflosigkeit institutionalisierter Agrarkriminalität«[13] die Rede. In dem »devianzförderlichen Umfeld« tierindustrieller Anlagen werden »Gelegenheitsstrukturen« geschaffen, die »in einer Kultur des Wegsehens in organisierter Form genutzt werden«.[14] Die unternehmerische Organisation von tierhaltenden Betrieben erzeugt eine Normalität der Tierquälerei, die zwar theoretisch häufig illegal ist, die aber durch ihre Alltäglichkeit nicht weiter Beachtung findet. Durch die Regelmäßigkeit der täglichen Praxis innerhalb der abgeschotteten tierindustriellen Betriebe werden Verhaltensweisen und Umstände zur nicht weiter beachtenswerten Normalität, vor denen Außenstehende geschockt wären. Je perfekter dabei austariert wird, wie stark die Bedürfnisse der Tiere systematisch vernachlässigt werden können, ohne dass die Sterblichkeitsraten zu hoch werden, desto profitabler ist es für die Agrarunternehmen. Während Rechtsbrüche ökonomische Vorteile bedeuten, erzeugt die Einhaltung rechtlicher Vorgaben wirtschaftliche Nachteile gegenüber der illegal agierenden Konkurrenz. Durch den Umstand der »Sanktionslosigkeit wirtschaftlich lukrativer Straftaten«[15] sind Wirtschaftsstrukturen und Unternehmenspraktiken entstanden, in denen ein System der Tierquälerei und Tiervernichtung floriert, das in weiten Teilen außerhalb bestehender Rechtsordnungen operiert. Dass überhaupt in wenigen Einzelfällen Tierquälerei in tierindustriellen Anlagen zur Anzeige gebracht oder juristisch verfolgt wird, ist schon eine Besonderheit. Wenn eine strafrechtliche Verfolgung wider Erwarten dennoch erfolgt, werden die Verfahren in aller Regel eingestellt. Agrarkriminalität kann vor den Gerichten erfolgreich als aus ökonomischen Gründen zwingend notwendiges Übel dargestellt werden, das dann nicht weiterverfolgt wird, obwohl das Recht in der Theorie eigentlich anderes vorsieht. So ist das Tierschutzrecht, sofern Nationen ein solches überhaupt besitzen, nicht nur inhaltlich so ausgestaltet, dass es schlimmste Tierquälerei ohnehin bereits legalisiert. Hinzu kommt, dass keinerlei Sanktionen ausgesprochen werden, wenn die industriell organisierten Verbrechen an den Tieren schließlich ins Illegale reichen – was mehr die Regel ist als die Ausnahme. Dieses Vollzugsdefizit oder, deutlicher gesprochen, diese Kapitulation des Rechtssystems auf der einen Seite schafft auf der anderen Seite die Möglichkeit der Entstehung rechtsfreier Räume innerhalb tierindustrieller Anlagen, in denen das Quälen und Töten keinen Beschränkungen mehr unterworfen ist. Die Tiere fristen ihr Dasein außerhalb des Rechts.

Letztlich folgt beides, also sowohl Inklusion und Exklusion der Tiere, den Interessen, Wunschvorstellungen, Produktionsstrukturen, Nutzungsweisen, Ideologien und Gesetzen einer von Menschen beherrschten sozialen Welt. Insgesamt ist ein eindeutiger Trend zu verzeichnen, wie John Berger feststellt: »In den letzten zwei Jahrhunderten sind die Tiere allmählich verschwunden. Heute leben wir ohne sie.«[16] Dennoch ist dieser Trend nicht absolut. Die Gesellschaft nutzt Tiere nach wie vor, um beispielsweise von ihnen zu lernen, indem sie sie als Vorbilder für technische Verfahren oder Artefakte heranzieht. Tiere werden in wissenschaftlichen Versuchen eingesetzt, um aus ihren manipulierten Körpern Erkenntnisse zu gewinnen, die auf Menschen übertragen werden sollen. Tiere dienen Designern und Produktentwicklern als Modelle, um etwas über Strömungsmechanik, Ästhetik, Robotik, Logistik, Kommunikation und vieles weitere zu lernen. Obwohl Tiere hier als Träger von Erkenntnissen fungieren, die Menschen weiterbringen, indem sie ihnen die Entwicklung und den Einsatz neuer Technologien ermöglichen, ist die Beziehung zu Tieren auch hier von Gewalt geprägt. In ihrem Buch *Animal Lessons* schreibt die Philosophin Kelly Oliver: »[D]ie menschlichen Methoden des ›Lernens‹ [von Tieren] sind gewalttätig und beinhalten oft das Töten und Sezieren ihrer Lehrer. Die Tiere gelten eher als kühle Exemplare denn als Mitgeschöpfe, die wir nachahmen, von denen wir lernen und denen wir folgen. Zweifellos muss es andere pädagogische Modelle geben, die wir übernehmen könnten, Modelle, die nicht das Essen und Zerlegen der Lehrer beinhalten, oder wenn, dann in einem mehr metaphorischen und weniger wörtlichen Sinne, auf einem mehr nachdenklichen und weniger gewalttätigen Weg.«[17] Oliver deutet hier eine soziale Inklusion von Tieren an, die auf Rücksichtnahme und Respekt vor anderen Individuen basiert und die daher umso mehr als Beziehung genutzt werden kann, aus der beiderseits Vorteile gezogen werden können. Doch eine soziale Inklusion in dem Sinne, dass Tiere als Partner und Vorbilder jenseits einer gewaltsamen Nutzungsbeziehung akzeptiert werden, übersteigt den Vorstellungshorizont gegenwärtiger Gesellschaften.

Tiere sind Erdenbewohner und Gesellschaftsmitglieder wie Menschen. Dabei kommen Menschen räumlich betrachtet mit Tieren auf ganz andere

Weise in Kontakt als mit ihresgleichen. Andere Menschen sind selbstverständlich Teil der eigenen Lebenswelt und der Kontakt mit seinesgleichen ist essenziell. Ähnliches gilt für bestimmte Tiere. Mit Haustieren teilen Menschen ihre Wohnungen. Sie sind in Familienstrukturen integriert. Die Gegenwart von Hunden, Katzen, Hamstern, Kaninchen oder Meerschweinchen hat einen fundamentalen Einfluss auf das Handeln, die Gewohnheiten und das Sozialleben der Menschen. Tiere, die räumlich in menschliche Lebenswelten inkludiert sind, dienen als Surrogat für andere Menschen, sie sollen Kinder sozialisieren, Empathie lehren und Begleiter sein für Menschen im Alter oder mit Behinderungen. Die räumliche Inklusion bestimmter Tiere in die Gesellschaft geht einher mit einer sozialen Einbindung ebendieser Tiere. Doch dieser sehr selektiven Inklusion steht eine gigantische Exklusion gegenüber. Letztere soll an dieser Stelle insbesondere an der räumlichen Distanzierung und Ausschließung unzähliger »Nutztiere« festgemacht werden.

Nahezu sämtliche existierende »Nutztiere« werden in fabrikartige Anlagen eingesperrt. Diese Anlagen sind weder offen zugänglich, noch sind sie selbst Teil menschlicher Siedlungen oder Städte. Zumeist sind jene Fabriken, die fühlende Individuen zu Fleisch verarbeiten, räumlich von menschlichen Gemeinschaften separiert und so lokalisiert, dass sie den allermeisten Menschen nicht einmal auffallen. Einzig Tierversuchslabore sind seltener außerhalb urbaner Räume angesiedelt. Sie befinden sich beispielsweise inmitten der biologischen oder medizinischen Fakultäten in Universitätsgebäuden. Hier sind sie allerdings strikten Zugangsbeschränkungen unterworfen. Auch sind sie nur vereinzelt über Schilder oder Ähnliches ausgewiesen, sodass nicht selten nur diejenigen, die innerhalb der Labore arbeiten, von deren Existenz wissen. Unbefugte »Eindringlinge« in die Labore, die noch dazu Fotos oder Videos darin anfertigen wollen, müssen um jeden Preis abgewehrt werden. Gleiches gilt für Tierfabriken. Das unangekündigte Filmen in ihnen wird als »Hausfriedensbruch« gesehen, obgleich es sich bei diesen, nimmt man den Begriff wörtlich, weder um Häuser handelt noch in ihnen Frieden herrscht. Doch Gesetze schützen den Status quo der räumlichen Exklusion der »Nutztiere«.

Selbst im Fall der Zoos, in denen Tiere mehr oder weniger offen zur Schau gestellt werden und Menschen visuell mit ihnen in Kontakt kommen,[18] manifestiert sich Exklusion. Trotz der Ausstellung der Tiere müssen sie gleichzeitig auch versteckt werden. Hospitalismus, posttraumatische Belastungsstörungen, Verhaltensauffälligkeiten, Selbstmutilationen, Apathie und andere durch die

Haltungsbedingungen in Zoos bedingte Erkrankungen müssen etwa mit sedierenden Psychopharmaka kaschiert werden.[19] All dies sind Folgen der Gefangenschaft. Und auch diese selbst soll verschleiert werden. Viele Tiere in Zoos leben in regelrechter Isolationshaft und müssen ihr Leben in vollverfliesten Betonbunkern fristen. Die mit Pflanzen aufgepeppten »Vorderbühnen« der Käfige werden durch Käfige »hinter den Kulissen« ergänzt. Auf den »Vorderbühnen« werden die entlarvenden Metallgitter ersetzt durch Wassergräben, Glasscheiben, »Elektrogras« oder ähnliches. Die Besuchergänge sind mit »Urwaldbepflanzung« und weichem Rindenmulch verziert, während die Tiere in den Gehegen mitunter auf nacktem Betonboden gehalten werden. Hinsichtlich des räumlichen Ausschlusses der Tiere unterscheiden sich selbst Zoos demnach nur marginal von anderen Institutionen, die zum Zweck etwa der Fleischproduktion ebenfalls exkludierend auf Tiere wirken.

Die räumliche Exklusion von Tieren erfüllt die Funktion, Menschen nicht mit den Auswirkungen ihres eigenen Lebensstils und Konsumverhaltens zu konfrontieren. Man kann jene Auswirkungen weder sehen, noch hören oder riechen. Menschen werden diejenigen Stimuli beziehungsweise Wahrnehmungen, die notwendig wären, um sie in ihrer ethischen Entscheidungsfindung zu leiten, gezielt entzogen[20]. Indem Tiere sowie deren Züchtung, Nutzung und Tötung einer räumlichen Abschottung unterzogen werden, ermöglicht die somit erzeugte Distanz, Mythen und falsche Vorstellungen über das vermeintliche Wohlergehen von Tieren in der Abgeschiedenheit ihrer Haltungssysteme in die Welt zu setzen. Gleichzeitig bekommt man nicht die Möglichkeit, die kursierenden Mythen und falschen Vorstellungen durch direkte Erfahrung zu widerlegen. Dies wäre jedoch wichtig, um mündige moralische Entscheidungen treffen zu können.

Die Exklusion von Tieren manifestiert sich nicht allein in den Dimensionen des Sozialen und des Räumlichen, sondern auch in der Sprache. Die Sprache zeichnet sich durch einen ausgeprägten und in den allermeisten Fällen unreflektierten Anthropozentrismus aus. Dieser Anthropozentrismus wird am deutlichsten dort, wo Sprache dazu dient, sich gedanklich von Tieren zu distanzieren. Diese Distanzierung lässt sich damit belegen, dass Umstände des Lebens und Sterbens bei Tieren anders bezeichnet werden als bei Menschen. Der Sprachwissenschaftler Reinhard Heuberger hat hierfür treffende Beispiele zusammengetragen, die im Folgenden aufgegriffen werden sollen.[21] So heißt es bei Menschen etwa, dass sie ein bestimmtes Gebiet »bewohnen«, während Tiere dort nur »vorkommen«. Bei Menschen spricht man von »Bevölkerung«, während

Tiere lediglich »Populationen« bilden. Menschen »essen« Nahrung, Tiere »fressen« sie. Während Menschen »sterben«, »verenden« Tiere bloß. Tote Tiere sind »Kadaver« und keine »Leichen«. Menschen haben »Geschlechtsverkehr« oder »Sex«, während Tiere sich »paaren«. Frauen »gebären Kinder«, Tiere »werfen« oder haben »Nachkommen« und diese werden »gesäugt« anstatt »gestillt«. Menschen können »ermordet« werden, Tiere dagegen werden »geschlachtet«. Besonders ausgeprägte Distanzierungsmechanismen besitzt auch die Jägersprache. Hier werden Tiere »zur Strecke gebracht« anstatt »getötet«. Sie »bluten« nicht, sondern »schweißen«. Ebenfalls offensichtlich ist die Distanzierung gegenüber Tieren auch dann, wenn sie gegessen werden. So wird kein »Muskelfleisch toter Tierkörper« verspeist, sondern »Schnitzel«, »Steaks«, »Speck« und anderes.

Insbesondere in den Diskursen der Tierindustrie selbst wird das gleiche Phänomen sichtbar. Hier findet nicht nur eine Distanzierung statt, sondern gleichsam eine Verdinglichung von Tieren über die Sprache. So wird etwa die Art der Nutzung von Tieren über die sprachliche Bezeichnung derselben fixiert. Anstatt von Hühnern wird von »Legehennen«, »Masthähnchen«, »Broilern« oder Ähnlichem gesprochen. Anstatt von Schafen wird von »Merino-Fleischschafen« oder »Milchschafen« gesprochen, anstatt von Rindern von »Milchkühen«, »Milchvieh« oder »Doppelnutzungsrindern«. Anstatt von Schweinen wird von »Vierschinkenschweinen«, »Fleischschweinen«, »Mastschweinen«, »Altsauen« oder »Deckebern« gesprochen. Rein begrifflich wird damit gar nicht zugelassen, dass ein Tier auch etwas anderes tun kann, als einem durch menschliche Akteure definierten Zweck zu dienen. Dementsprechend werden auch Körperteile der Tiere entweder nach ihrem Nutzungszweck benannt oder verdinglichend beschrieben. Hühner haben »Ständer« anstatt »Beine«. Rehe haben »Lichter« anstatt »Augen«. Bei Schweinen geht es um »Seiten-«, »Bauch-« oder »Rückenspeck«, um »Kamm«, »Bug«, »Lende«, »Schinken« oder »Filet«. Die Körperregionen werden nicht neutral bezeichnet, sondern jeweils mit dem Fokus auf ihren jeweiligen Nutzungszweck. In den Begriffen wird der Vorgang des Zerteilens des toten Schweinekörpers oder, wenn von »Wurstwaren« gesprochen wird, das Vermengen von zerkleinerten Körperteilen bereits als gegeben gesetzt. Auch die Bezeichnungen für Praktiken in der Tierindustrie sind derart gewählt, dass der Anschein entsteht, man agiere mit Dingen anstatt mit empfindsamen Lebewesen. Hühner oder Puten werden an den Schnäbeln »kupiert« anstatt »verstümmelt«. Bei Rindern beziehungsweise Kälbern wird »gedrencht« anstatt »zwangsernährt«. In dem Industriezweig, der Schweine missbraucht, geht es um »Ferkelerzeugung«, um »Deckakte«, um »Würfe« anstatt »Geburten« oder um »Umrauscher«. Massentötungen werden schlicht als »Bestandsräumungen« oder »Keulungen« bezeichnet. Insgesamt zeichnet sich etwa in Publikationen zur »Tierproduktion« eine extrem technizistische Sprache ab, die den Anschein erweckt, es werde nicht mit Tieren verfahren, sondern mit Maschinenteilen.[22] Nicht nur die Wahl einzelner Begriffe, sondern die Art, wie insgesamt über Tiere geschrieben und gesprochen wird, blendet aus, dass über komplexe, empfindsame sowie eine eigene Persönlichkeit und spezifische Bedürfnisse besitzende Individuen gesprochen wird. Es geht beispielsweise um »Ferkelerzeugung«, als wäre es selbstverständlich, dass der »Ferkelerzeuger« darüber verfügt, dass Schweinemütter Nachwuchs bekommen. Dabei wird der »Ferkelerzeuger« mit den »Festkosten« wie etwa dem »Deckgeld« einer »Sau« belastet, was besonders negativ ist, wenn die »Wurfleistung« oder der »Aufzuchtanteil« gering beziehungsweise das »Aufzuchtergebnis« schlecht sind. Ferner sollen männliche und weibliche »Zuchtläufer« ab einem gewissen Alter getrennt werden, da »frühreife« weibliche Tiere »rauschen«, was jedoch nicht heißt, dass sie bereits »zuchttauglich« sind. Bei zu früher »Deckung« treten »Geburtsschwierigkeiten« auf und es kann zu »kleinen Würfen« kommen. Die Aufzucht der »Jungsauen« ist gezielt zu »lenken«, sodass die erste »Rausche« bei einem bestimmten »Lebendgewicht« das erste Mal eintritt. Daran anschließend ist die »Erstbelegung« nach den »Brunstzyklen« zu steuern. Die ideale »Seitenspeckdicke« einer »Jungsau« bei der »Erstbelegung« beträgt sechzehn bis achtzehn Millimeter. Ferner beeinflusst der Körperfettanteil die »Aufzuchtleistung« der »Sau«. Alles in allem »erwartet« der »Ferkelerzeuger« etwas mehr als zwei »Würfe« »seiner Sauen« pro Jahr. Dies wiederum lässt sich nur erreichen, wenn die »Säugezeit« nicht zu lange ausgedehnt wird und die Schweine nach dem »Absetzen der Ferkel« möglichst schnell wieder »belegt« werden.[23] In demselben Stil, der hier aus dem Buch »Tierproduktion« von Jürgen Weiß und Kollegen entnommen wurde, werden auch die Methoden aller weiteren wesentlichen Zweige der Tierindustrie beschrieben. Der technizistische, tierverachtende Sprachgebrauch ist dabei stets derselbe. Ebenfalls ausnahmslos wird über die Tiere in einer Art geschrieben, mit der ausgeblendet wird, dass Tiere handelnde Akteure sind, die Bedürfnisse haben und danach streben, diese zu befriedigen. Anstatt dass die Tiere handeln, wird mit ihnen gehandelt, als ginge es um passive Objekte, mit denen möglichst effektiv verfahren werden muss.

Abwehr

Auf die alltäglich geäußerte Frage, »was es zum Essen gibt«, erfolgt eher nicht die Reaktion, dass die Frage falsch gestellt sei und es zumindest bei Gerichten mit Fleisch richtig heißen müsste: »Wen gibt es zum Essen?« Dies zu fragen erscheint absurd und ist dennoch korrekt, schließlich werden Individuen verspeist, denen eine eigene Persönlichkeit zugemessen werden kann. Vögel, Rinder, Schweine, Schafe, Kaninchen oder Fische zu essen bedeutet, jemanden zu essen und nicht etwas. Doch warum klingt es für die allermeisten Menschen so sonderbar, dies auf diese Weise zu formulieren? Um das zu erklären, hilft ein Rückgriff auf Erkenntnisse aus der Psychologie. Hier konnte in mehreren Experimenten nachgewiesen werden, dass Menschen eine Reihe an psychologischen Vorkehrungen treffen müssen, damit sie in die Lage versetzt werden, andere Lebewesen, die ohne jede Notwendigkeit getötet werden, konsumieren zu können. Die Sozialpsychologin Melanie Joy konnte durch empirische Untersuchungen zeigen, dass es mehrere Abwehrmechanismen gibt, die es Menschen erlauben, Fleisch zu konsumieren, ohne dabei größeres Unbehagen oder Unwohlsein zu empfinden.[1] Melanie Joy nennt dies »carnistic numbing«. »Numbing«, also Betäubung, deshalb, weil Menschen, die Fleisch essen, sich sehr wohl bewusst machen könnten, dass sie, wenngleich sie das zu verspeisende Tier nicht selbst getötet haben, gewissermaßen indirekt Gewalt ausgeübt haben, indem sie andere für sich töten ließen. Um sich diese ungemütliche Tatsache nicht bewusst machen zu müssen, werden Abwehrmechanismen eingesetzt. Dazu zählen erstens die Verleugnung oder Verneinung, also das Abstreiten, für Gewaltausübung verantwortlich zu sein. Zweitens zählt die Vermeidung dazu, wobei Informationen über das Schicksal der als Nahrungsmittel betrachteten Tiere gezielt ausgewichen wird. Drittens zählen dazu die Rationalisierung beziehungsweise die Rechtfertigung, wobei zwar mehr oder weniger die Gewaltausübung anerkannt, aber aus verschiedenen Gründen verteidigt oder als notwendig angesehen wird. Viertens zählt dazu die Verdinglichung, wobei verleugnet wird, dass es sich bei Tieren um Subjekte, um fühlende Individuen handelt. Die »Dichotomisierung« ist fünftens ein mit der Verdinglichung verwandter Abwehrmechanismus, bei dem eine strikte Grenze zwischen Tieren und Menschen gezogen wird, wobei der Kreis der moralischen Rücksichtnahme auf letztere limitiert wird. Sechstens zählt auch die Übergeneralisierung zu den Abwehrmechanismen, da hier in der abstrakten Masse der »Nutztiere« vermieden wird, das einzelne Individuum zu erkennen.

Zu analogen oder vergleichbaren Ergebnissen, wie sie durch Melanie Joy erzielt wurden, kommen diverse weitere Forschungsarbeiten zur Psychologie des Fleischkonsums.[2] Erwähnenswert ist in dieser Reihe auch eine Untersuchung des Psychologen Jared Piazza und seiner Kollegen,[3] bei der speziell eine Systematisierung der Rechtfertigungsmuster, die zur Begründung des eigenen Fleischkonsums angewendet werden, unternommen wurde. Piazza identifiziert dabei vier »N«, nämlich normal, natürlich, notwendig und »nice«. Bereits Joy hatte in ihrer Forschung zu Rechtfertigungsmustern drei »N« identifiziert.[4] Piazza ergänzt es mit »nice«, was so viel wie »fein« oder »lecker« heißen soll, um ein viertes. Mit der Rechtfertigung, Fleisch zu essen sei normal, wird auf dominante soziale Normen verwiesen und das Handeln der Mehrheit als Grundlage für das eigene Handeln herangezogen. Mit dem Verweis auf die Natürlichkeit des Fleischkonsums gehen Rückgriffe auf vermeintliche biologische Tatsachen einher. Eng verknüpft ist dies mit der Vorgabe der Notwendigkeit des Verspeisens anderer Tiere. Diese manifestiert sich durch die ständig geäußerte Behauptung, Fleisch sei für eine ausgewogene menschliche Ernährung notwendig, da andernfalls gesundheitliche Schäden oder Unterentwicklung drohten. Das Töten von Tieren sowie der gesamte an die Tötungsmaschinerie angeschlossene Züchtungs- und Mastapparat diene daher letztlich der Aufrechterhaltung der menschlichen Gesundheit.

Unabhängig von der sachlichen Richtigkeit oder Falschheit der Rechtfertigungen zeigen diese doch, dass derjenige, der sie vorbringt, durchaus etwas ethisch Falsches in seinem Konsumverhalten erkennen kann, die Rechtfertigungen aber benötigt, um nicht in innere Konflikte zu geraten. Der Psychologe Steve Loughnan und seine Kollegen haben in diesem Zusammenhang den Begriff des »Fleischparadox'« geprägt.[5] Das Fleischparadox beschreibt die Tatsache, dass viele Menschen, die keine strikte speziesistische Abwertung und Verdinglichung von Tieren vornehmen, um das Wohl derselben besorgt sind und nicht wollen, dass Tieren Leiden oder Schmerzen zugefügt werden, sie aber gleichzeitig Tiere essen, was deren Tötung und ein Leben unter typischerweise miserablen Bedingungen impliziert. Das Fleischparadox beeinflusst dabei, so die empirischen Ergebnisse von Loughnan und Kollegen, sowohl den Charakter der Essenden als auch die Wahrnehmung der zu essenden Tieren. Die Essenden tendieren dazu, Tiere wenig zu schätzen oder als nicht schützenswerte Individuen zu betrachten. Sie sind eher männlich oder männlichen Idealen und Identitäten zugeneigt. Sie akzeptieren eher soziale Unterdrückung und Ungleichheiten. Und sie neigen dazu, Tieren kognitive Fähigkeiten abzusprechen, sie eher als primitive Lebewesen wahrzunehmen sowie ihren moralischen Status zu verleugnen.[6]

Weil Menschen im Allgemeinen zumindest ansatzweise um das Wohl von Tieren besorgt sind und Gewalt gegen Tiere ablehnen, sie jedoch gleichzeitig durch den Fleischkonsum indirekt für die Tötung derselben verantwortlich sind, entsteht ein Spannungsverhältnis zwischen den eigenen Überzeugungen und dem eigenen Handeln.[7] Um jedoch sein Handeln nicht an die eigenen Überzeugungen anpassen zu müssen, werden diese mithilfe der beschriebenen Abwehrmechanismen manipuliert. Ein Teil dieser Manipulation betrifft die Wahrnehmung nicht nur von Tieren, sondern auch von anderen Menschen, die eine vegetarische oder vegane Lebensweise repräsentieren. Im Vordergrund steht hier der vielfach geäußerte Vorwurf, Vegetarier oder Veganer verhielten sich »missionarisch« und wollten ihre Überzeugungen anderen aufdrängen, während sie selbst überaus intolerant seien. Tatsächlich ist dieser Vorwurf in der Regel sachlich unzutreffend und muss als Symptom eines psychologischen Abwehrmechanismus gedeutet werden. Der Vorwurf rührt daher, dass Menschen, die Tierprodukte konsumieren, mehr oder minder bewusst um die ethischen Implikationen dieses Handelns Bescheid wissen und sie sich geradezu automatisch von Vegetariern oder Veganern verurteilt fühlen. Dies passiert unabhängig davon, ob eine solche moralische Verurteilung tatsächlich erfolgt oder nicht. Menschen, die andere Tiere essen, sehen in Vegetariern und insbesondere Veganern, unabhängig von ihrem Verhalten, die Personalisierung eines moralischen Angriffs auf ihre Identität. Einen solchen Angriff gilt es abzuwehren, um sich nicht selbst schuldig fühlen zu müssen. Dies geht am einfachsten, indem Vegetarier oder Veganer verurteilt werden, ihnen ein übler Charakter unterstellt oder eben vorgeworfen wird, »missionarisch« zu agieren.

Tatsächlich ist genau dieser Effekt in einer wissenschaftlichen Studie untersucht und bestätigt worden. Durchgeführt wurde sie von den beiden Psychologen

Julia Minson und Benoît Monin.[8] Die Forscher fanden heraus, dass Menschen, die Tiere essen, Vegetarier oder Veganer auch dann mit Abwehrreaktionen und Abwertungen begegnen, wenn diese ihre moralische Haltung gar nicht explizit machen. Auch in einer Studie, die von den Psychologen Cara MacInnis und Gordon Hodson durchgeführt wurde,[9] konnte festgestellt werden, dass Mischköstler besonders gegenüber Veganern und männlichen Vegetariern Vorurteile haben und diese abwerten. Die Bewertung von Veganern und Vegetariern fällt dabei auch weitaus schlechter aus als die Bewertung anderer nutritiver Gruppen wie etwa glutenintoleranten Personen. Zu erklären ist dies durch die, wie MacInnis und Hodson es nennen, »symbolische Bedrohung«, die Veganer und Vegetarier für Mischköstler darstellen. Diese fühlen sich durch Veganer und Vegetarier moralisch attackiert, da letztere moralische Standards repräsentieren, die es abzuwehren gilt, um die eigene moralische Ausrichtung nicht verändern zu müssen. Die einfachste Abwehrmaßnahme ist dabei, Veganer oder Vegetarier als unsympathisch, unangenehm oder abstoßend zu klassifizieren. »Vegaphobie«[10] ist die Reaktion der dominanten, karnistischen Ideologie auf die Gefahr des ethischen Veganismus, der durch immer mehr Menschen repräsentiert wird. Tatsächlich kann diese anti-vegane Dynamik weltweit in verschiedenen Kulturen festgestellt werden.[11] Obgleich die angesprochenen Phänomene aus dem Alltag bekannt sind[12], untermauern die systematisch erlangten Ergebnisse der beschriebenen wissenschaftlichen Untersuchungen einmal mehr, dass die Psychologie des Essens von Tieren Menschen zu einem irrationalen Verhalten verleitet. Doch diese Irrationalität ist nötig, um rationales Handeln abwehren zu können.

Es sind die beschriebenen Abwehrmechanismen, die es Menschen ermöglichen, an gewalttätigen Praktiken zu partizipieren, ohne mit sich selbst in Konflikt zu geraten. Die Abwehrmechanismen dienen als Selbstschutz, der den Ruf des Gewissens verhindert. Das unangenehme Gefühl, das dieses erzeugt, entsteht aus der inneren Spannung zwischen eigenen Wert- oder Moralvorstellungen sowie dem eigenen Handeln. Stehen Handeln und moralische Ansprüche in einem Widerspruch zueinander und kommt es trotz »besseren Wissens«[13] zu einem bestimmten, eigentlich als unmoralisch erachteten Handeln, treten kognitive Dissonanzen auf. Menschen streben jedoch nach Konsonanz, nach Übereinstimmung, nach Widerspruchsfreiheit. Um diese zu erlangen, wird jedoch häufig nicht das eigentlich unmoralische Handeln geändert, sondern legitimiert und damit aufgewertet. Der Einsatz der genannten Abwehrmechanismen signalisiert jedoch, anders als die tatsächliche Anpassung des Handelns an die eigenen moralischen Ansprüche, ein geringes Ausmaß persönlicher Integrität. So ist das Ergebnis einer Studie, dass Menschen, die eher zum Fleischverzehr und vor allem zur Rechtfertigung desselben neigen, gleichzeitig eine Reihe weiterer Charaktereigenschaften besitzen, zu denen etwa eine verminderte Empathiefähigkeit, eine mangelhafte Fähigkeit zur Selbsteinschätzung und -bewertung, eine erhöhte Neigung zur Diskriminierung anderer Personen oder die Befürwortung hierarchischer Sozialstrukturen gehört.[14]

Dass die beschriebenen Abwehrmechanismen wirken, zeigt sich ferner an der Beobachtung, dass Menschen bei nahezu sämtlichen Tierarten Ekel empfinden würden, müssten sie sie verzehren, dies jedoch genau bei denjenigen Tieren, die als »Nutztiere« angesehen werden, nicht der Fall ist. Nahezu jeder ist mit der Situation vertraut, am Straßenrand, im Wald oder anderswo auf überfahrene, verwesende, verletzte, erschossene oder anderweitig gestorbene Wildtiere zu stoßen. Bei der Begegnung mit diesen toten Tieren schlägt die Vorstellung, sie zu essen, automatisch in ein Ekelgefühl um. Dieser Ekel kann mehr oder minder stark ausgeprägt sein.[15] In der Psychologie wird dabei unterschieden zwischen Ekelgefühlen, die durch die bloße Wahrnehmung, durch die antizipierte geschmackliche Abneigung, durch die antizipierte Schädlichkeit bei mit dem Mund erfolgender Aufnahme oder durch die Verdauung einer Substanz ausgelöst werden.[16] Tote Tiere oder genauer gesagt Aas ist dabei neben Körperprodukten wie Exkrementen, Schleim, Eiter oder Speichel normalerweise einer der stärksten Ekelauslöser.[17] Dies erklärt sich dadurch, dass tote Körper – egal ob jene von menschlichen oder nicht-menschlichen Tieren – rasch Träger von gesundheitsschädlichen Parasiten oder Mikroben werden. Diese werden über die orale Aufnahme oder bloßen physischen Kontakt übertragen. Der Ekel kann dabei evolutionspsychologisch erklärt werden. Diejenigen Menschen, die ohne jedwede Ekelgefühle sich gefährlichen Parasiten oder Mikroben ausgesetzt haben, hatten eine geringere Überlebenschance als jene Menschen, welche diese intuitiv mieden. Damit wurden qua Selektion spezifische Ekelgefühle zur natürlichen »Ausstattung« des Homo sapiens. Ekelgefühle stellen also einen Überlebensvorteil dar und helfen bei der Wahl der passenden Nahrungsmittel sowie der Vermeidung von Krankheiten. Festgehalten werden kann demnach, dass Ekelgefühle ihren Ursprung in der Evolution haben und zu den natürlichen Veranlagungen des Menschen gehören. Dennoch können sie durch Kultur überformt und manipuliert werden. Dies kann etwa daran gezeigt werden, dass Menschen zwar heftigen Ekel vor Kadavern verspüren oder vor der Vorstellung, diese gar zu verspeisen. Dieser Ekel kommt jedoch nicht auf, wenn Menschen mit dem Fleisch von toten »Nutztieren« konfrontiert sind. Hier empfinden die meisten weder Ekel bei der Wahrnehmung des Fleisches noch im Angesicht der antizipierten Schädlichkeit durch die Aufnahme und Verdauung desselben. Warum aber bleibt der Ekel hier so plötzlich aus?

Die Fleischindustrie hat eine Form des Produktdesigns etabliert, bei dem das Fleisch, das konsumiert wird, nicht mehr an das Tier erinnert, von dem es stammt. Fleischprodukte sind entweder so stark weiterverarbeitet, dass eine undefinierte Masse an tierlichen Körperteilen gleichzeitig in ihnen verarbeitet ist, wie dies etwa bei Wurst der Fall ist. Oder die Produkte sind zu abstrakt, um Hinweise oder Erinnerungen an das Tier, von dem sie stammen, zu bieten. Fleischprodukte werden nicht als das gesehen, was sie tatsächlich sind, nämlich Muskeln, Gedärme, Innereien et cetera von Lebewesen. Würden Fleischprodukte so gestaltet, dass sie Erinnerungen an das Tier zuließen, von dem sie stammen, würden sie gleichzeitig Empathie auslösen und es damit schwieriger machen, sie zu konsumieren. Dieser Effekt wurde unter anderem durch die beiden Psychologen Jonas Kunst und Sigrid Hohle empirisch untersucht und bestätigt. Die Forscher fanden heraus, dass die Art, wie Fleischprodukte präsentiert oder zubereitet werden und wie über sie gesprochen wird, maßgeblichen Einfluss auf das Empathieempfinden gegenüber den Tieren besitzt.[18] Je mehr Fleischprodukte beziehungsweise deren Zubereitung und Gestaltung an die Tiere erinnern, von denen sie stammen, desto höher wird die Abneigung ihnen gegenüber.

Nur der kollektive Selbstbetrug macht das massenhafte Verspeisen von Tieren möglich. Die Tiere sind exkludiert worden, ausgeklammert aus den Gedanken und Wahrnehmungen. Doch nicht nur hier vollzieht sich die Exklusion. Sie reicht, wie oben beschrieben, weiter als nur bis in die Gedanken und Wahrnehmungen der Menschen. Die Exklusion ist gesamtgesellschaftlich organisiert und erstreckt sich bis in alle Institutionen. Überhaupt wird Gesellschaft als etwas verstanden, das nur aus Menschen besteht. Dieses Verständnis von Gesellschaft als Ansammlung von untereinander interagierenden Menschen ist Teil der umfassenden Exklusionsbewegung, der die Tiere unterliegen. Was aber wäre, wenn Gesellschaft als ein Gebilde verstanden würde, in dem nicht ausschließlich Menschen, sondern Menschen und Tiere untereinander und miteinander interagieren? Dieser Frage sollen die kommenden Abschnitte nachgehen, wobei der bloß anthropozentrische Zuschnitt des Verständnisses von Gesellschaft zugunsten der Idee einer Multispeziesgesellschaft aufgegeben werden soll.

Gesellschaft

Wenn von Gesellschaft gesprochen wird, meint man damit typischerweise die Gesamtheit der Menschen einer bestimmten Nation oder auch der Welt insgesamt. Die Gesellschaft besteht aus Menschen, und diese bilden Gemeinschaften, Institutionen, Organisationen, Kulturen, Systeme oder Netzwerke, die den Charakter einer Gesellschaft ausmachen. Die Vorstellung, was Gesellschaft ist, wird dabei maßgeblich von Überlegungen beeinflusst, die ihren Ursprung in der Soziologie haben. In dieser hat man über verschiedene Theorietraditionen hinweg versucht, Begriffe und Methoden zu finden, um zu beschreiben, wie Gesellschaft beschaffen ist, wie sie funktioniert, welche Probleme in ihr bestehen, in welche Klassen und Milieus sie sich einteilen lässt, wo ihre Ränder verlaufen, was sie zusammenhält und wie man sie verändern kann. Dabei ist die entscheidende Größe jedoch stets der Mensch. Die Soziologie hat damit einen Begriff von Gesellschaft geprägt, in dem Tiere im Grunde genommen nicht vorkommen.[1] Sie ist, anders gesagt, nicht auf die Idee gekommen, Gesellschaft so zu denken, dass in ihr nicht nur eine Spezies agiert.

Tatsächlich gibt es dennoch einige wenige Theoriemodelle in der Soziologie, welche die Vorstellung kritisieren, dass Gesellschaft aus Menschen besteht. So hat etwa der Soziologe Niklas Luhmann die Behauptung aufgestellt, Gesellschaft bestünde lediglich aus Kommunikation.[2] Der Mensch, so Luhmann, befinde sich insofern außerhalb der Gesellschaft. Er erklärt diese auf den ersten Blick etwas eigenartig anmutende Annahme damit, dass der Mensch ein Konglomerat an »Systemen« sei, die sich über sprachliche, psychische und biologische Prozesse permanent selbst reproduzieren. Dabei sind jedoch psychische und biologische Prozesse nicht Teil der Gesellschaft. Diese Annahme lässt sich innerhalb der Systemtheorie, ebenjener von Luhmann vertretenen Theorie, sehr gut begründen – auch wenn sie äußerst kontraintuitiv erscheint. Doch gerade deshalb hat sich Luhmanns Behauptung, Gesellschaft bestünde nicht aus Menschen, sondern aus Kommunikation, nicht umfassend durchsetzen können.

Andere Theorien, welche die Vorstellung überwinden wollen, es seien ausschließlich Menschen, welche die Gesellschaft bilden, stammen etwa aus dem Bereich des Posthumanismus.[3] Hier wird insbesondere auf die Verschränkung beziehungsweise Verschmelzung zwischen Menschen und Technik hingewiesen. Die Existenz von Menschen wird insofern bestritten, als dass es vielmehr untrennbare Ensembles aus Menschen und technischen Artefakten seien, die in der Gesellschaft handeln. Die Gesellschaft, so der Tenor der Theorien, bestünde insofern mehr aus Cyborgs als aus Menschen. Mit dieser These kann der Posthumanismus insbesondere hochmodernen technologischen Entwicklungen im Bereich der Robotik, künstlichen Intelligenz oder Gentechnik mit angemessenen Denkmustern begegnen. Aber auch diese Überlegungen aus dem Posthumanismus haben sich aufgrund ihres ungewöhnlichen gedanklichen Zuschnitts bislang nicht als allgemein akzeptierte Annahmen durchsetzen können.

Neben systemtheoretisch und posthumanistisch geprägten Theorien der Gesellschaft hat die sogenannte Akteur-Netzwerk-Theorie die Stellung des Menschen als wesentliche Größe der Gesellschaft angegriffen. Die Akteur-Netzwerk-Theorie wurde durch den französischen Soziologen Bruno Latour begründet. Latour kritisiert, dass in der Soziologie stets ein Bild von Gesellschaft konstruiert wurde, das auf Exklusion beruht. Ausgeschlossen werden Gegenstände, technische Artefakte, Computer, Pflanzen, Chemikalien, Geister, Bakterien, Viren, Wasser und anderes. Nach Latour sind also auch nicht-humane Dinge Teil der Gesellschaft. Und diese Dinge, so Latours zentrale These, handeln.[4] Sie sind eingebunden in Netzwerke, in denen sie mit anderen, menschlichen sowie nicht-menschlichen Akteuren in gegenseitiger Wechselwirkung stehen und sich in einem kollektiven Handlungs- und Beeinflussungszusammenhang vereinigen. Die Dinge beziehungsweise unbelebte Materie werden vital. Mit der Idee einer vitalen Materie, mit einer Handlungsmacht der Dinge, soll der menschliche Gattungsnarzissmus durchbrochen werden.[5]

Systemtheorie, Posthumanismus und Akteur-Netzwerk-Theorie sind nur drei prominente Beispiele, die gewissermaßen bewusste »Beleidigungen« des traditionellen, über Jahrhunderte hinweg geprägten Gesellschafts- und Menschenbildes sind. Dieses Menschenbild, das für sich genommen mehr noch in der Philosophie als in der Soziologie verankert ist, stellt den Menschen als rationales, freies, autonomes Wesen dar, das der vernunftlosen, instinktgesteuerten und von Naturgesetzen beherrschten Welt der Tiere gegenübersteht. Die Soziologie hat sich dabei stets bemüht, zu betonen, dass Menschen letztlich das Produkt ihrer sozialen Umwelt, ihrer Kultur oder ihres Milieus sind. Doch trotz dieser Angriffe auf das insbesondere durch die Philosophie generierte Menschenbild ist die Soziologie nicht so weit gegangen, den Menschen selbst als zentrale Größe der Gesellschaft infrage zu stellen. Sie ist einem strikten Anthropozentrismus, also einer Fokussierung allein auf den Menschen, verschrieben geblieben. Und wenn sie diesem, entgegen dem soziologischen Mainstream, doch nicht verschrieben blieb, wie exemplarisch im Fall der Systemtheorie, des Posthumanismus und der Akteur-Netzwerk-Theorie, so hat die Soziologie sich doch dagegen verschlossen, das eigentlich intuitiv Naheliegende zu tun – nämlich Gesellschaft als aus menschlichen sowie nichtmenschlichen Tieren bestehend zu konzipieren.

Alle oben genannten Theorien zählen mit zu den prominentesten ihres Faches. Und dennoch wirken sie in ihrer Bemühung, nicht den Menschen zum Maß alles soziologischen Denkens zu machen, nicht sehr einleuchtend. Die Systemtheorie fokussiert sich auf Kommunikation, der Posthumanismus auf Cyborgs, die Akteur-Netzwerk-Theorie auf Dinge – doch keine der Theorien nimmt wesentlich die Tiere in den Blick. Als müsse man davor auf der Hut sein, räumt keine der Theorien, die doch so massiv ihre eigene Fortschrittlichkeit betonen, den Tieren eine wesentliche Rolle als Mitglieder der Gesellschaft ein. Man ist, obwohl einem dies mitunter einiges an Gedankenakrobatik abverlangt, eher noch bereit, Dinge, technische Artefakte oder Roboter konzeptionell in den Raum des Gesellschaftlichen zu inkludieren als Tiere. Dem gesamten Nachdenken über Gesellschaft ist so letztlich eine tief greifende Tiervergessenheit zu attestieren. Und diese Tiervergessenheit spiegelt sich gleichsam in der allgemeinen, auch außerwissenschaftlichen Vorstellungswelt der Menschen wider.

Sich auf Kommunikation, Cyborgs, Roboter, Materie, Dinge, Technik und dergleichen zu konzentrieren und gleichzeitig Gesellschaft beschreiben zu wollen, ist deshalb zunächst wenig einleuchtend, weil die Begriffe, mit denen Gesellschaft traditionellerweise erklärt wird, hier nicht richtig greifen wollen. Man denke an Begriffe wie »Handlung«, »Kooperation«, »Konflikt«, »Vertrauen«, »Organisation« oder andere. Diese Begriffe scheinen nicht auf Technik, Materie, Roboter oder Ähnliches ausdehnbar zu sein. Worauf diese Begriffe sich allerdings anwenden lassen, sind Tiere und Mensch-Tier-Verhältnisse. Trotzdem ist das Verständnis von Gesellschaft immer eines gewesen, das Tiere ausklammert. Und dies mit gutem Grund. Würde man schließlich die Kategorien, mit denen über Gesellschaft nachgedacht wird, auf Tiere übertragen, würde rasch deutlich werden, welches massive Unrecht Tieren angetan wird.

Die moderne Soziologie bezieht ihre anthropozentrische Ausrichtung überwiegend aus der dogmatischen Feststellung, dass nur Menschen handeln. Tiere dagegen folgen lediglich ihrem Instinkt. Diese Vorstellung wurde sowohl durch einen der Gründerväter der Soziologie geprägt, nämlich Max Weber, als auch später durch George Herbert Mead, einen weiteren überaus einflussreichen Soziologen.[6] Es brauchte bis in die Siebzigerjahre, bis es in der Soziologie die ersten wirksamen »Weckrufe« gab, die eigene Tiervergessenheit aufzuheben.[7] Nachhaltig erkannt, dass sich Gesellschaft auch über Mensch-Tier-Beziehungen beschreiben lässt, hat man in den Gesellschaftswissenschaften letztlich durch die Tierrechtsbewegung.[8] So konnten einschlägige normative Fragestellungen aufgeworfen werden.[9] Plötzlich lässt sich hinterfragen, ob die Art, wie Menschen mit Tieren umgehen, moralisch richtig ist. Daran anschließend soll im Folgenden jedoch weniger danach gefragt werden, wie sich die der Soziologie immanente Theorieabschottung gegenüber Tieren überwinden lässt. Vielmehr soll auf einer praktischen beziehungsweise normativen Ebene die Idee einer Multispeziesgesellschaft nachverfolgt werden.

***

Die Idee einer Multispeziesgesellschaft ist die radikalste Ausgestaltung einer Gesellschaft, in der »die anderen« inkludiert werden. Eine Gesellschaft, die sowohl menschliche als auch nicht-menschliche Tiere zu ihren Mitgliedern zählt, geht viel weiter als eine Gesellschaft, die nur damit aufgehört hat, bestimmte Geschlechter, Hautfarben, Glaubensrichtungen oder Herkünfte im Einzugsbereich der eigenen Spezies zu diskriminieren. Indem Menschen in einer Gesellschaft leben, in der sie Diskriminierung akzeptieren und möglicherweise selbst mitprägen, nehmen sie sich die Chance, in eine Beziehung mit den diskriminierten menschlichen sowie nicht-menschlichen Individuen zu treten.

Evolutionsgeschichtlich ist nahezu die gesamte Menschheitsgeschichte durch eine enge Verbindung mit oder sogar Abhängigkeit von Tieren geprägt.[10] Vor allem Höhlenmalereien geben Hinweise auf die einstige Untrennbarkeit von Menschen- und Tierwelt und beweisen, dass die Idee einer Multispeziesgesellschaft in der Vergangenheit bereits verwirklicht war. Heute findet sich diese Idee nur noch bruchstückhaft realisiert, etwa in der Beziehung zu Haustieren. Diese werden so eng in die soziale Welt mit eingebunden, dass sie mitunter als »vollwertige« Familienmitglieder gesehen werden.[11] Gerade die Beziehung zu Hunden hat eine über Jahrtausende andauernde Vorgeschichte der gemeinsamen Co-Evolution,[12] im Laufe derer Menschen und Hunde gelernt haben, sich aufeinander einzustellen und ihr Verhalten gegenseitig auszulesen.[13] Hunden werden ferner komplexe Emotionen zugeschrieben.[14] Auch wirkt der Kontakt zu Hunden sich positiv auf die Gesundheit des Menschen aus. Die Interaktion mit Hunden fördert das Wohlbefinden, reduziert Krankheitsrisiken und Stress, hebt Gefühle von Einsamkeit auf oder bietet Nähe und Körperkontakt.[15] Dabei soll nicht verschwiegen bleiben, dass Hunde, genau wie andere Haustiere, in der Gemeinschaft mit Menschen häufig ein Leben voller Entbehrungen, Langeweile oder sogar Qual führen müssen. Auch ist die Beziehung zwischen Hunden und Menschen, die insgesamt wohl die »intimste« aller bestehenden Mensch-Tier-Beziehung darstellt, eine Ausnahme. Dabei besitzen Hunde, anders als vielfach angenommen, gar nicht einmal mehr Intelligenz oder Schläue als andere Tiere wie Schweine, Esel oder Tauben.[16] In der Gesamtschau ist dessen ungeachtet eine Aufspaltung der einstmals bestehenden Mensch-Tier-Beziehungen zu beobachten. Moderne Gesellschaften brechen mit der über Jahrtausende hinweg entstandenen Einbettung des Menschen in einen natürlichen Kontext und in eine dicht von Tieren bevölkerte Umwelt. In der Moderne wurden Traditionen aufgegeben, die einst der friedlichen Vermittlung zwischen Menschen, Tieren und Natur dienten.

Der britische Schriftsteller John Berger hat in seinem Aufsatz »Why Look at Animals?«, in dem er sich mit dem Verschwinden der Tiere aus der Gesellschaft beschäftigt, darauf hingewiesen, dass Tiere in Zoos die lebendigen Monumente dieses Verschwindens sind.[17] In Zoos ist es noch möglich, eine Vielzahl an Tieren zu beobachten, jedoch sind die Tiere Gefangene und weit davon entfernt, als Mitglieder der Gesellschaft anerkannt zu werden. Durch ein geschicktes Design der Käfige soll, wie bereits erwähnt, kaschiert werden, dass die Tiere Gefangene sind, beispielsweise indem Gitterstäbe durch Panzerglas oder Wassergräben ersetzt werden.[18] Doch obwohl in Zoos mitunter das einstige Zusammenleben von Mensch und Tier imaginiert werden kann, sind sie doch weit davon entfernt, dieses tatsächlich zu verwirklichen. Faktisch realisiert wird eine friedliche Koexistenz von Menschen und Tieren etwa auf den wenigen Lebenshöfen, die es in Deutschland und anderen Ländern gibt. Diese Orte sind Kleinstenklaven, in denen die Idee einer friedlichen Multispeziesgesellschaft in die Praxis umgesetzt ist. So utopisch diese Orte auch anmuten mögen, so sehr müssten sie als Vorbild für die Gesellschaft insgesamt dienen. Was also, wenn jene Projekte als Vorbild genommen werden für größere soziale Kontexte? Ist dies, gerade im Hinblick auf urbane Räume, überhaupt möglich?

Die Entwicklung von Städten ist stets von einer Verdrängung natürlicher Lebensräume, die gleichsam die Heimat diverser Tierarten bilden, geprägt gewesen. Die Logik der Urbanisierung ist eine Logik der Ökonomie, der Rationalität, der Technik. Und obwohl eine Reihe an besonders anpassungsfähigen Tieren ihren Lebensraum in Städten finden, so sind sie doch in allererster Linie Gebilde ausschließlich von und für Menschen. So kommt etwa die Stadtforscherin Jennifer Wolch zu dem Schluss, dass Städte für Wildtiere als auch für unzählige gefangen gehaltene »Nutztiere« Leiden, Tod und Vernichtung bedeuten.[19] Um dies zu ändern, plädiert sie für eine Renaturalisierung von Städten, die gleichzeitig eine an die Tiere gerichtete Einladung ist, zurück zu kommen und in urbanen Gegenden mit größerer Sicherheit leben zu können. Wolch spricht von einer »Wiederverzauberung der Stadt« mit dem Resultat einer »Zoöpolis«. Die Reintegration der verdrängten oder ausgebeuteten Tiere in das städtische Leben würde vorerst verlangen, dass Menschen wieder lernen, die Bedürfnisse von Tieren zu erkennen, sie als komplexe Lebewesen zu verstehen, mit ihnen interagieren zu können und ihnen gegenüber rücksichtsvoll zu sein. Mögen diese Maßnahmen vielleicht als Aufwand oder unnütze Belastung für den Menschen anmuten, so sind sie doch faktisch das Gegenteil. Schließlich würde eine solche Reintegration, deren Grundlage die Reformation etablierter Formen der Mensch-Tier-Beziehung ist, auch die Transformation einer ganzen Reihe problematischer städtischer Sozialpraktiken anregen, die einen positiven Effekt auf das Gemeinwohl hätten. Beispiele dafür wären etwa die Reduktion umweltschädlicher Abfallstoffe und Emissionen, eine gesteigerte soziale Kohärenz und Solidarität durch geringere soziale Diskriminierung, lebenswertere Umgebungen durch die Renaturalisierung oder neue artübergreifende Freundschaftsbeziehungen. Dies alles mag in Anbetracht derzeitiger Städtearchitekturen unrealistisch klingen. Dennoch haben Städteplaner einen großen Einfluss darauf, wie Schritte in Richtung einer möglichen Multispeziesgesellschaft unternommen werden können. Das Problem ist lediglich, dass

Städteplaner, Architekten und kommunale Bürokratien nur in einem maximal beschränkten Rahmen überhaupt Mensch-Tier-Beziehungen beachten. Zwar gibt es gewisse Rücksichten gegenüber bedrohten Arten. Ansonsten zeichnet sich Städteplanung jedoch durch eine radikale Missachtung der Belange von Tieren beziehungsweise durch einen strikten Anthropozentrismus aus.

Die Überwindung dieses Anthropozentrismus in der Art, wie Städte, Architekturen, Infrastrukturen, aber auch Gesetze und andere soziale Institutionen geplant werden, müsste eines der vordringlichsten Anliegen werden. Konkrete Ansätze jedoch, wie dies gelingen kann, sind rar. Wie die »Wiederverzauberung der Stadt«, um noch einmal den Ausdruck von Wolch aufzugreifen, auf ethischer, ökologischer, kultureller, ökonomischer, politischer und rechtlicher Ebene gelingen kann, darüber gibt es kaum konkrete Überlegungen. Eine Ausnahme bildet hier das Buch *Zoopolis* der beiden Philosophen Sue Donaldson und Will Kymlicka.[20] Sie haben insbesondere auf einer strukturellen Ebene Überlegungen angestellt, wie die Verschmelzung zwischen den Gesellschaften der Menschen und der Tiere sowie deren friedliches Zusammenleben gelingen kann – ohne dabei allerdings zu vergessen, dass Konflikte zwischen Menschen und Tieren bewältigt werden müssen.

Das Besondere an der Arbeit der beiden Philosophen ist, dass sie sich nicht, wie nahezu alle ihrer Fachkollegen aus der philosophischen Tierethik, auf negative Pflichten fokussieren. Negative Pflichten sind Vorschriften, die festlegen, dass bestimmte Handlungen zu unterlassen sind. In der Tierethik werden traditionell derartige negative Pflichten skizziert, etwa wenn es um Verbote geht, Tiere gefangen zu halten, auszunutzen, zu quälen oder zu töten. Donaldson und Kymlicka wollen das Augenmerk jedoch auf positive Pflichten legen. Hierbei geht es beispielsweise um die Pflicht, den Lebensraum von Tieren zu schützen, Tieren in Not zu helfen, Infrastrukturen mit Rücksicht auf Tiere zu gestalten und derlei mehr. Unabhängig von der Frage, ob es überhaupt sinnvoll ist, von moralischen Pflichten zu sprechen, die schlussendlich in der konkreten sozialen Praxis zumeist bedeutungslos sind, ist Donaldson und Kymlicka doch anzurechnen, dass sie sich nicht auf das konzentrieren, was zu unterlassen ist, sondern auf das, was zu tun ist. Ihre Ethik ist mehr produktiv als restriktiv.

Grundlegend für die Zoopolis ist die Idee, dass domestizierte Tiere den Status von Staatsbürgern bekommen und als solche anerkannt werden. Schließlich sind domestizierte Tiere in menschliche Gemeinschaften hineingebracht und durch Zuchttechniken so verändert worden, dass sie in Teilen ihres Lebens auf die Beziehung sowie Betreuung durch den Menschen angewiesen sind. Unabhängig von der schwierigen Frage, ob es nicht sogar geboten wäre, derart abhängig gemachte Tiere aussterben zu lassen, meinen Donaldson und Kymlicka, dass gerade aus der erzeugten Abhängigkeit heraus die Pflicht erwächst, domestizierte Tiere als Mitglieder der Gesellschaft anzusehen, wobei dem Staat die Aufgabe zukommt, die Interessen der Tiere auf einer strukturellen Ebene zu berücksichtigen. Dies würde bedeuten, dass beispielsweise Rettungsdienste verpflichtet wären, Tieren in Not zu helfen. Tiere müssten gleichsam in das Gesundheitssystem integriert werden. Auch würden sie Arbeitsschutzrechte genießen und in Pensionsprogramme aufgenommen werden, was jedoch umgekehrt bedeutete, dass sie in einem gewissen Rahmen genutzt werden dürften. Donaldson und Kymlicka denken hier beispielsweise an Tiere, die Wiesen abgrasen oder Lasten tragen können oder an Tiere, denen partiell Wolle abgeschert werden kann. Sicherlich sind hier diverse weitere Arten der Nutzung vorstellbar, allerdings dürften diese Nutzungsverhältnisse nicht von einer ökonomischen Logik überformt werden, da andernfalls allzu rasch eine legitime Nutzung, mit der die Tiere einverstanden wären, in eine illegitime Ausnutzung umschlüge.

Neben der sozialen Inklusion domestizierter Tiere schreiben Donaldson und Kymlicka auch über wild lebende Tiere. Da wild lebende Tiere menschliche Ansiedlungen meiden, sind sie keine Mitbürger menschlicher Gemeinschaften. Sie sollen allerdings als souveräne, sich selbst regulierende Gemeinschaften angesehen werden. Folglich dürfen Eingriffe in Lebensräume wilder Tiere nur in absoluten Ausnahmefällen geschehen. Dies hieße, dass beispielsweise gängige Formen der Bejagung aufgegeben werden müssten, dass Straßen keine größere Gefahr für Wildtiere darstellen dürften oder dass Bebauungen nur unter Beachtung etablierter Lebensräume von Wildtieren erfolgen sollten. Wildtiere bilden nach der Theorie Donaldsons und Kymlickas eine eigene, autonome, selbstbestimmte, souveräne »Nation«. Diese Nation ist seitens der menschlichen »Nation« zu respektieren und darf nicht invadiert, kolonialisiert oder ausgeraubt werden. Das Eindringen von Menschen in die Souveränität der Wildtiere ist nur dann erlaubt, wenn sich beispielsweise Naturkatastrophen ereignen und Tiere dringende Hilfe benötigen.

Donaldson und Kymlicka unterscheiden neben domestizierten Tieren sowie wild lebenden Tieren ferner »Grenzgänger-Tiere«. Diese Tiere, worunter etwa Eichhörnchen, Spatzen, Enten, Waschbären, Füchse, Stare, Rehe, Falken, Spechte, Mäuse und viele andere fallen, bewegen sich an der Schnittstelle zwischen souveränen Gemeinschaften wild lebender Tiere und menschlichen Ansiedlungen. Auf der einen Seite ist die Kooperation zwischen Grenzgänger-Tieren und Menschen weitaus geringer ausgeprägt als die zwischen domestizierten Tieren und Menschen. Auf der anderen Seite genießen Grenzgänger-Tiere im Vergleich zu domestizierten Tieren geringere Rechte auf einen Zugang zu verschiedenen Versorgungssystemen. Grenzgänger-Tiere besitzen, so die Analogie von Donaldson und Kymlicka, in etwa den Status ausländischer Bürger.

Eine Besonderheit der Theorie der beiden Philosophen ist es, dass sie Tiere nicht einfach als passive Wesen behandelt, die lediglich instinktiv und auf Basis primitiver Entscheidungsroutinen handeln. Obwohl für philosophische Theorien eher unüblich, zeigt diejenige von Donaldson und Kymlicka doch auf, dass Tiere die Beziehungen zu Menschen aktiv mitgestalten, dass sie vollwertige Mitglieder in einer Gemeinschaft sein können, eine große Bandbreite an Emotionen haben und Empathie, Vertrauen, Altruismus, Gegenseitigkeit sowie einen Sinn für Gerechtigkeit zeigen können. In der tierethischen Literatur wird dies in neuerer Zeit mit dem Begriff der »Agency« gefasst.[21] Agency meint, dass Tiere Interessen, Wünsche und Bedürfnisse zeigen, dass sie eigene Pläne verfolgen und moralisch handeln können sowie auf vielfältige Weise mit Menschen kommunizieren können.[22] Obwohl Tieren diese Fähigkeiten gerne abgesprochen werden, weil es angenehmer ist, sie als primitive »Biomaschinen« zu betrachten, während man an ihrer Unterdrückung mitwirkt, so ist doch offensichtlich, dass dieses Bild von Tieren unangemessen ist. Letztlich bezeugt bereits der bloße tierindustrielle Apparat an Metallkäfigen, Zuchttechnologien, Hormonen, Zäunen und Überwachungssystemen die tierliche Agency, die Wehrhaftigkeit und den Widerstand der Tiere gegen die industriellen Praktiken, in die sie hineingezwungen werden sollen.[23] Doch auch jenseits des Kontextes von Tierfabriken manifestiert sich die tierliche Agency. Donaldson und Kymlicka veranschaulichen dies an alltäglichen Beispielen der Interaktion mit Tieren: »Sie gehen zum Tor, um anzudeuten, daß sie hinauswollen. Sie miauen vor dem Kühlschrank, um Futter zu erbetteln. Sie reiben die Schnauze am Arm einer Person, um zärtlich behandelt zu werden. Sie kommen mit aufgeregtem Flügelschlag und krächzenden Lauten auf eine Person zugeflogen, um mitzuteilen, daß man weggehen soll. Sie holen die Leine von der Kredenz, um zu signalisieren, daß es Zeit ist zum Gassigehen. Sie verbeugen sich, um jemanden zum Spielen aufzufordern. Sie zeigen auf das Sofa oder das Bett, um zu fragen, ob sie hinaufspringen dürfen. Sie halten plötzlich an, wenn man unabsichtlich den falschen Weg eingeschlagen hat, während man mit ihnen durch den Park spaziert. Sie kommen über die Wiese gelaufen und drücken mit der Schnauze gegen die Jackentasche, um ein Stück vom Apfel zu bekommen. Sie drängen sich mit dem ganzen Körper an das Scheunentor, um anzudeuten, daß sie aus dem Regen herauswollen.«[24] An diesen Beispielen lässt sich festhalten, dass Tiere ein komplexes und umfangreiches Repertoire an Lauten, Gesten oder Bewegungen haben, um ihre Interessen und Bedürfnisse zu signalisieren. Auch der Philosoph und Aktivist Martin Balluch, der eine innige Beziehung zu seinem Hund Kuksi pflegt, beschreibt in einem seiner Bücher zahlreiche Beispiele, wie er mit Kuksi oder Kuksi mit ihm kommuniziert.[25] So bellt Kuksi beispielsweise auf unterschiedliche Weise, um auf Gefahren aufmerksam zu machen, um Langeweile, Wünsche, Schmerzen, Wohlergehen, Missmut, Gefallen, Freude, Trauer oder andere Stimmungen mitzuteilen oder um eine Begrüßung zu tätigen. In gleicher Weise kommuniziert Kuksi durch Körpersprache, etwa indem er sich einem in den Weg stellt, mit der Nase anstupst oder seine Mimik verändert. Davon auszugehen, dass es nicht möglich sei, Tiere zu verstehen, ist genauso falsch, wie zu glauben, dass Tiere Menschen nicht verstünden. Unabhängig von der gesprochenen Sprache verwenden Menschen quasi dasselbe Repertoire an körpersprachlichen Ausdrücken, Stimmklängen oder Bewegungen, um mit anderen Menschen oder Tieren zu kommunizieren. Natürlich bedarf es einer gewissen Erfahrung sowohl mit anderen Menschen als auch Tieren, um diese verstehen und mit ihnen sicher kommunizieren zu können – zumal, wenn es um Beziehungen zu Säuglingen, sehr alten Menschen oder solchen mit geistigen Behinderungen geht. Es bedarf einer gewissen Einfühlungsgabe sowie aufmerksamen Beobachtens. Bloß weil genau diese Fähigkeiten vielfach verkümmert sind, darf nicht der Schluss gezogen werden, es sei nicht möglich, mit Tieren in kommunikativen Austausch zu treten.

Auf der Basis dieser Überlegungen ist festzustellen, dass Tiere in politische Aushandlungsprozesse integriert werden können. Die Integration tierlicher Interessen in solche Aushandlungsprozesse findet, so die gängige Vorstellung, wenn überhaupt, dann stets über menschliche Interessenvertreter statt. Politik und ihre Institutionen, runde Tische oder Parteien werden als an menschliche

Sprache gebunden vorgestellt. An dieser Stelle soll der Begriff des Politischen jedoch ausgeweitet werden, um darunter sämtliche Entscheidungsfindungsprozesse zu verstehen, die in Bezug auf Fragen des gesellschaftlichen Gemeinwohls stehen. Und an diesen Entscheidungsfindungsprozessen können Tiere partizipieren, wenn nur gelernt wird, ihre Interessen, Bedürfnisse und Wünsche zu verstehen und zu berücksichtigen. Tiere sind demnach politische Wesen genau wie Menschen. Ihr Handeln muss als Teil der Politik der Gesellschaft verstanden werden. Eine Multispeziesgesellschaft ist radikal demokratisch. Schließlich weitet sie das Prinzip der politischen Partizipation noch über die menschliche Speziesgrenze aus und sieht Tiere als Teilnehmer an kollektiven Aushandlungsprozessen, in denen Übereinkommen über das gemeinsame Zusammenleben getroffen werden.

Ein Aufbrechen des anthropozentrischen Zuschnitts bisheriger Gesellschaftsverständnisse hätte nicht nur zur Folge, dass Tiere in demokratische Verfahren einzugliedern wären. Eine weitere Konsequenz bestünde darin, dass Menschen in ein neues Verhältnis zur Natur träten. Denn wenn die Tiere einen Platz in der Gesellschaft erhielten, dann gälte Selbiges für ihre natürlichen Lebensumgebungen, mit denen sie verbunden und an die sie angepasst sind. Die Achtung gegenüber den Tieren als vollwertige Gesellschaftsmitglieder würde eine Achtung der Natur beziehungsweise natürlicher Lebensgrundlagen mit einschließen. Ohne diese natürlichen Lebensgrundlagen gibt es kein Überleben. Was die Natur für das Leben und Überleben bietet, kann weder Kultur noch Technik ersetzen. Tatsächlich aber hat der Mensch sich nicht nur von den Tieren mittels ihrer Exklusion aus der Gesellschaft distanziert, sondern sich auch entfremdet von Natur und Wildnis.

***

»Man muss tatsächlich erst mal daran erinnern«, schreibt der Soziologe Harald Welzer, dass Menschen Lebewesen sind, »daher brauchen sie trinkbare Flüssigkeiten, essbare Substanzen und Sauerstoff, um ihre Überlebensfunktionen aufrechtzuerhalten. Der Stoffwechsel erfordert Böden und Gewässer und Atemluft. Daten, Autos und Kreuzfahrten kann man weder essen noch trinken, sie produzieren auch keinen Sauerstoff.«[26] Dieses Distanzverhältnis zu den eigenen Lebensgrundlagen entsteht unter anderem durch eine Sozialisation in Routinen, in denen das Ausgesetzt-Sein in der Natur quasi nicht mehr vorkommt. Der Autor und Journalist Richard Louv hat in diesem Zusammenhang den Begriff »Natur-Defizit-Syndrom« geprägt.[27] Louv bezeichnet damit den Befund, dass insbesondere Kinder immer weniger Zeit in der Natur verbringen und sich demnach zu Erwachsenen entwickeln, denen wichtige Fähigkeiten wie Kreativität, Selbstbewusstsein, Ausdauer, Konzentrationsfähigkeit und vor allem Respekt und Achtung vor der Natur fehlen. Die Entfremdung von Wäldern, Bergen oder generell wilder Natur und wilden Tieren steht in einem Zusammenhang mit einer schlechteren Gesundheit, körperlichen Konstitution sowie einem verringerten allgemeinen Wohlbefinden von Kindern.[28] Gründe für die Entstehung des Natur-Defizit-Syndroms bei Kindern sieht Louv insbesondere in der zeitintensiven Nutzung digitaler Medien, den durch eine Angstkultur bedingten Sicherheitsbedenken von Eltern sowie in dem Fehlen größerer zumindest ansatzweise naturbelassener Räume.[29] Es lässt sich ein allgemeiner Trend erkennen, der Menschen von ruralen in urbane Räume drängt. Und mit der zunehmenden Urbanisierung geht gleichzeitig eine immer stärkere Distanzierung von naturbelassenen Gebieten einher. Das entspannende Rauschen eines Baches wird, anekdotisch gesprochen, ersetzt durch das krank machende Rauschen großer Straßen. Menschen sind evolutionsgeschichtlich betrachtet nicht an das Leben in Städten angepasst.[30] Das Grau in Grau, die Anonymität in der »Masse«, die konstante Hektik und der Stress machen sie krank. Da bieten Stadtparks, Balkonpflanzen und der kurze Urlaub in den Bergen oder am Meer nur einen schwachen Ausgleich. Dabei signalisieren genau diese Phänomene das Verbleiben einer fundamentalen Sehnsucht nach Natur. Doch nicht nur die unberührte Wildnis, grüne Wälder und Felder ziehen Menschen an.

Menschen scheinen sich auch von Tieren instinktiv angezogen zu fühlen. Das lässt sich insbesondere bei Kindern beobachten. Tiere üben auf Kinder eine Art magische Anziehungskraft aus. Das Bedürfnis, Tiere zu beobachten, zu berühren und mit ihnen zu interagieren, scheint in der Natur von Kindern angelegt zu sein. In der Wissenschaft wird diese instinktive Verbindung zwischen Menschen und Tieren mit der Theorie der Biophilie beschrieben, die maßgeblich durch den Biologen Edward O. Wilson begründet wurde.[31] Die Theorie besagt, dass Menschen natürlicherweise die Tendenz haben, sich auf lebendige oder lebensähnliche Prozesse zu fokussieren. Untersucht wurde dieses Phänomen insbesondere bei Kindern, wobei die Thesen der Theorie Wilsons weitgehend empirisch bestätigt wurden.[32] So wurde etwa in einer Serie von Experimenten untersucht, ob Kinder belebten oder unbelebten Objekten mehr Aufmerksamkeit schenken.[33] Dabei wurde herausgefunden, dass Kinder deutlich mehr mit lebenden Tieren interagieren als etwa mit interessanten Spielzeugen. Dies gilt auch dann, wenn die Spielzeuge die gleiche Gestalt haben wie die Tiere oder wenn es sich bei den Tieren um eine Spinne oder eine Schlange handelt. Darüber hinaus kann festgestellt werden, dass Kinder, die mit Tieren aufwachsen, eine erhöhte Empathiefähigkeit, ein besseres Selbstwertgefühl sowie eine verstärkte soziale Partizipation aufweisen[34].

Biophilie als Ausdruck des Bedürfnisses, mit intakter Natur und Tieren in Kontakt zu treten, findet sich nicht nur bei Kindern, sondern desgleichen bei Jugendlichen und Erwachsenen. Konterkariert wird die natürliche Zuneigung zu Tieren jedoch einerseits dadurch, dass Menschen im Laufe ihrer Sozialisation internalisieren, lebenszerstörerische Handlungen wie etwa das Verspeisen von industriell produzierten und getöteten Tieren als vermeintlich notwendig zu erachten. Ferner wird die Zuneigung zu Tieren dadurch praktisch verhindert, dass Tiere systematisch aus menschlichen Gesellschaften verdrängt und separiert werden. Sowohl »wilde« Tiere als auch »Nutztiere« sind räumlich sowie sozial aus der Gesellschaft exkludiert. Lediglich einige wenige Spezies verbleiben in Form von Haustieren sozial inkludiert. Es sind die Haustiere, die bezeugen, dass Menschen ein natürliches Interesse daran haben, in einer Verbindung mit Tieren zu stehen. Die Präsenz und soziale Bedeutung von Haustieren wie Hunden, Katzen oder einigen weiteren Arten, die sich zu wichtigen Begleitern des Menschen entwickeln, bezeugen die Unmöglichkeit, biophile Bedürfnisse gänzlich auszuschalten. Trotz einer gigantischen Tierindustrie und mächtiger, die Tiervernichtung legitimierender Ideologien ist das Halten von Haustieren der Beweis letzter verbleibender Reste der dem Menschen angeborenen Naturliebe, die nur mit größten Anstrengungen zu verdrängen ist.

Unter den in westlichen Gesellschaften vorherrschenden Sozialisationsbedingungen kommt es fast zwangsläufig zu einer Verkümmerung und Überformung der Biophilie bei Kindern und Jugendlichen. In vielen Fällen gibt es sogar aktive Bemühungen darum, Heranwachsenden das Mitgefühl gegenüber Tieren »abzutrainieren«. Wie und mit welchem Erfolg mithilfe solcher pädagogischer Maßnahmen Einfluss auf die natürliche Hinwendung zu Tieren genommen werden kann, zeigen die Soziologen Colter Ellis und Leslie Irvine.[35] Die beiden Wissenschaftler untersuchten Kinder und Jugendliche, die an einem »Bildungsprogramm« teilnahmen, bei dem praktisch gelernt wurde,

»Nutztiere« aufzuziehen. Die beiden Wissenschaftler fanden durch Interviews mit den beteiligten Kindern und Jugendlichen heraus, dass diese sich verschiedene Methoden aneigneten, um emotionale Bindungen mit den Tieren zu vermeiden und gezielt Distanzierungsmechanismen gegenüber den Tieren zu pflegen. Interessanterweise waren die Kinder und Jugendlichen mit zunehmendem Alter erfolgreicher darin, sich von den Tieren zu distanzieren. Eine siebzehnjährige Jugendliche äußerte gegenüber den Wissenschaftlern, dass die »kleinen Kinder« gegenüber den Tieren noch zu »anhänglich« und »weinerlich« seien.[36] Je älter die Kinder und Jugendlichen waren, desto wirksamer manifestierte sich in ihrem Denken und Handeln die Prägung ihrer älteren Bezugspersonen, die es für normal hielten, Tiere zum Zweck der Nahrungsmittelproduktion einzusetzen. Um dies zu erreichen, hatte sich für die Kinder und Jugendlichen, die ja selbst »Nutztiere« großziehen mussten, die Methode als besonders geeignet erwiesen, Tieren keine Namen zu geben. Die Vergabe eines Namens an Tiere bedeutet letztlich, sie als Individuen anzuerkennen. Gleichzeitig wird die Hemmung, einem solchermaßen individualisierten Tier Leiden oder Schmerzen zuzufügen, größer. Diese Hemmung soll überwunden und außer Kraft gesetzt werden, damit die Nutzung und Tötung von Tieren möglichst ohne größere psychische Irritationen geschehen kann. Es braucht Zeit, natürliche Anlagen durch soziale Prägungen zu überformen. Dabei ist es jedoch nicht so, dass die Kinder und Jugendlichen ihre Empathie völlig verlieren würden. Sie lernen lediglich, sie zu manipulieren.

Genau wie eine derartige Verdrängung biophiler Regungen und Instinkte negative Auswirkungen auf die Psyche der Menschen hat, so wirkt sich umgekehrt das Ausleben jener Regungen und Instinkte positiv auf das Wohlbefinden und die Sozialisation von Kindern und Jugendlichen aus. In westlichen Gesellschaften besitzt eine Mehrheit aller Haushalte ein Haustier. Diese werden häufig als Freunde oder Familienangehörige betrachtet. Eine solche Beziehung zu Haustieren geht einher mit einer ganzen Reihe an positiven Folgewirkungen. Tiere fördern bei Kindern und Jugendlichen, wie oben bereits erwähnt, die psychosoziale Entwicklung in Form der verstärkten Ausbildung von Empathie, eines ausgeprägten Selbstbewusstseins, besserer kognitiver Fähigkeiten und einer Zunahme der Motivation zur Teilnahme an sozialen oder sportlichen Aktivitäten.[37] Ferner wurde in diversen Studien nachgewiesen, dass Haustiere sich positiv auf die körperliche Gesundheit und das psychische Wohlbefinden auswirken.[38] Haustierbesitzer erholen sich nach schweren

Krankheiten besser und haben ein besseres Immunsystem.[39] Auch bestehen positive Effekte auf die Art der Bewältigung chronischer Krankheiten wie Krebs oder Demenz.[40] Ebenfalls verbessern sich psychische Krankheiten wie etwa das Aufmerksamkeitsdefizit-Hyperaktivitätssyndrom oder Schizophrenie durch die Begegnung mit Tieren.[41] In der Palliativmedizin kann die Interaktion mit Tieren dazu führen, dass betroffene Menschen weniger Leiden oder Ängste haben.[42] Ebenfalls bestehen positive physiologische Effekte darin, dass Menschen, die mit Haustieren interagieren, einen geringeren Blutdruck, niedrigere Cholesterinwerte oder im Moment der Interaktion einen gesenkten Puls haben.[43] Alles in allem kann festgehalten werden, dass Menschen, die im Laufe ihres Lebens stets mit einem Haustier zusammenleben, gegenüber Menschen, die kein Haustier besitzen oder jemals besessen haben, weniger Arztbesuche tätigen und in einem besseren Gesundheitszustand sind.[44] Dies erklärt sich, wie Kritiker vielleicht vermuten würden, nicht daraus, dass gesündere Menschen eher dazu neigen, mit Haustieren zusammenzuleben. Tatsächlich ist in den genannten Studien nachgewiesen, dass es eine Kausalbeziehung gibt zwischen dem Halten eines Haustieres und einem guten Gesundheitszustand.

Die Untersuchungen machen deutlich, dass Menschen die Nähe zu Tieren nicht nur suchen, sondern dass sie von Interaktionen mit Tieren profitieren. Dies ist ein weiterer Beleg für das Phänomen einer natürlichen beziehungsweise angeborenen Biophilie. Während Kultur und Technik zu einer immer stärkeren Verdrängung von natürlichen Lebensräumen führen und der Kontakt zu »wilden« Tieren somit unterbunden wird, sind Haustiere zusammen mit Urlaubsreisen, Stadtwald- oder Zoobesuchen häufig als letzte Manifestationen des Auslebens biophiler Bedürfnisse übrig geblieben. Hunde, Katzen und andere Haustiere werden als zuverlässige Konstanten in unsicheren Zeiten erachtet, als treue Begleiter, die Fehler verzeihen und die als Freunde immer zur Seite stehen. Der Gewinn, der sich aus der freundschaftlichen Beziehung zu einem Haustier ziehen lässt, beweist einmal mehr, dass die Tiere, mit denen Menschen interagieren, über herausragende soziale und kognitive Fähigkeiten verfügen. Dennoch hängt die Art der Interaktion mit Tieren stark davon ab, wie diese wahrgenommen werden und welche Einstellungen man ihnen gegenüber hat.

Die Idee einer Multispeziesgesellschaft beschreibt zumindest der Theorie nach die universelle Ausweitung einer Art der Interaktion, die von Achtsamkeit und gegenseitigem Respekt geprägt ist. Der Philosoph Stephen Kellert nennt dies die »humanistische Dimension« der Mensch-Tier-Beziehung.[45] In dieser werden Tiere, gerade jene, die domestiziert wurden, nicht als auszunutzende Kreaturen, sondern als Gefährten gesehen, mit denen ein individueller, harmonischer Umgang gepflegt wird. Ergänzt würde die »humanistische Dimension« von der, wie Kellert sie nennt, »naturalistischen Dimension«, bei der insbesondere die eher distanzierte Beziehung zu nicht-domestizierten Wildtieren, die in naturbelassenen, wenig durch menschliche Kultur beeinflussten Räumen leben, im Fokus steht. Kellert folgend können als weitere Einstellungsdimensionen, im Rahmen derer Tiere auf unterschiedliche Weise wahrgenommen und ihnen gegenüber gehandelt wird, ferner die »ästhetische Dimension« angeführt werden. Diese befasst sich mit Tieren aus einer künstlerischen Perspektive, wobei Tiere als Symbole, Bestandteile von Kunstwerken oder schlicht als mehr oder minder schöne oder ästhetisch faszinierende Entitäten betrachtet werden. Die derzeitige Gesellschaft ist allerdings geprägt von einer Dimension, die Kellert »utilitaristisch« oder »dominanzorientiert« nennt und die sich auf den praktischen sowie materiellen Nutzen von Tieren und auf deren Beherrschung sowie Kontrolle fokussiert.

Eine Schwäche des Schemas, wie es Kellert erstellt hat, besteht darin, dass es rein anthropozentrisch, also vom Menschen her, gedacht ist. Es geht um die Frage, wie Menschen Tiere sehen – und nicht umgekehrt. Letzteres zu denken und damit aus der gängigen anthropozentrischen Weltsicht auszubrechen, ist nur wenigen Intellektuellen tatsächlich gelungen. Umso erstaunlicher ist es angesichts dessen, dass bereits im sechzehnten Jahrhundert der Philosoph Michel de Montaigne folgenden unzeitgemäßen Gedanken äußerte: »Wenn ich mit meiner Katze spiele, wer weiß denn, ob sie sich nicht eher die Zeit mit mir vertreibt, als ich mit ihr? Die Späße, mit denen wir uns unterhalten, sind gegenseitig; ich kann anfangen und aufhören, wann ich will; die Katze auch.«[46] Der Katze wird zugestanden, ihrerseits eine differenzierte Weltwahrnehmung zu haben, auf Basis derer sie selbstständig Entscheidungen trifft, etwa bezüglich einer möglichen Aufnahme, Beibehaltung oder Beendigung eines Spiels mit einem Menschen. Erst wenn Kellerts Schema erweitert wird auf eine solche empathische Dimension bei der Wahrnehmung von Tieren, werden Menschen in der Lage sein, einen Perspektivwechsel zu vollziehen und Tiere so zu verstehen, dass sie ihnen die angemessene Achtsamkeit entgegenbringen können.

Hier schließt sich der Kreis zur Idee der Multispeziesgesellschaft. Diese Idee mag insbesondere dann eigenartig erscheinen, wenn man annimmt, dass

Gesellschaft ein Zusammenschluss sprachfähiger, rationaler und intelligenter Individuen ist und dass Tiere qua ihrer biologisch determinierten »Primitivität« gegenüber menschlichen Individuen nicht zu diesem Zusammenschluss hinzugezählt werden können. Eine solche Annahme resultiert aus dem tradierten Abstreiten tierlicher Fähigkeiten und tierlicher Intelligenz. Dieses in der Wissenschaft als »Leugnung des Geistes«[47] bezeichnete Phänomen übernimmt die Funktion, die Beherrschung der Tiere sowie deren Nutzung und Tötung besser mit dem eigenen moralischen Gewissen vereinbaren zu können. Die Aberkennung geistiger Fähigkeiten bei Tieren lehnt sich folglich nicht an tatsächliche neurologische oder ethologische Erkenntnisse an, sondern erklärt sich aus dem Bedürfnis, eigene kognitive Dissonanzen zu vermeiden. Sobald jedoch jene Erkenntnisse bedacht und ernst genommen werden, wird offenbar, dass Menschen ihr Verständnis von Gesellschaft ausweiten sowie ihr Bild von sich selbst als Träger bestimmter exklusiver Eigenschaften revidieren müssen.

Instinkte

Der Zoologe Donald Griffin gehörte zu den Pionieren, die wissenschaftlich nachwiesen, dass Tiere keine von Instinkten geleiteten Wesen sind, deren Verhalten durch einfache Triebe determiniert wird.[1] Stattdessen konnte gezeigt werden, dass Tiere komplexe Kognitionen haben, dass sie denken, ein Bewusstsein haben, willentlich handeln und in Abhängigkeit von ihrer Umwelt flexibel und adaptiv auf Situationen reagieren.[2] Auch ist bekannt, dass Tiere Werkzeuge herstellen und verwenden, dass sie ein räumliches Gedächtnis haben, dass sie Symbole verstehen, dass sie Gefühle kommunizieren können, dass sie fähig sind, zu generalisieren, dass sie zählen können, dass sie abstrakte Kategorien verstehen und Gegenstände etwa anhand ihrer Farben auseinanderhalten können, dass sie miteinander kooperieren, um verschiedene Aufgaben zu erledigen, dass sie lügen und täuschen können, dass sie einen Sinn für Humor haben, dass sie kulturelle Praktiken pflegen, die innerhalb der Gemeinschaft weitergeben werden, dass sie sich an weit zurückliegende Ereignisse erinnern können, dass sie andere Individuen voneinander unterscheiden und wiedererkennen können, dass sie moralischen Regeln folgen und einen Sinn für Gerechtigkeit haben, dass sie altruistisch agieren, dass sie Mitgefühl haben, dass sie Stolz zeigen können, dass sie das Verhalten anderer imitieren können, dass sie sowohl mit Artgenossen als auch artübergreifend miteinander spielen, dass sie sprechen und sogar fremde Sprachen lernen können, dass sie komplexe Aufgaben lösen und zu ausgefeiltem Problemlösungsverhalten fähig sind, dass sie Heilpflanzen kennen und sich damit im Krankheitsfall selbst versorgen können, dass sie für die Zukunft planen können, dass sie ihre Umwelt verändern und vieles mehr.[3] Tiere besitzen darüber hinaus diverse Fähigkeiten, über die Menschen mangels ausreichender Ausprägung ihrer Sinne nicht verfügen. Das bekannteste Beispiel dürfte in diesem Zusammenhang der Geruchssinn von Hunden sein. Sie können einhunderttausendmal sensitiver riechen als Menschen. Hunden erschließt sich so eine im Vergleich zur menschlichen Wahrnehmung völlig anders geartete Welt. Sie können beispielsweise riechen, ob ein Mensch Krebs hat und ob es sich dabei etwa um Darm- oder Lungenkrebs handelt, welchem Geschlecht ein Mensch angehört oder welches Alter er hat, in welcher Stimmung sich andere Individuen befinden, inwiefern sie gestresst sind und vieles mehr.[4] Hunde werden demnach sogar als »Frühwarnsysteme« eingesetzt, die körperliche Gebrechen wie Krebs, Epilepsie oder Diabetes erkennen können, bevor Menschen dazu in der Lage sind.[5]

Oftmals wird Tieren insbesondere der Besitz von Emotionen abgesprochen. Dabei ist die gesamte Bandbreite an Emotionen, die dem Menschen zugeschrieben werden, lediglich die evolutionäre »Verlängerung« dessen, was bei Tieren unterschiedlichster Art in gleichem Maße angelegt ist. Wichtige Emotionen und Erlebnisqualitäten wie Freude oder Glück, Angst oder Trauer sind bei Tieren ebenso anzutreffen wie bei Menschen. Bekannt ist beispielsweise, dass Elefanten über lange Zeiträume hinweg um gestorbene Artgenossen trauern, gestorbene Tiere begraben und die Grabstellen auch Jahre später noch aufsuchen. Zudem gibt es umfangreiche anekdotische Evidenz über Hunde oder Katzen, die offensichtlich trauern oder gar Suizid begehen, nachdem Personen, zu denen eine starke emotionale Bindung bestand, gestorben sind. Umgekehrt zeigen Tiere auf vielfältige Weise Freude und Glück, etwa indem sie wild umherspringen, sich drehen oder freudige Laute ausstoßen. Neben Emotionen wie Freude, Angst oder Trauer sind auch »komplexere« sekundäre Emotionen wie Sehnsucht, Reue oder Eifersucht bei Tieren anzutreffen. Tiere können aufgeregt sein, sie können enttäuscht werden, sie können deprimiert sein und vieles mehr. Schließlich verwundert es angesichts der Reichhaltigkeit des Gefühlslebens von Tieren und dessen Ähnlichkeit zu dem des Menschen nicht, dass auch Tiere psychische Krankheiten entwickeln und darunter leiden können.

Wenn tierliches Verhalten untersucht wird, geschieht dies häufig vor dem Hintergrund evolutionsbiologischer Überlegungen. Dies verleitet zu der Annahme, alles Verhalten, das sich bei Tieren beobachten lässt, verfolge einen durch die Evolution vorbestimmten Zweck. So aufschlussreich die evolutionsbiologische Perspektive auch sein kann, so sehr gilt es allerdings, sich darüber im Klaren zu sein, dass eine ganze Reihe an Verhaltensweisen bei Tieren – nicht anders wie bei Menschen – reinen Selbstzweck hat oder bloß »aus Spaß« vollzogen wird. Dies lässt sich im Kontext der Verhaltensforschung beispielsweise an der Vielfalt tierlicher Sexualpraktiken zeigen. Wie kaum eine andere Aktivität wird Sexualität bei Tieren typischerweise rein funktional im Sinne der Fortpflanzung betrachtet. Beim Menschen dagegen ist Sexualität von diversen kulturellen Praktiken überformt und dient nur teilweise der unmittelbaren Fortpflanzung. Tatsächlich jedoch gilt Selbiges auch für Tiere.[6] So sind etwa homosexuelle Beziehungen unter verschiedenen Tierarten eher die Regel als die Ausnahme. Viele Tiere stimulieren ihre Genitalien gegenseitig oder mit Werkzeugen. Sie praktizieren verschiedenste Arten des Anal- oder Oralsexes. Weibliche Tiere haben Sex während der Schwangerschaft. Es gibt sexuelle Beziehungen zwischen Tieren, die unterschiedlichen Arten angehören. Auch Fische befriedigen sich gegenseitig mit ihren Flossen oder haben Gruppensex. Festzuhalten ist, dass menschliche sowie nicht-menschliche Tiere unterschiedlichste sexuelle Praktiken pflegen und sie dabei nicht ausschließlich die Zeugung von Nachkommen im Sinn haben, sondern gleichsam auf bloße Befriedigung und Spaß aus sind.

Ein weiterer Themenkomplex in der Verhaltensforschung betrifft die Frage, ob und wieweit Tiere Schmerzen und Leiden empfinden. Dass dies der Fall ist, Tiere also leiden können, kann über simple Analogieschlüsse zum Menschen nachgewiesen werden.[7] Erstens gibt es bei Menschen und Tieren eine anatomische und physiologische Ähnlichkeit der Nervensysteme, die für das Empfinden von Schmerzen und Leiden zuständig sind. Zweitens empfinden Menschen und Tiere in denselben Situationen Schmerzen und Leiden. Und wenn Tiere Situationen ausgesetzt sind, die vergleichbar sind mit Situationen, die bei Menschen Schmerzen und Leiden verursachen würden, reagieren sie drittens auf vergleichbare oder ähnliche Weise wie diese. Dies gilt sowohl in physiologischer Hinsicht als auch hinsichtlich des Verhaltens der Tiere, die genau wie Menschen schreien und versuchen, die schmerz- oder leidauslösende Quelle zu meiden. Genau wie Menschen erinnern Tiere Situationen, in denen sie Schmerzen oder Leiden empfinden mussten. Sie können durch Schmerzen oder Leiden traumatisiert werden und demnach beispielsweise Personen, die für Traumatisierungen verantwortlich sind, dauerhaft meiden.

Auch für die Sprachfähigkeit kann gezeigt werden, dass sie Menschen und Tieren gemein ist. Sprache ist ebenfalls nicht, wie häufig angenommen, ein dem Menschen exklusiv zugehöriges Phänomen. Tiere verwenden mehr als nur primitive Laute. Wissenschaftliche Untersuchungen beispielsweise an Präriehunden zeigen, dass diese in ihrer Kommunikation Nomen, Verben und Adjektive verwenden.[8] Präriehunde teilen sich gegenseitig mit, welche Art von

Fressfeind sich nähert, also ob es etwa ein Falke oder ein Kojote ist. Dabei können sie auch kommunikativ zwischen verschiedenen Fressfeinden aus ein und derselben Spezies sowie den Eigenschaften der jeweiligen Individuen unterscheiden. Sie kommunizieren untereinander auch, wie schnell sich ein Feind nähert. Oder sie teilen sich gegenseitig mit, welche Farbe die Kleidung eines sich nähernden Menschen oder welche Größe dieser hat. Oder die Tiere finden neue Wörter für bislang unbekannte Gegenstände oder Phänomene. Auch wurde festgestellt, dass verschiedene Gruppen an Präriehunden verschiedene Dialekte sprechen, genau wie Menschen.

Was der Linguist Con Slobodchikoff und seine Kollegen über die Sprachfähigkeiten von Präriehunden herausgefunden haben, dürfte in ähnlicher Weise auch für andere Tierarten zutreffen, sodass die Annahme, dass Tiere grundsätzlich keine Sprache besitzen, als obsolet betrachtet werden kann. Dies beweisen nicht zuletzt Papageien, die lernen können, in menschlicher Sprache, also etwa auf Englisch, zu kommunizieren, wobei sie zwischen mehreren Hundert verschiedenen Wörtern differenzieren können. Einem Papagei namens N'Kisi wurde zudem beigebracht, zwischen Vergangenheit und Zukunft zu unterscheiden sowie Verben zu konjugieren. Damit kann N'Kisi auch über Erfahrungen sprechen, die er in der Vergangenheit gemacht hat beziehungsweise er kann über nicht zeitlich und räumlich vorhandene Phänomene sprechen. Berühmtheit erlangten auch verschiedene Affen, denen die menschliche Sprache bis zu einem gewissen Grad beigebracht wurde. Der inzwischen verstorbene Gorilla Koko etwa konnte zudem Wörter für Dinge in seiner Lebenswelt erfinden, die ihm nicht beigebracht wurden. Auch konnte er gezielt lügen oder Witze machen.[9]

Neben der Frage nach der Sprache und den Emotionen der Tiere steht jene nach dem Selbstbewusstsein. Auch hier beweist die Forschung mit Tieren, dass sie – genau wie Menschen – über ein Bewusstsein beziehungsweise Selbstbewusstsein verfügen. Klassischerweise wird dies mithilfe des Spiegeltests nachgewiesen. Dabei wird Tieren ein Farbpunkt am Körper angebracht, der nur durch den Blick in den Spiegel zu erkennen ist. Reagieren Tiere auf den Farbpunkt, etwa indem sie versuchen, diesen zu entfernen, ist dies ein Zeichen dafür, dass die Tiere über Selbstbewusstsein verfügen. Tiere, die den Spiegeltest bestehen, sind beispielsweise Menschenaffen, einige Vögel, Delphine oder Elefanten.

Fraglich ist, ob der umgekehrte Schluss ebenfalls zulässig ist, dass nämlich Tiere, die den Spiegeltest nicht bestehen, demnach auch über kein Selbstbewusstsein verfügen. Es ist davon auszugehen, dass dieser Schluss zu verneinen ist.

Dies liegt unter anderem daran, dass der Spiegeltest auf den visuellen Sinn der Tiere abzielt, auch wenn diese ihre Weltwahrnehmung möglicherweise primär über andere Sinneskanäle organisieren. So können beispielsweise Hunde sich und andere über ihren Geruch identifizieren, sodass das Selbstbewusstsein der Tiere über die Verarbeitung von Gerüchen nachgewiesen wird und nicht über die Verarbeitung von visuellen Reizen. Dieser in der Wissenschaft als »Riechtest der Selbstwahrnehmung« bezeichnete Versuch liefert signifikante Evidenz dafür, dass Hunde über ein Selbstbewusstsein verfügen.[10] Unabhängig vom Spiegeltest oder diesem verwandten Versuchen gibt es eine Reihe weiterer Verfahren, anhand derer gezeigt werden kann, dass Tiere über ein Bewusstsein ihres Selbst verfügen. Bereits Ende der Siebzigerjahre fanden Wissenschaftler heraus, dass Schimpansen eine »Theory of Mind« besitzen.[11] Das bedeutet, dass die Tiere nicht nur selbstbewusst sind, sondern dass sie desgleichen ein Bewusstsein über das Bewusstsein anderer haben und die Ziele, Gefühle oder Erwartungen anderer verstehen. Erforscht wird dies, indem Tiere beispielsweise daraufhin untersucht werden, ob sie den Blicken anderer Individuen folgen, ob sie »Bettelgesten« nur dann machen, wenn ihnen Aufmerksamkeit geschenkt wird oder ob sie Futter so vor Konkurrenten verstecken, dass sie dabei nicht gesehen werden.

Gerade die sehr intensive sowie in der Öffentlichkeit durchaus bekannt gewordene Erforschung der Verhaltensweisen sowie kognitiven Fähigkeiten von Primaten hat dazu geführt, die Vorstellung eines Gefälles zwischen klugen und weniger klugen, um nicht zu sagen dummen Tieren weiter zu etablieren. Und da die Schutzwürdigkeit von Tieren gerne an Vorstellungen über deren Intelligenz oder mentale Fähigkeiten festgemacht wird, sehen Menschen in der Regel ein großes Problem damit, Affen in winzige Käfige zu sperren. Noch größer würde das Problem bei der Vorstellung, sie am Fließband zu schlachten oder ihnen in ähnlicher Weise missbräuchlich Schmerz und Leid anzutun. Kein Problem stellt es dagegen dar, die genannten Praktiken bei Schweinen, Hühnern, Kälbern und einigen anderen als »Nutztiere« klassifizierten Lebewesen anzuwenden. Schließlich wird gemeinhin angenommen, dass diesen nur rudimentäre mentale Fähigkeiten zu eigen sind. Doch erweist sich diese Annahme als tragfähig?

***

Im Forschungszweig der »Nutztierethologie« sammeln Wissenschaftler die Beweise für die ausgeprägten, komplexen geistigen Fähigkeiten genau derjenigen Tiere, die typischerweise wie geistlose Maschinen behandelt werden. Zwar schaffen es die Wissenschaftler dabei in der Regel nicht, sich von der allgemeinen gedanklichen Engführung im Sinne der Logik der Tierindustrie zu befreien. Dennoch liefern ihre Experimente Ergebnisse, anhand denen beispielsweise gezeigt werden kann, dass Schweinen Namen beziehungsweise, technizistisch gesprochen, »Aufruftöne« gegeben werden können und diese darauf hören,[12] dass Ziegen positive Emotionen in menschlichen Gesichtern erkennen[13] oder ein intrinsisches Interesse daran haben, kognitiv anspruchsvolle Aufgaben zu lösen.[14] Oder dass Schweine eine Impulskontrolle haben und geduldig auf Belohnungen warten[15] – ähnlich wie die Kinder in den berühmten, unter anderem mit Marshmallows durchgeführten »Belohnungsaufschub-Experimenten« von Walter Mischel[16]. Was jedoch bereits anhand dieser kurzen Auflistung »nutztierethologischer« Untersuchungen klar wird, ist, dass ein Großteil der Studien so konzipiert ist, dass überhaupt nur vergleichsweise einfache kognitive Fähigkeiten aufseiten der Tiere erfasst werden. Schließlich steht die Forschung nahezu durchweg im Kontext der wirtschaftlichen Verwertungsmaschinerie von Tieren. Es geht weniger darum, aus Faszination für die Tiere an sich mit ihnen Untersuchungen durchzuführen. Wenn herausgefunden wird, dass Schweine auf Namen hören können, dann soll dies letztlich dem Zweck dienen, dass starkes Gedränge an den Futtertrögen der Mastställe verhindert wird, indem die Tiere einzeln aufgerufen werden können. Wenn die kognitiven Fähigkeiten von Ziegen erforscht werden, dann geschieht dies vor dem Hintergrund der Aufwertung oder, wie es in der Fachsprache heißt, des »Enrichments« von Ställen. Oder wenn die Impulskontrolle bei Schweinen erforscht wird, steht auch hier der Aspekt des »Tierwohls« in der »Nutztierhaltung« im Fokus. Obwohl die Forschung im Bereich der »Nutztierethologie« sich gedanklich stets entlang einer speziesistischen Ideologie bewegt, zeigt sie dennoch, über welche Fähigkeiten auch »Nutztiere« verfügen. Das Traurige daran ist, dass es der ethologischen Forschung dafür überhaupt bedarf. Schließlich führt bereits einfaches Alltagswissen, das man durch den achtsamen Umgang mit Tieren erlangen kann, zu der Erkenntnis, dass es sich auch bei Tieren, die gemeinhin zu »Nutztieren« degradiert werden, um intelligente, wachsame, neugierige, verspielte und soziale Tiere handelt. Die erwähnte Forschung ist letztlich nichts anderes als ein Korrektiv für die bewusst erzeugten Zerrbilder, die gerade von »Nutztieren« gezeichnet werden.

Die Ergebnisse der Verhaltensforschung bei Tieren sind geeignet, die kulturell etablierte, allgemeine Unterschätzung von Tieren zu erschüttern. Während die menschliche Spezies ein geradezu narzisstisches Verhältnis zu sich selbst pflegt und sich ihresgleichen rationaler und klüger vorstellt, als sie es tatsächlich sind, werden Tiere vorgestellt als primitive, mental beschränkte Wesen, obwohl dies ebenfalls nicht der Realität entspricht. Die wissenschaftliche Auseinandersetzung mit Emotionen, Sprache oder Selbstbewusstsein bei Tieren macht deutlich, dass Tiere reicher an Fähigkeiten und Fertigkeiten sind, als üblicherweise angenommen wird – und dass nicht-menschliche den menschlichen Tieren sehr ähneln. Diese Erkenntnisse machen es denkbar und möglich, die Grenze zwischen Tier und Mensch aufzulösen und stattdessen lediglich von graduellen Unterschieden in den kognitiven und körperlichen Fähigkeiten der verschiedenen Spezies auszugehen. Es lässt sich kein grundlegendes Kriterium finden, anhand dessen dem Menschen exklusive Fähigkeiten zugestanden werden könnten, die sich nicht zumindest in Ansätzen auch bei Tieren finden ließen. Die Aufweichung oder Auflösung der Grenze, die zwischen Tieren und Menschen gezogen wird und die sich insbesondere aus der Erkenntnis über die komplexen mentalen Fähigkeiten von Tieren speist, zwingt dazu, Tiere stärker in den Kreis derjenigen einzuschließen, die moralische Berücksichtigung erfahren. Dies ist ein Fortschritt – und dennoch in einer Hinsicht problematisch. Gut ist, dass durch die Auflösung der Grenze zwischen den Spezies mehr Tiere den Status schützenswerter, zu respektierender Individuen erlangen. Problematisch ist, dass die Frage danach, ob Tiere schützenswert sind, daran festgemacht wird, inwiefern an ihnen menschenähnliche Eigenschaften erkannt werden können. Das Maß der Dinge bleibt damit weiterhin die Idee des Menschen. Doch dies darf nicht das leitende Kriterium der Moral sein. Tiere dürfen nicht nur dann als schützenswert oder als Träger eines moralischen Status anerkannt werden, wenn sie möglichst intelligent, möglichst menschenähnlich sind.

In den philosophischen Überlegungen zur Tierethik wird in vielen Fällen jedoch genau dieser Weg beschritten. »Höher« entwickelte Tiere werden als »Subjekte eines Lebens«[17] betrachtet, die bestimmte Eigenschaften mit Menschen teilen. Daher sollen sie auch grundlegende Rechte besitzen. Doch eben nicht alle Tiere sind »Subjekte eines Lebens«. Während beispielsweise ein Elefant, ein Delphin oder eine Krähe noch in den Kreis der schützenswerten Spezies gezählt werden, gilt dies nicht etwa für einen Wurm, einen Gecko oder eine Fliege, denn festgemacht wird die Zuteilung dieses Status eben in erster Linie an den mentalen Fähigkeiten der Tiere. So ist das Verdienst der philosophischen Tierethik einzig darin zu erkennen, dass durch sie der Umfang der moralisch zu berücksichtigenden Individuen vergrößert wird. Aber eine künstliche Grenze zwischen schützenswerten und nicht-schützenswerten Lebewesen wird weiterhin gezogen – genau wie es in der anthropozentrischen Moral der Fall ist.[18]

Unabhängig von der Frage nach der angemessenen Grenzziehung beziehungsweise unabhängig von der Frage, ob überhaupt mit unweigerlich diskriminierenden Grenzziehungen gearbeitet werden sollte, drängt sich folgende Überlegung auf: Viele Bemühungen in der Ethik wie auch in anderen Bereichen der Wissenschaft zielen darauf ab, über verhaltensbiologische Beobachtungen die Menschenähnlichkeit von Tieren festzustellen. Je menschenähnlicher die tierlichen Emotionen, die tierliche Sprache oder das tierliche Bewusstsein sind, desto mehr rückt ein Tier in den Kreis jener Spezies, die sozusagen als Sympathieträger des Tierreichs gelten. Anstatt diesen Ansatz weiterzuverfolgen, sollte er umgedreht werden. Nicht das Menschenähnliche muss im Tier gesucht werden, sondern das Tierähnliche im Menschen. Dies würde nicht nur einen wichtigen Fortschritt in der Moral bedeuten, sondern auch zu einem angemesseneren Menschenbild führen. Schließlich fußt dieses in den zig Hunderten von Jahren alten Überlegungen von Männern wie Aristoteles, Thomas von Aquin, René Descartes oder Immanuel Kant. Während die Psychologie oder die Verhaltenswissenschaften immer wieder mit Erkenntnissen über die Intelligenz von Tieren überraschen, überraschen sie desgleichen mit Erkenntnissen über die Irrationalität, um nicht zu sagen Beschränktheit und Determiniertheit von Menschen beziehungsweise menschlichem Verhalten.[19] Es geht also nicht darum, das Bild von Tieren näher an das Bild vom Menschen zu bringen, sondern der Mensch muss als tierähnlicher verstanden werden, als dies bislang der Fall ist. Anstatt sich auf Vernunft, Rationalität, Autonomie und instrumentelle Intelligenz zu fokussieren, bedarf es eines Verständnisses über die handlungs- und verhaltensleitende Funktion von Affekten, Routinen, Emotionen oder Intuitionen. Was Tieren zugeschrieben wird, also ein instinktgeleitetes, nicht-autonomes, durch die jeweilige Umwelt determiniertes Verhalten, das muss der Mensch stärker an sich selbst erkennen. Er ist kein völlig rationales, vernünftiges, autonomes Wesen. Erst, wenn die Bedeutung von Emotionen, Affekten et cetera und deren Situationsabhängigkeit beim Menschen erkannt wird, ist ein besseres Verständnis darüber zu erlangen, warum der Mensch – gesetzt den Fall, er unterliegt entsprechenden Umwelteinflüssen – Dinge tut, die nicht nur unklug, sondern geradewegs zerstörerisch, grausam und mörderisch sind. Es ist, wie der Psychoanalytiker Sigmund Freud schreibt, ganz richtig, dass dort, wo gewalthemmende Faktoren aufgelöst werden, Menschen Taten begehen »von Grausamkeit und Tücke, von Verrat und Rohheit, deren Möglichkeit man mit dem kulturellen Niveau für unvereinbar gehalten hätte.«[20] Solange die Meinung vorherrscht, der Mensch sei ein im Unterschied zu den nicht-rationalen Tieren durchweg rational und autonom handelndes Individuum, wird das moralische Versagen der Spezies Mensch niemals eingesehen werden können. Merkmale wie Vernunft oder Intelligenz, die den Menschen so einzigartig erscheinen lassen und auf denen er seinen Stolz gründet, werden häufig nicht dazu eingesetzt, um ein friedliches Gemeinwohl zu begründen, sondern zu destruktiven Akten, zur Unterdrückung, zur Hintergehung von anderen und einem selbst. Das Zeitalter, in denen Menschen große Teile des Geschehens auf der Erde bestimmen, ist, so schreibt der Biologe Franz M. Wuketits, »in erster Linie ein Zeitalter der Verwüstung und Ausrottung.«[21]

Insbesondere in der Moralphilosophie wird eine starke Verbindung von Rationalität und moralischem Handeln gesehen, die faktisch nicht gegeben ist. Typischerweise werden hypothetische Modelle beschrieben, in denen Menschen mit Situationen konfrontiert werden, die eine Entscheidung zwischen verschiedenen Handlungsalternativen erfordern, wobei sie auf der Basis moralischer Prinzipien und Grundsätze rational abwägen, wie zu entscheiden ist, um anschließend entsprechend zu handeln. Doch diese Modelle sind schlicht nicht tragfähig. Moralisches Handeln ist situationsabhängig und wird vorrangig von Affekten, Stimmungen, Routinen oder Intuitionen determiniert. Typischerweise erzeugen moralische Emotionen Handlungsentscheidungen oder normative Einschätzungen über Situationen. Erst die daran anschließende Erklärung jener Entscheidungen oder Einschätzungen führt dazu, dass sie im Nachhinein rationalisiert werden und über logisches Denken versucht wird, sie zu begründen und in ein größeres Rahmenwerk einer moralischen Theorie einzuordnen.[22]

***

Die Idee der Autonomie und Rationalität des Menschen entstammt wirkmächtigen Strömungen innerhalb der philosophischen Tradition. Will man überhaupt dem Menschen diese Eigenschaften zusprechen, dann nur in Abhängigkeit vom jeweiligen sozialen Kontext, in dessen engen Grenzen sich Autonomie manifestieren kann. Um zu demonstrieren, wie falsch das Bild vom rationalen, vernünftigen Menschen ist, das die Philosophie über Jahrhunderte hinweg und bis auf den heutigen Tag zeichnet, soll auf einige empirische Untersuchungen aus der Forschung zur Moralpsychologie eingegangen werden. So konnten etwa Kenneth Mathews und Lance Kirkpatrick Canon zeigen, dass es eine achtzigprozentige Wahrscheinlichkeit gibt, dass Versuchspersonen einem vermeintlich verletzten Mann dabei helfen, von ihm fallengelassene Bücher vom Boden aufzuheben.[23] Wenn jedoch in der Nähe der Szene ein lauter Rasenmäher lief, sank die Wahrscheinlichkeit auf fünfzehn Prozent, dass dem vermeintlich verletzen Mann geholfen wurde. Große Bekanntheit erlangte auch das bereits erwähnte Experiment von Stanley Milgram[24], bei dem Versuchspersonen andere Menschen, die jedoch in das Experiment eingeweiht waren, mit starken Elektroschocks traktierten, sofern sie dazu durch die Versuchsleiter angewiesen wurden. Eine andere Untersuchung ist jene von Alice Isen und Paula Levin.[25] Die beiden Forscherinnen konnten zeigen, dass Probanden, die »zufällig« ein Zehncentstück gefunden hatten und daher in guter Stimmung waren, anschließend mit achtundachtzigprozentiger Wahrscheinlichkeit einer alten Frau halfen, die »zufällig« einige Papiere fallen ließ. Versuchspersonen, die kein Zehncentstück fanden, taten dies nur mit vierprozentiger Wahrscheinlichkeit. Die flüchtige Stimmung der Testsubjekte hatte also signifikanten Einfluss auf ihr moralisches Handeln. Eine ähnliche Studie führten John M. Darley und Daniel Batson durch.[26] Sie fanden heraus, dass Versuchspersonen, die sich nicht in Eile befinden, sechsfach häufiger einer notleidenden Person helfen als Versuchspersonen, die eilig ihr Ziel erreichen müssen. Yoel Inbar und Kollegen zeigten, dass Probanden, die in einem Raum gelassen wurden, in dessen Ecke ein stinkender Mülleimer steht, aufgrund des unangenehmen Geruchs geringere Sympathie gegenüber homosexuellen Männern zeigten.[27] Bibb Latané und abermals John M. Darley konnten nachweisen, dass Menschen in der Regel nur dann Rauchbildung in einem Raum melden, wenn sie alleine sind, nicht jedoch, wenn andere Personen ebenfalls im Raum anwesend sind und diese die Rauchbildung ignorieren.[28] Für großes Aufsehen sorgte zudem eine Untersuchung von Shai Danziger und Kollegen, bei der herausgefunden wurde, dass Bewährungsrichter, die Bewährungsanträge prüfen, in Abhängigkeit von ihrem Erschöpfungs- und Sättigungszustand eher zu Ungunsten der Gefangenen entschieden.[29] Anders gesagt: Hungrige und müde Richter urteilen harscher als gesättigte und ausgeruhte. Lawrence E. Williams und John A. Bargh fanden ferner in einer Studie heraus dass Probanden in Abhängigkeit davon, ob sie für kurze Zeit einen warmen oder kalten Kaffee halten, entsprechend der Temperatur des Bechers Personen eher für sympathisch oder unsympathisch befinden.[30]. In einem weiteren Experiment im Rahmen derselben Untersuchung wurde Probanden entweder ein warmes oder ein kaltes Kissen gegeben, wobei diejenigen Probanden, welche ersteres hielten, eher großzügig und geneigt waren, ein Geschenk für einen Freund auszusuchen als für sich selbst. Auch dieses Experiment zeigt, in welcher starken Abhängigkeit moralisches Verhalten zur jeweiligen Situation, zur jeweiligen Stimmung oder zu den jeweiligen Affekten steht. Auch beweisen viele der angeführten Studien, wie wenig es bedarf, damit Menschen sich offensichtlich unmoralisch verhalten. Vor allem aber wird deutlich, wie irrational Menschen vielfach agieren.

Moralisches Handeln steht eben nicht in Abhängigkeit von rationalen Prinzipien, der Reflexion über Handlungszusammenhänge oder internalisierten, universellen Regeln. Vielmehr ist es, um nochmals die beschriebenen Untersuchungen aufzugreifen, abhängig von Intuitionen, Ekelgefühlen, dem eigenen Sättigungszustand, dem Grad des empfundenen Stresses, der Müdigkeit, der Wärme oder Kälte bestimmter Gegenstände, der Gruppendynamik et cetera.[31] Die erwähnten Untersuchungen zeigen exemplarisch, dass die Vorstellung vom Menschen als einem grundsätzlich vernünftigen, autonomen, rationalen Subjekt aufgegeben werden muss. Damit fallen auch Teile des anthropozentrischen Weltbilds in sich zusammen. Indem die Tiere und ihr Handeln in den Blick genommen werden, können Menschen mehr über sich selbst lernen, als aus Jahrtausenden des spekulativen philosophischen Nachdenkens. Stets gab es das Bemühen, den Menschen als Subjekt zu sehen, das sich in seinen Eigenschaften möglichst signifikant von tierlichen Wesen zu unterscheiden hatte. Im Kontrast dazu würde ein Selbstverständnis vom Menschen als tierliche Spezies förderlich für das Verständnis über die Hintergründe seines Handelns wirken. Und dementsprechend wäre es heilsam, den Menschen wieder in direkter Verbindung mit nicht-menschlichen Tieren zu sehen. Menschen und Tiere bilden eine globale Familie von Lebewesen, die mehr oder weniger die gleichen Interessen, Gefühle, kognitiven Fähigkeiten sowie den gleichen Lebenswillen teilen.

Evolution

Wenn Menschen sich bemühen, das Tierliche in sich selbst zu erkennen, dann kommt dies einer allgemeinen Hinwendung zu dem gleich, was als »Naturnähe« aus der Kultur verdrängt wurde. Die Fachdisziplinen, die sich mit Moral und Ethik befassen, lehnen es allerdings überwiegend ab, Natur als legitimen Gegenstand ihrer Fragestellungen zu sehen oder diese gar als normative Größe zu betrachten.[1] Dabei wird ausgeblendet, dass menschliche Körper wie auch die menschliche Psyche in einer Weise strukturiert und aufgebaut sind, die den Vorfahren moderner Menschen geholfen hat, auf der Erde zu überleben.[2] In weiten Teilen der modernen Geisteswissenschaften wird eine Lehre vertreten, der zufolge man die Natur, insbesondere die menschliche Natur, als ein Produkt der Kultur versteht.[3] Wenn von der Natur des Menschen die Rede ist, dann sind derartige Aussagen, so die Theorie, tatsächlich kulturell konstruiert und dementsprechend relativ. Sie haben nichts mit einer tatsächlich existierenden, kulturunabhängigen Natur zu tun. Diese Lehre hat definitiv ihre Berechtigung, schließlich sind mit dem Zusatz, dieses oder jenes läge »in der Natur des Menschen«, diverse Verhaltensweisen und Sozialverhältnisse gerechtfertigt worden, die als äußerst problematisch einzustufen sind. So wurden etwa Aussagen über die vermeintliche Natur von Mann und Frau dazu genutzt, um patriarchale Herrschaftsstrukturen zu untermauern. Oder Behauptungen über die angebliche Natur einzelner Ethnien wurden herangezogen, um rassistische Diskriminierungen oder gar Genozide zu rechtfertigen. Aussagen über die Natur von Menschen sind demnach einer äußerst kritischen Überprüfung zu unterziehen.

Dennoch ist es falsch, zu leugnen, dass es so etwas wie eine Natur des Menschen gibt, die unabhängig von allem Kulturellen existiert. Der Evolutionspsychologe David Buss bringt dies auf den Punkt, wenn er schreibt: »[Alle Arten], auch die Menschen, [haben] eine Natur, die beschrieben und erklärt werden kann. […] Es ist Teil der Natur des Löwen, auf vier Beinen zu gehen, eine große buschige Mähne zu haben und andere Tiere zu jagen. Es ist Teil der Natur des Schmetterlings, sich zu verpuppen, in einen Kokon zu hüllen und sich dann auf der Suche nach Nahrung und Partner elegant in die Lüfte zu erheben. Es ist Teil der Natur des Stachelschweins, sich mithilfe seiner Stacheln zu verteidigen; des Stinktiers, sich mithilfe eines Sekrets zu verteidigen; des Hirsches, sich mithilfe seines Geweihs zu verteidigen und der Schildkröte, sich mithilfe ihres Panzers zu verteidigen. Alle Arten haben eine Natur und diese ist für alle unterschiedlich, denn jede Art war während ihrer Evolutionsgeschichte einem einzigartigen Selektionsdruck und damit einzigartigen adaptiven Problemen ausgesetzt. Menschen haben ebenfalls eine Natur – Qualitäten, die uns als einzigartige Art ausweisen – und alle psychologischen Theorien deuten auf ihre Existenz hin.«[4] Anders gesagt: Die Natur eines Lebewesens – also auch die des Menschen – ergibt sich daraus, dass es Eigenschaften besitzt, die ihm dabei helfen, ein bestimmtes, häufig wiederkehrendes Überlebens- oder Reproduktionsproblem während der Evolutionsgeschichte zu lösen.[5]

Menschen bevorzugen süße Nahrungsmittel. Sie bekommen Angst beim Anblick von Schlangen. Wenn eine begehrte Person einen anderen Partner hat, empfinden sie Eifersucht. Sie bekommen psychische Probleme, wenn sie extreme Gewalt erleben, großer Einsamkeit ausgesetzt sind oder sich permanent in einem Stress auslösenden Umfeld aufhalten müssen. Sie empfinden Empathie gegenüber anderen Individuen. Sie agieren kooperativ, um anderen, die signalisieren, Unterstützung zu benötigen, zu helfen – und vieles mehr. All dies sind Prozesse, bei denen ein psychischer Input von einem Output in Form eines bestimmten Verhaltens begleitet wird. Sie sind so gestaltet, dass sie der Natur des Menschen entsprechen, da sie für ihn einen evolutionären Vorteil darstellen, mit einem spezifischen adaptiven Problem umzugehen.

Einige evolutionär ausgeprägte Verhaltensweisen, die in der Vergangenheit der Menschheitsgeschichte zu erfolgreichen Problemlösungen geführt und das Überleben sowie die erfolgreiche Reproduktion sichergestellt haben, tun Selbiges heute nicht mehr. Dabei sind jedoch mitunter weniger die Verhaltensweisen an sich zu problematisieren, als die Art, wie durch eine bestimmte Strukturierung gesellschaftlicher Institutionen Lebenswelten entstanden sind, in denen sich eigentlich sinnvolle Verhaltensweisen dysfunktional auswirken. Bei der Analyse derartiger Sozialverhältnisse hilft die Evolutionspsychologie. Freilich gibt sie, obschon sie eine äußerst mächtige wissenschaftliche Theorie darstellt, keinen normativen Masterplan vor, wie Gesellschaft im Einzelnen verfasst sein sollte. Es wäre außerdem ein großer Fehler, archaische, ebenfalls in gewissem Sinne natürliche menschliche Verhaltensweisen wie beispielsweise das Jagen, das Ausnutzen des eigenen Sozialstatus, den promiskuitiven Umgang mit Sexualität oder ähnliches auf die heutige Gesellschaft zu übertragen und sie mit evolutionspsychologischen Erklärungen verteidigen zu wollen. Dies würde wiederum einer Verleugnung der kulturellen Überformung der menschlichen Natur gleichkommen. Daher bedarf es einer feinen Gewichtung zwischen den Vorgaben der menschlichen Natur und denen der Kultur. Unangemessen ist sowohl ein übertriebener Naturalismus nebst einer Verkennung der hochgradigen Flexibilität menschlichen Handelns als auch ein übertriebener Kulturalismus nebst der Verkennung der biologischen menschlichen Natur.

Dennoch bleibt festzuhalten, dass vermutlich von keinem anderen Phänomen so viel über menschliches Handeln und menschliche Moral zu lernen ist, wie von der spezieseigenen Evolutionsgeschichte. Warum ist dies so? Letztlich gibt die Evolutionstheorie oder – etwas spezieller – die Evolutionspsychologie sinnvolle Letztbegründungen für das »Warum« menschlichen und tierlichen Handelns. Wenn es darum geht, Handlungsweisen zu erklären, mögen verschiedene wissenschaftliche Disziplinen verschiedene Antworten geben. Doch diese lassen sich immer weiter hinterfragen, bis man bei evolutionspsychologischen Erklärungen endet.[6] Der einzige Nachteil jener Erklärungen besteht darin, dass sie weitaus unspezifischer und ungenauer sind als Erklärungen von solchen wissenschaftlichen Disziplinen, die weniger »letztgültig« sind. Was durch die Beschäftigung mit evolutionspsychologischen Untersuchungen jedoch im Wesentlichen erkennbar wird und was im Zusammenhang mit dem Thema dieses Buches entscheidende Bedeutung erlangt, ist die Tatsache, dass Empathie, Kooperation und ein Gerechtigkeitsempfinden Teil der menschlichen Natur sind – und dass die Kultur in bestimmten Hinsichten zu einer Art Deaktivierung dieser so wichtigen Eigenschaften geführt hat. Dabei haben jene Eigenschaften in der Menschheitsvergangenheit zur erfolgreichen Lösung diverser adaptiver Probleme geführt. Und auch heute würden sie Selbiges leisten.

Der Mensch ist das Produkt einer Millionen Jahre anhaltenden Evolution. Die Herausbildung der Anatomie moderner Menschen reicht circa zweihunderttausend Jahre zurück, die Herausbildung der spezifischen Verhaltensweisen circa vierzig- bis fünfzigtausend Jahre. Heute wird die dadurch entstandene menschliche Natur vielfach verkannt.[7] Um dies zu verstehen, bedarf es eines Blicks auf die Zivilisationsgeschichte. Diese ist sozusagen durchzogen von »Fehlern« oder kollektiven Fehlentscheidungen, die Menschen von ihrer tierlichen sowie materiellen Natur entfremdet haben. Ein wesentlicher »Fehler« dabei war die Sesshaftwerdung, die verbunden ist mit der Erfindung der Landwirtschaft beziehungsweise der neolithischen Revolution.[8] Mit dieser Entwicklung einher gingen gewaltsam ausgetragene soziale Konflikte, körperliche Gebrechen, sich ausbreitende Seuchen, Hungersnöte, soziale Ungleichheiten, Unterdrückung, Krieg und vieles mehr.[9] Der Biologe Robert Sapolsky nennt die Erfindung und Etablierung des Ackerbaus und damit die Aufgabe eines nomadischen Lebensstils eine der größten Fehlentwicklungen der Menschheitsgeschichte.[10]. Die Landwirtschaft, so Sapolsky, setzt die Abhängigkeit des Menschen von einigen wenigen domestizierten »Nutzpflanzen« und »Nutztieren« an die Stelle des Konsums von unzähligen Wildpflanzen. Die Menschen werden anfällig für Dürren, Schädlinge und Zoonosen. Sie beginnen, in unmittelbarer Nähe zu ihren eigenen Exkrementen zu leben und gefährden damit ihre eigene Gesundheit. Durch den Ackerbau kann zudem in manchen Fällen ein Überschuss an Nahrungsmitteln produziert werden, dessen Verteilung soziale Ungleichheiten erzeugt und Konflikte nach sich ziehen kann.

Um mit den im Zuge der Sesshaftwerdung auftretenden Problemen, die jeweils Symptome einer gewissen »Naturentfremdung« waren, umzugehen, wurde eine Art zweite, eine kulturelle Evolution erforderlich. Kultur ist nichts anderes als eine Strategie, anhand derer jene erwähnten Probleme bewältigt werden sollten. Kultur ist das Instrument, mit dem Menschen sich an eine sich rapide verändernde Umwelt anpassen konnten. Eine genetische Adaption an den raschen Wandel der Lebensumstände wäre nicht möglich gewesen. So bedurfte es der Adaption qua Kultur, also qua Werkzeugen, Verhaltensregeln, Ritualen, Göttern und Religionen. Die Kultur, mit der die auftretenden Probleme des Sesshaftwerdens gelöst wurden, schuf ihrerseits jedoch neue Probleme, die sich mehr denn je in der heutigen Zeit manifestieren. Zwar hat die kulturelle Evolution, die viel raschere Entwicklungen auslösen kann als die biologische, zu einer gigantischen Bevölkerungsentwicklung geführt und letztlich das Überleben der menschlichen Spezies bis auf den heutigen Tag gesichert. Dennoch hat sie auch eine Kluft zwischen den menschlichen, kulturell überformten Lebenswelten und der Natur geschaffen. Diese Kluft offenbart sich durch Phänomene der Fehlangepasstheit, die sich, um ein Beispiel zu nennen, etwa in der Art der menschlichen Ernährung zeigt. Weil Menschen heute einen völlig anderen Ernährungsstil bevorzugen, als dies ihre Vorfahren taten, bekommen sie Krankheiten oder Zahnprobleme, werden fettleibig oder in anderer Weise gebrechlich. Der entscheidende Punkt ist allerdings, dass derartige Phänomene der Fehlangepasstheit sich auch im Bereich des Sozialverhaltens finden. Und hier lässt sich die Brücke schlagen zwischen Evolution und Moral.

***

Moralische Regeln und deren ethische Reflexion zielen im Grunde stets auf dieselbe Zielgröße ab, nämlich auf die Verringerung von Leid. Ethische Theorien über gute moralische Regeln, egal welcher Tradition, kommen im Grunde stets zu demselben Ergebnis, nämlich, dass unnötiges Leid reduziert oder verhindert werden soll. Dieses Ziel kann nur dann nachhaltig erreicht werden, wenn ihm Vorstellungen über die Natur des Menschen und ein Verständnis davon zugrunde liegen, wie der Mensch sich an die ihn umgebenden, natürlichen Lebensgrundlagen bestmöglich anpassen kann. Schließlich haben deren Kräfte im Laufe der Evolution sein Wesen hervorgebracht und geformt. Das heißt nicht, sich einer biologistischen Ideologie zu verschreiben, in der moralische Fragen über primitive, auf Kampf und Konkurrenz ausgerichtete Verhaltensmuster geklärt werden sollen. Im Gegenteil steht gerade ein an »Natur« oder der natürlichen Evolution orientierter Ansatz unmittelbar in Verbindung mit moralischen Konzepten rund um Empathie, Gerechtigkeit und Kooperation. Im Tierreich, dem anzugehören von Menschen gerne verleugnet wird, können die Vorbilder gefunden werden für gegenseitige Empathie, für einen fairen Umgang miteinander, für die Kooperation zur Erreichung gemeinsamer Ziele und vieles mehr.[11]

Offenkundig ist, dass Menschen angeborene Eigenschaften haben, die in heutigen Gesellschaften kaum oder keine Bedeutung mehr haben. So etwa der frühkindliche Greifreflex, bei dem Babys bei Berührung der Handinnenfläche zugreifen. Dieser Reflex diente möglicherweise einst dazu, die Wahrscheinlichkeit des Herunterfallens von der Mutter zu reduzieren, indem das Baby sich an den Haaren festhielt. Heute hat der Greifreflex keine bedeutende Funktion mehr. Das Beispiel zeigt, dass Menschen heute, in einer durch Kultur geformten und manipulierten Welt, mit unzähligen Situationen in Kontakt kommen, an die es keine genuin evolutionäre Anpassung gibt. Um jedoch mit jenen Situationen bestmöglich umgehen zu können, bedarf es des Blicks darauf, was dem Menschen durch die Evolution mitgegeben wurde, also die phylogenetisch verfestigten Gefühle, Verhaltens- und Reaktionsweisen. Denn diese Gefühle, Verhaltens- und Reaktionsweisen sind zumindest der Theorie nach das, was ein weithin »reibungsloses« Aufgehen und friedfertiges, möglichst leidfreies Leben von Menschen in einer sozialen und ökologischen Umwelt ermöglichen. Zu den natürlichen Regungen dieser menschlichen Natur gehören beispielsweise die Liebe zwischen Eltern und Kindern, ein Sinn für Gerechtigkeit, die Abneigung gegenüber Gewalt, das Streben nach Anerkennung, eine gewisse Solidarität mit der Gruppe, der Ekel vor verschiedenen Substanzen und einiges mehr.[12] Freilich können Menschen sich nicht blindlings auf jene Gefühle, Verhaltens- und Reaktionsweisen verlassen, ebenso wenig wie sie sie nicht grundsätzlich dazu heranziehen sollten, um moralische Konflikte zu lösen. Festzuhalten bleibt dennoch, dass die grobe Zuwiderhandlung gegen natürliche Verhaltensanlagen sich in fundamentaler Weise negativ auf das menschliche Wohlergehen auswirken muss.

Nun lautet ein üblicher Widerspruch gegen solche Überlegungen, dass die Natur ein grausamer Ort sei, voller Gefahren, Kämpfe und Leid. Insbesondere werden Interaktionen unter Tieren gemeinhin so gedeutet, als befänden sich Tiere in einem ständigen Konkurrenz- und Überlebenskampf und als würden permanente Aggressionen das Gruppenleben prägen. Dennoch werden an vielen Stellen Vorurteile, die aus der Beobachtung menschlicher Gesellschaften entstanden sind, auf Tiere übertragen, sodass ein Bild von Tieren konstruiert wird, das aggressive, ja amoralische Wesen zeigt. Dabei soll nicht verleugnet werden, dass es insgesamt eine immense Quantität an Wildtierleid gibt, das bedingt ist durch Krankheiten, Verletzungen, Fressfeinde, Hunger und vielem mehr.[13] Wildtierleid betrifft vor allem sogenannte »r-Strategen«, also Tiere, die besonders viele Nachkommen erzeugen, dafür aber wenig Kapazität in die Pflege und Behütung des Nachwuchses legen, was hohe Sterblichkeitsraten bedingt. Unabhängig von empirisch zu erfassendem Leid bei Wildtieren gibt es jedoch eine Reihe an Faktoren, die zu ungerechtfertigten Annahmen über vermeintliche Widrigkeiten in der Tierwelt führen. Zu diesen Faktoren zählt, dass wissenschaftliche Untersuchungen aus dem Bereich der Verhaltensbiologie sich weitaus intensiver mit der Beobachtung von Aggressionen oder Konflikten zwischen Tieren auseinandergesetzt haben als mit der Beobachtung von Zuneigung, Vergnügen, Genuss, Freude oder Ähnlichem.[14] Durch dieses Ungleichgewicht zwischen den verschiedenen Erkenntnisinteressen ist das Bild einer gewaltsamen, amoralischen Tierwelt entstanden. Verstärkt wurde dies aus Scheu vor einem Anthropozentrismus, bei dem Kategorien, die für menschliche Wesen »reserviert« sind, auf Tiere übertragen werden. So sinnvoll eine solche Zurückhaltung gegenüber der anthropozentrischen Weltsicht auch ist, so sehr wird diese problematisch, wenn es darum geht, Begriffe und Kategorien, die gleichermaßen auf menschliche und nicht-menschliche Tiere zutreffen, letzteren vorzuenthalten. Es trägt zur Ausgestaltung eines abstoßenden Bildes vom Tier bei, wenn bei ihnen zu beobachtende Phänomene wie beispielsweise Liebe, Freundschaft, Anhänglichkeit, Dankbarkeit, Hoffnung, Versöhnung, Stolz oder Überraschung nicht als solche benannt werden aus Angst, dies könnte eine unzulässige »Vermenschlichung« von Tieren darstellen.

Wie wenig man Tieren gerecht wird, wenn überwiegend dasjenige Verhalten untersucht wird, was bei Menschen negativ konnotiert ist, zeigt sich, wenn die nächsten Verwandten im Tierreich in den Blick genommen werden. Dann kann man zeigen – wie die drei Wissenschaftler Robert Sussman, Paul Garber und Jim Cheverud dies getan haben[15] –, dass der überwiegende Teil sozialer Interaktionen bei Primaten affiliativ, also die gegenseitige Nähe suchend, friedlich, prosozial und kooperativ ist – und eben nicht agonistisch, also kämpferisch oder aggressiv. Der Anteil der affiliativen Interaktionen liegt bei den von den Wissenschaftlern beobachteten Halbaffen oder Affen zwischen achtzig und über neunzig Prozent. Im Umkehrschluss bedeutet dies, dass agonistische Handlungen, die unter Umständen mit Leid verbunden sind, nur einen Bruchteil der Interaktionen ausmachen. Im Zuge sehr früher verhaltenswissenschaftlicher Untersuchungen mit frei lebenden Primaten stellten die Anthropologen Vernon und Frances Reynolds fest, dass sich bei Schimpansen im Laufe von dreihundert Beobachtungsstunden nur siebzehn Streitereien ergeben hatten, die in Drohungen oder kleinere Kämpfe ausgeartet waren.[16] Die Streitereien wurden zudem stets nach wenigen Sekunden wieder beendet. Daraus lässt sich schließen, dass Tiere – zumindest jene, die als »höherentwickelt« bezeichnet werden – im Allgemeinen ein überwiegend friedliches, prosoziales Miteinander pflegen.

Darüber hinaus kann anhand ausgefeilter Studien belegt werden, dass viele Tiere einen ausgesprochenen Sinn für Gleichbehandlung haben,[17] dass sie einem Reziprozitätsprinzip folgen, sich also gegenseitig Gefallen tun und altruistisch agieren,[18] dass sie empathisch sind,[19] dass sie auf ihren eigenen Vorteil verzichten, wenn dies mit Nachteilen für Artgenossen verbunden ist,[20] dass sie sich an aufgestellte Regeln halten, auch wenn dies einer Unterdrückung ihrer Affekte bedarf,[21] dass sie anderen Tieren verzeihen können,[22] dass sie durch schreckliche Ereignisse Symptome entwickeln, die einer posttraumatischen Belastungsstörung gleichen[23] und vieles mehr. Wenn man also die Gesellschaften diverser Tierarten genauer betrachtet, wird erkennbar, dass Interaktionen zwischen den Tieren zweifelsohne durch moralische Normen beeinflusst werden – und zwar dergestalt, dass ein überwiegend friedliches Miteinander gesichert wird. Derzeitiger Stand der Wissenschaft ist dennoch, dass längst nicht bei allen wilden Tierarten moralisches Handeln untersucht wurde. Bislang wird im Wesentlichen Primaten, sozialen Raubtieren wie Wölfen, Kojoten oder Hyänen sowie Walen, Elefanten oder Nagetieren moralisches Verhalten zugestanden.[24] Doch warum nur diesen Spezies? Die Antwort darauf lautet schlicht, dass lediglich bei ihnen entsprechende wissenschaftliche Untersuchungen durchgeführt wurden. Es wäre ein Trugschluss, zu glauben, es könne eine Grenze gezogen werden zwischen den genannten Arten und allen anderen, um dann zu sagen, nur erstere würden moralisch agieren. Vielmehr ist davon auszugehen, dass immer dort, wo man »höherentwickelte« Tiere genauer beobachtet, mit großer Wahrscheinlichkeit früher oder später auch erkannt wird, dass ein durch rudimentäre moralische Normen bestimmtes Verhalten vorliegt.

Im Gegensatz zu den bisher vorliegenden wissenschaftlichen Erkenntnissen über tierliche Verhaltensweisen entlang moralischer Normen steht die populäre Überzeugung, Tiere besäßen grundsätzlich keine Moral. Auch und gerade in der akademischen Philosophie hat die Meinung, dass nur Menschen Moral besäßen, nicht aber Tiere, eine über Jahrhunderte währende Tradition. Erschreckend ist, dass diese Meinung sich bis auf den heutigen Tag erhalten hat. Dies geschieht unter schlichter Missachtung der bestehenden Forschung, der einfachen Intuition oder auch der simplen Beobachtung des Verhaltens von Haustieren. Die Begründungen, die für das Fehlen einer Moral bei Tieren angeführt werden, erscheinen dabei geradezu einfältig. So schreibt etwa der Philosoph Roger Scruton: »Hunde, Katzen und Pferde sind keine moralischen Wesen, und sie so zu behandeln, als seien sie es, ist nicht nur sinnlos, sondern grausam. Es bedeutet, Forderungen an sie zu stellen, die sie unmöglich verstehen können. Katzen müssten das Recht auf Leben respektieren und Hunde das Recht auf Achtung der Privatsphäre. Und beide müssten für ihre Handlungen zur Rechenschaft gezogen und für ihre Fehler bestraft werden.«[25] Tiere sollen demnach nicht in der Lage sein, untereinander und auch gegenüber Menschen moralisch zu agieren oder moralischen Normen zu folgen. Dabei werden Konzepte wie beispielsweise Privatheit, die im Übrigen hochgradig historisch und kulturell bedingt sind,[26] auf Tiere übertragen, die in deren Lebenswelt keine Relevanz besitzen. Ferner wird vorausgesetzt, Tiere müssten Menschen auf genau dieselbe Weise behandeln, wie diese ihrerseits Tiere behandeln. Es gibt mehrere Gründe, warum man so nicht argumentieren kann. Denn indem Tieren die Befähigung zur Moralität abgesprochen wird, soll gleichzeitig diejenige des Menschen als sein Alleinstellungsmerkmal hervorgehoben werden. Außerdem ist fragwürdig, ob Menschen bei Tieren grundsätzlich das Recht auf Leben oder das Recht auf Privatheit achten. Vielleicht mag man bei Katzen ein Recht auf Leben achten. Aber bei Schweinen sieht es bereits anders aus. Auch mag es so sein, dass das Recht auf Privatheit respektiert wird. Nicht selten jedoch wird es verletzt.[27] Aus diesen Beispielen wird schließlich deutlich, worauf es ankommt. Menschen können moralisch handeln, allerdings spielt Moral in einer Vielzahl von Handlungszusammenhängen erstens keine Rolle[28] und zweitens werden moralische Regeln häufig bewusst oder unbewusst gebrochen[29]. Bei Tieren ist es anders. Auch hier können Verhaltensweisen beobachtet werden, die sich gegenüber moralischen Normen indifferent verhalten. Allerdings ist das moralische Handeln von »höheren« Tieren, das durch Kooperation, Empathie und Gerechtigkeit geprägt ist, weitaus weniger von kulturellen Einflüssen überformt, als dies bei Menschen der Fall ist. Doch genau jene kulturellen Einflüsse sind es, welche die menschliche Moral mitunter korrumpieren lassen. Daher soll an dieser Stelle die These aufgestellt werden, dass die Moral der Tiere gegenüber jener der Menschen eine gewisse »Reinheit« besitzt. Schließlich lassen sich bei ihnen kulturelle Einflüsse, die menschliches moralisches Handeln formen und – aus der Perspektive der Ethik gesprochen – korrumpieren, also antisozial, ungerecht oder egoistisch werden lassen, in weitaus geringerem Ausmaß beobachten.

In vielen tierlichen Gesellschaften bestehen Normen, die gegenseitiges Verletzen, Beißen, Töten, Einschüchtern oder aggressives Verhalten untersagen, die zu wechselseitigen Hilfeleistungen, zum Teilen oder zur gegenseitigen Körperpflege anregen, die zu Fairness anhalten, sodass etwa ranghöhere Tiere gewisse Privilegien genießen oder Tiere, die zum Spielen aufgefordert werden, sich an die Regeln des Spiels halten, oder die regulieren, wer Wache zu schieben hat und einiges mehr.[30] Natürlich sind Tiere auch frech zueinander, schädigen, schikanieren oder erniedrigen sich ohne erkennbaren Grund, handeln also moralischen Normen zuwider. Ihr Verhaltensrepertoire schließt die Möglichkeit mit ein, bewusst sozial etablierte Regeln zu brechen.

Individuen, die sich zu moralischem Handeln entscheiden können, können sich genauso gut dagegen entscheiden. Oder sie werden, wie eben Menschen, durch kulturelle Einflüsse unwissend und unbewusst dazu gebracht, etablierten moralischen Grundsätzen zuwider zu handeln. Bei vielen Tierarten hingegen, die wissenschaftlich beobachtet werden, kann unmoralisches Verhalten nur äußerst selten festgestellt werden, wie etwa der Evolutionsbiologe Marc Bekoff zusammen mit seiner Kollegin Jessica Pierce in ihrem Buch *Wild Justice* feststellen.[31] Es sind offensichtlich Einzelfälle, in denen Tiere normativen Erwartungen ihrer Gemeinschaft nicht entsprechen, indem sie sich gegenseitig bekämpfen, verletzen oder schädigen. In diesem Zusammenhang stellen Beziehungen zwischen Jäger- und Beutetieren eine Besonderheit dar. Diese haben jedoch nur bedingt moralischen Charakter, schließlich folgen jagende, karnivore Tiere biologischen Notwendigkeiten. Aus menschlicher Perspektive betrachtet agieren Raubtiere gewaltsam und brutal. Dies hat zu einer Reihe mitunter eigenartiger Forderungen geführt, denen zufolge Raubtiere aufgrund des Leids, das sie anderen Tieren zufügen, ausgerottet werden sollten.[32]

Davon unabhängig stellt sich die Frage, ob Tiere überhaupt intentional, also willentlich grausam agieren können. Sicherlich kann ihnen diese Fähigkeit nicht gänzlich abgesprochen werden. Dennoch muss vermutlich anerkannt werden, dass nicht-menschliche Tiere weitaus friedliebendere Lebewesen sind als menschliche. Obwohl diverse Tiere mitunter gerne als »Räuber« oder »Bestien« dargestellt werden und daran angelehnte Überzeugungen häufig die Art beeinflussen, wie Tiere etwa im Rahmen verhaltenswissenschaftlicher Untersuchungen beobachtet werden, so gibt es doch bislang kaum wissenschaftliche Publikationen, in denen beschrieben würde, dass Tiere systematisch und intentional anderen Lebewesen physische oder psychische Schäden zufügen. Im Gegenteil schreibt Marc Bekoff sogar: »Ich frage mich manchmal, ob, und befürchte dies, dass Sadismus eine ausschließlich menschliche Eigenschaft ist.«[33] Auch der Psychologe Victor Nell vertritt die Meinung, dass nur menschliche Tiere grausam handeln können.[34] Und der Psychoanalytiker Erich Fromm kommt in seiner großen Studie über Aggression und Gewalttätigkeit ebenfalls zu dem Schluss, dass der Mensch das einzige Säugetier sei, »das in großem Maßstab ein Mörder und Sadist ist.«[35] Und dennoch: Eine Aussage wie die, dass nur Menschen, nicht aber Tiere grausam sein können, scheint nur bedingt überzeugend, da erneut eine scharfe Grenze zwischen Tieren und Menschen hinsichtlich bestimmter Eigenschaften gezogen wird. Tatsächlich wurde beispielsweise bereits 1974 im Gombe-Nationalpark in Tansania beobachtet, wie Männchen aus einer Gruppe von Schimpansen als eine Art »Schlägertrupp« einen anderen männlichen Schimpansen überfielen und gemeinsam so stark verletzten, dass er vermutlich später an seinen Verletzungen starb.[36] Trotzdem sind es eben bislang nur Schimpansen und Menschen, von denen bekannt ist, dass sie kriegerische Akte verüben. Bei anderen Tierarten gibt es keine derartigen Beobachtungen. Eine Vielzahl an Tieren beziehungsweise Tierarten lebt in friedlich agierenden Sozialverbünden zusammen. In diesen wird Verhalten durch eine Reihe an prosozialen Eigenschaften wie Empathie, Reziprozität, Fairness oder Kooperation gerahmt. Alle diese Eigenschaften tragen natürlicherweise zu einem Zusammenleben bei, das weitgehend frei von Grausamkeit, Rücksichtslosigkeit und unnötigem Leid ist. Dies gilt nicht nur für nicht-menschliche Tiere, sondern auch für die menschliche Gesellschaft. Erst die Kultur bringt es mit sich, dass natürliche Verhaltensanlagen überschrieben werden.

Nun könnte der Einwand erhoben werden, dass Menschen, als sie in ferner Vergangenheit in einem deutlich höheren Einklang mit den sie umgebenden natürlichen Lebensgrundlagen lebten, bereits Jäger waren und die Jagd inklusive dem Töten anderer ein essenzieller oder eben natürlicher Bestandteil menschlicher Gesellschaften war. Die evolutionäre Bedeutung der Jagd wird dann als Rechtfertigung der heute üblichen Gewaltanwendung gegen Tiere herangezogen. Diese Argumentation bildet einen Widerspruch zu der hier vertretenen, naturalistisch inspirierten Ethik, zu deren zentralen Prädikaten die Idee der Friedlichkeit und Fürsorge zählen. Wie valide ist dieser Einwand? Lässt sich die heutige Praxis der Verdinglichung und industriellen Nutzung von Tieren damit rechtfertigen, dass frühere menschliche Gesellschaften von der Jagd gelebt haben? Wissenschaftliche Erkenntnisse begründen eine andere Einschätzung.

***

Die Jagd oder, genauer noch, das Bild des jagenden Mannes[37] wird in Teilen der Anthropologie als Auslöser weiterer Entwicklungen wie etwa der Herstellung von Werkzeugen, der sozialen Kooperation, der Sprachfähigkeit oder der Gehirnentwicklung gesehen. Diese Erkenntnisse sind Bestandteil des Allgemeinwissens vieler Menschen geworden und dienen nicht selten zur Rechtfertigung des Fleischkonsums, auch wenn es schwerfallen dürfte, Massentierhaltung, transnationale Tiertransporte oder Akkordschlachtungen mit den

Jagdpraktiken vergangener Völker zu vergleichen. Unabhängig von der Disparität zwischen dem einstigen und heutigen Fleischkonsum, die jene Rechtfertigung ad absurdum führt, ist den allermeisten Menschen nicht bekannt, dass es sich bei den Beschreibungen vergangener Jäger-Gesellschaften lediglich um evolutionsgeschichtliche Hypothesen handelt. Es gilt keineswegs als gesichert, dass die Jagdtätigkeiten der menschlichen Vorfahren tatsächlich die benannten Effekte wie etwa ein verstärktes Gehirnwachstum zeitigten. Der Jagd-Hypothese gegenüber gestellt ist die Sammler-Hypothese. Sie erwuchs aus der Beobachtung, dass die überwiegende Mehrheit der Kalorien, die naturnahe Völker konsumierten, durch das Sammeln von Nahrungsmitteln zusammenkam. »Dies führt zu der alternativen Erkenntnis«, schreibt der Evolutionspsychologe David Buss, »dass in der menschlichen Evolution das Sammeln am wichtigsten und das Jagen belanglos war.«[38] Gemäß der Sammler-Hypothese war es nicht der »jagende Mann«, der als Triebkraft bei der Hervorbringung des modernen Menschen fungierte, sondern die in der Evolutionsbiologie oftmals vergessene »sammelnde Frau«.[39] Da die mit dem Menschen verwandten Primatenarten eine überwiegend pflanzliche Ernährung pflegen und nur einen äußerst geringen Anteil an Fleisch verzehren, ist davon auszugehen, dass selbiges auch für die menschlichen Vorfahren galt. Auch andere bedeutende Aspekte der evolutionären Hervorbringung des modernen Menschen können über die Sammler-Hypothese erklärt werden. Demnach erwuchs die Motivation, Werkzeuge zu entwickeln, daraus, Pflanzen effektiver aus dem Boden ausgraben zu können. Dennoch ist auch die Sammler-Hypothese eben nur eine Hypothese, die nicht als gesichert gilt. Verkompliziert wird die Situation durch eine dritte, allerdings weniger populäre Hypothese, die sich auf den Konsum von Aas stützt. Demnach sollen Steinwerkzeuge primär zu dem Zweck erfunden worden sein, um Fleisch von den Knochen von Kadavern schaben zu können. Im Endeffekt bleibt unklar, welche der Hypothesen zutreffend ist. Fest steht, dass die Art der Nahrungsbeschaffung menschlicher Vorfahren in vielen Fällen als Projektionsfläche dient, um heutige Ideologien mit vermeintlichen evolutionsgeschichtlichen Fakten zu untermauern. Betroffen sind hier sowohl Ideologien über die »richtige« Art der Ernährung als auch Ideologien über die Rolle und gesellschaftliche Stellung von Frauen und Männern.

Traditionelle Gesellschaften und die in ihnen etablierten Verhaltensweisen können als normatives Paradigma für moderne Gesellschaften genommen werden – allerdings nur mit Einschränkungen. Es gibt auf der einen

Seite Verhaltensweisen, in denen traditionelle den modernen Gesellschaften überlegen sind. Dies manifestiert sich etwa im Hinblick auf die Beziehung zwischen Müttern und ihren Säuglingen oder Kindern, die von besonderer Verbundenheit und Fürsorge geprägt sind. Auch genießen in traditionellen Gesellschaften Kinder weitaus größere Freiheiten und entwickeln sich früher zu verantwortungsbewussten Individuen. Bildung und Spiel sind keine voneinander getrennten Tätigkeiten. Erlangtes Wissen ist weniger abstrakt, sondern steht in unmittelbarer Verbindung mit dem Sozialleben. Auf der anderen Seite gibt es aber auch Beispiele für Verhaltensweisen, aus denen ersichtlich wird, wo traditionelle gegenüber modernen Gesellschaften rückständig sind. Zu nennen wäre hier etwa der mitunter grausame Umgang mit Menschen im hohen Alter, die ständig herrschenden Unsicherheiten, insbesondere in Bezug auf den Umgang mit Krankheiten sowie Nahrungsmittelknappheiten beziehungsweise Hungersnöte, oder auch die grausame Kriegsführung zwischen verschiedenen Gruppierungen traditioneller Gesellschaften.[40] Sicherlich kommen in diesem Zusammenhang aktuelle, kulturell etablierte Maßstäbe von Moral zum Tragen, um zu entscheiden, worin traditionelle Gesellschaften modernen überlegen sind und umgekehrt. Doch dies sollte nicht darüber hinwegtäuschen, dass dann, wenn über traditionelle Gesellschaften gesprochen wird, Menschen gemeint sind, deren Lebensstil sich über einige Zehntausend Jahre hinweg nicht signifikant verändert hat. Die Evolutionslinien zwischen Menschen und ihren Affenvorfahren trennten sich jedoch bereits vor circa sechs Millionen Jahren. Von Interesse ist demnach, sich anzuschauen, welche Eigenschaften und Merkmale Menschen in diesem gigantischen Zeitraum ausgebildet haben. Kontrastiert man diese Eigenschaften und Merkmale mit den Anforderungen, Normen und Praktiken der modernen Kultur, erschließt sich möglicherweise, wie ein friedlicheres, glücklicheres und gesünderes Zusammenleben gestaltet werden kann.

Das Wissen um traditionelle Gesellschaften, naturnahe Völker oder tierliche Gesellschaften birgt also das Potenzial, von diesen lernen und normative sowie politische Entscheidungen entlang der gewonnenen Erkenntnisse ableiten zu können. Wenn man eine friedliche Gesellschaft schaffen und Gewalt möglichst eindämmen will, dann kann die Natur Hinweise geben, wie dies zu bewerkstelligen ist. Ein einfaches Beispiel, um dies zu verdeutlichen, ist etwa das Wissen darum, dass weibliche Primaten, darunter eben auch weibliche Menschen, natürlicherweise weniger Aggressionstendenzen haben als männliche Primaten.[41] Also erscheint es ratsam, eher Frauen in einflussreiche politische Positionen zu bringen, um die Wahrscheinlichkeit, dass gesellschaftliche Konflikte gewaltsam ausgetragen werden, zu reduzieren. Schließlich haben Reformen und Revolutionen, die von Männern getragen wurden, zu keinem Zeitpunkt fundamental und langfristig dafür gesorgt, dass die grundlegenden Strukturen gewaltsamer Unterdrückung oder anderweitig ungerechter Sozialverhältnisse wesentlich verändert wurden.[42]

Ein solches soziobiologisches Denken ist jedoch stets der großen Gefahr ausgesetzt, dass das Prädikat des »Natürlichen« mehr oder minder beliebig eingesetzt wird, um die Verfolgung von Interessen bestimmter gesellschaftlicher Gruppen dogmatisch zu stützen. So kann die Biologie letztlich gleichsam missbraucht werden, um mit ihr beispielsweise antisemitische oder rassistische Motive zu begründen. Auf den Punkt bringen lässt sich dieser Sachverhalt etwa durch Aussagen wie die, dass der »Nationalsozialismus […] nichts anderes als angewandte Biologie« sei, wie Rudolf Hess einmal bekundete.[43] Demnach wurden soziobiologische Argumentationsmuster zur dogmatischen Legitimation schrecklichster Verbrechen angewandt. Und so ist aus guten Gründen größte Vorsicht angebracht, wenn soziale aus biologischen Sachverhalten heraus erklärt oder für normativ richtig oder falsch befunden werden sollen.

Das, was als »Natur« gilt, war und ist immer auch eine Projektionsfläche für Sehnsüchte, für Rechtfertigungen, für Überzeugungen aller Art. Es ist Jean-Jacques Rousseau, der im achtzehnten Jahrhundert der prominenteste Vertreter einer Philosophie war, in der das Natürliche ausgezeichnet und gegenüber dem Kulturellen, Zivilisatorischen abgegrenzt wurde. Nach Rousseau sollte der Mensch dahin gelangen, sich so zu sehen, wie ihn die Natur hervorgebracht hat.[44] Die gegenteilige Meinung vertritt noch vor Rousseau der im siebzehnten Jahrhundert verstorbene Philosoph Thomas Hobbes. Ihm zufolge bedeutet der Naturzustand einen permanenten Kampf aller gegen alle.[45] Dieser Kampf wird erst dann eingehegt, sobald ein Gesellschaftszustand mit klaren Herrschaftsstrukturen und Regeln errichtet ist. Für Rousseau jedoch war genau dieser Zustand das eigentliche Übel, da in ihm Ungleichheit und Unterdrückung herrschen. Rousseau zufolge besitzt der Mensch Instinkte, um in einem friedlichen Naturzustand zu überleben. Das zivilisierte, nicht verwilderte Leben in der Gesellschaft jedoch sei, so Rousseau, wider die Natur.

In der modernen Philosophie ist das Denken in dem Dualismus aus Natur und Kultur zurecht kritisiert worden,[46] schließlich liegt in der Welt keine solche

Grenze zwischen den beiden Bereichen vor[47] und folgerichtig kann das, was als Natur erachtet wird, nicht als ein einfaches Vorbild für das dienen, was als Kultur konzipiert wird. Auch kann Kultur im Sinne gesellschaftlich verfestigter Praktiken nicht einfach abgeschafft oder ersetzt werden durch ein wie auch immer geartetes Leben, das bestimmten Vorstellungen von Natürlichkeit entspricht. Dennoch hat Rousseau weitaus exakter und inhaltlich konsequenter als andere Philosophen seiner Zeit biologische Sachverhalte beschrieben und diese soziobiologisch ausgedeutet. Ein Beispiel dafür ist etwa die Feststellung, »daß Mitleid ein natürliches Gefühl ist, das in jedem Individuum die Wirksamkeit der Selbstliebe mäßigt und daher zur gegenseitigen Erhaltung der gesamten Gattung beiträgt«.[48] Nicht nur Rousseau, auch einige moderne Denker, darunter etwa Marti Kheel, sehen in denjenigen Lebensräumen, die man als »Natur« bezeichnet, weil sie von äußeren kulturellen Einflüssen weitestgehend abgeschottet sind, organische Sozialharmonien, die als Modell gelten können für heutige Gesellschaften. Naturnahe Völker leben tatsächlich in Harmonie mit der sie umgebenden Natur. Die Menschen in jenen Völkern haben ein ausgezeichnetes Wissen über Pflanzen und Tiere, die sie respektieren und achten. Nahrung wird über das Sammeln von Früchten, Nüssen oder durch den Anbau von Getreide oder Gemüsepflanzen besorgt, mitunter werden Tiere gejagt. Da insgesamt nur sehr wenig gejagt wird, bleiben die Wildtierbestände erhalten. Die Menschen kümmern sich umeinander, sind fürsorglich und helfen einander. Krankheiten bilden die Ausnahme, meistens sind die Menschen gesund und leistungsfähig. Viele Gegenstände des täglichen Lebens werden untereinander geteilt. Soziale Ungleichheiten bestehen nur in unerheblichem Ausmaß. Konflikte werden friedlich beigelegt, im Notfall gehen sich die Streitpartner für eine gewisse Zeit aus dem Weg. Von einem Krieg aller gegen alle, wie ihn Hobbes sich ausmalte, fehlt jede Spur. Krieg im Sinne konflikthafter Auseinandersetzungen mit einer größeren Anzahl an Toten kommt bei traditionellen Gesellschaften nur bei einer kleinen Minderheit der beobachteten Kulturen vor.[49] Naturnah lebende, nomadische Gesellschaften sind überwiegend friedliche Gemeinschaften, bestehend aus Menschen, denen viele Sorgen und Belastungen fremd sind, mit denen sich Menschen in modernen Gesellschaften abfinden müssen.

Dennoch ist es gänzlich naiv, die Vergangenheit wiederherstellen zu wollen, wie es etwa der Anthropologe Melvin Konner zum Ausdruck bringt, wenn er schreibt: »Ich habe […] den Eindruck, daß wir zur Natur zurückkehren müssen, und für menschliche Wesen bedeutet das in einer Beziehung eine

Rückkehr zum menschlichen Dasein, wie es gelebt wurde, als die Menschen sich entwickelten. Ich sehe keinen viel besseren Vorschlag, wie das gesellschaftliche Chaos, das diesen unglücklichen Planeten ständig umwirbelt, zu lindern wäre.«[50] Die Lebensweisen traditioneller Gesellschaften sind unmöglich in die Moderne übertragbar, also auf eine Welt, in der viele Milliarden Menschen leben und überleben wollen. Dies kann nur mit Hilfe von Technologie gelingen – man denke nur an die Produktion ausreichender Mengen an Nahrungsmitteln. Auch darf nie ausgeblendet werden, dass es in traditionellen Mord, Totschlag, Vergewaltigung, grausame Tierschlachtungen sowie die Diskriminierung von Fremdgruppen oder Bedrohungen wie Hungersnöte, Seuchen, Krankheiten und Kindersterben gegeben hat – so wie all dies auch in modernen Gesellschaften vorkommt. Und genau daraus lässt sich etwas Entscheidendes lernen: Moderne Menschen sollten die Gesellschaften von naturnah und traditionell lebenden Menschen nicht betrachten, um ihr Leben nachzuahmen, sondern, um aus ihrer Art der Lebensführung zu lernen.

Diesen Ansatz möchte ich hier verfolgen und für die Ethik fruchtbar machen. Wenn dabei die Rede davon ist, dass bestimmte Dinge »von Natur aus« oder »natürlicherweise« so und so seien, dann geht es eigentlich weniger um Natur als um Evolution. »Natürlicherweise« kann übersetzt werden mit »durch Evolution bedingt« oder »durch natürliche Selektion und Adaption bedingt«. Da es einen unmittelbaren Zusammenhang zwischen evolutionärer Angepasstheit sowie einem friedlichen Gemeinwesen und individuellem Wohlbefinden gibt, können hier traditionelle, naturnah lebende Gesellschaften ebenso wie einige Tiergesellschaften als Vorbilder dienen. Von ihnen können heutige Gesellschaften hinsichtlich ihrer Gestaltung profitieren. Dies betrifft insbesondere den Minimalismus jener Gesellschaften, ihren schonenden und nachhaltigen Umgang mit natürlichen Ressourcen und Lebensgrundlagen, ihre Art der friedlichen Konfliktlösung, ihre Empathie und ihren fürsorglichen sowie altruistischen Umgang untereinander oder ihre Fairness bei der Aufteilung von Gütern und Zuwendungen.[51]

Was bei naturnah lebenden Völkern und vielmehr noch bei Tieren beobachtet werden kann, sind Verhaltensweisen, die an spezifische Umweltbedingungen angepasst sind. Diese evolutionär geprägten Verhaltensweisen sind das Ergebnis von Selektion und dienen als nahezu perfekte Lösungen für Problemlagen, denen die jeweiligen Vorfahren ausgesetzt waren. Derartige evolutionäre Anpassungsprozesse verlaufen sehr langsam. Sie erstrecken sich über unzählige Generationen hinweg. Im Verlauf dieser langen Zeiträume hat sich die Umwelt der Menschen durch eigenes Zutun radikal verändert. Viele menschliche Verhaltensweisen sind demnach an vergangene und nicht an gegenwärtige Umwelten angepasst. Diese Unangepasstheit kann dazu führen, dass Menschen auf der einen Seite archaische Verhaltensmechanismen weiterhin anwenden, sich damit jedoch Schäden zufügen. Auf der anderen Seite kann die Unangepasstheit auch dazu führen, dass archaische Verhaltensmechanismen durch kulturelle Einflüsse überdeckt werden, was sich etwa auf die Art der Persönlichkeitsentwicklung auswirkt. Dies muss bei der Betrachtung und dem Vergleich traditioneller und moderner Gesellschaften erwogen werden, sofern soziobiologisches Denken in ethische sowie politische Diskurse integriert werden soll – was bislang zumeist sehr kritisch gesehen wird[52]. Die Abneigung rührt jedoch weniger daher, dass gewichtige Einwände gegen soziobiologisches Denken sprächen. Sie erklärt sich eher aus der Geistesgeschichte, insbesondere aus der kulturell verankerten Vorstellung einer Art Sonderstellung des Menschen in der Evolution und der Natur.

Eine naturalistisch inspirierte Ethik oder eben soziobiologische Überlegungen können jedoch – ungeachtet ihrer geringen Popularität[53] – diverse starke Argumente für sich beanspruchen.[54] Menschliche ebenso wie viele nichtmenschliche Tiere sind sowohl das Produkt ihrer sozialen oder kulturellen Umwelt als auch das Produkt der biologischen Evolution. Nicht nur die Körper von Tieren und Menschen folgen einem adaptiven Selektionsprozess, sondern auch viele ihrer Verhaltensdispositionen. So kann nicht nur eine zumindest partiell erfolgende evolutionäre Naturalisierung der Ethik oder des moralischen Handelns unternommen werden, sondern auch ein normativer Rückgriff auf evolutionsbiologische Tatsachen.[55] In der Philosophie gilt Letzteres als methodisch falsch und wird als »Sein-Sollen«- oder »naturalistischer Fehlschluss« bezeichnet. Dieser geht unter anderem zurück auf Überlegungen des Philosophen George Edward Moore.[56] Der Grundgedanke hinter dem Fehlschluss lautet, dass moralische Normen sich niemals aus biologischen Tatsachen ableiten lassen. Dennoch findet – ob gewollt oder nicht – in allen Belangen der Ethik eine mehr oder minder starke Vermengung von Beschreibungen über das Sein und das Sollen statt. An dieser Stelle soll eine naturalistisch orientierte Ethik als eine Theorie verstanden werden, aus der sich normative Aussagen ableiten lassen, die jedoch unter Berücksichtigung naturwissenschaftlicher und vor allem empirischer Erkenntnisse über menschliches Verhalten und menschliche Verhaltensdispositionen formuliert werden. Hierbei können wiederum insbesondere

Erkenntnisse aus der biologischen Evolutionstheorie herangezogen werden. Ethik soll demnach nicht ersetzt werden durch Evolutionsbiologie, sondern Letztere soll durch ihre Erkenntnisse lediglich behilflich sein bei der Beantwortung ethischer Fragestellungen.[57] Ein solcher Ansatz ist beispielsweise in einer pathozentrischen Ethik von entscheidender Wichtigkeit. Die pathozentrische Ethik strebt die Vermeidung von Leiden und Schmerzen an und bezieht in ihre Überlegungen nicht zuletzt empirische Feststellungen zur bewusst erlebten Schmerzempfindlichkeit[58] von Lebewesen mit ein.

Die Beachtung empirisch gewonnener Erkenntnisse, die für ethische Überlegungen relevant sind, kann jedoch problemlos weiterreichen als nur bis zu der Frage, ob Lebewesen Schmerzen empfinden oder nicht. Mit Blick auf die Soziobiologie ergibt sich ein Spektrum an Fragen, die von der Ökologie bis hin zur Politik reichen. Wenn etwa Schimpansen und Menschen nahezu alle ihre Gene miteinander teilen, dann liegt es nahe, gemeinsame Wurzeln des Verhaltens der beiden Spezies anzuerkennen und durch Beobachtung der einen Spezies Schlüsse auf die andere zu ziehen. Insbesondere zeigt sich, dass Grundmuster menschlichen Verhaltens denen von Tieren gleichen, die mit dem Menschen genetisch verwandt sind. Gerade menschliches Moralverhalten ist ein Erbe verschiedener Primaten. Für die Ethik bedeutet dies, dass sowohl das moralische Versagen der Spezies Mensch erklärt werden kann als auch das moralisch Gute, das dem Menschen verwandte Tiere pflegen, wenn sie friedlich, empathisch und kooperativ miteinander umgehen.

***

Mitunter können soziobiologische Einsichten für etablierte Moralvorstellungen »ungemütlich« sein. Dies ist beispielsweise der Fall, wenn erkannt wird, dass eine gewisse Xenophobie, also die Abneigung gegenüber Fremdgruppen, eine quasi universelle Konstante im Verhalten von Primaten als auch Menschen ist. Dieses Verhalten hat infektionsbiologische Ursprünge und ist evolutionsgeschichtlich betrachtet die Folge eines verhaltensbasierten »Immunsystems«, das den Zweck hat, Individuen vor fremden, potenziell gefährlichen Keimen zu schützen.[59] Sicherlich ist in diesem Zusammenhang der Hinweis der Ethik auf das Ziel eines rationalen Umgangs mit jener Xenophobie gerechtfertigt. Allerdings zeigt sich in Zeiten großer Fluchtbewegungen, dass ein solches Ziel nur bedingt zu erreichen ist, da der Einfluss der Ethik auf phylogenetisch verfestigte Verhaltensdispositionen eher gering sein dürfte. Deshalb darf Xenophobie nicht als »kranker«, moralisch falscher Auswuchs menschlichen Verhaltens betrachtet werden, sondern als ein Verhalten, das im Laufe der Evolution einen Überlebensvorteil darstellte und darin seine Begründung hat. Die Lösung für Probleme, die sich aus xenophobem Verhalten ergeben, sind demnach nicht nur in der bloß kulturell motivierten Überwindung dieses Verhaltens zu sehen, sondern besonders auch in der Veränderung einer die Xenophobie fördernden Umwelt, die einer mit hohem sozialen Stress einhergehenden Massengesellschaft entspricht.

In einer Studie von Michele Gelfand und Kollegen, in die dreiunddreißig verschiedene Nationen einbezogen waren, konnte gezeigt werden, dass hohe Bevölkerungsdichten eher zu »strengeren« Kulturen führen, deren Merkmale darin bestehen, dass die Wahrscheinlichkeit der Entstehung autokratischer Regierungen, der Unterdrückung und Bestrafung von abweichendem Verhalten oder einer intensiven Überwachung der Menschen höher ist.[60] Lange vor diesen auf menschliche Gesellschaften gerichteten Untersuchungen erlangte eine Tierversuchsstudie von John Calhoun großes Aufsehen.[61] Calhoun ließ Ratten in viel zu engen Verhältnissen leben und beobachtete dabei, wie Rattenmütter ihre Kinder vernachlässigten, wie es zu sexuellen »Ausschreitungen« kam, wie Aggression und Kannibalismus um sich griffen und derlei mehr. Die Ergebnisse von Calhouns Untersuchungen wurden anschließend auf menschliche Gesellschaften übertragen – mitunter auch auf durchaus zweifelhafte Weise[62] –, um auf die Probleme einer zu hohen Bevölkerungsdichte hinzuweisen. Calhouns Forschung ist dabei häufig missverstanden oder auf falsche Weise rezipiert worden. Aus ihr ergibt sich nicht, dass hohe Populationsdichten allein Aggression erzeugen. Was die Forschung zeigt, ist aber, dass sich vorhandene Aggressionstendenzen immens steigern können, sofern nur die sozialen Umstände dies fördern. Außerdem lassen sich die Ergebnisse aus dem Tierversuch nicht einfach auf Menschen übertragen. So weisen etwa äußerst bevölkerungsdichte Städte wie Hong Kong, Singapur oder Tokio nur sehr geringe Kriminalitätsraten auf.[63] Und dennoch sind Menschen, genau wie Primaten, Kleingruppenlebewesen. Demnach stellt die zunehmende Präsenz und Dichte von Artgenossen eines der zentralen sozialen Probleme der Moderne dar. Eine »Massengesellschaft« wie die jetzt bestehende kann nicht beliebig aufrechterhalten werden. Es steht mehr oder weniger fest, dass auch unabhängig von der etablierten Bio- oder Kinderpolitik die Umweltveränderungen, die Menschen über Naturbeherrschung und Naturunterdrückung bewirken, zu einer radikalen Unangepasstheit der Spezies Homo sapiens geführt hat. Dies beweisen nicht zuletzt die zahlreichen Untersuchungen, in denen gezeigt wird, wie klimawandelbedingte Desertifikationen, Dürren, höhere Meeresspiegel et cetera in vielen Regionen der Welt zu einem massiven Anstieg an interpersoneller und gruppenbezogener Gewalt führen und führen werden.[64] Im Rahmen der »Hitzehypothese der Aggression«, in der davon ausgegangen wird, dass hohe Temperaturen aggressionsfördernd wirken, wird vermutet, dass alleine die Temperaturerhöhung im Kontext der globalen Klimaveränderung zu Abertausenden zusätzlichen Gewaltverbrechen führen werden.[65] Die Unangepasstheit der Menschen an die von ihnen manipulierte Umwelt wird es schließlich sein, die mit großer Wahrscheinlichkeit langfristig zu einer negativen globalen Bevölkerungsentwicklung oder, deutlicher gesagt, zum Zusammenbruch großer Teile der Zivilisation führen wird.[66] Die pessimistische Frage ist letztlich nur, wie dieser Niedergang gestaltet werden und wie schnell er eintreten soll.[67] Wenn das Bestreben jedoch ist, ein möglichst friedsames und langes Fortbestehen der Menschheit und anderer Tierarten sicherzustellen, dann bedarf es zwingend der Wiederherstellung einer Umwelt, in die der Mensch sich einpassen kann – in ökologischer ebenso wie in sozialer Hinsicht.

Zu diesem Ansatz gibt es lediglich zwei Einschränkungen. Die erste Einschränkung weist darauf hin, dass ein »Zurück zur Natur« nicht bedeutet, dass bestehende Unangepasstheiten nicht auch an der einen oder anderen Stelle durch Kultur und Technik ausgeglichen werden können. Dennoch dürfen die Ansprüche, die an diese gestellt werden, nicht unrealistisch sein. Die zweite Einschränkung einer soziobiologisch inspirierten Ethik besteht darin, dass die Beschreibung oder Vorstellung einer »Umwelt evolutionärer Angepasstheit«[68] zwangsläufig mit gewissen Unsicherheiten behaftet ist. Ethnologen, Historiker, Archäologen, Paläoanthropologen sowie Evolutionsbiologen und Evolutionspsychologen können helfen, immer mehr Details zum Wissen über die Beschaffenheit jener »Umwelt evolutionärer Angepasstheit« zusammenzutragen. Das Wissen um die Ursprünge und Konsequenzen des Sozialverhaltens von nicht-menschlichen und menschlichen Tiere kann ein wertvolles Instrument zur kritischen Analyse moderner Gesellschaften sein. Das wichtigste Anliegen einer soziobiologisch erweiterten Ethik muss dabei in Anbetracht der aktuellen Problemlagen darin bestehen, einen harmonischeren und friedfertigeren Umgang mit Tieren und natürlichen, sozioökologischen Lebensgrundlagen zu erwirken.

Dabei wird die Fähigkeit oder auch Unfähigkeit, Empathie zu empfinden, eine Schlüsselrolle einnehmen. Auch Empathie ist, um wieder an den Überlegungen zum Naturalismus in der Ethik anzusetzen, weniger ein Gegenstand spekulativer philosophischer Gedankenspiele, als vielmehr eine biologische Tatsache. Empathie ist eine Form der sozialen Kognition. Wer Empathie empfindet, versetzt sich in die Lage eines anderen und kann dessen emotionale Verfasstheit nachvollziehen. Genauer gesagt wird das Ausdrucksverhalten bei anderen wahrgenommen und die Situation, in der diese sich befinden, erfasst. Hierbei kann zwischen verschiedenen, einfachen oder komplexen Formen der Empathie unterschieden werden.[69] Eine eher einfache Form der Empathie ist die Gefühlsansteckung, die etwa durch Freude oder Ärger bei anderen ausgelöst werden kann. Gefühlsansteckung meint, dass auf gezeigte Emotionen mit gleichen oder zumindest sehr ähnlichen Ausdrucksweisen reagiert wird. Eine eher komplexere Form der Empathie ist die Fähigkeit zur Perspektivübernahme. Hier werden unabhängig vom eigenen Gemütszustand Vorstellungen über die emotionale Verfassung anderer entwickelt.

Empathie ist nicht grundsätzlich »aktiviert«. Voraussetzung für die Aktivierung ist die Identifizierung mit anderen. Bleibt diese aus, beispielsweise wenn Menschen sich feindlich gegenüberstehen, wenn Lebewesen verdinglicht oder abgewertet werden oder extreme Differenzen zwischen Eigen- und Fremdgruppen konstruiert werden, ist es nur schwer möglich, Empathie zu empfinden. Obwohl diese »Ausschaltung« von Empathie stattfinden kann und das Ausmaß empathischen Empfindens in Abhängigkeit zur Sozialisation, zur sozialen Umwelt oder zu Persönlichkeitsstrukturen steht, kann festgehalten werden, dass Empathie in der Natur des Menschen liegt. Anders gesagt; Empathie besitzt eine biologische Basis[70] und stellt damit eine anthropologische Fundamentalkonstante dar[71]. Damit ist nicht gesagt, dass die Fähigkeit, Empathie zu empfinden, eine Eigenschaft ist, die ausschließlich Menschen zukommt. Ganz im Gegenteil – auch Tiere haben Empathie füreinander. Selbst Tiere wie Ratten oder Mäuse empfinden Empathie, was in ein prosoziales Verhalten mündet.[72] Dasselbe Phänomen ist auch bei »höherentwickelten« Lebewesen wie etwa Menschen zu finden. Es gibt also eine evolutionäre Kontinuität von empathischem Verhalten entlang verschiedener Spezies.

Auch wenn Empathie als anthropologische Fundamentalkonstante gilt, empfinden Kinder nicht von Geburt an Empathie, verstanden als kognitive Perspektivübernahme. Die Voraussetzung dafür ist die Ausbildung eines Selbstkonzepts beziehungsweise eine erfolgreiche Selbsterkenntnis.[73] Diese kann klassischerweise mit dem Bestehen des Spiegeltests, bei dem sich Kinder im Spiegel selbst erkennen, nachgewiesen werden. Die Ausbildung der Erkenntnis des eigenen Selbst ist Teil natürlicher Reifungsvorgänge des Kindes, die zwischen dem sechzehnten und vierundzwanzigsten Lebensmonat zum Abschluss kommen. Natürlich unterliegen diese Reifungsvorgänge wie auch die Entwicklung des Empfindens von Empathie sozialisationsbedingten Umwelteinflüssen. Diese Einflüsse können Entwicklungsprozesse hemmen oder im Speziellen das Empathievermögen mehr oder minder abstumpfen. Umgekehrt kann ein Erziehungsstil, der die Bedürfnisse von Kindern beachtet und ihnen damit das Erlebnis einfühlsamer Fürsorge ermöglicht, Kinder vermehrt zu prosozialem, altruistischem Verhalten anstiften. Es bedürfte wohl extremer, gegen die Menschenwürde verstoßender erzieherischer Anstrengungen, um Kinder an der Entwicklung eines Selbstkonzepts, des Empathievermögens oder altruistischen Verhaltens zu hindern. Empathisches, altruistisches oder auch helfendes Verhalten scheint eine natürliche Disposition zu sein, die in ihrer Ausbildung kaum zu unterdrücken ist. Eine Studie der Erziehungswissenschaftler Robert Hepach und Kollegen konnte zeigen, dass Kleinkinder grundsätzlich ein Interesse daran haben, dass Menschen Hilfe geleistet wird.[74] Es ist den Kindern sogar egal, ob sie selbst diejenigen sind, die Hilfe leisten, oder ob dies andere tun. Die Forscher konnten feststellen, dass Kleinkinder nicht deshalb anderen Hilfestellung leisten, weil sie selbst davon profitieren, indem sie Anerkennung erhalten. Kleinkinder haben eine intrinsische Motivation, zu sehen, dass andere Hilfe erhalten. Anders gesagt: Kleinkinder sind natürlicherweise um das Wohlergehen anderer Menschen besorgt. Daher bleibt festzuhalten, dass nicht nur Empathie, sondern gleichsam ein natürliches Hilfsverhalten als Potenzial oder Fähigkeit in jedem Kind angelegt ist und sich spontan entfaltet.

Empathie darf nicht ausschließlich unter dem Aspekt der sozialen Kognition, also der Wahrnehmung der emotionalen Verfasstheit anderer im Sinne des Mitgefühls, betrachtet werden. Empathie kann ebenfalls eine motivierende Funktion haben. Sie regt dazu an, prosozial zu handeln und fürsorglich zu sein. Insbesondere das Mitleid ist ein Auslöser für Unbehagen, dem entweder entkommen werden kann, indem man sich von der mitleiderregenden Quelle entfernt und versucht, das empathische Unbehagen zu verdrängen, oder indem man etwas an der Situation verändert, die einem anderen Lebewesen Leiden bereitet. Wenngleich hier vielfältige Einflüsse beachtet werden müssen,[75] steht Empathie häufig in einem engen Verhältnis zu altruistischem Handeln. Altruistisches Handeln betrifft für sich genommen in der Regel lediglich prosoziale Verhaltensweisen gegenüber Mitgliedern der Eigengruppe, also in erster Linie gegenüber Verwandten oder Individuen, die einem selbst ähnlich sind.[76] Genauso allerdings wie Empathie über die Eigengruppe hinaus ausgeweitet werden kann, kann sich auch altruistisches Handeln gegenüber Mitgliedern von Fremdgruppen oder Individuen wie etwa verschiedenen Tieren manifestieren, die mit einem selbst wenig Ähnlichkeit haben. Altruistisches Verhalten erklärt sich schließlich nicht primär darüber, dass ähnliche oder verwandte Individuen sich untereinander Gefallen erweisen, sondern dass Kosten, die durch altruistisches Handeln für einen selbst entstehen, durch einen späteren Vorteil mit hoher Wahrscheinlichkeit wieder ausgeglichen werden.

Mit dieser Feststellung ist die Versuchung hoch, Altruismus letztlich doch auf egoistisches Verhalten reduzieren zu wollen. Ein solch reduktionistischer Ansatz würde sich einreihen in die Tradition der pessimistischen Theorien über den Menschen. Gegenstand dieser Theorien ist im Wesentlichen die Leugnung natürlicher Anlagen zu Güte, Mitgefühl und Fürsorge. Dabei war es bereits Darwin, der das Mitgefühl für den stärksten Instinkt des Menschen hielt und damit letztlich ein positives Menschenbild zeichnete, das durch modernere Forschungsarbeiten gleichsam bestätigt wird.[77] Die Ursache der natürlichen Anlage des fürsorglichen, mitfühlenden Verhaltens liegt einmal mehr in der Evolution, im Zuge derer Empathie sich als Überlebensvorteil erwies. Sich um hilfsbedürftige und schwächere Individuen zu kümmern, stellte ganz wesentlich das Überleben der Spezies Mensch sicher. Es ist unter anderem die Hilflosigkeit von Kleinkindern, die Menschen geradewegs zu fürsorglichem Verhalten zwingt. Nur diejenigen, die sich besonders fürsorglich um ihren Nachwuchs kümmerten, konnten diesem auch zum Überleben verhelfen, sodass sich die entsprechenden Anlagen weitervererben und verstärken konnten. In modernen Gesellschaften jedoch ist dieser »Überlebenskampf« anders gelagert als in traditionellen Gesellschaften. Heute steht fürsorgliches Verhalten in einer engen Beziehung zur Herstellung von Gemeinwohl. Wenn Menschen Empathie entwickeln und sich für das Schicksal anderer Individuen interessieren, wirkt dies gleichsam zurück. Denn wer anderen zu ihrem Wohlergehen verhilft, verhilft ihnen auch dazu, sich mit einem selbst empathisch zeigen zu können und fürsorglich zu sein.

In der Philosophie wird regelmäßig die Frage aufgeworfen, ob und wie eine Norm, die Rücksicht und Gewaltfreiheit fordert, ethisch zu rechtfertigen ist. Doch der Befund, dass das Mitgefühl und fürsorgliches Handeln im Zuge der evolutionsgeschichtlichen Entwicklung des Menschen zu einem Teil seiner Biologie beziehungsweise Natur wurden, macht solche Überlegungen hinfällig. Die Frage darf nicht sein, warum achtsames Handeln geboten ist, um dann möglichst überzeugende und rationale Argumente zu konstruieren, welche dies beantworten. Die Frage muss sein, welche Faktoren Menschen davon abhalten, achtsam zu handeln. Es ist nicht so, dass Menschen qua ethischer Imperative zu einem bestimmten Verhalten hingeführt werden müssten. Vielmehr ist es Aufgabe der Ethik, die durch kulturelle Überformung verschütteten, natürlichen Anlagen wieder freizulegen und ihnen zur Entfaltung zu verhelfen.[78] Aber die Ethik, wie sie in weiten Teilen der praktischen Philosophie gepflegt wird, agiert ähnlich wie die moderne Medizin. Sie widmet sich ganz der Bekämpfung von Krankheit, anstatt der Stärkung von Gesundheit. Medizin kommt meistens dann ins Spiel, wenn es bereits zu spät ist. Ähnliches macht vielfach die Ethik. Sie fokussiert sich auf die Eindämmung grausamen, rücksichtslosen, diskriminierenden Verhaltens, anstatt zu fragen, wie dieses in seiner Entstehung verhindert werden könnte. Genau wie die Medizin setzt die Ethik mit ihrem Denkprozess und ihren Interventionsversuchen oftmals zu spät ein. Beide Disziplinen könnten aktiv und zukunftsorientiert nach den Bedingungen fragen, unter denen sich Gesundheit beziehungsweise ein prosoziales Verhalten entfalten kann, das individuelle ebenso wie kollektive Wohlfahrt erzeugt. Eine solche evolutionsbiologisch fundierte Ethik beschreibt, wie Gesellschaften verfasst sein müssen, damit Menschen ihren natürlichen Anlagen entsprechend Empathie und Fürsorglichkeit ausleben können und diese zu einem zentralen Moment des Sozialen werden. Dies erspart die ständige Auseinandersetzung damit, wie mit Gewalt, Grausamkeit, Rücksichtslosigkeit und Unterdrückung zu verfahren sei und mit welchen Strafen oder Strafandrohungen diese verhindert werden könnten. Stattdessen würden die Bedingungen und sozialen Verhältnisse, die derartige Handlungsweisen überhaupt erst fördern, identifiziert und verändert, sodass die Entstehung von Motiven zu achtlosem Handeln ursächlich verhindert wird. Um den dazu erforderlichen gesellschaftlichen Wandel auf den Weg zu bringen, wird es wesentlich auf die kindliche Sozialisation ankommen, also auf Erziehung genauso wie Bildung. Werden hier die Grundlagen gelegt zur freien Entfaltung der Fähigkeiten zu achtsamem und empathischem Handeln, kann sich eine friedfertige soziale Gemeinschaft entwickeln.

Achtsamkeit

Damit das Leben der Tiere geändert werden kann, muss sich das Leben der Menschen ändern. Dazu, so scheint es, bedarf es eines fundamentalen Wandels an Wert- und Moralvorstellungen. Doch dem ist nicht so. Menschen tragen diejenigen Werte und moralischen Überzeugungen, denen zufolge man Tiere als Lebewesen erachtet, denen man mit Achtsamkeit begegnet, bereits in sich. Es ist das Handeln, das im Widerspruch zu jenen Werten und Überzeugungen steht. Menschen sind, wie erwähnt, an eine Kultur angepasst, in der ihre Fähigkeit, Mitgefühl zu empfinden, in mancher Hinsicht eingeschränkt oder sogar gezielt ausgeschaltet ist. Damit eine kollektive Reaktivierung der Empathie gelingen kann, bedarf es eines gesellschaftlichen Wandels. Im Zuge dessen müssen die kulturellen Mechanismen, die Empathie selektiv deaktivieren, offengelegt und der Kritik unterzogen werden. Damit ein solcher Wandel gelingen kann, bedarf es eines weiten Anlaufs. Und es bedarf eines Blicks auf die wissenschaftliche Disziplin der Philosophie und ihren wohl wichtigsten Teilbereich: die Ethik.

Wenn man über Ethik nachdenkt, wird dies meistens nicht in massenmedialen, öffentlichkeitswirksamen Diskursen getan, sondern innerhalb akademischer Foren der Philosophie. Die Philosophie versteht sich als jene Disziplin, die durch eine lange, bis in die Antike zurückreichende Tradition des Nachdenkens über ethische Fragen privilegiert ist, auf selbige befriedigende Antworten zu finden. Doch ähnlich wie andere geisteswissenschaftliche Disziplinen auch, lebt die Philosophie davon, sich vorrangig mit sich selbst zu befassen. Dabei ist die Welt außerhalb philosophischer Fachdiskurse nicht selten massiv in Vergessenheit geraten. Philosophie, das meint in der Praxis hauptsächlich das Verfassen von Büchern über andere Bücher. Philosophen beschäftigen sich darin jeweils mit den Ausführungen anderer Philosophen. Aus philosophischen Theorien werden andere philosophische Theorien entwickelt. In diese »inzestuös« anmutenden Diskurse bricht das, was außerhalb derselben geschieht, nur selten ein. Daher darf es nicht verwundern, wenn die Philosophie sich aktuell noch an Diskussionen über Vernunft, Sprache, Wirklichkeit oder Ähnlichem aufhält, die in anderen wissenschaftlichen Disziplinen bereits seit Jahrzehnten als geklärt gelten. Folgerichtig wird inzwischen sogar infrage gestellt, inwiefern die Philosophie überhaupt noch eine Wissenschaft sei.[1] Die akuten Defizite betreffen dabei die beiden großen Zweige der Philosophie. Philosophie unterteilt sich in den Zweig der theoretischen Philosophie, die sich insbesondere mit dem Erkennen beschäftigt, sowie den Zweig der praktischen Philosophie, deren zentraler Gegenstand das Handeln ist. Letztere, nämlich die praktische Philosophie, ist zugleich jene Spielart philosophischer Theorien, die sich auf einer abstrakten Ebene mit Fragen der Ethik, verstanden als Reflexionstheorie der Moral, beschäftigt.

Die praktische Philosophie hat ethische Theorien hervorgebracht wie beispielsweise den Kontraktualismus, die Diskursethik, den Utilitarismus und viele mehr. Alle diese Theorien haben allerdings wenig mit dem zu tun, was sich außerhalb philosophischer Fachdiskurse im »wirklichen Leben« ereignet. Die Theorien sind in den seltensten Fällen sinnvoll anwendbar auf die faktisch bestehenden Probleme der Gesellschaft, sodass sie als Lösung jener Probleme zumeist gar nicht erst zurate gezogen werden. Dennoch sind in der Philosophie große Theorieformationen und Ideen entworfen worden, mit denen mitunter auch Transformationen von sozialen Problemlagen angedacht waren. Dies gilt beispielsweise im Fall der sogenannten »Frankfurter Schule«. Allerdings verhindert der Umstand, dass ethische Theorien zumeist aus anderen ethischen Theorien zusammengesetzt werden, dass in der Philosophie ein Kontakt zwischen den Theorien und ihrem eigentlichen Beobachtungsgegenstand, nämlich der Gesellschaft, hergestellt werden kann.

Der Soziologe Helmut Willke spricht im Hinblick auf den philosophischen Theoriezirkus passend von den »Sandkastenspielen alter Männer, die es sich leisten können, unverbindlich zu sein.«[2] Mit Bezug auf zwei der wohl prominentesten ethischen Theorien, nämlich der Diskursethik von Jürgen Habermas sowie dem Kontraktualismus von John Rawls, merkt Willke an, dass die Prinzipien dieser Ethiken Formeln gleichen, welche die »Überzeugungskraft von Papiertigern« haben und »nicht schlecht aus[sehen], aber was haben diese Formeln mit der Realität der modernen, hochentwickelten Gesellschaft zu tun?«[3] Das ist in der Tat die entscheidende Frage. Was nützt Ethik, wenn es ihr an praktischer Umsetzbarkeit mangelt, wenn sie in konkreten Situationen nicht angewandt werden kann? Welchen Wert besitzt eine Ethik, die keinerlei oder kaum Einfluss auf die soziale Realität hat? Die Wissenschaften, darunter insbesondere die Geistes- und Sozialwissenschaften, stellen denjenigen Bereich der Gesellschaft dar, der privilegiert darin ist, auf der Basis umfassenden Wissens wohlüberlegte Kritiken und alternative Lebens- und Gesellschaftsentwürfe zu entwickeln. Doch was nützen diese, wenn sie kaum Anklang außerhalb akademischer Fachdiskussionen finden? Ethik und das kritische Denken bedürfen einer »Nähe« zur Praxis, die in den Universitäten mitunter verloren gegangen ist.

Die Ethik der praktischen Philosophie arbeitet ganz überwiegend mit Gedankenspielen,[4] die äußerst abstrakt, um nicht zu sagen weltfremd sind. Für die Begriffsstreitigkeiten, die lockere »Gedankenakrobatik«, die für die Philosophie so typisch geworden ist, stellt dies kein Problem dar. So werden – um nur drei Beispiele für prominente philosophische Gedankenspiele zu nennen – endlos lange Untersuchungen rund um das Trolley-Problem, das Heinz-Dilemma oder den Schleier des Nichtwissens angefertigt. Das Trolley-Problem wurde insbesondere durch die Philosophin Philippa Foot aufgeworfen und handelt von der Frage, wie man entscheiden sollte, wenn man eine Weiche verstellen könnte, um einen Zug entweder über fünf oder über eine einzelne Person fahren zu lassen.[5] Das Heinz-Dilemma, das durch den Psychologen Lawrence Kohlberg prominent wurde, handelt von Heinz und seiner todkranken Frau.[6] Heinz' Frau kann durch ein sehr teures Medikament geheilt werden, das Heinz sich jedoch nicht leisten kann. Das Dilemma besteht nun darin, moralisch zu entscheiden, ob Heinz das Medikament stehlen oder seine Frau sterben lassen soll. Und die Idee des Schleiers des Nichtwissens stammt von dem bereits erwähnten Philosophen John Rawls.[7] Der Schleier soll immer dann angelegt werden, wenn Entscheidungen über die Gesellschaftsordnung getroffen werden. Diese Entscheidungen sollen so getroffen werden, dass die an der Entscheidung beteiligten Menschen eben aufgrund des Schleiers des Nichtwissens so tun sollen, als wüssten sie nicht, welche Position sie in der Gesellschaft einnehmen, um so zu verhindern, dass Entscheidungen zum Nachteil für bestimmte Personengruppen getroffen werden.

Diese Gedankenspiele lassen einen Praxisbezug vermissen, insofern die jeweils konstruierten Situationen sich empirisch quasi nie beobachten lassen.[8] Demgemäß ist auch ihre Reflexion mit Mitteln der Ethik müßig. Daher ist es dringend erforderlich, dass Ethik wieder verstärkt auf Sachverhalte reagiert und eingeht, die empirisch zu beobachten sind, sodass das Wissen, die Reflexionshilfen und Orientierungsleistungen, die Ethik geben kann, in den jeweiligen Lebensbereichen Resonanz finden. Von John M. Doris und Stephen P. Stich stammt einer der wenigen akademischen Texte, der die Weltfremdheit der Philosophie beziehungsweise der Ethik und ihre Scheu vor empirischen Erkenntnissen, die außerhalb der Philosophie gewonnen werden, kritisch zur Sprache bringt.[9] Die beiden Wissenschaftler merken an, dass die feindliche Haltung der praktischen Philosophie gegenüber fachfremden, empirischen Erkenntnissen eine »disziplinäre Xenophobie« auslöst, also einen Widerwillen, die eigene Forschung über die facheigene Literatur auszudehnen. Diese Engführung von Überlegungen auf eine einzige wissenschaftliche Disziplin muss aufgegeben werden.

In der Philosophie ist es eine gängige Meinung, dass aus dem, was ist, nicht abgeleitet werden kann, was sein soll. Dieser inhaltsleere Satz, der mit dem bereits erwähnten Begriff des »naturalistischen Fehlschlusses« gefasst wird, hat zu einer generellen Feindlichkeit gegenüber empirischen Erkenntnissen geführt – insbesondere in der Ethik. Das Problem dabei besteht darin, dass man in der Literatur über ethische Themen – also auch in tierethischen Texten – dennoch nicht weit lesen kann, ohne auf Behauptungen über das zu stoßen, was ist. Anders ließe sich freilich kein sinnvoller Text schreiben. Problematisch ist jedoch, dass teils äußerst weitreichende Behauptungen über angebliche Ist-Zustände getroffen werden, ohne dass diese durch empirische, also systematisch gewonnene Erkenntnisse gedeckt wären. Dies betrifft beispielsweise Behauptungen über geistige Eigenschaften oder den Charakter von Menschen oder Tieren, über größere gesellschaftliche Zusammenhänge, über Motivationen zu moralischem Handeln oder über die vermeintlich allgemeingültige Auflösung von Gedankenspielen. So trifft man nicht selten auf eindeutig falsche Behauptungen, auf denen dann jedoch weitere Argumente aufgebaut werden. Doch insbesondere Überlegungen über Ethik oder ethische Themen handeln nie nur von dem, was sein soll. Sie verlangen immer auch valide Informationen über das, was ist.

***

Um hier auf einem fundierten Wege argumentieren zu können, bedarf es des Rückgriffs auf empirische Erkenntnisse aus verschiedenen Wissenschaften. Fächer wie etwa die Psychologie, die Biologie oder die Soziologie, die für ethische Überlegungen von entscheidender Wichtigkeit sind, betreiben ernst zu nehmende, wenngleich auch nicht immer unumstrittene Forschung,[10] die für die Klärung gegenwärtiger Probleme von größter Wichtigkeit sind. Sinnvoll ist also, einen Ansatz zu verfolgen, der Ethik in einer untrennbaren Verbindung mit empirischen Erkenntnissen sieht, aus welcher wissenschaftlichen Disziplin auch immer sie stammen mögen. Indem beispielsweise gezeigt wird, dass menschliche Tiere nicht kategorisch anders sind als nicht-menschliche Tiere, dass Letztere ein komplexes Sozialleben, Emotionen und Moral haben, dass Menschen irrationalen Verhaltensmustern folgen oder dass sie häufig in einer Weise handeln, die den eigenen Überzeugungen widerspricht, kann gleichsam eine neue, sachangemessene Ethik entstehen. Doch dies gelingt nur, indem eben empirische Untersuchungen aus den genannten Bereichen dem gemeinhin verbreiteten, jedoch oftmals falschen Alltagswissen korrigierend entgegengestellt werden. Fakten und Werte lassen sich, obwohl dies durch die Philosophie immer wieder bestritten wird, nicht voneinander trennen. Werte müssen insbesondere dort mit Fakten in Verbindung gebracht werden, wo es darum geht, akkurat zu beschreiben, welche natürlichen, evolutionär ausgehärteten Bedürfnisse Lebewesen besitzen. Gesellschaften oder kulturelle Praktiken sollten sich auf fundamentale Weise daran orientieren, wie eine sinnvolle, faire und nachhaltige Befriedigung dieser Bedürfnisse erfolgen kann. Auf einer grundlegenden Ebene steht hierbei zweifelsohne das Bedürfnis im Zentrum, keine unnötigen Leiden oder Schmerzen erfahren zu müssen. Daran knüpfen wiederum Werte und Moralvorstellungen an. Eine kategorische Trennung von dem, was ist, und dem, was sein soll, ist dabei unmöglich.

In diesem Zusammenhang ließe sich die These aufstellen, dass es in manchen Bereichen eigentlich gar keine weitere Forschung mehr bräuchte. Menschen wissen genug. Sie wissen, wie eine friedliche Gesellschaft gestaltet sein kann, wie Kinder sich zu mündigen und achtsamen Individuen entwickeln können, wie ein glückliches Leben aussehen kann, wie sie eine intakte Natur bewahren können, wie sich Konflikte sinnvoll lösen lassen, wie sie ihre Gesundheit erhalten können und vieles mehr. Für Wissenschaftler, die in jenen Bereichen forschen, erwächst angesichts der großen Kluft zwischen dem vorhandenen Wissen und den faktisch vorfindbaren Verhältnissen fast schon die Pflicht, sich gleichzeitig politisch und aktivistisch einzubringen. Menschen brauchen an vielen Stellen nicht noch mehr Wissen. Erforderlich ist vielmehr, dass Wissenschaftler sich nicht mehr nur als solche, sondern gleichsam als Fürsprecher und Treiber des sozialen Wandels sehen. Beispielhaft vollzogen haben dies etwa Marti Kheel oder Mark Bekoff, die großartige Wissenschaftler und gleichzeitig engagierte Aktivisten sind. So schreibt Letzterer in einem seiner Bücher: »Ich glaube, dass es unerlässlich ist, den Elfenbeinturm zu verlassen, um seine Standpunkte besser öffentlich bekannt zu machen. Ich habe dies an verschiedenen Orten getan, trotz der Versuche, mich zu beleidigen oder meine Arbeit zu diskreditieren.«[11]

Dass das Engagement für das Gute und den Frieden angefeindet und diskreditiert wird, ist unvermeidbar. Als Aktivist oder einfach nur als Mensch, der in seinem Tun für eine bessere Welt steht, macht man etwas falsch, wenn man keine Feinde hat. Feinde zu haben signalisiert, dass man etwas richtigmacht, dass man effektiv ist, dass man erfolgreich tätig ist. Vielen Menschen fehlt allerdings angesichts der einem entgegenschlagenden Feindschaft der Mut, sich zu positionieren. Doch mit einer Gesellschaft, die aus Menschen besteht, die nur um ihre Anpassung an bereits Bestehendes bemüht sind, lassen sich keine Veränderungen herbeiführen. Wer das Privileg hat und Klimaforscherin ist oder Pädagoge, Evolutionspsychologe, Politikwissenschaftlerin, Ethologin, Mediziner, Archäologe, Soziologe, Ethikerin et cetera, der muss sich politisch einmischen, Position beziehen, sich stark machen als Problemlöser. Sicherlich mag es angesichts der Komplexität der derzeitigen Umschwünge und weltpolitischen Ereignisse Uneinigkeiten geben, wie verschiedene Problemlagen im Detail idealerweise anzugehen sind. Doch im Wesentlichen sind die Ziele klar. Es geht um die Realisierung von Werten wie Achtsamkeit, Frieden, Gemeinwohl, Nachhaltigkeit, Freiheit, Gesundheit, Selbstverwirklichung, Freundschaft und Liebe.[12] Im Einzelnen bedeutet dies beispielsweise, dass Gesellschaften nicht über ihre eigenen Verhältnisse wirtschaften, dass Menschen sich aus irrationalen Konsumstrukturen befreien und dass sie ein neues Tier- und Naturverhältnis etablieren, dass sie zerstörte Lebensgrundlagen wiederherstellen, dass sie Tugenden ausbilden, die ihnen dabei helfen, demokratische organisierte Institutionen zu erhalten, dass sie feindliche gegen solidarische Sozialverhältnisse eintauschen, dass sie alles daran setzen, das erreichte Zivilisationsniveau zu erhalten oder weiter auszubauen, dass sie Verschiedenheit akzeptieren und fiktive Grenzen einreißen, dass sie danach streben, Technologien zum Wohle aller einzusetzen, dass sie neue Mobilitätskonzepte entwickeln, dass Arbeit neu gestaltet wird oder sie sich generell trauen, mit ausreichendem Bedacht auch radikale Veränderungen zuzulassen.[13] Für diese und viele weitere Ziele und deren praktische Umsetzung müssen Wissenschaftlerinnen und Wissenschaftler sich einsetzen.

Doch zurück zur Ethik. Diese ist, so wie sie in ihrer akademischen Heimat, der praktischen Philosophie, betrieben wird, vielfach eine Art »rechnende« Ethik. Es geht um Prinzipien, Pflichten, Gerechtigkeit, Fairness, Regeln oder Rechte. Daran anschließend sollen möglichst universelle Formeln entwickelt werden, anhand derer sich Handlungssituationen ethisch deuten und bewerten lassen. Moralische Fragen werden ähnlich wie abstrakte Logikprobleme interpretiert, die sich mit analytischer Präzision lösen lassen. Die praktische Philosophie sieht den Menschen als autonomes, rationales Subjekt, das auf vernünftige Weise mit anderen Subjekten umgehen muss. Innerhalb bestimmter, klar abgesteckter Freiheiten darf es seine eigenen Interessen verfolgen, jedoch idealerweise nur so weit, wie dies anderen nicht schadet. Menschen leben demnach in einer Art Blase, in die andere nicht unbefugt eindringen dürfen. Der Philosoph Tom Regan spricht hier passend von einem »Zutritt-verboten-Schild«, mit dem die Träger von moralischen Rechten ausgestattet werden.[14] Umgekehrt dürfen Menschen auch das »Zutritt-verboten-Schild« anderer nicht beliebig missachten und damit in unerlaubter Weise aus ihrer Blase heraustreten. So besitzen sie beispielsweise ein Recht darauf, nicht bestohlen zu werden – wobei sie umgekehrt auch selbst niemanden bestehlen dürfen.

Die zeitgenössische, philosophische Ethik hat durch solch modellartiges Denken eine starke gedankliche Engführung erfahren, die nur selten durchbrochen wird. Deutlich wird diese Engführung insbesondere daran, dass die überwiegende Mehrheit zeitgenössischer ethischer Diskurse in der Wissenschaft sich um Konzepte wie Gerechtigkeit oder moralische Rechte drehen. Alle diese Konzepte sind assoziiert mit dem Rechnerischen, Analytischen, Universalistischen sowie mit Reziprozität, Gleichheit oder Autonomie. Ethik und Moral lassen sich dabei formelhaft aufbereiten und entstehende Konflikte scheinbar präzise lösen. Dass sich jedoch Fragen von Ethik und Moral, die sich im Zusammenhang mit tatsächlichen gesellschaftlichen Problemlagen stellen, nicht nach diesem Muster behandeln lassen, wird nur selten erkannt. Stattdessen ist die Ethik, die sich doch eigentlich befreien soll von tradierten oder hegemonialen, also weithin vorherrschenden Denkmustern, mitunter doch nur ein weiteres Produkt derselben.

Dies lässt sich exemplarisch an der deontologischen Ethik beziehungsweise dem Rechteansatz in der Ethik zeigen. Im Kern dieser Theorien geht es um moralische Rechte, die Menschen zugesprochen werden sollen. Moralische Rechte dürfen nicht mit juristischen Rechten verwechselt werden. Juristische Rechte unterscheiden sich sowohl in ihrem Entstehungskontext als auch in ihrer Durchsetzbarkeit fundamental von moralischen Rechten. Dennoch wird in der praktischen Philosophie moralischen Rechten eine immense Bedeutung zugewiesen, unabhängig davon, ob dies außerhalb philosophischer Fachdiskurse für irgendjemanden von Bedeutung ist. Es ließe sich gar die Vermutung anstellen, dass die praktische Philosophie nur deshalb lieber über moralische Rechte spricht als über Mitleid, Achtsamkeit, Fürsorge oder Bedürfnisse, weil die Rhetorik hinter dem Begriff des Rechts eine andere, scheinbar wirkmächtigere und »durchschlagskräftigere« ist als hinter »weicheren« Begriffen.

Die Idee der moralischen Rechte stammt im Wesentlichen aus der Philosophie des siebzehnten und achtzehnten Jahrhunderts, also der Zeit der Aufklärung. Hier wurzeln auch Ideen über die menschliche Vernunft, über Rationalität, über Trennlinien zwischen Männern und Frauen oder Menschen und Tieren. Moderne ethische Theorien übernehmen trotz ihrer historischen Distanz zur Zeit der Aufklärung typischerweise die damaligen Denkmuster und Überzeugungssysteme, anstatt sich von ihnen zu befreien. Deutlich wird dies unter anderem an der Exklusivität ethischer Theorien, sobald sie den moralischen Status von Tieren, Menschen mit Behinderungen, Kindern oder Menschen im Alter behandeln. Zwar werden Versuche unternommen, auch Lebewesen, die nicht dem »Ideal« des erwachsenen, vernünftigen, selbstständigen Mannes entsprechen, in die ethischen Erwägungen einzuschließen. Dies wirkt jedoch in vielen Fällen eher krampfhaft, da die verwendeten Theoriemodelle dies im Grunde nicht vorsehen.

So wird beispielsweise in der Tierethik ebenfalls mit einer Theorie moralischer Rechte gearbeitet, unter anderem durch den bereits erwähnten Philosophen Tom Regan.[15] Tiere werden dabei mit einer Art Personenstatus versehen, um genauso in den Schutzbereich moralischer Rechte fallen zu können, wie Menschen dies tun. Letztlich wird hierbei das Menschliche im Tier gesucht, um die Gleichheit zwischen menschlichen und nicht-menschlichen Tieren als Argument für den Schutz beider einzusetzen. Um Tiere derart in den Kreis der moralischen Rücksichtnahme aufnehmen zu können, müssen sie ein gewisses Maß an Intelligenz, Autonomie oder Selbstbewusstsein besitzen. Damit wird die eigentliche Schwäche ethischer Theorien, die den Denkmustern der Aufklärung folgen, auf Dauer gestellt: ihre Exklusivität. Moralische Rechte erhalten nur diejenigen Wesen, die möglichst menschenähnlich sind. Dabei sollte es eigentlich eine Aufgabe der Ethik sein, zur Achtsamkeit gegenüber denjenigen anzuhalten, die eben nicht menschenähnlich sind und deren Andersheit in ihrer jeweiligen Besonderheit akzeptiert und respektiert werden sollte. Doch wo Rechte existieren, müssen sich zuvor, zumindest sieht dies die Theorie so vor, freie, autonome, rationale Akteure zusammengefunden haben, die ebenjene Rechte entwickelt und in Kraft gesetzt haben. Der Begriff der Rechte scheint damit etwas exklusiv Menschliches zu sein, schließlich sind, so die gängige Vorstellung, nur Menschen freie, autonome, rationale Akteure. Wenn Rechte nun ebenfalls auf solche Lebewesen ausgedehnt werden sollen, die diese Eigenschaften faktisch oder vermeintlich nicht besitzen, also etwa Kleinkinder, Menschen mit Behinderungen oder Menschen im hohen Alter, dann muss ihnen doch zumindest das Prädikat des Menschlichen anhaften, damit sie ebenfalls den Status rechtebesitzender Lebewesen erlangen.[16] Spezieszugehörigkeit wird damit zur entscheidenden Kategorie. Tiere werden folglich ausgeschlossen. Es sei denn, es kann eben festgestellt werden, dass es sich bei ihnen ebenfalls um intelligente, autonome, rationale Akteure handelt. Üblicherweise werden diese Eigenschaften insbesondere bei Menschenaffen gesucht und im gewissen Rahmen auch gefunden.[17] Je menschenähnlicher Tiere also sind, desto größer ist die Chance, dass ihnen der Personenstatus verliehen wird – wobei dies gleichbedeutend ist mit der Ausdehnung bestimmter bislang dem Menschen vorbehaltener Grundrechte auf die Tiere.

***

Ethischen Theorien, die moralische Rechte in ihrem Zentrum sehen, haftet ferner eine ausgeprägte Blindheit gegenüber Emotionen an. Emotionen werden verkannt, abgewertet oder gar als fehlerhafte Größe in den mit analytischer Schärfe durchgeführten Kalkulationen der Moral erachtet. Veranschaulichen lässt sich dies an dem Umstand, dass beispielsweise Liebe in den ethischen Theorien moralischer Rechte überhaupt keine Rolle spielt. Dabei ist gerade die Ausschaltung von Emotionen die Grundvoraussetzung dafür, dass Menschen fähig werden, an verbrecherischen Praktiken mitzuwirken, bei denen anderen Lebewesen systematisch Leiden oder Schmerzen zugefügt werden. Wenn angesichts dessen auch in der Ethik für eine Ausschaltung von Emotionen plädiert wird, scheint sich hier eine unheilvolle Allianz zu ergeben. Letztlich ist genau eine Emotion, nämlich die »einfühlsame Sensibilität für das Leiden anderer«[18], der wohl wesentlichste Beweggrund dafür, gewaltfrei, friedlich, rücksichtsvoll und achtsam zu handeln und sich für die Bedürfnisse anderer einzusetzen – und nicht eines der abstrakten, von Rationalität eingefärbten Moralprinzipien aus der praktischen Philosophie.[19] Die Ethik der praktischen Philosophie nimmt dennoch eine strikte Unterordnung von Gefühlen unter die Vernunft vor. Gefühle sind demnach als Grundlage moralischer Entscheidungen untauglich. Sie werden als willkürlich, irrational, relativistisch, situationsabhängig oder rein subjektiv abgetan.

Ethische Theorien, die mit moralischen Rechten arbeiten, stehen paradigmatisch für eine Art von Moral, die Menschen gewissermaßen »zähmen« will, wie Brian Luke dies ausdrückt.[20] Mit »Zähmung« ist die Einschränkung von Handlungsmöglichkeiten gemeint, das Einhalten von abstrakten Verhaltensprinzipien, der Einsatz von Ethik zur Lenkung des Handelns innerhalb eines bestimmten Rahmens des moralisch Akzeptablen. Der »Zähmung« steht, wie Luke es nennt, die »Verwilderung« gegenüber. »Verwilderung« bedeutet, dass Handlungsmöglichkeiten überhaupt erst freigesetzt werden, dass persönliche Autonomie erlangt wird. Die »Zähmung«, die typisch ist für ethische Theorien, wie sie in der Philosophie entworfen werden, entspricht einer Art paternalistisch motivierten, ethischen Gesetzgebung. Demnach ersinnt eine »zähmende« Vernunft moralische Rechte, die menschliches Handeln in einen bestimmten Korridor des moralisch Erlaubten einhegen sollen. Dabei ist das letzte, was die derzeitige Gesellschaft braucht, eine weitere Instanz, die meint, menschliches Handeln einhegen zu müssen. Statt einer weiteren Disziplinierung braucht es das genaue Gegenteil – nämlich den Ausbruch aus dem, was das eigene Handeln in vorgefertigte Bahnen zwängt. Genau dies meint »Verwilderung«. Sie zielt auf die Reaktivierung von Autonomie und Mitgefühl als Quelle moralischer Achtsamkeit und Rücksichtnahme. »Verwilderung« soll Menschen nicht zur Einhaltung von Verhaltensprinzipien disziplinieren. Vielmehr geht es um die Emanzipation von der Unfähigkeit, in Situationen, in denen moralisch relevante Entscheidungen getroffen werden müssen, eigenverantwortlich und mitfühlend handeln zu können. »Verwilderung« hat die Wissensvermittlung zum Ziel, das Hinweisen auf blinde Flecken, das Steigern von Handlungsfreiheit, die Reflexion des als normal Erachteten sowie die Weiterentwicklung der eigenen Persönlichkeit und die Aneignung von Eigenverantwortlichkeit. Ist mit »Zähmung« beispielsweise durch das Postulieren moralischer Rechte eine ethische Fremdbestimmung gemeint, strebt eine an »Verwilderung« orientierte Ethik die Befähigung der Menschen an, moralisch relevante Entscheidungen auf der Grundlage von umfassendem Wissen und Einfühlungsvermögen selbstverantwortlich treffen zu können.[21] Faktisch sollte der eigentliche Sinn von Ethik darin bestehen, Menschen zu ermöglichen, sich zu fürsorglichen, eigenverantwortlichen, mitfühlenden Individuen weiterzuentwickeln.

Moralische Rechte, wie auch immer diese im Einzelnen gestaltet sein mögen, zielen auf soziale Kontrolle und Disziplinierung. Es geht darum, rationale Verhaltensprinzipien zu erschaffen, welche die vermeintliche Amoralität der Menschen unter Kontrolle halten. Ethische Theorien tun oftmals so, als seien Menschen per se antisozial und müssten deshalb durch moralische Grundsätze, Prinzipien oder Rechte gemaßregelt werden, um ein friedliches Funktionieren der Gesellschaft sicherzustellen. Doch es bedürfte eigentlich des genauen Gegenteils, nämlich der Befähigung der Menschen, endlich den Mut zu besitzen, eine gewisse Distanz zu sozial eingespielten Handlungsroutinen und Deutungsmustern zu erlangen. Menschen müssen in die Lage versetzt werden, ihre Gebundenheit an einen bestimmten sozialen Ort und an bestimmte soziale Bedingungen zumindest partiell aufzulösen. Freilich könnte dem nun entgegengehalten werden, dass eine solche Autonomie auch meinen kann, anderen zu schaden oder ihnen Leiden zuzufügen. Aber davor schützt auch eine rationale, rechtebasierte philosophische Ethik nicht. Schließlich verursachen Menschen durch ihre alltäglichen Lebensvollzüge teils massives unnötiges Leid bei anderen. Wünschenswert wäre aber die Freiheit, sich gegen Leid und gegen Gewalt entscheiden zu können. Autonomie versetzt in die Lage, trotz der etablierten kulturellen Verschleierungs- und Distanzierungsmechanismen erkennen zu können, dass eigenes Handeln Leiden bei anderen verursachen kann.

Wenn Tiere vor Menschen einen gewissen Schutz genießen sollen, dann scheint es eine naheliegende Lösung, moralische oder auch juristische Rechte für Tiere zu postulieren. Die Etablierung von Tierrechten bildet gleichsam die zentrale Forderung der modernen, abolitionistisch orientierten Tierschutzbewegung. Doch sind Rechte für Tiere wirklich ein Lösungsweg zur Befreiung derselben aus den bestehenden Unterdrückungsverhältnissen? Wo Tierrechte postuliert werden, kann für die Lebensbedingungen der Tiere viel gewonnen werden. Eine konsequente Inklusion von Tieren in das Rechtssystem würde eine grundlegende Veränderung der Situation der Tiere bedeuten. Welche Folgen dies dann unter anderem hätte, beschreibt der Journalist Peter Carstens: »Jedes der 27 Millionen Schweine in deutschen Mastställen hätte zukünftig Anspruch auf die Prüfung seiner Haftbedingungen – im Eilverfahren, versteht sich. Denn die Turbomast dauert ja nur wenige Monate. Auch die Frage, warum der Mandant sterben soll, müsste von Richtern geprüft – und gegen sein verbrieftes Recht auf Freiheit, Leben und Unversehrtheit abgewogen werden.«[22] Doch an dem Zitat lässt sich gut ablesen, wo das Problem jener Rechteansätze generell liegt. Sie führen, obwohl sie die Unterdrückung der Tiere eigentlich abwenden wollen, doch gleichzeitig zu deren Fortsetzung, indem sie den sozialen Kontext, der zur Unterdrückung der Tiere führt, außer Acht lassen. Sie adressieren nicht die kulturellen, wirtschaftlichen oder auch sprachlichen Umstände und Bedingungen, die überhaupt zur Unterdrückung der Tiere führen. Selbst, wenn Tiere umfangreiche Rechte besäßen, ändert dies vorerst nichts an der Art, wie sie wahrgenommen werden und an der Rolle, die ihnen in der Gesellschaft zugeschrieben wird. Rechte mögen einen gewissen Schutz für Tiere bieten, sie wirken sich allerdings nicht auf die tatsächlichen gesellschaftlichen Ursachen des Umstands aus, dass es überhaupt dieses Schutzes bedarf. Ist der rechtliche Schutz gegeben, aber die Ursachen für die Schutzbedürftigkeit von Tieren nicht angegangen, werden weitere Schritte notwendig wie etwas das Überwachen, Zählen, Einfangen oder Einzäunen von Tieren. Nur so kann der Schutz der Tiere realistisch gewährt werden. Gleichzeitig jedoch bedeuten diese Maßnahmen, dass keine wirkliche Befreiung der Tiere stattgefunden hat. Die Freiheitsrechte, die für die Tiere erstritten sein mögen, bedeuten weiterhin Unfreiheit. Diese Unfreiheit ist gegeben, solange nicht jene gesellschaftlichen Umstände adressiert werden, die ideologischer, struktureller oder kultureller Art sind und die das Aufsetzen von Rechten überhaupt nötig machen. Rechte mögen Probleme lindern können, aber sie adressieren nicht die Intentionen, welche die Ursprünge jener Probleme bilden. Dabei sind es genau die Intentionen, die inneren Haltungen und Tugenden, die über die Ausgestaltung von Gesellschaft entscheiden. Metaphorisch gesprochen kann die »äußere Welt« nicht verbessert werden, solange die »innere Welt« sich nicht gebessert hat[23].

Die beschriebene Paradoxie des Kampfes um Tierrechte kann beispielhaft daran verdeutlicht werden, dass Tierrechte zuvörderst jenen Tieren zugestanden werden, die möglichst viele Ähnlichkeiten zu Menschen aufweisen, also mit einer gewissen menschenähnlichen Intelligenz, Sprach- oder Kognitionsfähigkeit ausgestattet sind. Dabei wird jedoch die grundsätzliche hierarchische Beziehung zwischen Menschen und Tieren nicht hinterfragt. Allgemein gesprochen stammen die Idee und das Konzept, Tieren Rechte zu geben, aus derselben ideologischen Tradition, die Tiere zu Wesen zweiter Klasse gemacht und dem Menschen untergeordnet hat. Dies soll nicht bedeuten, dass die Bemühungen um die Etablierung und Durchsetzung von Tierrechten eingestellt werden sollten. Dennoch dürfen sie nicht als der einzige Weg betrachtet werden, um an der Situation der Tiere etwas zu verändern. Auch jenseits philosophischer Diskurse über moralische Rechte sind die Bemühungen, sich für das Wohlergehen von Tieren einzusetzen, häufig nicht gefeit davor, ihre Unterdrückung fortzuführen. Überhaupt die Tatsache, für Tiere sprechen zu müssen und sie nicht selbst sprechen zu lassen, verfestigt die Vorstellung einer gewissen Hilfsbedürftigkeit, ja Unfähigkeit. Wann immer Menschen in guter Absicht für andere Individuen oder Gruppen sprechen – seien es Männer, die sich für Anliegen des Feminismus einsetzen oder hellhäutige Menschen, die sich gegen Rassismus aussprechen –, führt dies doch dazu, dass auf die gehört wird, um die es eigentlich nicht geht, und dass die, um die es geht, stumm bleiben.

Lässt sich also eine Ethik entwickeln, welche die typischen Charakteristika der gemeinhin etablierten ethischen Theorien der praktischen Philosophie, darunter die von Thomas Hobbes, Immanuel Kant, John Rawls oder Jürgen Habermas, durch neue Überlegungen ersetzt? Ist es möglich, eine Ethik zu entwerfen, die sich von der philosophischen Tradition ablöst und auf ein neues Fundament gestellt wird? Ja, dies ist möglich – und zwar, indem man die etablierten, komplizierten ethischen Theoriemodelle aufgibt und sich überlegt, was gewissermaßen das Letztmoment oder die kleinste »Einheit« ethischen Handelns ist. Es sind nicht rationale Verhaltensprinzipien, die dem eigenen Handeln vermeintlich vorausgehen und dieses in gewisse Bahnen lenken. Es ist vielmehr die Achtsamkeit, welche die Voraussetzung dafür ist, dass überhaupt die Reflexionstechniken, die unter dem Begriff »Ethik« firmieren, freigesetzt werden können. Achtsamkeit ist hier nicht im Sinne bloßer Konzentration gemeint, sondern als Aufmerksamkeit für andere oder anderes, als Rücksicht auf andere Existenzen, Körper oder Lebensräume sowie als Voraussetzung für Empathie.

Achtsamkeit spielt in den klassischen ethischen Theorien keine Rolle. Wenn überhaupt, so ist sie durch Überlegungen von feministischen Denkerinnen aufgegriffen worden.[24] Doch Philosophie ist überwiegend ein Männergeschäft. Und die Blindheit der Männer wird so zur Blindheit der Philosophie insgesamt. So ist nicht erkannt worden, dass Ethik nicht auf die Auseinandersetzung mit abstrakten, universalistischen, regelbasierten Prinzipien, die moralisches Handeln steuern sollen, angewiesen ist. An dieser Stelle soll der Versuch gemacht werden, die aufgedeckten Schwächen bisheriger Ethikkonzeptionen zu überwinden und sich, anstatt auf abstrakte Verhaltensregeln, auf etwas viel Fundamentaleres zu fokussieren; nämlich die Pflege lebenserhaltender sozioökologischer Netzwerke. Schließlich sind es diese Netzwerke, die für sämtliche Lebewesen das wichtigste Gut darstellen. Derzeit ist die Menschheit im Begriff, diese Netzwerke zu vernichten, anstatt sie zu pflegen. Dieser Entwicklung muss entgegengewirkt werden.

***

Als Ausgangsüberlegung liegt es an dieser Stelle nahe, sich mit den Untersuchungen der Entwicklungspsychologin Carol Gilligan zu beschäftigen. Gilligan wies in den Achzigerjahren in einer aufsehenerregenden Untersuchung nach, dass Frauen moralische Probleme nicht primär qua einer Ethik der Gerechtigkeit angehen, wie Männer dies zu tun pflegen. Sie interpretieren moralische Probleme eher im Rahmen einer Ethik der Achtsamkeit.[25] Kurz gesagt: Frauen treffen, den Forschungen Gilligans zufolge, auf andere Weise moralische Urteile als Männer. Gilligan ließ in ihren Untersuchungen Frauen und Männer sowie Jungen und Mädchen moralische Dilemmata und Probleme analysieren und untersuchte die Art, wie über diese gesprochen wurde. Sie fand heraus, dass Frauen beziehungsweise Mädchen moralische Probleme mehr im Hinblick auf die Sorge um andere und sich selbst wahrnehmen und die Beziehungen mit anderen Menschen mehr in den Fokus stellen als Männer. Diese nehmen moralische Probleme eher als Konflikte zwischen autonomen Entitäten in Form von Personen wahr, die möglichst gerecht geregelt werden müssen – beispielsweise, wenn es um die Verteilung von Ressourcen, die Festlegung eines Schadensersatzes oder politische Partizipation geht. Unabhängig davon, dass man an dieser Stelle die essenzialistischen Implikationen hinsichtlich der Differenzierung und Charakterisierung von Frauen und Männern in Gilligans Forschungsarbeiten diskutieren kann, folgt eine Ethik, die sich auf das Moment der Achtsamkeit fokussiert, jener »weiblichen« Art des moralischen Urteilens. Doch eine Ethik der Achtsamkeit geht darüber hinaus, bloß eine dem Feminismus zugeneigte Denkungsart zu sein. Auch wenn es die Frauen, das Weibliche oder die Mütterlichkeit ist, die als Vorbild dient, so geht es doch um etwas viel Allgemeineres, nämlich um die Förderung einer Art des Zusammenlebens aller Lebewesen, das unnötiges Leid vermeidet, nachhaltig und friedlich ist.

Im Zentrum einer jeden lebenspraktischen Ethik steht die Einsicht, dass Lebewesen miteinander verbunden sind und ein gemeinsames Schicksal teilen. Gilligan schreibt dazu: »Das Ideal der Fürsorge ist also eine Aktivität der Bezugnahme, des Sehens und Reagierens auf Bedürfnisse, der Sorge für die Welt durch die Aufrechterhaltung eines Netzes von Verbindungen, so dass niemand allein gelassen wird.«[26] Die Fürsorge, die hier als zentrales Element hervorgehoben wird, darf freilich nicht in einer reinen Selbstaufopferung für andere resultieren. Die Sorge um andere ist gleichbedeutend mit der Sorge um sich selbst. Wichtig ist die Erkenntnis der Angewiesenheit auf andere beziehungsweise die Tatsache, dass man selbst stets in ein umfassendes Beziehungsnetzwerk eingebettet ist. Moralisches Urteilen und Handeln darf daher nicht, wie dies beispielsweise in Gerechtigkeitstheorien der Fall ist, auf das einzelne, vermeintlich autonome Individuum abgestellt werden, sondern muss immer unter Berücksichtigung ebenjenes Beziehungsnetzwerks erfolgen. Dieses Netzwerk sollte nicht als eines wahrgenommen werden, das aus Gegenspielern besteht. Anstatt um Konkurrenz und gegenseitige Verdrängung, die im Idealfall von Gerechtigkeitsprinzipien eingehegt werden kann, geht es um Anteilnahme und die Übernahme von Verantwortung füreinander. So sollte auch Empathie in der Ethik eine zentrale Rolle spielen. Sich fürsorglich zu zeigen bedeutet schließlich, sich auf andere einzulassen und ihre Bedürfnisse wahrzunehmen. Insbesondere geht es dabei um die Wahrnehmung von Leid mit der Konsequenz, dieses zu lindern oder zu beseitigen. Die Anteilnahme an den Bedürfnissen oder dem Schicksal anderer mündet in die Bereitschaft, sie zu unterstützen und ihnen helfend zur Seite zu stehen. Dies wiederum kann bedeuten, direkte Versorgung zu leisten, also unmittelbar mit verschiedenen Hilfeleistungen auf andere einzugehen und sich ihnen zuzuwenden. Spätestens hier ist eine Reaktion des Empfängers der Versorgung wichtig, indem dieser signalisiert, ob seine Bedürfnisse angemessen eingeschätzt und adressiert wurden.[27]

Letztlich erfordert die hier beschriebene Ethik eine völlig neue Art der Wahrnehmung der einen umgebenden Umwelt oder gar der Gesellschaft an sich. Es geht nicht mehr um ein unabhängiges Nebeneinander zwischen

Subjekt und Welt oder Subjekten untereinander, sondern um ein Geflecht aus Beziehungen und Abhängigkeiten, das mehr oder weniger global skaliert werden kann. In der Ethik der praktischen Philosophie und im Speziellen in kontraktualistischen oder gerechtigkeitstheoretischen Ethiken wird typischerweise ein Bild von Gesellschaft gezeichnet, welche diese aus ökonomischen, vertraglichen Beziehungen bestehend darstellt. Die Philosophin Virginia Held hat diesbezüglich den interessanten Gedanken aufgebracht, einmal nicht ökonomische Beziehungen als Primärform sozialer Netzwerke zu sehen, sondern die Beziehung zwischen Mutter und Kind.[28] Wie würde eine solche Gesellschaft aussehen, in der die Beziehung zwischen Mutter und Kind als paradigmatisch und vorbildgebend für andere soziale Beziehungen genommen würde? Hier wäre wohl die zentrale Erkenntnis, dass Menschen nicht mehr als grundsätzlich autarke, bindungslose, selbstgenügsame, ökonomisch unabhängige Individuen zu begreifen sind, sondern als aufeinander angewiesen, insbesondere in ihrer Moral- und Persönlichkeitsentwicklung. Ferner wären Menschen umeinander besorgt. Sie gingen achtsam und rücksichtsvoll miteinander um. Beziehungen wären mehr von Liebe, Freundschaft und Fürsorge geprägt als von Konkurrenz und Wettkampf. Aber Liebe, Freundschaft oder Fürsorge umfassen eben Abhängigkeit, Verbundenheit, Gemeinsamkeit im Gegensatz zu Konkurrenz und Wettkampf, bei denen es, auch wenn diese perfekt in den Bahnen der Vorschriften gerechtigkeitstheoretischer Ethiken verlaufen, um Ungebundenheit, Trennung oder Abstoßung voneinander geht.

Eine Ethik, wie ich sie hier vertrete, befürwortet aus normativer Perspektive eine Gesellschaft, in der Lebewesen weniger isoliert als in vielfältigen Beziehungsnetzwerken eingefasst gedacht werden. Gleichzeitig vertritt sie die Ansicht, dass Lebewesen, also Menschen wie Tiere, nie voneinander unabhängig, selbstgenügsam oder autark sein können, auch wenn idealtypische Vorstellungen über Autonomie und Entscheidungsfreiheit in den üblichen ethischen Theorien der praktischen Philosophie gepflegt werden. Das faktische Beziehungsgeflecht, in das Menschen eingefasst sind, bedingt eine derartige Komplexität von Handlungszusammenhängen, dass diese nicht mehr mit allgemeingültigen Prinzipien ausgedeutet werden können. Stattdessen bedarf es – und auch dies ist ein zentraler Aspekt einer solchen Ethik – einer kontextspezifischen Situationsbeurteilung. Die Erwartung, dass es für moralische Probleme grundsätzlich ideale, einwandfreie Lösungen gibt, wird zwangsläufig enttäuscht. Innerhalb der praktischen Philosophie allerdings werden ethische

Theorien zumeist so entworfen, dass sie derart abstrakt sind, dass es zumindest so scheint, als ließen sich derart ideale Lösungen finden. Häufig wird gefordert, sich Prinzipien etwa der Reziprozität anzueignen, die von dem jeweiligen Kontext abstrahieren, in den Handlungszusammenhänge eingebettet sind. Doch gerade die Berücksichtigung des sozialen Kontextes ist für die Ethik entscheidend. Das Ausblenden der Umstände, die Handlungen einrahmen, ist gleichbedeutend mit einer spezifischen Blindheit gegenüber dem, was das Soziale in seiner Komplexität und Reichhaltigkeit ausmacht.

Die Ethik muss erkennen, dass Lebewesen natürlicherweise in Netzwerke, Strukturen und Umwelten eingebettet sind.[29] Um diesem Anspruch im Handeln gerecht zu werden, sollte die Ethik fordern, dass Individuen im direkten Kontakt miteinander interagieren. Ethik sollte dazu anhalten, Beziehungen zueinander aufzubauen und zu intensivieren, also auch emotionale Bindungen miteinander einzugehen. Dies bedeutet nicht, dass diejenigen Individuen, mit denen keine oder nur geringe emotionale Bindungen bestehen, nicht in den Kreis derer eingeschlossen werden sollen, mit denen Empathie empfunden und um deren Wohl gesorgt wird. Allerdings kann das Intensivieren vieler verschiedener Beziehungen die Fähigkeit, Empathie und Mitgefühl zu empfinden, ebenfalls verstärken. Das Anliegen, miteinander achtsam umzugehen, muss sich demnach sowohl als Einstellung oder Haltung als auch als konkrete soziale Praxis realisieren. Oben wurde bereits die Frage vertieft, inwiefern altruistisches Handeln als Vorstufe der Fürsorge natürlicherweise im Menschen angelegt ist. Darüber hinaus sollten soziale Strukturen so beschaffen sein, dass achtsames, fürsorgliches Handeln möglichst gefördert wird. Konkret gesellschaftlich zu beobachten ist eher Gegenteiliges, also das Ausschalten jener Regungen in den Menschen, die sie dazu anhalten, sich umeinander zu sorgen. Vielmehr scheinen der subtile Kampf und die Konkurrenz das zentrale Moment des Sozialen zu sein.[30] Insofern sollte die Ethik eine gesellschaftliche Praxis des Umgangs miteinander beschreiben, die im starken Kontrast steht zu der etablierten. Wo Kampf und Konkurrenz dominieren, da muss das Anliegen, auf andere zuzugehen, fürsorgliche Beziehungen aufzubauen und emotionale Bindungen zueinander herzustellen, aktiviert werden. Würde das soziale Miteinander von achtsamem Handeln bestimmt, so wäre es weitaus unwahrscheinlicher, dass man andere als Gegner sieht, gegenüber denen man sich einen Vorteil im Sinne eines Mehrbesitzes an ökonomischem beziehungsweise sozialem Kapital erarbeiten muss.

***

Nun mag die Frage auf der Hand liegen, weshalb man selbst den Aufwand betreiben sollte, auf andere zuzugehen, rücksichtsvoll ihnen gegenüber zu sein oder sich gar aktiv um sie zu sorgen. Eine Ethik der Achtsamkeit scheint hier ein Begründungsproblem zu haben, konzentriert sie sich doch nicht, wie andere Ethiken dies zu tun pflegen, auf Handlungen, die man bloß unterlassen sollte oder muss, sondern auf Handlungen, die man ausführen sollte. In der Ethik der praktischen Philosophie werden erstere, sogenannte »negative Pflichten« in der Regel als wichtiger eingestuft als letztere, sogenannte »positive Pflichten« – wohl weil es wahrscheinlicher ist, dass Menschen freiwillig negative, nicht jedoch positive Pflichten eingehen. Schließlich erfordern Letztere von ihnen eine zielgerichtete Aktion, während Erstere nur nahelegen, etwas zu unterlassen. Eine Ethik, die auf dem Moment der Achtsamkeit gründet, läuft dem zuwider. Sie erfordert, aktiv soziale Praktiken auszuführen und nicht einfach nur, etwas zu unterlassen. Dabei umfassen Fürsorge und Achtsamkeit nicht nur das Zuwenden, sondern ebenso eine gewisse Resonanz als Reaktion auf aufgebrachte Zuwendung sowie das Annehmen der Zuwendung anderer.[31] Sich anderen gegenüber fürsorglich zu zeigen und achtsam zu sein bedeutet also auch, dass man selbst zum Empfänger von positiver Resonanz sowie von Fürsorge und Achtsamkeit wird. Es geht also der hier beschriebenen Ethik nicht um permanente Aufopferung, die zu erbringen ist. Vielmehr sollte die soziale Praxis der Ethik eine sein, die Zuwendung erfordert, die aber gleichzeitig das Entgegennehmen dieser Zuwendung und das Profitieren von ihr umfasst. Die Rollen sind austauschbar und flexibel. Niemand ist stets nur in der Position, sich anderen zuzuwenden, genauso wie niemand stets nur Empfänger von Zuwendung ist. Im selben Zuge muss betont werden, dass die Ethik weit davon entfernt sein sollte, Lebewesen aufzuteilen in aktive und passive, in helfende und hilfeempfangende. Vielmehr ist es so, dass sowohl fürsorgliche Individuen selbst der Fürsorge bedürftig sind als auch umgekehrt, dass Fürsorge empfangende Individuen auch selbst fürsorglich sein können.

Praktiken der Ethik der Achtsamkeit implizieren nicht per se eine Symmetrie sozialer Beziehungen. Fürsorgliche Interaktionen zwischen Lebewesen können auch strikt asymmetrisch sein in dem Sinne, dass es Abhängigkeitsbeziehungen zwischen versorgenden und versorgten Individuen gibt oder dass bestimmte Ungleichheiten zu einer Asymmetrie führen. Diese Asymmetrien werden immer dann bedeutend, wenn es um Macht geht. Ungleichverteilungen von Macht bergen die Gefahr, dass Lebewesen auf verschiedene Weisen entrechtet, diskriminiert oder unterdrückt werden können. Derlei Praktiken resultieren aus einer Bereitschaft, rücksichtslos oder unachtsam anderen gegenüber zu sein. Doch genau die Entwicklung dieser Bereitschaft soll letztlich vermieden werden. Dass asymmetrische Beziehungen zum eigenen Vorteil ausgenutzt werden, widerspricht generell dem, was Achtsamkeit oder eben Achtung gegenüber anderen Lebewesen eigentlich einfordert. Zu akzeptieren, dass es ungleiche, asymmetrische Beziehungen gibt, ist wichtig. Beziehungsweise sind diese mehr die Regel als die Ausnahme, wenn Menschen und verschiedene Tiere miteinander interagieren. Diese Tatsache einer wie auch immer gearteten, körperlich oder geistig bedingten Asymmetrie darf nicht zu einem Motiv für oder gegen achtsames Handeln gemacht werden. Weder soll die Symmetrie einer Beziehung achtsames Handeln dadurch motivieren, dass auf Reziprozität, also eine Erwiderung dieses Handelns spekuliert wird, noch soll die Asymmetrie einer Beziehung die Motivation für achtsames Handeln ausschalten. Eine auf der Ethik der Achtsamkeit beruhende Haltung ist dann verinnerlicht und Teil des eigenen Charakters, wenn symmetrische Beziehungen ohne die strikte Erwartung von Gegenseitigkeit auskommen und wenn asymmetrische Beziehungen gerade aufgrund ihrer Asymmetrie fürsorgliches und achtsames Handeln hervorrufen. Anders gesagt: Güte bemisst sich daran, wie man andere behandelt, die nichts für einen tun können. Wird fürsorgliches Handeln insbesondere unter den Bedingungen asymmetrischer Beziehungen zur gesellschaftlichen Praxis, wird ein Zusammenleben in Wohlfahrt und Frieden möglich unter Wahrung der natürlichen Lebensgrundlagen.

Das Kennzeichen einer solchermaßen verfassten Gesellschaft ist gerade nicht die Gleichheit der Individuen. Vielmehr sind Hierarchien und Asymmetrien – solange sie nicht die Gestalt von Unterdrückungsverhältnissen annehmen – essenzieller Bestandteil einer jeden Gesellschaft, in der menschliche und nicht-menschliche Tiere leben. Doch die Tatsache, dass Hierarchien bestehen, schließt nicht zwangsläufig mit ein, dass die »höherstehenden« Individuen per se rücksichtslos oder gar in schädigender Absicht handeln. Dies kann veranschaulicht werden an Beziehungen zwischen Lehrern und Schülern, zwischen Eltern und Kindern – oder wiederum an Beziehungen im Tierreich. Der Zoologe George Schaller, der Berggorillas studierte und deren Verhalten beschrieb, berichtet davon, dass ranghöhere Tiere ihre Stellung geltend machen, beispielsweise wenn es darum geht, wer auf einem schmalen Pfad den Vortritt oder auf einem Baum den besten Sitzplatz erhält. Aber die Tiere verdeutlichen ihre dominante Stellung mit einem Minimum an Aktionen, etwa durch Blicke oder durch leichte Berührungen mit dem Handrücken, mit dem der Körper des rangniedrigeren Tieres berührt wird.[32] Dies zeigt, dass Hierarchien, die ihre Funktion unter anderem in der Gewährleistung des Zusammenhalts oder gerade der Verhinderung ernsthafterer Auseinandersetzungen innerhalb einer sozialen Gruppe haben, nicht gleich bedeuten, dass es zu einer Situation der Beherrschung oder Unterdrückung kommt. Hinzu kommt, dass Hierarchien durch diejenigen Individuen begründet werden können, die eigentlich »unterlegen« sind – im Gegensatz zu einer Etablierung von Hierarchien »von oben«. Respekt gegenüber älteren Individuen, die Anerkennung besonderer Kompetenzen, Fähigkeiten oder die Bekundung eigener Lern- und Entwicklungsbereitschaft, alles dies etabliert soziale Hierarchien. Sinnvoll sind solche Hierarchien immer dann, wenn sie die Funktion der Auszeichnung persönlicher Kompetenzen übernehmen und sich nicht durch bloße Institutionalisierung begründen. Hierarchien sind nicht per se als negativ zu bewerten, sondern natürlicher Bestandteil einer jeden intakten und lebendigen Gesellschaft. Und so sollte sich auch die Ethik nicht per se gegen Hierarchien stellen und ein Gleichheitsideal befürworten, das den faktisch bestehenden Unterschieden zwischen verschiedenen Lebewesen sowohl ein und derselben als auch verschiedener Spezies nicht gerecht wird. Die entscheidende Frage im Hinblick auf die Akzeptabilität von Hierarchien ist nicht, ob sie bestehen sollten oder nicht. Die entscheidende Frage ist, ob hierarchische Verhältnisse zwischen einzelnen Individuen von Achtsamkeit, Fürsorge und Respekt oder von Rücksichtslosigkeit, Machtstreben und Unterdrückung geprägt sind. Hier muss Ethik ansetzen, um Ersteres zu fördern und Letzteres zu vermeiden.

***

Eine Ethik der Achtsamkeit orientiert sich in der Art ihrer Selbstbegründung weniger an der Philosophie als an der Biologie. Auch wenn sich in der Vergangenheit teils unheilvolle Allianzen aus Biologie und Ethik ergeben haben, so überschneiden sich die beiden Bereiche dennoch in einem entscheidenden Punkt. Es ist das Leben, das den zentralen Gegenstand der Biologie als auch der Ethik darstellt, insofern das Letztmoment derselben in der Achtsamkeit und der Pflege lebenserhaltender sozioökologischer Netzwerke gesehen wird. Während die Biologie dabei hilft, die Feinheiten jener lebenserhaltenden Netzwerke überhaupt zu verstehen, hilft die Ethik dabei, sie zu pflegen und zu bewahren. Während es in der praktischen Philosophie und den ihr angegliederten Ethiktheorien geradezu verpönt ist, sich auf die Natur beziehungsweise auf die biologischen Grundlagen empfindungsfähiger Lebewesen zu besinnen, so liegt doch gerade darin der Schlüssel, um überhaupt ein gutes Leben führen zu können.

Ein gutes Leben führen zu können bedeutet, frei zu sein von unnötigen Schmerzen und Leiden. Unabhängig davon, dass Schmerzen und Leiden auch eine ganze Reihe an positiven Effekten und Konsequenzen haben, sogar aktiv gesucht und genossen werden können und eine wichtige Rolle in der Evolution und Sozialisation des Menschen spielen,[33] ist schwerlich zu leugnen, dass bei jedem empfindsamen Lebewesen ein fundamentales Interesse daran besteht, Schmerzen oder Leiden nicht über das schicksalhaft gegebene oder selbst gesuchte Maß hinaus ertragen zu müssen. Schmerzen oder Leiden stellen, abstrakt gesprochen, eine unangenehme Erfahrung dar. Sie machen, wenn man einmal nur die körperliche Dimension beachtet, auf potenzielle oder tatsächliche Beschädigungen von Körpergewebe aufmerksam. Das grundsätzliche Ignorieren oder Ausschalten von Schmerzen oder Leiden würde bedeuten, nicht lange leben zu können. Man muss also davon ausgehen, dass das wohl gewichtigste Anliegen aller empfindungsfähigen Lebewesen darin besteht, Schmerzen oder Leiden verhindern oder abwenden zu wollen.

Nun wächst in Gesellschaften, in denen Tiere und Menschen zusammenleben wollen, die Wahrscheinlichkeit, dass es zu einer Verknappung lebenswichtiger Güter, Konflikten oder gegenseitiger Verdrängung kommt. Gleichzeitig wächst die Wahrscheinlichkeit, Schmerzen oder Leiden erfahren zu müssen. Die Ethik ist nun der Versuch, Gesellschaften so zu organisieren, dass diese Wahrscheinlichkeit wiederum sinkt. Genauer gesagt haben Gesellschaften, die sich so organisieren wollen, dass Lebewesen möglichst wenig Schmerzen und Leiden erfahren müssen, diesem Streben den Begriff »Ethik« gegeben. Die Politikwissenschaftlerin Iris Marion Young hat dies treffend formuliert: »Normative Reflexion entsteht, wenn man einen Schmerzensschrei [...] hört oder selbst Leiden empfindet.«[34] Ethik beziehungsweise moralische Regeln streben im Kern an, Lebewesen vor unnötigen Schmerzen oder Leiden zu schützen. Darüber jedoch, wie ein möglichst schmerz- und leidfreies Leben zu organisieren sei, gibt es verschiedene Ansichten. Mitunter ist dabei im Verlauf der Verfolgung akademischer Fachdiskussionen über ethische Theorien vergessen worden, worum es der Ethik im Grunde genommen tatsächlich geht. Die Ethik der Achtsamkeit entgeht dieser Falle. Sie ist letztlich das Kürzel für das Streben, Gesellschaft so zu gestalten, dass Lebewesen in ihr möglichst wenig unnötige Schmerzen und Leiden erfahren müssen.

An dieser Stelle lohnt sich erneut ein Rückgriff auf Überlegungen aus der Evolutionspsychologie. Demnach wäre die Ethik der Achtsamkeit als intellektuelles Gerüst zu verstehen, das auf dem elementaren Prinzip des »reziproken Altruismus« aufsitzt.[35] Reziproker Altruismus findet sich natürlicherweise bei diversen nicht-menschlichen sowie menschlichen Tieren. Im Wesentlichen geht es dabei um kooperatives Handeln, das jedoch nicht in Form eines simultan erfolgenden, wechselseitigen Gefallens oder einer Hilfeleistung erfolgt. Stattdessen findet ein Austausch von Gefallen über die Zeit hinweg verteilt statt. Ein Gefallen muss nicht mit einem sofortigen Gegengefallen erwidert werden, sondern die reziprok altruistisch handelnden Individuen vertrauen darauf, dass das Erweisen eines Gefallens in unbestimmter Zukunft erwidert wird. Hier zeigt sich, wie nah der Ansatz einer Ethik der Achtsamkeit an die Lebenspraxis heranreicht. Sie gründet auf der Erkenntnis der ständigen Angewiesenheit von Personen aufeinander beziehungsweise auf der Tatsache, dass Menschen stets in ein umfassendes soziales Beziehungsnetzwerk eingebettet sind. Die überlebenswichtige Beziehung eines Kindes zu seiner Mutter, auf die in den traditionellen, männerdominierten Ethikdiskussionen so gut wie nie Bezug genommen wird, ist hier nur eines der offensichtlichsten Beispiele. Und an diesem Beispiel lässt sich auch ablesen, dass eine Ethik der Fürsorge und Achtsamkeit kein Gerüst komplizierter rationaler Begründungsargumente benötigt, wie dies typischerweise in philosophischen Ethiktheorien der Fall ist. Eine Ethik der Achtsamkeit mündet theoretisch in Praxen, die auf natürlichen Prozessen basieren und das Überleben und das Wohlergehen des erdumspannenden Kollektivs der Lebewesen sicherstellen können. Genau wie im Rahmen anthropozentrischer Ethiken das Töten von anderen Menschen intuitiv abgelehnt wird und diese Ablehnung keiner aufwendigen rationalen Begründungsfiguren bedarf, so bedarf es auch keiner solchen Begründungsfiguren, wenn es um die Ethik der Achtsamkeit geht. Auch diese lässt sich auf Intuitionen basieren, die ihrerseits wiederum die Folge einer natürlicherweise angeeigneten Empathie und einer evolutionär ausgehärteten altruistischen Handlungsorientierung sind. Und in dieser Reihe ist nicht zuletzt auch die grundsätzliche Abneigung gegenüber Handlungen zu nennen, die anderen Lebewesen Leiden oder Schmerzen zufügen. Diese Abneigung ist jedoch durch kulturelle Einflüsse so über- und damit verformt worden, dass viele Menschen heute – teils wissentlich, teils unwissentlich – zu grauenvollen Leidverursachern geworden sind. Damit die Abkehr von jenen leidverursachenden Praktiken gelingen kann, bedarf es der Ethik.

Eine Ethik der Achtsamkeit sollte die Versuche anleiten, ein Leben in Verhältnissen zubringen zu können, die weniger von Gewalt, Angst, Konkurrenz und destruktiven Konflikten bestimmt sind als vielmehr von Frieden, Fürsorge und Glück. Eine solche Ethik steht in direktem Kontakt mit praktischen, lebensweltlichen Erfahrungen. Sie zielt mit ihrer Betonung von Fürsorge und Achtsamkeit auf grundsätzliche Handlungsformen ab, die, sofern sie sich in der gesellschaftlichen Praxis manifestieren, zur Folge haben, dass die Ursachen von Unterdrückung, Demütigung, Machtmissbrauch, Diskriminierung, Ausbeutung et cetera verhindert werden. Die Ethik der Achtsamkeit setzt nicht bei komplexen gesellschaftlichen Problemen an, sondern auf einer fundamentaleren Ebene. Sie fokussiert sich auf einzelne Interaktionen, auf das Besondere der jeweiligen sozialen Situation, auf die Feinheiten des Miteinanders. Sofern sich auf dieser fundamentalen, mikrosoziologischen Ebene gewaltfreie, von Achtsamkeit und Fürsorge geprägte Handlungsweisen manifestieren, bedeutet dies gleichzeitig, dass komplexe Problemlagen, wie sie sich auf höheren gesellschaftlichen Ebenen manifestieren, erst gar nicht entstehen. Die Handlungszusammenhänge, die ganze Kollektive betreffende oder gar globale Problemlagen entstehen lassen, bestehen jeweils aus Konglomeraten verschiedenster Praktiken des alltäglichen Umgangs miteinander, die dem, wofür eine Ethik der Achtsamkeit steht, grundsätzlich widersprechen. Wenn Menschen es also schaffen, einen von Achtsamkeit und Fürsorge geprägten Modus des Umgangs miteinander im Kleinen zu etablieren, verhindern sie die Entstehung gewaltiger und unlösbar erscheinender Problemlagen im Großen. Eine Ethik, die nicht die großen Problemlagen, sondern das alltägliche Miteinander im Kleinen adressiert und schlicht dafür plädiert, aufmerksam zu sein für die Bedürfnisse und Interessen anderer, bildet einen »von unten« agierenden Lösungsansatz für die Herstellung einer von Frieden und Gewaltfreiheit geprägten Gesellschaft. Und eine solche Gesellschaft bildet letztlich genau das, wofür Menschen als Lebewesen geschaffen sind – nämlich eine Umwelt, in der ihr fundamentalstes, biologisch verankertes Interesse, frei zu sein von unnötigen Schmerzen und Leiden, realisiert wird.

An dieser Stelle kann und soll nicht verleugnet werden, dass dies eine Idealvorstellung ist. Schließlich würde die Umsetzung einer Ethik der Achtsamkeit und Fürsorge im Kleinen zum Zweck der Verhinderung großer gesellschaftlicher Problemlagen eine kollektive, gesellschaftsweite Aneignung jener Ethik bedeuten. Da ein derartiger Aneignungsprozess praktisch jedoch utopisch ist, werden auch weiterhin strukturelle Problemlagen im Großen bestehen bleiben. Zu erwähnen wären hier Aspekte wie die kapitalistische, auf Wachstum fokussierte Wirtschaftsordnung, autoritäre Staatssysteme, ungerechte Rechtssysteme, die Ausbeutung und Übernutzung natürlicher Ressourcen, der damit verbundene Klimawandel, soziale Exklusionsprozesse und vieles mehr. Alles dies auszublenden, indem man sich lediglich auf zwischenmenschliche Interaktionen in überschaubaren sozialen Kontexten fokussiert, wäre naiv. Dennoch ist die Tatsache, dass Veränderungen im Kleinen eher umsetzbar sind als in großen sozialen, institutionell ausgehärteten Zusammenhängen, schwerlich zu bestreiten. Ein Plädoyer für eine Ethik, die Aufmerksamkeit für die Bedürfnisse anderer sowie ein achtsames und fürsorgliches Handeln zugunsten derselben einfordert, ist deshalb wichtig. Trotzdem sollte sich die Aufmerksamkeit in der direkten Interaktion untereinander nicht nur auf die jeweilige soziale Nahwelt richten. Sie sollte über diese hinausgehen und auch die genannten strukturellen Problemlagen, also die größeren sozialen Zusammenhänge jenseits der eigenen Nahwelt in den Blick nehmen. Im Einzelnen bedeutet dies, dass kausal nachverfolgt wird, was individuelle Leiden, Misshandlung, Vernachlässigung, Marginalisierung oder Exklusion begünstigt oder erst ermöglicht. Diese kausale Nachverfolgung führt letztlich zu einer Einsicht und einem Verständnis für größere soziale Zusammenhänge, Strukturen, Institutionen und Ideologien. Ohne diese nun als solche abändern zu können, ist es doch entscheidend, dass gerade in nahweltlichen Interaktionen, also auf einer mikrosoziologischen Ebene, so gehandelt und entschieden wird, dass jene größeren sozialen Problemzusammenhänge nicht weiter unterstützt, intensiviert oder verstetigt werden. Es wäre also grundsätzlich ein Fehler, kategorial zwischen kleinen und großen sozialen Zusammenhängen zu unterscheiden beziehungsweise eine scharfe Trennlinie zwischen der mikro- und makrosoziologischen Ebene zu ziehen. Größere gesellschaftliche Zusammenhänge sind stets Kompositionen aus lauter Handlungen und Entscheidungen, die im Kleinen getroffen werden. Und hier liegt eine alle betreffende Verantwortung. Menschen müssen in ihrer Nahwelt achtsam agieren und Aufmerksamkeit sowohl für die sozialen Feinheiten als auch die größeren gesellschaftlichen Zusammenhänge aufbringen, um Kausalbeziehungen zwischen beiden eben bis in ihre Nahwelt rückverfolgen zu können. Wenn man von einem Obdachlosen um etwas zu Essen gebeten wird, dann darf man nicht nur gegenüber seinen aktuellen Bedürfnissen aufmerksam sein, sondern man muss sich auch fragen, was dazu führt, dass Obdachlosigkeit besteht. Wenn ein Tier verängstigt aus einem Schlachthof flieht, dann darf man es nicht bloß einfangen und sich darum kümmern, dass es leben darf, sondern man muss auch der Frage nachgehen, weshalb es überhaupt industrielle Tötungsarbeit gibt. Oder wenn man Zeuge eines rassistisch motivierten, verbalen Angriffs auf einen anderen Menschen wird, dann sollte man nicht nur intervenieren und sich gegen den Angreifer stellen, sondern man muss verstehen können, welche sozialen Verhältnisse Rassismus überhaupt entstehen lassen. So würden alle Menschen ermächtigt, politisch zu handeln. Obgleich alltägliche Verrichtungen und Verhaltensweisen, egal ob dies der schnelle Einkauf im Laden, die flüchtige Hinwendung zu einem Fremden, die Fürsorge gegenüber einem Kind oder die Rücksicht gegenüber einer Pflanze ist, gemeinhin nicht als »politisch« gelten, so sind sie es faktisch doch. Denn genau hier, im Kleinen, entscheidet sich, in welcher Gesellschaft man leben will und wie die Gesellschaft, die einen umgibt, gestaltet sein soll.

Charakter

Auf dem Weg zu einer von Frieden geprägten Gesellschaft nimmt die kollektive Wiederaneignung von charakterlichen Haltungen, die achtsames oder fürsorgliches Handeln fördern, eine zentrale Bedeutung ein. Diese Dispositionen sind in der Praxis zwangsläufig selektiv, richten sich also erstmal auf bestimmte Lebewesen. Dennoch scheint es so zu sein, dass verschiedene Formen an Achtsamkeit sich gegenseitig bedingen. Umgekehrt gehen auch bestimmte Formen von Rücksichtslosigkeit oder Diskriminierung fließend ineinander über. Dies zeigen etwa die beiden Psychologen Kimberly Costello und Gordon Hodson eindrücklich. Sie führten eine Studie durch, deren Gegenstand Vorurteile bei Kindern waren.[1] Untersucht wurden Kinder im Alter zwischen sechs und zehn Jahren. Die Forscher legten den Kindern Fotografien von dunkel- und hellhäutigen Kindern sowie Fotografien von verschieden Tieren vor. Sodann wurden die Kinder aufgefordert, die Bilder auf einem länglichen Brett zu sortieren: Größere Abstände zwischen den Bildern sollten größere Unterschiede zwischen den einzelnen Individuen darstellen. Die erstaunliche Erkenntnis der Studie lag darin, dass Kinder, welche die Fotografien von Menschen und Tieren in großem Abstand zueinander auslegten, sich gleichermaßen bei der Sortierung der Fotos von dunkel- und hellhäutigen Kindern verhielten. Die Kinder, die am ehesten speziesistisch dachten und eine große Distanz zwischen Menschen und Tieren sahen, wiesen auch am ehesten rassistische Denkmuster auf. Schließlich sind die Distanzen, die über das Auslegen der Fotos gemessen wurden, ein Gradmesser dafür, wie stark dunkelhäutige Menschen oder Tiere abgewertet und als der Eigengruppe unterlegen erachtet werden. Kurz gesagt: Die Studie beweist, dass die Art, wie über Tiere gedacht wird und wie diese behandelt werden, in direktem Zusammenhang dazu steht, mit welchen Einstellungen Menschen sich untereinander begegnen. Dies untermauern auch weitere Studien, die um Wissenschaftler wie Gordon Hodson, Kristof Dhont und weitere durchgeführt wurden.[2] Festgestellt wird dabei stets aufs Neue, dass Menschen, die eher speziesistische Einstellungen besitzen, auch eher abwertend über Fremdgruppen denken. Speziesismus, Rassismus, Sexismus und weitere diskriminierende Überzeugungen sind nicht getrennt voneinander zu sehen, sondern gehen miteinander einher.[3]

Leider wird selten bedacht, dass die emotionale sowie moralische Distanzierung von Tieren die Grundlage dafür legt, dass gleiches unter Menschen passiert und soziale Fremdgruppen gegenüber derjenigen sozialen Gruppe, der man selbst angehört, als minderwertig, inferior oder anderweitig unterlegen angesehen werden. Sieht man sich etwa Klassiker zur Forschung über Diskriminierung an, beispielsweise *Justice and the Politics of Difference* der amerikanischen Politikwissenschaftlerin Iris Marion Young,[4] dann fällt auf, dass die Überlegungen darin rein anthropozentrisch sind. Obwohl Phänomene der Ausbeutung, Marginalisierung, Entmachtung oder Gewaltanwendung untersucht werden, besteht eine erschreckende Blindheit dafür, dass alles dies an Tieren gewissermaßen erprobt wird, bevor es sich dann auf Menschen richtet. Obwohl es eigentlich naheläge, wird der Zusammenhang zwischen gewaltsamem Handeln gegenüber Tieren und gewaltsamem Handeln gegenüber Menschen in vielen Forschungsarbeiten nicht gezogen und gehört auch nicht zum Allgemeinwissen der Menschen. Dabei sind die Erkenntnisse aus den Untersuchungen, wie sie etwa Kimberly Costello und Gordon Hodson durchgeführt haben, gar nicht neu.

Bereits 1916 verfasste der Schriftsteller Magnus Schwantje eine Schrift mit dem Titel *Tiermord und Menschenmord*[5]. Darin beschreibt er, wie die Bereitschaft zum Töten und Verspeisen von Tieren zum Wegbereiter für das Führen von Kriegen werden kann. Menschen, die »zur Erlangung eines sehr geringen Nutzens jede überhaupt ausdenkbare Grausamkeit an Tieren unbedenklich verüben, die zum Beispiel beständig in Strömen von Tierblut waten, um sich ein leicht entbehrliches Nahrungs- und Genussmittel zu verschaffen, [werden] auch nicht vor dem Anstiften eines Krieges zurückschrecken […]. Der Tiermord ist ohne Zweifel eine der Ursachen des Menschenmordes; eine vegetarisch lebende Menschheit wäre viel leichter mit Abscheu vor dem Kriege zu erfüllen als die heutige«.[6] Ähnliches wird auch in jüngerer Zeit geschrieben, so etwa von der Philosophin Kelly Oliver: »Barbarei gegenüber Tieren erzeugt Barbarei gegenüber Mitmenschen; die Jagd und Tötung von Tieren ist ein Übungsplatz für das Jagen und Töten von Menschen; Krieg ist ein natürliches Ergebnis oder zumindest eine Begleiterscheinung des Tötens von Tieren: Fleischesser führen Krieg.«[7] Diese schon vor langer Zeit getroffene Feststellung, dass es einen Zusammenhang zwischen der Gewalt gegen Tiere und gegen Menschen gibt, wird heute in der psychologischen Forschung unter dem Begriff der »Mensch-Tier-Gewalt-Verbindung« verhandelt und eingehender untersucht. Hierbei wird zum einen der Zusammenhang zwischen individueller Tierquälerei und Gewaltkriminalität analysiert.[8] Zum anderen wird untersucht, welche Dynamiken das massenhafte Töten von Menschen im Rahmen von Kriegen oder Genoziden ermöglichen, wobei der Fokus stets darauf gelenkt wird, dass Menschen ihr »Menschsein« abgesprochen wird und sie mit Tieren gleichgesetzt werden. Beide Aspekte sollen im Folgenden genauer beleuchtet werden.

***

Die zentrale Erkenntnis in der Forschung zur »Mensch-Tier-Gewalt-Verbindung« liegt, wie der Begriff schon sagt, darin, dass das Zufügen von Gewalt gegenüber Tieren in vielen Fällen Hand in Hand geht mit Gewaltanwendung gegenüber anderen Menschen. Das Quälen von Tieren bildet gerade für Menschen, die später einen Mord begehen, eine Art Vorbereitung, um sich psychisch darauf einzurichten, einen anderen Menschen umbringen zu können. Obgleich zumindest in Teilen der Forschung umstritten ist, inwiefern auf Menschen gerichtete Gewalttaten tatsächlich an Tieren »trainiert« werden,[9] so ist doch auffällig, dass Straftäter wie Eric Harris, Dylan Kebold, Andrew Golden, Luke Woodham, Michael Carneal, Jeffrey Dahmer, Ted Bundy, Albert DeSalvo und viele weitere[10] schreckliche Verbrechen begangen haben – und bei allen ist belegt, dass ihren Gewalttaten das Foltern, Verstümmeln, Quälen und Töten von Tieren vorausging. Bei den »School Shootings« ist bekannt, dass die Hälfte der Täter im Vorfeld ihrer Tat Tiere gequält hat.[11] Besonders auffällig bei den Untersuchungen zur Verbindung zwischen Gewalt gegenüber Menschen und gegenüber Tieren ist, dass in der weitaus überwiegenden Mehrheit Männer zu Tierquälern – und anschließend zu Kriminellen im anthropozentrischen Sinn – werden. Ebenfalls auffällig ist, dass bereits Kinder beziehungsweise Jungen sehr häufig als Tierquäler agieren. Zu erklären ist dies dadurch, dass gerade Jungen vielfach selbst Opfer von Gewalt oder Misshandlung werden und sie diese Erfahrung mit umgedrehten Rollen bei

Tieren reproduzieren. Tierquälerei kann bei Jungen – aber freilich auch bei Mädchen – ein Symptom von innerfamiliären Problemen sein. Diese können von sexuellem Missbrauch, Schlägen bis hin zu Vernachlässigung, häufiger Abwesenheit der Eltern und vielem mehr reichen. Ein Beleg für diesen Sachverhalt findet sich unter anderen in einer Studie von Elizabeth DeViney und Kollegen.[12] Die Wissenschaftler konnten zeigen, dass in knapp neunzig Prozent der Fälle in Familien, in denen Kinder missbraucht wurden, auch verschiedene Formen des Missbrauchs von Tieren vorkamen. Dieser Sachverhalt konnte in neuerer Zeit durch eine Untersuchung des Psychologen Alexander Duncan erneut wissenschaftlich nachgewiesen werden.[13] Deren Ergebnisse weisen darauf hin, dass physischer oder sexueller Missbrauch von Kindern sowie das Erleben von häuslicher Gewalt signifikanten Einfluss darauf haben, ob Kinder selbst zu Tierquälern werden. Im Speziellen kann ferner gezeigt werden, dass Kinder, die Tiere sexuell missbrauchen, häufig auch selbst sexuell missbraucht wurden.[14] Die Parallelen zwischen dem Missbrauch von Tieren und dem von Kindern sind dergestalt, dass sowohl Ersteres ein Indikator für Letzteres ist als auch umgekehrt. Faktisch ist Gewalthandeln gegenüber verschiedenen Lebewesen nicht getrennt zu bewerten. Ob die Opfer Menschen oder Tiere sind, macht im Prinzip keinen signifikanten Unterschied. Ganz im Gegenteil deuten die Forschungen zur »Mensch-Tier-Gewalt-Verbindung« darauf hin, dass der etablierte Anthropozentrismus, also die ausschließliche Konzentration auf die Interaktionen menschlicher Akteure, überwunden werden sollte. Dies würde nicht allein den Tieren zugutekommen, die Opfer von Gewalthandlungen werden, sondern ebenfalls der Prävention und Früherkennung von Kindesmissbrauch, Entwicklungsstörungen, Familienproblemen oder Jugendkriminalität dienen.

Kinder und Jugendliche wiederum, die mit Haustieren aufwachsen, entwickeln im Vergleich zu Kindern und Jugendlichen, die diese Erfahrung nicht machen können, eine stärkere Empathie für Tiere, auch für jene, die in verschiedenen Zweigen der Tierindustrie missbraucht werden.[15] Des Weiteren führt die respektvolle Beziehung zu einem Haustier dazu, dass Menschen ebenfalls stärkere Bindungen beispielsweise zu ihren Geschwistern, Eltern oder Freunden eingehen.[16] Wenn Kinder und Jugendliche allerdings im Laufe ihrer Sozialisation Gewalt gegen die in ihrer Familie gehaltenen Haustiere wahrnehmen, werden diese selbst ebenfalls eher zu Tierquälern – oder sie sind eher dazu geneigt, Gewalt gegen Tiere akzeptabel zu finden.[17] Entscheidend ist stets die erfolgreiche Vermittlung von Empathie während der Sozialisation. Empathie ist der Schlüssel zur weiteren Ausprägung diverser positiver Charakter- und Persönlichkeitseigenschaften.

Kriminologische Theorien, in denen die Gründe und Umstände für Tierquälerei untersucht werden, gibt es seit den Arbeiten von Robert Agnew.[18] Der Kriminologe beschreibt in seiner Studie, wie Persönlichkeitseigenschaften wie Empathie oder Selbstkontrolle in Verbindung mit anderen Faktoren wie Sozialisationsumständen oder Stresserlebnissen Tierquälerei bedingen können. Agnews Forschungen zur Frage, was Menschen antreibt, Tiere zu misshandeln, haben gezeigt, dass zwischenmenschliche Gewalterfahrungen ein zentraler Auslöser sein können. Umgekehrt kann die Misshandlung von Tieren darin münden, dass zwischenmenschliche Gewalt verübt wird.[19] Besonders typisch ist eine Konstellation, in der häusliche Gewalt dadurch verübt wird, dass Männer in ihrer Rolle als Väter, Ehemänner oder Partner Haustiere misshandeln, um damit gleichsam strafend auf ihre Kinder, Ehefrauen oder Partnerinnen einzuwirken.[20] Häufig jedoch geht dabei die Gewalt gegen Tiere gleichsam in Gewalt gegen die eigenen Familienmitglieder über. Diese kann physisch oder psychisch verübt werden. Der Gewaltforscher Frank Ascione referiert in einem seiner Aufsätze[21] etwa auf einen Fall, in dem ein Vater das als Haustier gehaltene Kaninchen in der Garage aufhängte. Anschließend rief er seine Ehefrau sowie das von ihr auf der Schulter getragene Baby herbei und begann, das schreiende Kaninchen vor den Augen der Frau und des Babys lebendig zu häuten. Hier verübt der Mann keine direkte physische Gewalt gegenüber seiner Familie, dennoch verletzt oder traumatisiert er sie zutiefst. Solche psychische Gewalt beginnt bereits dort, wo Männer gegenüber ihren Frauen oder Partnerinnen nur androhen, dem Haustier etwas anzutun. Erst in einem weiteren Schritt wird der Vollzug gewaltsamer Handlungen an Tieren als Drohung genommen, um Familienangehörige einzuschüchtern. So berichtet etwa eine Bauersfrau von ihrem Ehemann, dass dieser seine Wut regelmäßig an den gehaltenen »Milchkühen« auslässt, indem er ihnen den Schwanz bricht oder ihnen mit einer Stange ins Gesicht schlägt, um anschließend in die Küche zu kommen und seine Frau wissen zu lassen: »Siehst du, dieses Mal habe ich dich nicht verletzt.«[22] Die Misshandlung von Tieren kann folglich nur als Mittel zum Zweck dienen, um Angst und Verzweiflung bei Familienmitgliedern oder anderen Mitmenschen auszulösen. Erleben Kinder zwischenmenschliche Gewalt bei ihren Eltern mit, führt dies nicht nur mit hoher Wahrscheinlichkeit zu Entwicklungsstörungen oder antisozialem Verhalten. Es mündet gleichsam häufig in der Misshandlung von Tieren.[23] Kinder geben die Gewalt, die sie bei ihren Eltern beobachten, an die ihnen unterlegenen Tiere weiter. Dabei kann durch Kinder verübte Tierquälerei wiederum seinerseits ein Indikator für generelle Verhaltensstörungen sein.[24]

In einer Studie von Anna C. Baldry gaben von mehr als tausend befragten Probanden über die Hälfte an, mindestens einmal ein Tier missbraucht zu haben.[25] Diese erschreckend hohe Quote wirft ein insgesamt überaus negatives Bild auf das, was in der Abschottung privater Räume an Grausamkeiten verübt wird.[26] Dabei kann durch die Vielzahl der durchgeführten empirischen Untersuchungen auf dem Feld nicht mehr bestritten werden, dass eine Korrelation besteht zwischen dem Erleben von zwischenmenschlicher häuslicher Gewalt sowie der Ausübung von Gewalt gegenüber Haustieren. Paradigmatisch steht hier, neben den oben bereits genannten Studien, eine Untersuchung von Cheryl Currie.[27] Sie konnte nachweisen, dass Kinder, die Zeugen häuslicher Gewalt werden, mit einer vielfach höheren Wahrscheinlichkeit Tiere missbrauchen, als dies bei Kindern der Fall ist, die keine häusliche Gewalt erfahren. Umgekehrt wird die Genese von jugendlichem oder erwachsenem Gewalthandeln nur selten aus der Verknüpfung desselben mit dem Missbrauch von Tieren erklärt. Dies ist dem bereits erwähnten Anthropozentrismus, also der häufigen Engführung der Überlegungen in der Kriminologie[28] und anderen wissenschaftlichen Disziplinen geschuldet. An dieser Stelle soll der Einfluss von familiären Erfahrungen auf den gewaltsamen Umgang mit Tieren näher beleuchtet werden. Als Risikofaktoren werden hier insbesondere Kindesmissbrauch, elterlicher Alkoholismus, die fehlende Verfügbarkeit beziehungsweise der fehlende Kontakt zu Vater oder Mutter, häusliche Gewalt, Tierquälerei durch die Eltern und ein dysfunktionales, also beispielsweise übermäßig von Stress und Anspannung geprägtes Familienumfeld erwogen.[29]

***

Dazu, warum die genannten Risikofaktoren die Neigung von Kindern oder Jugendlichen, Tiere zu missbrauchen, deutlich verstärken, gibt es folgende theoretische Überlegungen. Erstens wird im Rahmen lerntheoretischer Ansätze vermutet, dass Kinder sich gewaltförmiges Handeln der Eltern »abschauen«, beispielsweise durch einen besonders autoritären, sehr strengen und von physischen Strafen gekennzeichneten Erziehungsstil, und diese Gewalt ihrerseits an schwächere Individuen weitergeben. Die Erfahrung, selbst bestraft und durch Sanktionsdrohungen oder -anwendungen kontrolliert zu werden, wird dabei umgedreht, indem Tiere »bestraft« und kontrolliert werden. Dadurch gewinnen Kinder ihre Selbstwirksamkeitserwartung zurück und kompensieren die gegenüber den eigenen Eltern erlebte Ohnmacht. Zweitens wird im Rahmen psychoanalytischer Theoriemodelle ein Erklärungsansatz verfolgt, der ähnlich wie die lerntheoretischen Ansätze davon ausgeht, dass negative Erfahrungen mit elterlichem Handeln auf die Interaktion mit Tieren verlagert werden. Spekuliert wird hierbei ferner, dass kindliche Aggressionen, die eigentlich gegen die eigenen, missbräuchlich agierenden Eltern gehegt werden, auf die Tiere abgelenkt beziehungsweise verschoben werden, wo diese von den Kindern – anders als gegenüber den Eltern – ausagiert werden können. Drittens wird davon ausgegangen, dass sich ein dysfunktionales oder gar von Missbrauch geprägtes familiäres Umfeld negativ auf die Entwicklung der Fähigkeit auswirkt, empathisch zu sein. Folglich versagt die natürliche Hemmung, anderen Lebewesen Gewalt anzutun.[30]

Trotz aller Evidenzen aus wissenschaftlichen Untersuchungen soll nicht behauptet werden, dass gewalttätiges Verhalten gegenüber Tieren stets aus der Erfahrung zwischenmenschlicher Gewalt resultiert. Genauso darf die umgekehrte Wirkungsrichtung – also das Missbrauchen von Tieren sowie die anschließende Gewaltausübung gegen Menschen – nicht eindimensional oder im Sinne einer einfachen Kausalbeziehung betrachtet werden. Gewaltsames Handeln wird durch vielfältige Faktoren bedingt und kann nicht durch einfache Kausalketten erklärt werden. Dennoch ergibt sich aus der Forschung eine starke Evidenz, dass Gewalt weitere Gewalt provoziert. Dabei ist es unerheblich, gegen welche Spezies die Gewalt gerichtet ist. Wer Gewalt an Tieren verübt, tut selbiges auch eher an Menschen – und umgekehrt. Nach jahrzehntelanger Forschung zur »Mensch-Tier-Gewalt-Verbindung« und zu den Ursachen und Wirkungen individueller Tierquälerei kann festgehalten werden, dass es eine Wechselwirkung zwischen häuslicher Gewalt, Kindesmisshandlung und Tierquälerei gibt.[31]

***

Frank Ascione definiert Tierquälerei als Gewalt gegenüber Tieren im Sinne eines Verhaltens, das sozial nicht akzeptiert ist.[32] Diese Definition schließt bewusst sozial akzeptierte Gewalt gegenüber Tieren aus. Dabei ist diese sozial akzeptierte Gewalt weitaus verbreiteter als individuelle Tierquälerei etwa in einem häuslichen oder schulischen Umfeld. Wenn man den Zusammenhang zwischen gewalttätigem Handeln Tieren gegenüber und zwischenmenschlicher Gewalt untersucht, muss also insbesondere die sozial weithin akzeptierte, institutionalisierte Misshandlung von Tieren in der Landwirtschaft, den Biowissenschaften oder auch der Unterhaltungsindustrie in den Fokus genommen werden. Im Zentrum des Interesses steht hier nicht mehr die Verknüpfung von außeralltäglichen, episodischen und individuellen Formen von Gewalt in einem mikrosoziologischen Kontext, sondern die auf einer makrosoziologischen Ebene gelegene Verbindung verschiedener Herrschafts- und Diskriminierungssysteme, deren Auswirkungen jedoch wiederum bis in individuelle Charakterzüge hineinreichen. Die alltägliche, institutionalisierte Gewalt der Tierindustrie ereignet sich nicht in einem für sich stehenden, isolierten Teilbereich der Gesellschaft – trotz der Bemühungen, sich vor jeglicher Form von Öffentlichkeit abzuschotten. Ganz im Gegenteil sind sowohl die Ursachen als auch die Folgen des industriellen Missbrauchs von Tieren an ganz anderer Stelle zu suchen und zu finden.

Historisch betrachtet liegt der Ursprung institutionalisierter Gewalt und hegemonialer, sich also gesellschaftsweit auswirkender Herrschaftsstrukturen in der Domestizierung vormals wild lebender Tiere. Die Domestizierung, im Rahmen derer bestimmte Tierarten beziehungsweise deren Körperprodukte zu Nahrungsmitteln wurden, geht zwingend mit einer Macht- oder Kontrollausübung über die betroffenen Lebewesen einher. Bereits die ersten Formen von Tierwirtschaft waren dadurch gekennzeichnet, dass Tiere zum Eigentum bestimmter Personen oder Personengruppen wurden, dass sie eingesperrt und getötet wurden und dass auf einer ideellen Ebene die Idee von sozialer Ungleichheit entstand. Eine Gesellschaft, in der Tiere in einer Weise genutzt werden, in der ihre eigenen Bedürfnisse mehr oder minder ignoriert werden, findet sich stillschweigend damit ab, dass Lebewesen in Gruppen eingeteilt und aufgrund eines ihnen künstlich zugeschriebenen Status diskriminiert und als mehr oder minder wertvoll betrachtet werden. Die sozialen Ungleichheiten, die durch die Domestizierung etabliert wurden, werden gleichsam auf zwischenmenschliche Verhältnisse ausgeweitet. Vieles spricht dafür, dass die

Idee, einige Menschen als Sklaven zu nutzen und andere zu Sklavenhaltern zu erwählen, ihren Ursprung in der Unterdrückung der Tiere und in der Nutzung derselben als Nahrungsmittel und Arbeitskraft hat.[33] Wie in der oben erwähnten Forschung zur Verbindung von Tiermisshandlungen und Gewaltverbrechen, so sind auch hier auffällige Parallelen zu verzeichnen zwischen der Behandlung von Tieren und Sklaven oder Menschen, die sklavenähnliche Zwangsarbeit verrichten müssen.[34] Beide werden als Eigentum angesehen, beide sind Gegenstand bürokratischer Systeme und wirtschaftlicher Handelsbeziehungen, dementsprechend werden oder wurden beide mit Brandmarkierungen versehen, beide werden als Arbeitskräfte genutzt und beide werden gegen ihren Willen gefangen gehalten beziehungsweise ihrer Freiheit beraubt.

Nachdem im Zuge der Domestizierung von Tieren die Idee einer zwischen verschiedenen Lebewesen bestehenden Wertungleichheit Einzug in die Gesellschaft gefunden hatte, begannen sich zwischenmenschliche Unterdrückungs- und Ausbeutungssysteme zu etablieren. Menschen verstanden sich nun nicht mehr als gleichberechtigte Individuen, die sich untereinander sowie mit diversen tierlichen Mitlebewesen eine gemeinsame Umwelt teilen und eine Multispeziesgesellschaft bilden. Stattdessen entwickelten sich Beherrschung und Unterdrückung zu Charakteristiken sozialer Interaktionen. Dies betraf insbesondere das Verhältnis von Männern und Frauen und hat sich im Laufe der Zeit auf zahlreiche Formen der Stratifikation, also der sozialen Unter- und Überordnung von Menschengruppen, ausgedehnt. Festzuhalten ist, dass keine Form sozialer Unterdrückung isoliert gesehen werden kann. Die übergreifenden Zusammenhänge von verschiedenen Herrschaftsverhältnissen und sozialer Ungleichheit können jedoch in der konkreten Praxis helfenden, aktivistischen oder emanzipatorischen Handelns nicht unmittelbar berücksichtigt werden, da man sich stets auf konkrete Problemfälle fokussieren und damit gleichzeitig hierarchisieren muss nach dem Grad der Schwere eines Notstandes. Prinzipiell jedoch bedeutet der helfende Einsatz für eine bestimmte Art von Lebewesen gleichfalls einen indirekten Einsatz für andere Arten. Das berühmte »Verrohungsargument« des Philosophen Immanuel Kant, wonach die grausame Behandlung von Tieren rasch in eine grausame Behandlung anderer Menschen umschlagen kann, kann an dieser Stelle ins Positive gewendet werden. Demnach bedeutet beispielsweise die Pflege eines friedlichen Miteinanders mit Tieren normalerweise auch, dass selbiges auf zwischenmenschliche Beziehungen übertragen wird. Auf weltanschaulicher Ebene bedeutet dies, dass der Veganismus, verstanden als Überzeugungssystem, das die Unterdrückung von Tieren ablehnt, schwerlich mit einer rassistischen, nationalistischen oder sexistischen Ideologie zusammengeht, sondern gleichzeitig für eine Untermauerung weiterer Bemühungen um Antidiskriminierung steht.

***

Wie oben beschrieben wurde, besteht sowohl ein Zusammenhang zwischen individueller als auch institutionalisierter Tierquälerei auf der einen und Gewaltkriminalität auf der anderen Seite. Gleichzeitig kann gezeigt werden, dass die bewusste oder unbewusste Aneignung einer speziesistischen Ideologie mit weiteren Formen sozialer Diskriminierung einhergeht. In seiner radikalsten Form manifestiert sich dieser Konnex darin, dass die schrecklichsten Massenverbrechen der Menschheitsgeschichte dadurch ermöglicht wurden, dass die Täter ihre Opfer weniger als Menschen denn als Tiere betrachteten. Dies erklärt zum einen die soziale Dynamik jener Verbrechen und sagt gleichzeitig etwas über das Mensch-Tier-Verhältnis aus. Wenn Menschen in ihrer Würde und Integrität degradiert werden, indem man sie zu Tieren erklärt, dann sind letztlich die Tiere noch vor den Menschen zu unwertem Leben herabgewürdigt worden. Das Tier als unwertes Leben bildet die Vorlage für die ideologische Mechanik, die letztlich Genozide, Kriege, Massenmorde ermöglicht – oder eben »typische« Formen sozialer Diskriminierung wie Nationalismus, Homophobie oder Frauenfeindlichkeit. Statt indes jene Phänomene damit zu erklären, dass Menschen »dehumanisiert« und Tieren gleichgesetzt würden, sollte man allerdings eher den gemeinhin verinnerlichten Speziesismus beleuchten.

Letztlich lassen sich alle diese Befunde auf einen einfachen Grundsatz herunterbrechen: Wer Tiere als minderwertige Lebewesen erachtet, tendiert dazu, gleiches auch bei Menschen zu tun, die in der einen oder anderen Weise als »anders« als man selbst deklariert werden. Die Einstellung zu und der Umgang mit Tieren bedingt die Fähigkeit, andere Menschen zu diskriminieren oder ihnen gar Gewalt zuzufügen. Umgekehrt gilt, dass Menschen, die Tiere als Individuen respektieren und dies dadurch zum Ausdruck bringen, dass sie sich Handlungszusammenhängen institutionalisierter Tierquälerei widersetzen, empfindsamere, sozialere, empathischere Menschen sind. Wer Tiere wertschätzt und dies in seinem Handeln zum Ausdruck bringt, vereinigt in der Regel eine ganze Reihe an weiteren Persönlichkeitseigenschaften auf sich, welche die Basis bilden für die Manifestation einer friedfertigen Gesellschaft. Nichts könnte angesichts dessen abwegiger sein, als die mitunter artikulierte Vorstellung, Tierschutz weise menschenfeindliche Züge auf. Menschen, die sich Tieren gegenüber empathisch verhalten, tun faktisch selbiges auch gegenüber anderen Menschen.[35] Wer den Einsatz für Tiere menschenfeindlich nennt, drückt damit nicht nur seine eigene Feindlichkeit gegenüber Tieren aus, sondern – gleichzeitig und in paradoxem Verhältnis zur eigentlichen Aussage – seine Unachtsamkeit gegenüber anderen Menschen. Schließlich wird das genuin prosoziale Potenzial antispeziesistischen Handelns verkannt. Tatsächlich kann empirisch nachgewiesen werden, dass Menschen, denen das Wohlergehen und der Schutz von Tieren am Herzen liegen, gleichermaßen um das Wohlergehen anderer Menschen besorgt sind.[36]

In der Persönlichkeitsentwicklung kann die universelle Achtsamkeit gegenüber menschlichen sowie nicht-menschlichen Tieren seine natürliche Ausprägung finden. Sie kann aber auch durch kognitive Verzerrungen so manipuliert werden, dass Menschen die Bereitschaft entwickeln, sich gegenüber der Anwendung von Gewalt gegen bestimmte »Andere« neutral oder gar affirmativ zu verhalten. Sofern diese kognitiven Verzerrungen unterhalb einer kritischen Schwelle verbleiben, zeigt sich, dass die menschliche Psyche unter der Wahrnehmung von Gewalt leidet und eine natürliche Hemmung gegenüber der Ausübung von Gewalt hat. Verschiedene Befunde bestätigen, dass Menschen selbst dann vor Gewaltausübung zurückschrecken, wenn ihnen keinerlei Sanktionen drohen. Anders sieht es aus, wenn sie ihre Opfer verdinglicht, entmenschlicht oder anderweitig hinsichtlich ihrer Individualität verleugnet haben. Demonstrieren lässt sich dies etwa an dem berühmten Beispiel der Schlacht von Gettysburg, bei der anhand erhalten gebliebener Musketen festgestellt werden konnte, dass nur ein Bruchteil davon überhaupt abgefeuert wurde.[37] Die dennoch sehr hohe Zahl an Kriegstoten erklärt sich insbesondere durch das abgegebene Artilleriefeuer. Die Infanteriesoldaten jedoch taten überwiegend anderes, als ihre Waffen abzufeuern. Sie riefen Befehle, rannten umher, luden ihre Gewehre, simulierten das Abgeben von Schüssen, kümmerten sich um die Verwundeten und dergleichen mehr. Eine ähnliche Beobachtung kann bei Hooliganschlägereien gemacht werden.[38] Auch hier beteiligen sich die wenigsten Hooligans tatsächlich an der eigentlichen Schlägerei. Die meisten Hooligans brüllen und rennen herum, beleidigen ihre Kontrahenten oder sind mit erlittenen Wunden beschäftigt. Tatsächlich schrecken

Menschen vor Auseinandersetzungen mit Knüppeln, Messern oder anderen Nahkampfwaffen mehr zurück als vor Kämpfen mit Distanzwaffen, wobei die Benutzung von Artillerie oder Bomben die am leichtesten auszuübenden Gewalttaten sind, da die Opfer derselben abstrakt bleiben. Hier wird die Gewaltanwendung ermöglicht, weil wiederum kognitive Verzerrungen es erlauben, sie auszublenden.

***

Die psychische Resistenz gegenüber Gewalthandlungen in Abhängigkeit von verschiedenen sozialen und psychischen Einflüssen sowie Umweltbedingungen kann also variieren, je nach dem, ob man sich verantwortlich fühlt gegenüber verursachtem Leid, ob man Teil eines Kollektivs ist, ob die Opfer anonym bleiben et cetera. Der entscheidende Faktor jedoch, der bedingt, in welchem Maße die natürliche Abneigung gegenüber Gewalt und Grausamkeit ausgeprägt ist, ist Empathie. Sie ermöglicht es, die Emotionen anderer zu verstehen und angemessen auf sie zu reagieren.[39] Wer empathisch ist, der neigt auch weniger dazu, anderen direkt oder indirekt Gewalt zuzufügen. So ist es auch die Empathie mit Tieren, die Menschen dazu führt, die institutionalisierte Gewalt, die insbesondere »Nutztieren« angetan wird, abzulehnen. In einer Studie, die von dem Neurologen Massimo Filippi geleitet wurde, konnte durch bildgebende Verfahren gezeigt werden, dass vegan lebende Menschen in Reaktion auf Bilder, die gewaltsame Handlungszusammenhänge darstellen, eine stärkere Aktivierung von empathiebezogenen Hirnregionen haben als vegetarisch oder karnistisch lebende Menschen.[40] Dieser Befund erklärt sich unter anderem daraus, dass der Veganismus für die wenigsten, die ihn praktizieren, bloß ein modegetriebener Ernährungsstil ist, sondern eine bewusste ethische Lebenseinstellung, die eine grundsätzliche Ablehnung unnötiger Gewalt gegenüber Tieren und Menschen umfasst.

In diversen weiteren Untersuchungen zum Konnex von Empathie und Mensch-Tier-Beziehungen wurde festgestellt, dass Empathie zu einer positiveren Einstellung gegenüber Tieren führt[41], dass Empathie mit der Ablehnung von Gewalt gegenüber Tieren einhergeht[42] und dass Empathie es ermöglicht, zuverlässig zu erkennen, wenn andere Lebewesen leiden[43]. Ferner wurde gezeigt, dass Kinder, die ein Bildungsprogramm durchlaufen haben, in dem die Beziehung zwischen Menschen und Tieren thematisiert wird, im Anschluss verstärkte Empathie gegenüber anderen Menschen zeigen.[44] Letztlich werfen derartige Studien jeweils ein Schlaglicht auf den größeren Zusammenhang zwischen positiven, von Achtsamkeit geprägten Mensch-Tier-Beziehungen sowie daraus resultierenden zwischenmenschlichen Beziehungen, die gleichsam von pro-sozialen Einstellungen, Empathie und Respekt geprägt sind.

Um die Psychologie der Mensch-Tier-Beziehung weiter aufzuschlüsseln, wird in der Forschung ein Blick auf den Zusammenhang zwischen einem eher konservativen, von Autorität geprägten Weltbild sowie Einstellungen gegenüber Tieren beziehungsweise deren Konsum als Nahrungsmittel geworfen.[45] Hierbei wird insbesondere die »Theorie der Sozialen Dominanz« verwendet, anhand der empirisch erhoben werden kann, wie Menschen zu hierarchischen Sozial- oder Herrschaftsverhältnissen beziehungsweise zur Diskriminierung von Fremdgruppen stehen. Forschungsergebnisse zeigen, dass Personen, die eine hohe »soziale Dominanzorientierung« haben, also soziale Hierarchien befürworten, gleichzeitig auch in hohem Maße die Verwendung von Tieren zur Nahrungsmittelproduktion oder Kleidungsherstellung billigen.[46] Menschen, die Tiere essen, sind – wie in diversen Studien gezeigt wurde[47] – im Vergleich zu vegetarisch oder vegan lebenden Menschen im Durchschnitt eher politisch rechts orientiert und befürworten von Autorität geprägte Gesellschaftsmodelle. Auch wurde gezeigt, dass Menschen, die sich einmal vegan oder vegetarisch ernährten, dann jedoch wieder begannen, Fleisch zu essen, eher konservativen Ideologien anhängen und ihre ursprüngliche Entscheidung, keine Tiere zu essen, in der Regel nicht durch Aspekte sozialer Gerechtigkeit motiviert war.[48] Eine etwas speziellere empirische Erhebung von Adelma Hills hat herausgefunden, dass tierhaltende Landwirte in vergleichsweise besonders hohem Ausmaß Machtbeziehungen und soziale Hierarchien befürworten.[49] Derartige Untersuchungen bestätigen, was bereits von vielen philosophischen und sozialpsychologischen Theorien angenommen wurde, dass nämlich die Erhebung des Menschen über die Tiere mit der Entstehung zwischenmenschlicher Ungleichheiten und Diskriminierung einhergeht.

Viele Forschungsarbeiten rund um die Persönlichkeits- oder Charaktereigenschaften von Karnisten[50] lehnen sich an die Theorie der Autoritären Persönlichkeit des Philosophen Theodor W. Adorno an.[51] Im Rahmen dieses Ansatzes wird untersucht, inwiefern Menschen sich mit der Unterordnung unter Autoritäten bereit erklären, inwiefern sie Dominanz und Aggression gegen untergeordnete Personen befürworten oder inwiefern sie mit konventionellen

Normen übereinstimmen. Menschen, die eine ausgeprägte »soziale Dominanzorientierung« haben, erleben Interaktionen eher im Sinne von Kämpfen und Konkurrenzverhältnissen, in denen es gilt, sich durchzusetzen, sodass sich soziale Hierarchien herausbilden.[52] Die so konstruierten Hierarchien und Unterdrückungsverhältnisse erzeugen eine künstliche Distanzierung zu denen, die »unten« sind, sodass sie als »anders« und als weniger wert als man selbst oder die Eigengruppe betrachtet werden. Dazu passen die Ergebnisse empirischer Untersuchungen, in denen gezeigt wurde, dass vegan oder vegetarisch lebende Menschen eher bereit sind, Tieren Eigenschaften, Emotionen oder Charakteristika zuzuschreiben, die gewöhnlich als ausschließlich menschlich wahrgenommen werden.[53] Wie bereits erwähnt leugnen umgekehrt Personen, die Fleisch essen, eher, dass Tiere über einen Verstand beziehungsweise komplexe kognitive Fähigkeiten verfügen.[54] Sarah Knight und Kollegen konnten mit einer weiteren Studie zeigen, dass über die Messung des sogenannten »Glaubens an den tierlichen Verstand« sehr zuverlässige Aussagen darüber getroffen werden können, wie stark Personen die Nutzung oder den Konsum von Tieren positiv oder negativ bewerten.[55] Ein niedriger »Glaube in den tierlichen Verstand« führt zwangsläufig zu der Überzeugung, dass Tiere keine oder nur geringe Schmerzen empfinden oder stressunempfindliche, angstlose, instinktiv funktionierende Wesen sind. Aus dieser Überzeugung heraus kann es schwerlich moralisch verwerflich sein, sie zu nutzen oder zu töten. Die Leugnung komplexer psychischer Fähigkeiten dient so als ein Mechanismus zur Bewältigung kognitiver Dissonanzen.

***

Die Frage nach Unterschieden in den Persönlichkeitseigenschaften von Menschen mit verschiedenen Ernährungsgewohnheiten ist ein häufiger Untersuchungsgegenstand in den Wissenschaften. Statistisch gesehen sind Vegetarier und Veganer eher junge Menschen, es leben mehr Frauen als Männer vegetarisch oder vegan, Vegetarier und Veganer haben im Vergleich zu Karnisten einen höheren Bildungsgrad und sind eher politisch interessiert, sie besitzen eher einen gesunden Lebensstil und sind um Umweltprobleme besorgt, sie bevorzugen eher egalitäre, wenig hierarchisch aufgebaute Sozialstrukturen, sie sind offener und aufgeschlossener für Neues und sie empfinden mehr Empathie mit Tieren.[56] Ebenfalls wurde herausgefunden, dass Kinder, die einen eher höheren Intelligenzquotienten haben, im fortgeschrittenen Alter mit höherer Wahrscheinlichkeit zu Vegetariern werden.[57] Ferner kann man feststellen, dass es einen Zusammenhang zwischen der Höhe des Fleischkonsums und dem Bildungsniveau gibt. Je niedriger das Bildungsniveau, desto mehr Fleisch wird gegessen.[58]

Letztlich bilden all jene Dinge, die mit Fleisch assoziiert werden – also etwa Macht, Stärke, Kraft oder Kampf –, Werte ab, die von Fleisch konsumierenden Menschen häufig als mehr oder minder essenzieller Teil der eigenen Persönlichkeit gesehen werden. Dabei besteht insbesondere eine starke Assoziation zwischen Fleischkonsum und Männlichkeit.[59] Die Forschung über die Unterschiede zwischen Frauen und Männern hinsichtlich ihrer Einstellung gegenüber Tieren und ihres daran angelehnten Konsumverhaltens belegt, dass Frauen im Vergleich zu Männern mehr Empathie gegenüber Tieren zeigen.[60] Auch haben Frauen eine positivere Haltung gegenüber Haustieren als Männer.[61] Gordon Gallop und Jason Beckstead fanden zudem heraus, dass Frauen sich eher um die Leiden und Schmerzen von »Versuchstieren« sorgen als Männer.[62] Frauen haben darüber hinaus eher eine kritische Einstellung gegenüber Tierversuchen als Männer.[63] Dorothy Tennov untersuchte ferner die Bereitschaft von Frauen und Männern, in einem hypothetischen Tierexperiment einem Tier einen elektrischen Schlag zu versetzen.[64] Dabei kam heraus, dass deutlich mehr Frauen verweigerten, dem Tier Leiden zuzufügen, als Männer. Auch übernehmen, wie Aline und Robert Kidd in einer Studie zeigten, Mädchen eher Verantwortung gegenüber Haustieren als Jungen.[65] Ferner tendieren Männer im Gegensatz zu Frauen eher dazu, zu leugnen, dass Tiere kognitive Fähigkeiten oder Emotionen besitzen und zu rationalen Entscheidungen fähig sind.[66] Aus dieser »Leugnung des Geistes«[67] erklärt sich letztlich auch die positivere Einstellung gegenüber der Nutzung von Tieren in wissenschaftlichen Versuchen sowie dem Konsum von Tierfleisch, die Männer im Vergleich zu Frauen aufweisen[68]. All dies sind einzelne Evidenzen dafür, dass Mädchen und Frauen eine stärkere Verbindung zu Tieren aufnehmen als Jungen oder Männer. Folgerichtig erscheint dann auch, dass in der Tierschutz- und Tierrechtsbewegung mehr Frauen als Männer aktiv sind.[69] Auch zeigen sich einer Untersuchung von Harold A. Herzog und Kollegen zufolge Frauen eher empfänglich für Angelegenheiten des Tierschutzes als Männer.[70] In diesem Zusammenhang erscheint die oben erwähnte Feststellung, dass sich Frauen im Vergleich zu Männern eher vegan oder vegetarisch ernähren, zunehmend plausibel.

Diese Unterschiede zwischen Frauen und Männern können über kulturell etablierte Geschlechterbilder ebenso wie über biologische Differenzen erklärt werden. Auf der einen Seite werden Jungen stärker über Werte wie Härte, Stärke und Konkurrenzfähigkeit sozialisiert. Mädchen eignen sich im Laufe ihrer Vergesellschaftung eher ein Rollenbild an, das von einem starken Gemeinschaftssinn oder der Sorge um andere geprägt ist. In diesem Kontext ist auch die Feststellung zu sehen, dass vegan lebende Menschen als weniger maskulin angesehen werden als Menschen, die einen karnistischen Lebenstil pflegen.[71] Die Eigenschaften der kulturell vermittelten Geschlechterrollen werden vom anthropozentrischen Setting der Gesellschaft übertragen auf die Mensch-Tier-Beziehung[72]. Aber auch biologische Faktoren spielen eine Rolle, darunter beispielsweise das Hormon Oxytocin. Frauen haben höhere Oxytocinspiegel als Männer. Oxytocin ist assoziiert mit einem empathischen, zuneigenden und umsorgenden Verhalten, das sich nicht allein auf Menschen, sondern desgleichen auf Tiere erstreckt.[73] Aus welcher Perspektive man die Geschlechterunterschiede und Persönlichkeitseigenschaften auch erklären mag, auffällig ist, dass ein durch die Ablehnung von Tiernutzung oder -ausbeutung geprägter Lebensstil in Verbindung steht mit Werten, Charaktereigenschaften und Einstellungen, welche die Konstitution einer friedlich verfassten Gesellschaft ermöglichen, in der Menschen sich gegenseitig sowie die Tiere respektieren und achten.

Wohlbefinden

Wenn man über Charaktereigenschaften oder Lebensstile spricht, in denen Tiere mit Achtsamkeit bedacht und behandelt werden, liegt es nahe, dies mit dem von vielen als Reizwort gesehenen Begriff des »Veganismus« zu fassen. Dabei werden im Blick auf den Veganismus zwei Aspekte in aller Regel nicht realisiert. Erstens entsprechen die vorhandenen inneren Haltungen, Werte und Moralvorstellungen bei »gewöhnlich« sozialisierten Menschen bereits dem, für was der Veganismus steht – wenn man einmal von den oben thematisierten Vermeidungs-, Rechtfertigungs- oder Verzerrungsmechanismen absieht. Den Kern des Veganismus bildet die Überzeugung, dass es falsch ist, empfindsamen Lebewesen unnötiges Leid zuzufügen. Diese Überzeugung teilt die absolute Mehrheit der Menschen. Unabhängig von der Vielzahl der erwähnten kognitiven Verzerrungen, die in der konkreten Konfrontation aktiviert werden, heißt kaum jemand gut, wenn ein Tier oder ein Mensch gequält oder ihm unnötig Leid zugefügt wird. Eine Mehrheit der Menschen lebt, was ihre inneren Haltungen angeht, quasi in Übereinstimmung mit dem Veganismus. Doch ihr Handeln korrespondiert in vielen Kontexten nicht mit ihren Überzeugungen.[1] Und hierin offenbart sich der zweite blinde Fleck, in dessen Schatten Leid und Schmerz erzeugende Praktiken sich zu einer zwielichtigen Normalität entwickeln konnten. Jedes Kind kommt während des täglichen Lebens mit Produkten von missbrauchten und gewaltsam getöteten Tieren in Kontakt, bevor es sich darüber klar werden kann, welches die Leidensgeschichten beziehungsweise »Produktionsbedingungen« sowie die sozialen und ökologischen Hintergründe derselben sind.[2] Sobald dies realisiert wird, entstehen innere Konflikte. Das Wissen darüber, dass Fleisch immer den gewaltsamen Tod eines Tieres bedeutet, lässt angeeignete Gewohnheiten mit inneren Haltungen in Widerspruch geraten. Anstatt den Widerspruch aufzulösen, indem Überzeugungen und Handeln miteinander in Einklang gebracht werden, kommen eine Reihe von Methoden des Selbstbetrugs zum Einsatz. So entwickeln und pflegen Menschen beispielsweise Distanzierungsmechanismen, um nicht mit den Praktiken der Tierindustrie und der damit verbundenen Gewalt in Berührung zu kommen,[3] anstatt dass sie eigene Konsumroutinen umstellen. Einen Lebensstil zu pflegen, dessen Ziel in der bestmöglichen Reduktion von unnötigem Leid bei anderen Individuen liegt, bedeutet dagegen, konsonant zu sein, also eine Übereinstimmung herzustellen zwischen den eigenen moralischen Überzeugungen und dem eigenen Handeln.

Der Veganismus handelt also von der Achtsamkeit gegenüber nicht-menschlichen Tieren, erschöpft sich aber nicht darin. Denn er steht für ein Zusammenspiel an Überzeugungen und Praktiken, die gewissermaßen die Realisierung einer generellen Ethik der Achtsamkeit bedeuten. Diese Ethik umfasst insbesondere alle empfindungsfähigen Lebewesen, erkennt jedoch gleichzeitig an, dass auch die natürlichen Lebensgrundlagen nach Achtsamkeit verlangen. Andernfalls ist schließlich das Überleben von Tieren und Menschen nicht möglich. Darum will der Veganismus desgleichen eine Kultur und Lebenspraxis etablieren, die sowohl Schäden an Ökosystemen als auch das Zufügen von unnötigem Leid gegenüber Tieren und Menschen ablehnt oder zu verhindern versucht. Zwei Gesichtspunkte sorgen jedoch dafür, dass sich der Diskurs über den Veganismus trotz dieses ganzheitlichen Ansatzes so stark auf seine Bemühungen fokussiert, die gewaltsame Züchtung, Haltung sowie Tötung von »Nutztieren« abzuschaffen. Erstens gehen die Praktiken der Tierindustrie mit einer gigantischen Umweltzerstörung sowie weitreichenden sozialen Ungerechtigkeiten einher. Und zweitens gibt es in kaum einem anderen Bereich ein solches Ausmaß und eine solche Intensität an Leiden und Qualen. Obwohl also der Veganismus vordergründig lediglich eine spezielle Ernährungsweise darstellt, handelt es sich bei ihm um eine innere Haltung, um ein Bündel an Überzeugungen und Handlungsweisen, die als Wert und Ziel nichts Geringeres als universelle Wohlfahrt unter dem Ideal konsequenter Gewaltfreiheit ausgeben.

Menschen, die sich dazu entscheiden, vegan zu leben, beschließen nicht einfach nur, keine Tiere mehr zu konsumieren. Die Vorstellung, der Veganismus sei lediglich auf das Schicksal von Tieren fokussiert, lasse dabei aber den Menschen und sein Wohlergehen außen vor, ist unzutreffend. Vielmehr steht der Veganismus wie keine andere ethische Position in Verbindung zu anderen Bewegungen, die sich um den Einsatz für den Umwelt- und Klimaschutz sowie für soziale Gerechtigkeit zentrieren. Ein veganer Lebensstil zeichnet sich etwa dadurch aus, dass er zu einer drastischen Einsparung klimaschädlicher Gase wie beispielsweise Kohlenstoffdioxid, Methan oder Lachgas führt. Eine Studie, welche die Europäische Kommission in Auftrag gab und in der festgestellt werden sollte, was eine Einzelperson tun kann, um den Klimawandel abzuschwächen, kommt diesbezüglich zu einem klaren Ergebnis.[4] Verglichen wurden etwa die Anschaffung eines Elektroautos, virtuelle Besprechungen anstelle von Reisen zu gemeinsamen Besprechungsorten, niedrigere Heizungseinstellungen oder eben eine vegetarische Ernährung. Und obwohl hier nicht einmal die vegane Ernährung betrachtet wird, also die erwiesenermaßen klimafreundlichste Ernährung[5], sondern eben nur die vegetarische, so ist es doch genau diese, die im Vergleich zu den anderen in der Studie genannten Maßnahmen die effektivste darstellt, die jeder ergreifen kann, um den Klimawandel zu bremsen.[6] Dasselbe bestätigt eine neuere Studie der Umwelt- beziehungsweise Agrarwissenschaftler Joseph Poore und Thomas Nemecek, die im angesehenen Journal *Science* erschien.[7] Aus der Untersuchung, die sich mit Auswirkungen der Agrarindustrie auf die Umwelt beschäftigt, geht hervor, dass die effektivste Schutzmaßnahme, die jeder Einzelne ergreifen kann, darin besteht, keine Milchprodukte und Fleisch zu konsumieren. Die Autoren der Studie finden deutliche Worte: »Am auffälligsten ist, dass in der Regel die Auswirkungen selbst der am wenigsten schädlichen tierischen Produkte die Auswirkungen entsprechender pflanzlicher Alternativen übertreffen, was neue Belege für die Bedeutung einer Ernährungsumstellung liefert.«[8] Weitere Untersuchungen, in denen beispielsweise gezeigt wird, dass Fleisch- und Molkereikonzerne dem Klima in ähnlicher Weise schaden wie die Ölindustrie, weisen in dieselbe Richtung.[9] Wie eine große Umfrage herausfand,[10] hatten bis vor Kurzem die allermeisten Menschen allerdings überhaupt kein Wissen darüber, dass ein Zusammenhang zwischen Tierindustrie und Klimawandel sowie Umweltzerstörung besteht. Erst in jüngerer Zeit hat sich durch Bewegungen wie »Fridays for Future« oder »Extinction Rebellion« sowie eine umfassendere mediale Berichterstattung etwas an dieser Situation geändert.

Doch selbst wenn das Wissen um die ökologische Bedeutung der Ernährung vorhanden ist, löst es mit hoher Wahrscheinlichkeit keine Verhaltensveränderungen zugunsten eines umwelt- beziehungsweise klimaschützenden Lebensstils aus. Diese Widerspenstigkeit gegenüber eigentlich notwendigen Verhaltensveränderungen erklärt sich unter anderem aus der sogenannten »Allmendeklemme«[11]. Verzichtsleistungen, mit denen die Umwelt geschützt, der Klimawandel gebremst und Ressourcen nachhaltig genutzt werden könnten, fallen Menschen deswegen so schwer, weil die positiven Auswirkungen der Verzichtsleistungen sich erst langfristig und vor allem nur dann zeigen, wenn sie kollektiv erbracht werden. Sobald die Verzichtsleistungen nicht kollektiv, sondern nur vereinzelt erbracht werden, wirken sich entsprechende Nachteile direkt und unmittelbar auf die einzelnen Menschen aus. Wer sich etwa dazu entschließt, auf sein Auto zu verzichten, der kann davon nur profitieren, wenn andere es ihm gleichtun. Wer auf sein Auto verzichtet, während alle anderen weiter Auto fahren, der erfährt jedoch eine direkte Benachteiligung. Und paradoxerweise profitieren diejenigen, die am wenigsten zu Verzichtsleistungen bereit sind, am meisten. Wenn ein kollektiver Verzicht auf die Benutzung von Autos beschlossen würde, hätten diejenigen, die sich dem Beschluss widersetzen, die größten Vorteile in Form von freien Straßen, hoher Mobilität, Zeitgewinnen oder Bequemlichkeit. Der Effekt der »Allmendeklemme« kann jedoch auch in deutlich abgeschwächter Form auftreten, wenn nämlich Verzichtsleistungen gar nicht als solche begriffen werden. So wie im Fall der Ernährung: Der Verzicht auf umweltzerstörerische Tierprodukte kann sich bei genauerer Betrachtung gleichsam als eine Bereicherung darstellen, da durch den Ausbruch aus eingespielten Routinen plötzlich eine große Vielfalt neuer Nahrungsmittel und Zubereitungsweisen in den Blick geraten. Auf das Argument, dass individuelle Verzichtsleistungen oder Verhaltensveränderungen keinen merklichen Einfluss auf die Formation von Großproblemen wie etwa die Erderwärmung haben, würde ich erwidern, dass das eigene Verhalten nachweislich immer auch Einfluss auf andere hat. Wer mit gutem Beispiel vorangeht, wird rasch andere anstecken und Imitatoren finden,[12] sodass schlussendlich doch mächtige Kollektive zusammenfinden, die einen Wandel zum Positiven bewirken können.

***

Dass sich solche Kollektive bilden, wird angesichts der größer werdenden Gefahren des anhaltenden Klimawandels dringlicher denn je. Weil aber das Ausmaß des Leidens und der Zerstörung, das klimawandelbedingte Umweltveränderungen auslösen[13], bislang noch kaum richtig begriffen worden sind, haben sich jene Kollektive erst sporadisch gefunden. Dabei droht nichts weniger als ein weiteres Massensterben, das nicht-menschliche wie menschliche

Tiere gleichermaßen betrifft. Genauer gesagt verschärft sich das Massensterben für viele Spezies zu einem Massenaussterben. Es wäre das sechste, das sich auf der Erde ereignet. Im kollektiven Bewusstsein der Gesellschaft ist davon lediglich eines, nämlich jenes, das mutmaßlich durch einen Asteroideneinschlag zum Aussterben der Dinosaurier führte. Alle anderen Fälle globalen Massenaussterbens wurden durch Treibhausgasemissionen verursacht. Gleiches wird für das derzeitige, menschengemachte Massenaussterben gelten. Der aktuelle Kurs des permanenten Erzeugens gigantischer Mengen klimaschädlicher Gase, von dem gar nicht oder lediglich unwesentlich abgewichen wird, bedeutet, dass im Jahr zweitausendeinhundert – einem wichtigen Referenzpunkt in der angewandten Klimatologie – große Teile der Erde wegen der insbesondere für menschliche Existenz zu starken Hitze unbewohnbar sein werden.[14] Doch die Hitze ist nicht das einzige existenzbedrohende Problem. Überflutungen, Starkregen, der steigende Meeresspiegel, Hitzewellen, Dürren, Nahrungsmittelknappheiten, das Aufschmelzen von Permafrostböden und die damit verbundene Freisetzung von Methan, Klimakriege, das Artensterben, zusammenbrechende Infrastrukturen und Wirtschaftssysteme gefährden das Leben unzähliger Menschen. Selbst die optimistischsten Szenarien, die im Jahr zweitausendeinhundert von einem Temperaturanstieg von zwei Grad im Vergleich zur präindustriellen Zeit ausgehen, bedeuten, dass unvorstellbare Krisen und Katastrophen über die Menschheit hereinbrechen werden.[15] Wahrscheinlich ist jedoch ein Temperaturanstieg, der weit über zwei Grad liegt. Und bei alle dem leiden paradoxerweise diejenigen Nationen am ehesten unter den Folgen des Klimawandels, die am wenigsten dafür verantwortlich sind.[16]

Diese wenig erbaulichen Zukunftsaussichten lassen sich theoretisch durch veränderte, an die Problemlagen angepasste Mobilitätsgewohnheiten, durch einen alternativen Konsum- und Ernährungsstil, durch eine entsprechende Berufswahl oder – was häufig vergessen wird – die eigene Familienplanung[17] beeinflussen. Dabei dienen die Auswirkungen dieser Entscheidungen nicht nur einer Verlangsamung des Klimawandels, sondern auch dem Schutz von Demokratien, deren schleichende Zersetzung die Entstehung autoritär verfasster Staaten befördert. Politik wird über Alltagsgewohnheiten in der Küche, beim Einkauf, durch die Wahl des Verkehrsmittels und mit der Entscheidung für einen bestimmten Beruf gemacht – und zwar eine Politik, die über nichts Geringeres als den Fortbestand der natürlichen Lebensgrundlagen sowie die demokratische Verfasstheit von Staaten entscheidet. Um das Beispiel des Ernährungsstils herauszugreifen: Fleisch, Milch und andere Tierprodukte täglich zu konsumieren entspricht aufgrund der damit in Verbindung stehenden Auswirkungen auf den Klimawandel und diverser Formen der Umweltzerstörung einem Lebensstil, den die beiden Politikwissenschaftler Ulrich Brand und Markus Wissen als »imperial« bezeichnen.[18] Der imperiale Lebensstil kennzeichnet sich durch ein »Außen«, auf das die Kosten ebenjenes Lebensstils verlagert werden können. Würden die verursachten Kosten ökonomisch eingepreist, müssten beispielsweise konventionell hergestellte Tierprodukte zurückhaltenden Schätzungen zufolge einen Aufschlag von knapp 200 Prozent auf die Erzeugerpreise erhalten.[19] Mit einer veganen Ernährung könnten demgegenüber circa 20 Billionen Dollar zur Bekämpfung der Folgen des Klimawandels eingespart werden.[20] Da derartige Kalkulationen jedoch nicht auf aktuelle Preise zurückgerechnet werden, gibt es eine massive Marktverzerrung und eine Abwälzung der Kosten auf die Allgemeinheit beziehungsweise ein nicht wahrgenommenes »Außen«. Bei diesem »Außen« handelt es sich in der Regel um Entwicklungs- oder Schwellenländer. Dort manifestieren sich die Effekte des Klimawandels, der Naturausbeutung, der Umweltzerstörung und Menschenrechtsverletzungen. Dagegen manifestieren sie sich nicht oder nur deutlich reduziert dort, wo sie ausgelöst werden: in den reichen Industrieländern. Die klimawandelbedingten Überschwemmungen, Stürme, Hitzewellen, Dürren oder Waldbrände treiben immer mehr Menschen aus dem verdrängten »Außen«, also insbesondere aus den Entwicklungsländern, in die Flucht zu jenen Orten, an denen die Kosten des imperialen Lebensstils sich weniger stark manifestieren.[21] Die kapitalistischen Zentren wiederum, welche die Auslöser der externalisierten Destruktion und damit gleichzeitig die Zielorte der Flüchtlingsbewegungen sind, reagieren auf die »Flut« anonymer Menschenmassen aus dem verdrängten »Außen« mit einer Politik der Abschottung, Abgrenzung und Ausschließung. Dabei sind es gerade rassistische, nationalistische, rechtsextreme sowie Autorität bejahende Parteien, die jene Politik vorantreiben und zu besagter Zerstörung demokratischer Errungenschaften beitragen.

So schlägt das von den Ernährungsgewohnheiten der Massen getragene System der Tierindustrie zurück. Opfer sind nicht nur die Tiere, sondern desgleichen die Menschen selbst. Dabei lassen sich neben den globalen Schädigungszusammenhängen auch lokal Belastungen für Mensch und Umwelt aufzeigen. Menschen sind gerade dann unmittelbar Leidtragende tierindustrieller Anlagen, wenn sie in deren Nähe wohnen. Betroffen sind nicht nur kleine

Farmer, die ihre Felder aufgrund der ökologischen Schäden, die Tierfabriken verursachen, nicht mehr bestellen können.[22] Für alle Menschen in der Nähe tierhaltender Betriebe gilt, wie etwa eine niederländische Studie festgestellt hat, dass bei ihnen eine deutlich erhöhte Zahl an Atemwegserkrankungen auftritt.[23] Der Gestank, Keime, Feinstaub und diverse weitere Schadstoffe belasten die Lunge beziehungsweise Lungenfunktion nicht nur der Tiere innerhalb der Anlagen, sondern auch die der in der Nähe wohnenden Menschen. Eine Studie von Jos Lelieveld und Kollegen geht noch weiter.[24] Sie schätzt, dass allein in Deutschland Luftverschmutzungen aus der Landwirtschaft für den vorzeitigen Tod von jährlich fünfzehntausend Menschen verantwortlich sind. Und dabei geht es lediglich um die Luftverschmutzung. Ein weiterer Aspekt ist jener der bereits angesprochenen klimaschädlichen Emissionen, die durch tierindustrielle Betriebe ausgestoßen werden. Diese Emissionen entstehen unter anderem durch die Tierhaltung an sich,[25] durch den Anbau gigantischer Mengen an Tierfutter, durch die Verarbeitung und Kühlung von Tierprodukten und durch viele weitere Prozesse, die mit tierindustriellen Abläufen assoziiert sind. Dass die Tierindustrie damit mehr zum Klimawandel beiträgt als der gesamte Transportsektor, gehört inzwischen bereits zum Allgemeinwissen. Wie hoch der Anteil der durch die Tierindustrie verursachten Treibhausgasemissionen jedoch genau ausfällt, ist umstritten. Von offiziellen Stellen werden ihr achtzehn Prozent der Emissionen zugeordnet.[26] Dabei werden jedoch Aspekte wie etwa die Aufzucht von Fischen, die Abholzung von Regelwäldern zwecks Tierfutterproduktion, die Herstellung von Medikamenten für »Nutztiere« und vieles weitere nicht berücksichtigt. Man kann davon ausgehen, dass andere Kalkulationen vermutlich weitaus realistischer sind als die konservative Schätzung von achtzehn Prozent. Als naheliegend könnten sich Berechnungen erweisen, wonach faktisch knapp über fünfzig Prozent aller Treibhausgase durch die Herstellung von Tierprodukten verursacht werden.[27]

Die Abholzung oder Brandrodung von Regenwäldern zur Gewinnung von Flächen für die Produktion von Tierfutter und zur Nutzung als Weideland kann für sich genommen und unabhängig von den Auswirkungen auf den Klimawandel aufgrund des damit verbundenen Tierleids, der Vertreibung einheimischer Waldbewohner, der Bedrohung der Artenvielfalt, der Entstehung von Monokulturen, dem massenhaften Einsatz von gesundheitsschädlichen Insekten-, Pilz- und Unkrautvernichtungsmitteln, der Versteppung und vielem mehr bereits als ein ökologisches Verbrechen gelten, gegen das unbedingt vorzugehen wäre. Abgesehen von ehemaligen Regenwäldern werden weitere Flächen für den Anbau von Tierfutter genutzt. Diese machen insgesamt einen Großteil allen landwirtschaftlich verwendeten Ackerlands aus. Je mehr Flächen für den Anbau von »Nutzpflanzen« beansprucht werden, desto mehr müssen Grasland und Wälder weichen, die einst naturbelassen waren, als wichtige Kohlenstoffdioxidspeicher dienten[28] und zahlreichen Tieren einen sicheren Lebensraum boten. Es kann folglich keine Lösung sein, immer größere Anbauflächen zu erschließen. Die Lösung liegt vielmehr darin, pflanzliche Kalorien direkt zu konsumieren und nicht über den Umweg der Ernährung mit Tierkörpern und Tierprodukten.

Der Veganismus setzt diese Lösung um und verhindert damit Leid und Tod von Tieren genauso wie von Menschen, die von Hunger betroffen sind. Das Getreide, die Sojabohnen und der Mais würden für die Ernährung von Menschen zur Verfügung stehen, wenn sie nicht an unzählige, durch Züchtung künstlich ins Leben gerufene »Nutztiere« verfüttert würden. Über fünfzig Prozent aller pflanzlichen Proteine werden an Tiere verfüttert – und nicht an Menschen.[29] Würden sich alle Menschen nach den Standards ernähren, die in den Industrienationen etabliert sind, bräuchte man nahezu doppelt so viel Ackerland, wie heute verfügbar ist.[30] Diese extreme »Ineffizienz« der Tierindustrie bei der Erzeugung von Kalorien in Form von Fleisch ist im Wesentlichen dafür verantwortlich, dass knapp eine Milliarde Menschen an Mangelernährung oder Hunger leiden. Demgegenüber stehen in den Industrieländern wiederum über eine Milliarde Menschen, die unter anderem durch den hohen Konsum von Tierprodukten übergewichtig sind.[31]

Sicherlich kann keine direkte Kausalbeziehung zwischen der veganen Ernährung einer Einzelperson und dem geretteten Leben eines hungernden Kindes in der »Dritten Welt« hergestellt werden. Auch soll nicht verschwiegen werden, dass umstritten ist, in welchem Ausmaß Nahrungsmittel, die an »Nutztiere« verfüttert werden, tatsächlich für den Menschen konsumierbar wären.[32] Dennoch ist in der Gesamtschau zweifelsfrei ein Zusammenhang gegeben zwischen dem Hungerleid und der Erzeugung von Tierprodukten. Dies zeigt nicht zuletzt das Forschungsergebnis der Umweltwissenschaftlerin Emily Cassidy und ihrer Kollegen, die herausfanden, dass vier Milliarden Menschen mehr ernährt werden könnten, wenn die weltweite Getreide- und Sojaernte nicht mehr an »Nutztiere« verfüttert, sondern direkt den Menschen gegeben würde.[33] Eine weitere Studie, die sich speziell auf die Vereinigten Staaten von

Amerika bezieht, zeigt ebenfalls, dass durch eine vegane Ernährung und der mit ihr verbundenen Einsparung von Ressourcen mehr als doppelt so viele Menschen ernährt werden könnten, als dies derzeit der Fall ist.[34] In dieselbe Richtung zeigen auch die Ergebnisse einer aufsehenerregenden Untersuchung von Wissenschaftlern der Universität Oxford. Sie weist nach, dass im Falle einer Ernährungsumstellung der Weltbevölkerung auf eine vegetarische oder gar vegane Ernährung bis zum Jahr 2050 siebzig beziehungsweise – bei einer veganen Ernährung – achtzig Prozent der Treibhausgasemissionen eingespart werden könnten. Darüber hinaus würde man auf diesem Wege sieben beziehungsweise – bei einer veganen Ernährung – über acht Millionen Menschenleben vor einem vorzeitigen Tod retten.[35]

Würden sich mehr Menschen pflanzlich oder auch nur stark fleischreduziert ernähren, würde dies bedeuten, dass auf eine weitere Intensivierung des Futtermittelanbaus verzichtet werden könnte. Ganz im Gegenteil würde eine extensivere Nutzung von Anbauflächen eine schonendere Bewirtschaftung bedeuten, sodass weniger Agrarchemikalien in Form von Düngemitteln und Pestiziden eingesetzt sowie weniger Monokulturen entstehen würden. Eine pflanzliche Ernährung ist in diesem Sinne nicht das Symptom eines hippen Lebensstils, sondern eine schlichte Notwendigkeit, wenn es um das zukünftige Bestehen zivilisierter menschlicher Gesellschaften geht. Dass eine solche These nicht übertrieben, sondern sachlich zutreffend ist, zeigt nicht zuletzt die Untersuchung des Umweltwissenschaftlers Karl-Heinz Erb und seiner Kollegen,[36] Die Untersuchung entwickelt fünfhundert mögliche Zukunftsszenarien für die erfolgreiche Ernährung der Menschheit im Jahr Zweitausendfünfzig. Das Ergebnis der Studie ist, dass nur diejenigen Szenarien machbar sind, die eine vegane Ernährung vorsehen. Bei allen anderen Ernährungsformen sinkt die Anzahl der machbaren Szenarien deutlich.

***

Ein weiterer Aspekt, der mit dem zuletzt genannten unmittelbar zusammenhängt, ist der gigantische Wasserverbrauch sowie die Wasserverschmutzung durch die Tierindustrie.[37] Zunächst benötigen die Tiere selbst Wasser, hinzu kommt der Verbrauch durch die Bewässerung von Futterpflanzen. Die Tierindustrie verbraucht global gesehen siebzig Prozent des Frischwassers. Um etwa ein Kilogramm Rindfleisch zu erzeugen, werden dreiundvierzigtausend

Liter Wasser benötigt.[38] Um dieselbe Menge pflanzlicher Nahrungsmittel mit demselben oder einem höheren Nährwert zu produzieren, braucht es lediglich einen Bruchteil des Wassers.[39] Hinzu kommt die Wasserverschmutzung. Diese entsteht insbesondere dadurch, dass gigantische Mengen Kot und Urin, die in der Massentierhaltung anfallen, in die Umwelt ausgebracht werden. Dabei sickert die Gülle inklusive diverser in ihr enthaltener Chemikalien und Medikamente ins Grundwasser oder gelangt über die Flüsse und Meere in die Wasserkreisläufe und schließlich in die Trinkwasserquellen und Ökosysteme weiterer Tierarten.

Die Problematik rund um Wasserverbrauch und Wasserverschmutzung steht wiederum in direkter Verbindung zum durch die Tierindustrie mitverursachten Artensterben. Tatsächlich ist die Tierindustrie nicht nur für den Tod der unmittelbar als »Nutztiere« verwendeten Individuen verantwortlich, sondern darüber hinaus für das Aussterben ganzer Arten. Der etwas abstrakte Begriff des »Artensterbens« sollte dabei nicht darüber hinwegtäuschen, dass auch das »Sterben« einer Tierart nichts anderes ist als das Sterben einzelner Individuen mit jeweils eigenen Leidensgeschichten. Bedingt wird das Artensterben nicht nur durch die Wasserverschmutzung, sondern ebenfalls, wie bereits beschrieben, durch das Abholzen immer weiterer Teile von Wäldern, die den Lebensraum unzähliger Tiere bilden. Hinzu kommt, dass zunehmend mehr naturbelassene Landflächen vereinnahmt und zum Anbau von Futtermitteln oder als Weideflächen für Tiere verwendet werden. Dabei werden gezielt Wildtiere wie beispielsweise Wölfe oder Wildpferde, deren Lebensräume sich mit den von der Tierindustrie genutzten Flächen überlappen, verdrängt oder gejagt. Auch der bereits angesprochene Einsatz von Pestiziden und Kunstdünger wirkt sich auf die Organismen von Wildtieren aus und forciert die Vernichtung unzähliger Spezies.[40] Weiterhin trägt auch der Klimawandel zur Veränderung der natürlichen Lebensräume vieler Tierarten bei, so dass diese ihnen keine Lebensgrundlage mehr bieten.[41]

Nicht zuletzt lassen sich zahlreiche Seuchen auf die Verwurzelung tierindustrieller Komplexe in modernen Gesellschaften zurückführen. Drei von vier Infektionskrankheiten haben ihren Ursprung bei Tieren.[42] Ursprünglich oftmals über Fledermäuse, Ratten oder andere Tiere verbreitet, überspringen Viren die Speziesgrenze über »Nutztiere« wie Kamele, Rinder, Schweine oder Hühner und gelangen schließlich zum Menschen.[43] Begünstigt wird die Ausbreitung von Viren dabei über künstliche Haltungssysteme, bei denen viele

Tiere auf engstem Raum untergebracht werden.[44] Wo beim Menschen über physische Distanzierung Maßnahmen zur Infektionskontrolle angeordnet werden, manifestiert sich bei der Intensivtierhaltung Gegenteiliges, also ein Streben nach maximaler Tierdichte in den Stallanlagen. Infektionsketten werden so mehr gefördert als aufgehalten.

Besonders in den Fokus geraten ist dabei in jüngster Zeit ein bestimmtes Coronavirus, namentlich SARS-CoV-2. Faktisch existieren eine ganze Reihe verschiedener Coronaviren, die sich über verschiedene Tierarten hinweg verbreiteten, sodass letztlich die Frage nicht lautet, ob ein weiteres Virus aus der Familie der Coronaviridae auf den Menschen überspringen, sondern wann dies passieren würde.[45] Dementsprechend enthielten viele wissenschaftliche Publikationen bereits vor dem tatsächlichen Ausbruch von SARS-CoV-2 Warnungen und Vorhersagen zu selbigem. Forscher schrieben von einer »Zeitbombe«[46] oder davon, dass es »sehr wahrscheinlich ist, dass künftige SARS- oder MERS-ähnliche Coronavirus-Ausbrüche von Fledermäusen ausgehen werden« und dass »eine erhöhte Wahrscheinlichkeit [besteht], dass dies in China geschieht.«[47] Schließlich war es vermutlich das Schuppentier, das am meisten durch Wilderei gejagte Tier der Welt,[48] das auf einem chinesischen Lebendtiermarkt das neuartige Coronavirus auf den Menschen übertrug. So wurden paradoxerweise die Heilsversprechungen, die in der chinesischen Medizin mit dem Schuppentier verbunden werden, ins Gegenteil verkehrt. Der chinesische Wildtierhandel bildet die Grundlage der Beschäftigung von vierzehn Millionen Menschen und hat einen Wert von vierundsiebzig Milliarden US-Dollar.[49] Dass in einem solch gigantischen Geschäft unter den unhygienischen Bedingungen von unzähligen Lebendtiermärkten Epidemien oder gar Pandemien entstehen, liegt nahe. Dennoch sollte nicht der Eindruck entstehen, dass klassische tierindustrielle Haltungssysteme harmloser wären im Hinblick auf die Verbreitung gefährlicher Viren. Das Gegenteil ist der Fall.[50] Insbesondere die massenhafte Geflügel- und Schweinehaltung hat zu einer besorgniserregenden Evolution verschiedener Grippeviren beigetragen.

Covid-19 wird laut dem sogenannten »Pandemie-Schwereindex« lediglich als eine Pandemie der Kategorie zwei oder drei klassifiziert. Die Klassifizierung orientiert sich an der fallbezogenen Fatalitätsrate. Diese gibt die Wahrscheinlichkeit an, mit der eine Person an einer Infektionskrankheit verstirbt. Im Fall von Covid-19 ist diese relativ gering. Sie liegt bei unter einem Prozent.[51] Die Spanische Grippe, das wohl tödlichste Ereignis der Menschheitsgeschichte, wird als Pandemie der Kategorie fünf klassifiziert, mit einer fallbezogenen Fatalitätsrate von mehr als zwei Prozent. Doch einige Grippeviren, die in Tierfabriken evolvieren, stellen all dies in den Schatten. So besitzt etwa das oftmals als Vogelgrippe bezeichnete Influenza-A-Virus H5N1 eine fallbezogene Fatalitätsrate von mehr als fünfzig Prozent.[52] Das einzige, was diversen Grippeviren aus tierindustriellen Kontexten bisher fehlt, um zu einer erneuten Pandemie zu führen, ist ihr Potenzial, sich von Mensch zu Mensch zu übertragen. Sollten sie dieses Potential entwickeln und ihre tödliche Wirkung entfalten, könnte dies verheerende Folgen haben, die bis zum Zusammenbruch der Zivilisation reichen können. Als besonders gefährlicher, weil hochgradig pathogener »Kandidat« gilt etwa das Influenza-A-Virus H7N9 mit einer fallbezogenen Sterblichkeitsrate von knapp vierzig Prozent.[53] H7N9 fehlen, so besagt es eine Studie, lediglich drei Mutationen, um von Mensch zu Mensch übertragen werden zu können.[54]

***

Nachhaltigkeit bedeutet, natürliche Lebensgrundlagen zu erhalten und zu schützen. Drohende Infektionsgeschehen sind dabei genauso wenig zuträglich wie globale Temperaturerwärmungen, die Reduktion von Biodiversität oder andere ökologische Schäden. Zusammenfassend bleibt nur die Feststellung, dass eine pflanzliche Ernährung um ein Vielfaches ökologisch nachhaltiger ist als ein »fleischreicher« Ernährungsstil, der auf dem Betrieb tierindustrieller Komplexe fußt.[55] Dementsprechend heißt es in einer Studie, in der die Nachhaltigkeit verschiedenster Nahrungsmittel untersucht wurde: »Fleisch, Fisch, Eier und Milchprodukte hatten die stärksten Auswirkungen auf die Umwelt; stärkehaltige Lebensmittel, Hülsenfrüchte sowie Obst und Gemüse die geringsten. [...] Lebensmittel mit starken Umweltauswirkungen haben tendenziell eine geringere Nährstoffqualität und einen höheren Preis pro Kilogramm«.[56] Die Wissenschaft lässt keinen Zweifel mehr zu an der ökologischen Angemessenheit einer veganen Ernährung angesichts der hier thematisierten Problemlagen. Nicht zuletzt eine Studie italienischer Wissenschaftler,[57] in der die karnistische, vegetarische und vegane Ernährung im direkten Vergleich zueinander stehen, kommt zu dem eindeutigen Ergebnis, dass Letztere, erst recht, wenn sie dazu noch auf dem Konsum von Bio-Nahrungsmitteln basiert, eindeutig die klimafreundlichste und ressourcenschonendste Art der Ernährung ist.

In der Gesamtschau ist die Tierindustrie für eine ganze Bandbreite an verschiedenen Arten der Umweltzerstörung verantwortlich. Nichts vernichtet die natürlichen Lebensgrundlagen des Planeten Erde so sehr wie die Tierindustrie. Von Seuchenausbrüchen über Treibhausgasemissionen, Regenwaldabholzung, Vernichtung der Biodiversität, Wasser- und Luftverschmutzung, Gülleproduktion bis hin zur Degeneration von Böden, die Liste der tierindustriellen Umweltverbrechen ist lang.[58] Tier- und Umweltvernichtung gehen miteinander einher – und machen auch vor den Menschen nicht halt. Als wäre die industrielle Massentötung von Billionen von Tieren nicht schrecklich genug, steht die Tierindustrie obendrein in direktem Zusammenhang mit diversen Problemkomplexen in Form sozialer Ungerechtigkeiten. Die zuvor beschriebenen, tierindustriell bedingten Umweltzerstörungen sowie die Forcierung des Klimawandels durch die Tierhaltung und den Futtermittelanbau können für sich genommen bereits als soziale Ungerechtigkeiten interpretiert werden. Schließlich betreffen Umweltzerstörungen oder der Klimawandel nicht alle Menschen in gleichem Ausmaß. Im Wesentlichen betroffen sind bestimmte Gruppen von Menschen, die bereits anderweitig sozial benachteiligt, also etwa arm oder politisch marginalisiert sind. Im Folgenden sollen in einem anthropozentrischen Sinne weitere soziale Ungerechtigkeiten beleuchtet werden, die nicht mit Aspekten des Umweltschutzes assoziiert sind.

Große Tierhaltungsbetriebe stehen häufig in Regionen, in denen Menschen mit einem niedrigen sozioökonomischen Status beheimatet sind, die nicht die Mittel haben, sich politisch oder anderweitig gegen die negativen Auswirkungen der Zucht- und Mastanlagen auf ihre Lebenswelt zu wehren. In einer Untersuchung konnten Wissenschaftler rund um Sacoby Wilson nachweisen, dass beispielsweise Schweinezucht- und Schweinemastanlagen in Mississippi überwiegend in solchen Gegenden stehen, in denen dunkelhäutige, einkommensschwache Menschen leben.[59] Zu derselben Erkenntnis kam auch die Wissenschaftlerin Carol Hodne in Bezug auf den Staat North Carolina.[60] Unabhängig davon, ob dies der permanente, nahezu unerträgliche Gestank einer Schweinezuchtanlage oder der gesundheitsschädliche Staub einer Hühnermast ist – die Lebensqualität in Regionen, in denen Tierfabriken angesiedelt sind, gilt zweifelsohne als minderwertig und geradezu gesundheitsgefährdend.[61]

Ein ähnliches Schicksal haben Menschen, die in Gegenden leben, in denen Futtermittel für tierindustrielle Betriebe angebaut werden. Das klassische

Beispiel sind hier Sojafelder, wie sie etwa in Brasilien in gigantischem Ausmaß existieren. Anders als gewöhnlich angenommen, wird das Soja, das ebendort angebaut wird, kaum für Tofu, Sojamilch oder andere für den Menschen vorgesehene Nahrungsmittel verwendet. Seinen primären Einsatzzweck findet es beispielsweise in Aquakulturen. Sogar Raubfische wie Lachse, deren artgerechte Ernährung eigentlich aus anderen Fischen besteht, werden in den Zuchtanlagen mit Soja ernährt. In der norwegischen Fischindustrie etwa, einer der größten der Welt, werden Zuchtlachse häufig nicht mit anderen Fischen wie etwa Sardinen gefüttert, sondern überwiegend pflanzlich ernährt. Dieses Verfahren scheint auf den ersten Blick effektiver und nachhaltiger zu sein als die traditionelle Art der karnivoren Fischfütterung. An der pflanzlichen Fischernährung – genau wie an der tierindustriellen Futtermittelproduktion insgesamt – lässt sich jedoch exemplarisch veranschaulichen, wie eng der Konnex aus Tierindustrie und sozialer Ungerechtigkeit ist. Die Soja-Monokulturen, in denen das Fischfutter gedeiht, werden mit giftigen Chemikalien gedüngt, die sich nicht nur schädlich auf die anliegenden Felder, sondern insbesondere auf die in der näheren Umgebung wohnenden Menschen auswirken. Mächtige Großfarmer schrecken nicht davor zurück, andere Kleinbauern zu ermorden, indigene Bevölkerungen zu vertreiben, kritische Journalisten einzuschüchtern und andere Verbrechen zu begehen, um ihre Geschäfte mit dem Tierfutter weiter ausdehnen zu können.[62] Viele Fischkonsumenten wissen zudem nicht, dass das erwähnte Fischfutter, obwohl es zum größten Teil aus Soja besteht, dennoch einen gewissen Anteil an Fischmehl und Fischöl besitzt, wobei dieses Gemisch beim Kontakt mit Sauerstoff explodieren kann. Um dies zu vermeiden, wird das Fischfutter, bevor es mit Frachtern an seinen Bestimmungsort gebracht wird, mit einem »entschärfend« wirkenden Mittel, einer vermutlich krebserregend sowie erbgutschädigend wirkenden Chemikalie, behandelt. Das Mittel gelangt über den Konsum von Fischfleisch anschließend in den menschlichen Organismus. So stellt bereits der Futtermittelanbau für sich genommen ein Verbrechen dar, bei dem aus den Praktiken der Tierindustrie unmittelbar Menschenleid erwächst.

Den Menschen, die »nur« in der Nähe von tierhaltenden Betrieben oder Ackerflächen für Futtermittel leben müssen, geht es, verglichen mit jenen Menschen, die unmittelbar in tierhaltenden oder -verarbeitenden Betrieben arbeiten und damit mit dem eigentlichen Kern der Tierindustrie in Berührung kommen, noch vergleichsweise gut. Viele Menschen nehmen hier lediglich infolge des Drucks akuter ökonomischer Not eine Anstellung an. Man könnte auch sagen, dass die Not bestimmter Menschengruppen gezielt ausgenutzt wird, um überhaupt Personal zu finden, das die grausame und körperlich wie psychisch belastende Arbeit der Tierzüchtung, -mast und -tötung übernimmt. Häufig sind die Arbeiter in tierindustriellen Betrieben Immigranten. In Deutschland werden Menschen unter anderem aus Rumänien, Bulgarien, Ungarn oder der Ukraine über Werkverträge angestellt, bei denen sie zu den Arbeitsbedingungen ihrer Herkunftsländer arbeiten. Sie leben unter erbärmlichen Umständen in spärlich eingerichteten, mit Stockbetten ausgestatteten Baracken, also in Massenunterkünften – wenn ihnen überhaupt ein Dach über dem Kopf angeboten wird. In Niedersachsen etwa, einer »Hochburg« der deutschen Geflügelindustrie, leben einem Zeitungsartikel zufolge viele Arbeiter nicht einmal in festen Behausungen, sondern schlicht im Wald.[63] Damit sie in der Nacht, bevor ihre Schicht im Schlachthof anfängt, nicht erfrieren, fahren sie mit dem Fahrrad die Wege auf und ab. Wenn sie schlafen, legen sich die Arbeiter in Mulden im Boden, ohne jeden Schutz. Dass es derartige Lebensumstände wie jene der »Waldmenschen« inmitten von Deutschland, einem der reichsten Industrieländer der Welt, gibt, zeugt einmal mehr davon, dass die Tierindustrie nicht nur in Bezug auf die Lebenswelt der »Nutztiere« Räume des Ausnahmezustands, ja Schattenwelten jenseits der Öffentlichkeit und des Rechts schafft, sondern auch für die Menschen, die sich in diesem Sektor als Arbeitskräfte verdingen müssen. Menschenhandel und -ausbeutung gehen einher mit dem Verbrechen gegen die Tiere. Organisiert wird diese Form moderner Sklaverei durch undurchsichtige Geflechte an Subunternehmen der großen, marktdominierenden tierindustriellen Konzerne. Und es gibt so gut wie keine staatlichen Bemühungen, die organisierte Kriminalität der Tierindustrie strafrechtlich zu verfolgen.[64]

***

Die vermeintlich triviale Entscheidung darüber, welche Nahrungsmittel man konsumiert, ist keine Privatangelegenheit, sondern ein zutiefst politischer Akt, den es ethisch zu verantworten gilt. Die Entscheidung, wie jeder Einzelne sich ernährt, ist keine, die unabhängig und autonom getroffen werden könnte.[65] Ganz im Gegenteil hat die Art der Ernährung einen fundamentalen Einfluss auf das Schicksal von anderen nicht-menschlichen sowie menschlichen Tieren, auf die Umwelt beziehungsweise natürliche Lebensgrundlagen. In einer beschädigten, vergifteten Umwelt ist kein gesundes Leben mehr möglich. Ökologische Schäden mutieren zu sozialen, wenn Menschen sich mit dem Verzehr belasteter bis vergifteter und ungesunder Lebensmittel Krankheiten zuziehen. Dabei gründen sich auf der ernährungsbedingten Selbstschädigung im Rahmen etablierter diätischer Lebensstile große Teile eines weiteren Wirtschaftszweigs, nämlich jener der Medizin. Die Medizin profitiert nicht nur von der Tierindustrie, sondern sie begründet ihre »Fortschritte« in vielerlei Hinsicht selbst auf der gewaltsamen Züchtung, Ausnutzung und Tötung von Tieren. Der vorgebliche Zweck der Medizin ist, zu heilen, dabei bewirkt sie nicht selten das Gegenteil. Die Medizin, von der hier die Rede sein soll, ist zu einem System geworden, das an der globalen Tiervernichtung parasitiert und sie selbst betreibt. Dabei macht sie auch vor der Schädigung von Menschen nicht Halt. Bewusst gewollt ist die Unterhaltung dieses Schädigungszusammenhangs allerdings in den seltensten Fällen, weshalb es umso wichtiger ist, diesen zu durchbrechen.

Das Streben danach, Gesundheit zu erhalten und Schmerzen oder Leiden vorzubeugen sowie zu reduzieren, resultiert aus der Natur empfindungsfähiger Lebewesen. Die Medizin ist dabei der Idee nach die Organisation jener Praktiken, die dem Zweck der Vorbeugung oder Linderung von Schmerzen oder Leiden dienen. Doch die moderne Medizin verfehlt durch ihre eigene Komplexität, ihren inhärenten Anthropozentrismus sowie ihre Unfähigkeit, sich selbst zu reflektieren, diesen Zweck auf ganz wesentliche Weise. Der Epidemiologe John Ioannidis, der zu den wichtigsten und am meisten zitierten Wissenschaftlern weltweit gehört, nennt die Medizin gar pauschal einen »Feind der Gesundheit«[66]. Unter moderner Medizin soll hier insbesondere die »Schulmedizin« beziehungsweise die »wissenschaftliche Medizin« verstanden werden, also die herrschende Praxis der Krankenbehandlung, die sich von der sogenannten »Alternativmedizin« abgrenzt. Die moderne, »evidenzbasierte« Medizin wird als das Ergebnis eines langen Fortschrittsprozesses gesehen, in dem im Laufe der Zeit immer bessere Heilmethoden entwickelt wurden. Die »Alternativmedizin« wird dabei als mutmaßlich weniger an Wahrheit und wissenschaftlicher Erkenntnis orientierte Disziplin in die Randständigkeit gedrängt. Dies ist im Fall esoterischer Behandlungsprogramme zweifelsohne berechtigt, bei anderen medizinischen Methoden geht diese Entwicklung jedoch fehl. Die eigentliche »Alternativmedizin« ist die moderne Medizin selbst und das, was gemeinhin unter dem Begriff verstanden wird, nichts anderes als eine in der Moderne radikal verdrängte Praxis der Krankenbehandlung und Heilung, die überall auf der Welt über Hunderte oder gar Tausende von Jahren hinweg praktiziert wurde. Wie die Umweltethikerin und Soziologin Marti Kheel zeigt, fällt dieser Verdrängungsprozess zusammen mit der Herausbildung einer Einstellung, die Gesellschaft nicht mehr als eingebettet in Natur begreift, sondern Natur als eine der Gesellschaft gegenüberstehende, zu beherrschende Kraft. Kheel macht diese Transformation an der schleichenden Ersetzung von Heilkräutern durch potenziell tödliche Medikamente anschaulich.[67] Von tödlichen Medikamenten zu sprechen mag wie ein Widerspruch in sich wirken, tatsächlich aber stellen Medikamente beziehungsweise deren Nebenwirkungen, die mitunter erst sehr verspätet auftreten können und mit weiteren Medikamenten behandelt werden, bei Menschen die viert- bis sechsthäufigste Todesursache dar.[68] Gegenüber klassischen Medikamenten stellen Heilkräuter ein weltweit verbreitetes Mittel zur einfachen Heilung und Vorbeugung von einfachen Krankheiten dar.[69] In den meisten Fällen sind es Frauen gewesen, die über die Heilkunst mit Kräutern verfügten und Medizin sowie Botanik als eng miteinander verbundene Felder sahen. Dabei verfolgten sie einen holistischen Ansatz, der den Menschen in seiner Ganzheit in den Blick nimmt. Diese holistisch orientierte Tradition der Heilkunst ist von der modernen Medizin nahezu vergessen und verdrängt worden. Heute, so Kheel, spielen Frauen hauptsächlich die Rolle von »Krankenschwestern«, die einer vornehmlich männlichen Medizinerelite untergeordnet sind. Anstelle von Heilkräutern oder natürlichen Substanzen werden Medikamente verschrieben, über die nur Ärzte verfügen dürfen. Dabei bewirken Medikamente eben nicht nur Heilung, sondern machen gleichzeitig krank. Und sie schädigen und töten eben nicht nur Menschen, sondern darüber hinaus unzählige Tiere, an denen sie »getestet« werden.

Wer heute von Heilkräutern spricht, klingt fast schon esoterisch. Erweitert man diesen Begriff und fokussiert auf Auswirkungen von Pflanzen im Allgemeinen, also auch als Bestandteil der Ernährung, darf als gesichert gelten, dass diese nicht nur Wohlbefinden und Gesundheit befördern, sondern auch, dass durch eine pflanzliche Ernährung Krankheiten und einem vorzeitigen Tod vorgebeugt werden können. Gerade die westliche Ernährungsweise ist die primäre Ursache für verfrühte Todesfälle und Behinderungen.[70] Dementsprechend heißt es in der ernährungswissenschaftlichen Literatur: »Wir schlemmen wie feiernde Könige und Königinnen an jedem Tag der Woche, und es bringt uns um.«[71] Man sollte meinen, aufgrund dieser Tatsache gehöre das Thema Ernährung zu den bedeutendsten Gegenständen der Ausbildung von Medizinern. Doch das Gegenteil ist der Fall. Ärzte lernen in jahrelanger Ausbildung Wissen über komplizierteste Behandlungsmethoden und Therapiestrategien, sie haben aber über gesunde Ernährung in der Regel kaum fundierte, mit wissenschaftlichen Fakten unterlegte Kenntnisse. Im Gegenteil halten Ärzte, da sie selbst in einem karnistischen System sozialisiert und ausgebildet werden, nicht selten eine Form der Ernährung für gesund, die faktisch krank macht. Das System der modernen Medizin leistet so das Gegenteil dessen, was es eigentlich soll. Und nur ein Bruchteil der praktizierenden Mediziner ist sich dessen bewusst. Bezeugt wird dieses Paradox nicht zuletzt an den Krankenhauskantinen selbst, über die genau jene Nahrungsmittel vertrieben werden, gegen deren schädliche Folgewirkungen in den Krankenhäusern angekämpft wird.[72]

Die Heilphilosophie matriarchalischer Kulturen sah den Menschen in seiner Gesamtheit, hatte also wie erwähnt einen holistischen Ansatz. Es ging weniger um spezielle Symptome oder Erkrankungen, die mit bestimmten Mitteln gezielt behandelt werden mussten. Vielmehr wurde Krankheit als Ausdruck eines Ungleichgewichts oder einer Disharmonie gesehen, die sich aufspannen zwischen einem Individuum und der natürlichen Umgebung, in die es eingebettet ist. Während die moderne Medizin einen Ansatz verfolgt, der Krankheiten bestimmte Therapieverfahren »entgegensetzt«, wobei kranke Zellen durch Bestrahlung »bombardiert« oder Bakterien und Viren »zerstört« werden, verfolgte die matriarchalische Heilkunst einen präventiven Ansatz, bei dem es um die Stärkung des eigenen Gesundheitszustands und der Selbstheilungskräfte ging. Auch wurden Körper und Geist nicht als zwei getrennte Sphären gesehen, sondern ebenfalls unter dem Vorzeichen eines holistischen Blicks als miteinander vereint. Dagegen sieht die moderne Medizin in erster Linie den bloßen Körper, der im Fall einer Krankheit gewissermaßen »Funktionsstörungen« hat. Organe müssen ausgetauscht oder entnommen werden, Operationen durchgeführt oder Medikamente zugeführt werden. Es werden bestimmte Ursachen für Krankheiten ausgemacht, beispielsweise Viren oder Bakterien, die beseitigt werden müssen. Moderne Medizin ist, wie Kheel ausführt, eine Art »Krieg« gegen Körper und Natur.[73] Sofern dennoch natürliche Stoffe als Heilmittel eingesetzt werden, müssen sie isoliert, konzentriert oder in Medikamenten synthetisiert werden. Der metaphorische »Krieg« der Medizin gegen tierliche und menschliche Körper ist jedoch ein höchst erfolgloser. Dies gesteht sogar die Wissenschaft selbst zu. Bereits vor dreißig Jahren bemühten Wissenschaftler in einem Paper mit dem bezeichnenden Titel »The war on cancer – failure of therapy and research« die Kriegsanalogie, indem sie metaphorisch über einen General schreiben, der erklärt: »›Verluste: riesig. Zugewinn an Land: vernachlässigbar. Fazit: Weitermachen.‹«[74] Um beim Beispiel der Krebserkrankung zu bleiben: Studien zeigen in aller Deutlichkeit, wie nutzlos etwa die Chemotherapie ist.[75] Mit konstanter Regelmäßigkeit werden neue »Wundermedikamente« angekündigt, die doch nicht halten können, was sie versprechen. In der Gesamtschau scheint der »Krieg« gegen den Krebs, im Zuge dessen auch die unzähligen tierlichen Opfer nicht vergessen werden dürfen, verloren zu sein. Faktisch wäre dieser Krieg jedoch weitestgehend zu vermeiden, schaltete sich die Medizin nicht erst dann ein, wenn es zu spät ist, also die Erkrankung bereits ausgebrochen ist. Krebs wäre – genau wie alle anderen Zivilisationskrankheiten – in vielen Fällen »heilbar«, indem man ihn erst gar nicht ausbrechen ließe. »Cancer is a Preventable Disease that Requires Major Lifestyle Changes«, so titelte ein wissenschaftlicher Aufsatz vor einigen Jahren.[76] Die angesprochenen Lebensstilveränderungen umfassen, wie weitere Studien zeigen, insbesondere die Adaption einer vollwertigen pflanzlichen Ernährung.[77] Doch selbst wenn eine Krebserkrankung bereits vorliegt, kann das Wachstum verschiedener Krebszellen durch eine ganze Bandbreite an Obst- und Gemüsesorten eingedämmt werden. Dabei hat sich herausgestellt, dass diejenigen Sorten, die in der westlichen Ernährung eher selten zubereitet werden – darunter insbesondere Lauch, Brokkoli, Blumen- und Rosenkohl, Spinat oder Knoblauch –, die am effektivsten gegen Krebszellwachstum wirkenden Pflanzen sind.[78]

Der Irrweg der modernen Medizin – einer Disziplin, die heutzutage mehr falsche als richtige Forschungsergebnisse produziert[79] – lässt sich bis ins Mittelalter zurückverfolgen. Mit dem Aufkommen von Universitäten, deren Besuch Männern vorbehalten war, wurden Frauen nebst den von ihnen angewandten Heilmethoden sukzessive verdrängt. Stattdessen wurden aus religiösen, astrologischen und philosophischen Überlegungen heraus krude medizinische Theorien entwickelt, die zumeist eher schädlich als nützlich waren. Neben den Universitäten gingen die Kirchen im Zuge der Hexenverfolgungen massiv gegen Frauen vor, die »verdächtigen« medizinischen Aktivitäten nachgingen. Bis heute werden holistische Therapieansätze, die auf natürliche Substanzen und »alternative« Heilmethoden setzen, mit großer Skepsis gesehen oder gar aktiv bekämpft. Dies geschieht teils zurecht, wie etwa im Fall der Homöopathie,[80] und teils zu Unrecht. Schließlich ist die moderne Medizin oftmals blind für größere Zusammenhänge, insbesondere für den Konnex aus Individuen, ihrer Ernährung und ihrer sozialen Umwelt. Obgleich die Entstehungsgeschichten diverser Krankheiten, darunter insbesondere Krebs, nur dann korrekt nachgezeichnet werden, wenn die Ernährung sowie die Umwelteinflüsse, denen eine Person ausgesetzt ist, berücksichtigt werden,[81] spielt dies für die moderne Medizin selten eine Rolle. Gerne zieht man sich auf den Standpunkt zurück, ob man krank werde, hinge vom Schicksal oder, in anderen Worten, von den Genen ab. Dabei determinieren Gene nur in seltenen Fällen das Risiko, an einer bestimmten Krankheit zu erkranken.[82] Und wenn man erkrankt, dann werden – so die trügerische Hoffnung – modernste Medikamente ihr »Wunderwerk« tun und Heilung bringen. Wer aber davon profitiert, dass er heilt oder auch nur vorgibt, dies zu tun, der hat ein begründetes Interesse daran, Heilungsbedarf zu produzieren. Die ökonomische Logik, die auch das Gesundheitssystem durchzieht, erzeugt den paradoxen Effekt, dass das System Kranke braucht, damit es sich erhalten kann, und eben keinesfalls Gesunde. Ein wirkliches Interesse an Heilung wäre abträglich.[83] Damit das Gesundheitssystem weniger Interesse an der Entstehung von Krankheit hat, müsste man dessen engen Schulterschluss mit der Wirtschaft vereiteln.

***

Die überflüssigen Leiden und Schmerzen, welche die moderne Medizin durch ihre historische Fehlentwicklung verursachen, treffen nicht nur Menschen. Die meisten Opfer sind nicht-menschliche Tiere. Schließlich gründet die moderne Medizin ihren »Fortschritt« ganz wesentlich auf Tierversuche, also In-vivo-Tests im Bereich der biomedizinischen Grundlagenforschung oder der angewandten, klinischen Forschung. Obwohl wichtige Durchbrüche und Entwicklungen in der Medizin seltener am »Tiermodell« als durch epidemiologische Studien beziehungsweise die Beobachtung und Untersuchung von Menschen sowie durch die Autopsie von Verstorbenen erlangt wurden,[84] wird der Mythos, dass medizinischer Fortschritt im Wesentlichen auf Tierversuchen beruht, weiterhin aufrechterhalten. Im Namen der Wissenschaft werden Tiere vergiftet, aufgeschnitten, verätzt, erstickt, erfroren, bestrahlt, geschockt, ausgehungert und vieles mehr. Tierversuche sind, wie andere Formen der Tierindustrie auch, oftmals derart grausam, dass eine ganze Reihe an psychologischen Vorkehrungen notwendig ist, damit Menschen die Bereitschaft entwickeln, Tierversuche durchzuführen.[85] Zu diesen Vorkehrungen gehören im Kern das sukzessive Abstumpfen und die Ausschaltung von Empathie gegenüber den misshandelten Tieren. Biologen und Mediziner beginnen im Studium mit Fruchtfliegen zu experimentieren, dann mit Würmern, schließlich mit Fröschen, Mäusen und später, wenn die Ausschaltungsmechanismen für das eigene Empathieempfinden weit genug entwickelt sind, mit »höheren« Tieren. Eine weitere Maßnahme ist der Gebrauch verdinglichender Sprache und Schreibtechniken, der sich bereits in den häufig verwendeten Begriffen »Tiermodell« und »Tierverbrauch« niederschlägt. Ferner gehört auch die Suggestion, man tue eine für das Wohl der Menschen notwendige Arbeit, da nur durch Tierversuche lebensrettende Medikamente entdeckt werden können, zu den psychologischen Vorkehrungen. Die pejorativ als »Alternativmethoden« bezeichneten Forschungsverfahren werden als unwirksam abgetan, obwohl spätestens seit dem Aufkommen von auf künstlicher Intelligenz basierenden Systemen die Sicherheitsprüfung von Substanzen durch Computerprogramme zuverlässigere Ergebnisse liefert als Tierversuche.[86] Es heißt ferner, die moderne Medizin hätte dank Tierversuchen Impfungen und Heilungsmethoden gefunden, um schreckliche Krankheiten wie Typhus, Tuberkulose oder Diphtherie zu bekämpfen. Verschwiegen wird aber, wie eine Studie von John und Sonja McKinlay zeigt, dass die Sterblichkeitsraten bei diversen Krankheiten, darunter auch die der genannten, massiv zurückgegangen sind, bevor man Wirkstoffe etwa in Form von Impfungen oder Antibiotika gefunden hatte, etwa aufgrund gesteigerter Hygienemaßnahmen.[87] Zu den Rechtfertigungsstrategien zählt ebenfalls die Behauptung, die moderne Medizin samt ihren Tierversuchen habe die Lebenserwartung der Menschen gesteigert. Dass aber beispielsweise in Industrieländern wie etwa den USA die »funktionalen Jahre«, also die Zeit, in der man grundlegende Tätigkeiten wie Laufen, frei Stehen oder Treppen gehen, ausüben kann, sinken, wird nicht erwähnt.[88] Eine solche Expansion der Morbidität, verstanden als eine Verringerung der Jahre, in denen Menschen nicht an lebenseinschränkenden Behinderungen leiden, lässt sich – da in diesen Ländern entsprechende Studien durchgeführt wurden – gleichsam in Frankreich oder Österreich beobachten.[89] Allgemein betrachtet stützen

Studien, in denen die Häufigkeit des Aufkommens chronischer Krankheiten gemessen wird, überwiegend die Hypothese einer Expansion der Morbidität.[90] Kurz gesagt sind Menschen zunehmend kränker. Mit dieser Feststellung soll nicht geleugnet werden, dass es in diversen Bereichen signifikante medizinische Fortschritte gegeben hat, dass es segensreiche Impfungen, Antibiotika oder andere Therapeutika gibt. Dennoch sind diese Errungenschaften unter der genannten Einschränkung zu betrachten.

Die Bedeutung, die Tierversuchen für die Wissenschaft zugesprochen wird, muss drastisch relativiert werden. Forschungsarbeiten, deren Gegenstand Tierversuche sind, werden gemeinhin kaum bis gar nicht im Kontext anderer Forschungsarbeiten zitiert.[91] Die spärlichen Zitationsraten der allermeisten Tierversuchsstudien sind ein Zeichen der wissenschaftlichen Irrelevanz von Tierversuchen im Allgemeinen.[92] Dass gerade in der klinischen Forschung Tierversuche vergleichsweise selten zitiert werden, ist zudem ein Zeichen dafür, dass das Versprechen, durch Tierversuche könnten Therapieansätze für den Menschen entwickelt werden, in vielen Fällen nicht haltbar ist. Auch deutet dieser Sachverhalt auf die mangelhafte Übertragbarkeit von Erkenntnissen aus Tierversuchen auf den Menschen hin. Natürlich gibt es auch übertragbare Erkenntnisse, allerdings ist die Übertragbarkeit in vielen Fällen zufällig gegeben. Selbst in der Fachliteratur der Tierversuchsforschung wird eingestanden: »Es ist unmöglich, zuverlässige allgemeine Regeln für die Validität der Extrapolation von einer Art zur anderen anzugeben.«[93] Mitunter liegt eine Übertragbarkeit von Erkenntnissen aus einem Tierversuch nicht einmal innerhalb ein und derselben Spezies vor. Diverse Wirkstoffe verhalten sich somit nicht nur bei Tieren anders als bei Menschen, sondern gleichsam bereits bei unterschiedlichen Tieren derselben Art.[94] Hinsichtlich des immer wieder vorgegebenen Nutzens von Tierversuchen für den Menschen kann ebenfalls auf der Basis wissenschaftlicher Untersuchungen festgehalten werden, dass selbst bei hochrangigen Tierversuchsstudien lediglich aus zehn Prozent der Experimente eine klinische Anwendung hervorgegangen ist – während neunzig Prozent der Tierversuche quasi nutzlos waren.[95] Die Wahrscheinlichkeit, dass aus tierexperimenteller Forschung ein neues Medikament oder eine neue Therapiemethode für den Menschen entsteht, ist zwar gegeben, aber sie ist – und dies muss betont werden – extrem gering.[96] Tierversuche werden, obwohl viele derselben reine Grundlagenforschung sind, in der öffentlichen Debatte stets damit legitimiert, dass durch sie wichtige Medikamente entdeckt würden. Unabhängig von den bereits erwähnten Gesundheitsgefahren, die von Medikamenten ausgehen,[97] muss bedacht werden, dass oftmals ein Medikament oder eine Vorstufe desselben im Tierversuch scheitert und daher beim Menschen gar nicht zur Anwendung kommt – obwohl es möglicherweise sogar in der gewünschten Weise wirken würde. Tierversuche bedingen so, dass neue Medikamente, entgegen der verbreiteten Vorstellung, gerade nicht entdeckt werden. Und so gibt es im Hinblick auf diverse Krankheitsbilder trotz anderslautender Versprechen seit Jahrzehnten quasi keine bedeutenden Fortschritte – man denke nur an Krebs oder Alzheimer. Und weil dies so ist, gibt es in den Wissenschaften wie auch in der Industrie immer mehr »Seitenwechsler«.[98] Der Frust über die methodischen Unzulänglichkeiten von Tierversuchen bewegt Forscher aus unterschiedlichsten Fächern, einschlägige Fachmagazine und sogar Unternehmen, Alternativen zum Tierversuch einzufordern und Letztere aufzugeben, da sie anderen Verfahren unterlegen sind.

Bei der wissenschaftstheoretischen Betrachtung der Methode Tierversuch muss außerdem bedacht werden, dass in den Biowissenschaften, nicht anders als in anderen wissenschaftlichen Disziplinen auch, ein enormer Publikationsdruck besteht. Das heißt, Forscher müssen, um erfolgreich sein und weitere Forschungsgelder einwerben zu können, möglichst viele Aufsätze in wissenschaftlichen Journals veröffentlichen. Dazu müssen sie stets neue publikationstaugliche Daten generieren. Oftmals lassen sich schneller als durch Studien an Menschen durch Tierversuche Forschungsergebnisse erzielen, was sich unter anderem damit begründen lässt, dass Mäuse- oder Rattengenerationen viel kürzer sind als jene von Menschen. Weil Quantität mehr zählt als Qualität, die sich etwa durch eine aufwendige klinische Studie an Menschen erzielen ließe, werden häufig beschönigte beziehungsweise sogar gefälschte Daten publiziert.[99] In einer Schätzung, wie hoch die Kosten allein für biomedizinische Studien sind, die sich als offensichtlich fehlerhaft und damit wertlos für die Medizin erweisen, kam heraus, dass mehrere Milliarden Dollar jährlich verschwendet werden[100]. Ein weiterer Punkt ist, dass in der Regel nur solche Experimente überhaupt in Publikationen münden, die ein positives Ergebnis haben. Alle anderen Ergebnisse, also Nullergebnisse oder solche, die schlicht nicht gewollt sind, werden »unter den Teppich gekehrt«.[101] In den einschlägigen wissenschaftlichen Journalen erscheint also nur ein bestimmter Prozentsatz der insgesamt erzielten Forschungsergebnisse. Wie wertlos diese mitunter sind, zeigt sich auch darin, dass Replikationsstudien in der Biomedizin häufig scheitern – sich also die Ergebnisse aus einer Versuchsreihe nicht wiederholen lassen.[102] Replikationsstudien sind jedoch ein wesentliches Erfordernis einer guten wissenschaftlichen Praxis. Tatsächlich aber ist das Geschehen in der Tierversuchsforschung hochgradig zufallsgesteuert[103]. Dies fängt bereits beim normalen »Handling« der »Versuchstiere« an. Bloß das einfache Hochheben einer Maus – eine alltägliche Routinehandlung in Tierversuchslaboren – verursacht enormen Stress bei den Tieren, in dessen Folge sich Puls und Blutdruck verändern, Stresshormone ins Blut gelangen und vieles mehr.[104] Die Frage ist dann, wie zuverlässig beziehungsweise replizierbar Ergebnisse aus Tierversuchen unter diesen Umständen sein können.

Aufgrund der anwachsenden Kritik seitens der Öffentlichkeit versuchen Tierexperimentatoren ihre in vielen Fällen mit enormer Grausamkeit verbundene Forschungspraxis vehement zu rechtfertigen, indem sie sich auf den Nutzen ihrer Forschung für den Menschen berufen. Dabei schrecken Experimentatoren auch nicht davor zurück, mit den Ängsten kranker Menschen zu spielen. Unabhängig von dem generellen Speziesismus, der sich innerhalb der Diskussionen über die wissenschaftsethische Vertretbarkeit von Tierversuchen manifestiert und der die Interessen der Menschen blindlings über die Interessen der Tiere stellt, kann aus wissenschaftstheoretischer Perspektive gezeigt werden, dass Tierversuche eine höchst zweifelhafte wissenschaftliche Methode darstellen. Es stellt sich dann unweigerlich die Frage, wo die heutige Medizin beziehungsweise das Gesundheitswesen sein könnte, wenn nicht Tierversuche seit zig Jahrzehnten das bestimmende Forschungsparadigma bildeten und wenn die Milliarden an Forschungsgeldern, die in die Tierversuchsforschung geflossen sind, in tierversuchsfreie Forschungsprojekte und -verfahren geflossen wären. Tierversuchsfreie Verfahren sind zudem deutlich billiger als Tierversuche, schließlich spart man das Geld für die Tierzucht, die Tierhaltung und Tierpflege. So können mit dem gleichen Geld deutlich umfangreichere Forschungsvorhaben finanziert werden, als dies mit Tierversuchsforschung möglich ist.

Neben den Diskussionen um Methoden und Paradigmen der Forschung darf nicht aus dem Blick geraten, dass in den universitären und industriellen Tierversuchslaboren Millionen und Abermillionen Tiere systematisch dazu verdammt werden, ein Dasein voller Leiden und Qualen zu fristen. Emanzipiert man sich vom Denken in den Bahnen vorherrschender, menschenzentrierter Ethiken, dann wirkt es geradezu absurd, dass genau dasjenige Feld der

Gesellschaft, das sich der Vorbeugung, Erkennung, Behandlung und Heilung von Krankheiten verschrieben hat, das genaue Gegenteil desselben macht. Und zwar indem es systematisch und in einem quantitativen Ausmaß, das jegliche Vorstellung überschreitet, empfindsame Lebewesen künstlich krankmacht, ihnen Verletzungen zufügt und sie tötet. An nichts widerlegt sich die Medizin so sehr selbst wie an Tierversuchen. Die Medizin ist in vielerlei Hinsicht ein zerstörerisches System, in dem die Idee der Fürsorglichkeit und der Stärkung und Erhaltung von Gesundheit mitunter verdrängt wurde. Die Bereitschaft, Tierversuche zu befürworten oder gar selbst auszuführen, wäre ansonsten undenkbar. Am Ende hat der Protest gegen und die Kritik an Tierversuchen den Effekt, dass man sich nicht bloß gegen Tierleid ausspricht und dieses zu verhindern sucht, sondern auch, dass man sich für einen echten Fortschritt in der Medizin positioniert, sodass krankheitsbedingte Leiden von Menschen erfolgreicher gelindert werden. Schließlich sind nicht nur Tiere zu Leidtragenden eines falschen Systems geworden, sondern auch der Mensch selbst.

Unter dieser Zielsetzung wäre es geboten, dass die Medizin lehrte, wie ein möglichst gesundes Leben möglich ist, anstatt vorwiegend dann tätig zu werden, wenn Menschen bereits erkrankt sind. Da aber die Medizin strukturelle Kopplungen mit anderen Sozialsystemen unterhält, wobei hier insbesondere das Wirtschaftssystem in den Fokus gerät und damit Anreize einhergehen, »Wertschöpfung« durch Krankheit zu betreiben, muss man sich eingestehen, dass der Positivwert des Medizinsystems nicht Gesundheit, sondern Krankheit ist. Gesundheit ist sozusagen »irrelevant«, weil das System an sie keine Anschlusshandlungen anbringen kann. Daher wird nach dem Kredo agiert, dass der, der gesund ist, an bislang unbeobachteten Krankheiten leidet. Man muss nur lange genug untersuchen, um diese zu erkennen. Gerade im Kontext von Zivilisationskrankheiten wird der Schaden lieber abgewartet, als dass in Präventivmaßnahmen investiert würde. Meist geht es dann gar nicht mehr um den Dualismus von Gesundheit und Krankheit, sondern nur noch um den von heilbaren und unheilbaren Krankheiten.

***

Erst wenn die ökonomischen Verflechtungen aufgegeben werden, liegt es im Interesse der Medizin, möglichst wenige Menschen behandeln zu müssen und nicht möglichst viele. Zu erreichen wäre ein derartiger Zustand kollektiver guter Gesundheit, indem im Rahmen der Grundbildung Wissen und Routinen vermittelt würden, wie man sich gesund und »artgerecht« ernähren kann. Kein anderer Faktor determiniert mehr und hat mehr Auswirkungen auf die Lebensqualität, Krankheit und Sterblichkeit als die tägliche Nahrung. Die Entscheidung darüber, wie man sich ernährt, kann lebensrettend sein. Was aber den Zusammenhang von Ernährung und Gesundheit angeht, so wird in wahrscheinlich keinem anderen Bereich so viel – sogar wissenschaftlich gedeckte – Fehlinformation gestreut wie ebendort. Das Wissen um den Zusammenhang zwischen Ernährung und Gesundheit wird überlagert von irrelevanter, falscher oder verzerrter Information.

Ärzte, aber auch »Ernährungsexperten«, Industrievertreter oder Wissenschaftler sind Werbetreibende für eine »gesunde« Ernährung mit »hochwertigen« Proteinen. Dabei werden Fleisch, Kuhmilch und Hühnereier als vermeintlich essenzieller Bestandteil einer ausgewogenen Ernährung propagiert. Auch der renommierte Ernährungswissenschaftler Colin Campbell gründete seine Forschung zunächst auf diese Annahme. Verschiedene Befunde aus Laborexperimenten jedoch brachten Skepsis in ihm auf. So fand Campbell etwa heraus, dass Krebswachstum unabhängig von genetischen Prädispositionen durch die Gabe von Nahrungsmitteln mit einem hohen Anteil tierlicher oder pflanzlicher Proteine regelrecht an- oder ausgestellt werden konnte. Campbell schreibt: »Krebs durch Ernährung zu kontrollieren war und ist eine radikale Idee. [...] Wie beim Ein- und Ausschalten eines Lichtschalters könnten wir die Entstehung von Krebs nur dadurch kontrollieren, dass wir den Proteingehalt ändern, unabhängig von der anfänglichen krebserzeugenden Exposition.«[105] Aus den Experimenten konnte ein einfacher Schluss gezogen werden: »Nährstoffe aus tierischen Lebensmitteln erhöhten die Tumorentwicklung, während Nährstoffe aus pflanzlichen Lebensmitteln die Tumorentwicklung minderten.«[106] Dass tierliche Proteine im Gegensatz zu pflanzlichen Proteinen mit diversen Gesundheitsrisiken assoziiert sind, hat auch die neueste Forschung bestätigt.[107] Während die Aufnahme pflanzlicher Proteine die Chancen, gesund alt zu werden, erhöhen, sind tierliche Proteine mit einem höheren Risiko verbunden, frühzeitig zu sterben. Tierliche Proteine sind ferner assoziiert mit einem erhöhten Blutdruck sowie einem höheren Risiko, an Diabetes zu erkranken. Pflanzliche Proteine hingegen zeitigen den jeweils gegenteiligen Effekt.[108]

Campbell leitete, motiviert durch seine damaligen Erkenntnisse, das »China-Cornell-Oxford-Project«, kurz »China-Study«, eine umfassende und äußerst aufwendige Ernährungsstudie mit sechstausendfünfhundert Probanden, um am Ende herauszufinden, dass quasi sämtliche sogenannten Zivilisationskrankheiten ganz entscheidend bedingt sind durch den Konsum tierlicher Proteine. Auch wenn einzelne Schlussfolgerungen aus der China-Study umstritten sind, so liefert sie im Verbund mit unzähligen weiteren Forschungsarbeiten dennoch die Erkenntnis, dass tierliche Proteine, die durch Fleisch, Milch oder Eier konsumiert werden, das Risiko erhöhen, an Krebs, Herzkrankheiten, Autoimmunerkrankungen, Übergewicht und vielem mehr zu erkranken beziehungsweise zu sterben. Anstatt aber darauf hinzuwirken, dass Routinen der Ernährung umgestellt werden, setzt man lieber auf finanziell profitablere Maßnahmen zur Symptombekämpfung. Viele Ärzte ziehen sich auf den Standpunkt zurück, dass Patienten ohnehin nicht bereit seien, Veränderungen ihres Lebensstils vorzunehmen. Auch dem leistet die Wissenschaft Vorschub. So werden Gene bestimmt, die als Risiko- oder gar Auslösefaktoren für Krebs, Übergewicht oder andere Erkrankungen herhalten müssen. Damit wird gerade nicht dazu motiviert, Eigeninitiative zu ergreifen, etwas für die eigene Gesundheit zu tun. Schließlich kann man sich auf den Glauben zurückziehen, man habe keinen Einfluss auf das Eintreten von Krankheiten, da diese »erblich« oder »genetisch bedingt« seien. Dabei machen Gene im Gegensatz zu Umwelteinflüssen im Hinblick auf viele der häufigsten Todesursachen faktisch nur einen kleinen Teil des Risikos aus, eine zum Tod führende Krankheit zu bekommen.[109]

So bleibt letztlich nur die Erkenntnis, dass Menschen in der Lage sind, über ihr gesundheitliches Schicksal weitgehend selbst zu bestimmen – und zwar mit dem einfachen Mittel der täglichen Mahlzeiten. Die größten »Behandlungserfolge« ließen sich erzielen, würde Menschen zu einer pflanzlichen Ernährung geraten und würde dieser Rat in der Praxis befolgt.[110] Eine solche Maßnahme würde jedoch tradierte Geschäftsmodelle des Medizinsystems unterwandern. Es bräuchte ein völlig anders ausgerichtetes Medizinstudium, weniger Medikamente, weniger Medizintechnik und kleinere Krankenhäuser. Zudem wären weite Teile der Tierversuchsindustrie überflüssig. Ein anderes Medizinsystem könnte den Hinweis, dass eine pflanzliche Ernährung, die reichhaltig an frischem Obst und Gemüse, Getreideprodukten, Hülsenfrüchten, Nüssen und Samen ist, gegen sämtliche Zivilisationskrankheiten hilft,[111] zum essenziellen Bestandteil der Gesundheitsberatung machen. Die vegane Ernährung beugt Herz-, Lungen- und Lebererkrankungen, Krebs, Infarkten,

Alzheimer, Parkinson, Diabetes, Nierenversagen, Sepsis, Bluthochdruck und vielen weiteren Erkrankungen vor oder hilft gar, diese zu therapieren. Während eine pflanzliche Ernährung also Gesundheit fördert und das kostbarste Gut, das Menschen haben – ihr Leben –, erhält, bewirkt eine Ernährung mit vielen Tierprodukten das Gegenteil – sie macht krank und führt zu einem verfrühten Tod. Wie einer Studie aus dem renommierten medizinischen Fachjournal »The Lancet« zu entnehmen ist, ließen sich knapp zwölf Millionen Todesfälle pro Jahr durch eine gesündere, stärker auf pflanzliche Lebensmittel fokussierte Ernährung vermeiden.[112] Alleine verarbeitetes Fleisch wird, wie im Rahmen einer weiteren Studie aus demselben Journal ermittelt wurde, weltweit für den Tod von jährlich mehr als achthunderttausend Menschen verantwortlich gemacht.[113] Die Weltgesundheitsorganisation hat zudem, nachdem ein gigantischer Korpus an ernährungswissenschaftlichen Studien zusammengetragen wurde, verarbeitetes sowie rotes Fleisch offiziell zu Karzinogenen erklärt. Dabei muss man das Fleisch nicht einmal direkt essen, um mit krebserregenden oder anderen gesundheitsschädlichen Stoffen in Kontakt zu kommen. Gesundheitsschädlich sind bereits die Dämpfe, die etwa beim Grillen entstehen.[114]

Es kann nicht geleugnet werden, dass auch Fleisch, Milch oder Eier diverse wertvolle Nährstoffe enthalten. Gerne beruft man sich auf Proteine, Eisen, Calcium, Mineralien und andere. Das Problem dabei ist bloß, dass neben den wertvollen auch eine ganze Reihe an gesundheitsschädlichen Stoffen wie gesättigte Fettsäuren, Cholesterin, Hormone, Medikamentenrückstände, Schwermetalle und andere enthalten sind, sodass sich aus ernährungsphysiologischer Perspektive Nutzen und Schaden nicht die Waage halten. Genau genommen müsste man zu den benannten gesundheitsschädlichen Stoffen auch tierliche Proteine hinzufügen, da diese im Gegensatz zu pflanzlichen Proteinen die Wahrscheinlichkeit erhöhen, unter anderem früher an Herz-Kreislauf-Erkrankungen zu sterben.[115] Generell ist ein eher niedriger Konsum von Proteinen – egal, ob diese pflanzlicher oder tierlicher Herkunft sind – mit Langlebigkeit assoziiert, während umgekehrt ein besonders proteinreicher Ernährungsstil, wie er häufig gepflegt wird, eher zu einem frühen Tod führt.[116]

Für alle großen Lebensmittelgruppen können Angaben gemacht werden, inwiefern sie sich schützend, neutral oder schädlich verhalten in Bezug auf die wesentlichen Altersleiden, worunter Herz-Kreislauf-Erkrankungen, Typ-2-Diabetes, Krebs, Nieren- und Lebererkrankungen, Übergewicht, Erkrankungen des Gehirns und einige weitere zu zählen sind. Gewinnen lassen sich diese Angaben aus Meta-Studien, also den Zusammenfassungen einer großen Zahl von Einzelstudien zu bestimmten ernährungswissenschaftlichen Fragestellungen. Auf eine gewissermaßen noch »höhere« Ebene begibt man sich, wenn man Meta-Studien in einer Meta-Meta-Studie verarbeitet. Diese Methode haben die beiden französischen Forscher Anthony Fardet und Yves Boirie angewendet, und zwar für alle im Zeitraum zwischen 1950 und 2003 erschienenen Untersuchungen.[117] Die Ergebnisse dieser Meta-Meta-Studie sprechen eine klare Sprache: Während rotes beziehungsweise verarbeitetes Fleisch sich immens schädlich hinsichtlich der zehn gravierendsten Zivilisations- beziehungsweise Alterserkrankungen verhält, trifft Gegenteiliges für Obst, Gemüse, Hülsenfrüchte, Nüsse und Samen zu. Auch Fisch wird bis zu einem gewissen Grad ein schützender Effekt nachgesagt. Doch trotz des guten Rufs, den das Fleisch von Fischen genießt, ist auch dieses gerade im Fall von jagenden, langlebigen Fischen wie beispielsweise Thunfischen kein gesundes Lebensmittel. Dies ergibt sich bereits aus der Tatsache, dass Fische durch die Verschmutzung der Gewässer und Meere diverse Giftstoffe aufnehmen. Darunter befindet sich etwa Quecksilber, das sich bereits bei moderatem Konsum von Fischfleisch nach wenigen Wochen im Blut anreichert.[118] Ähnliches gilt für Blei und Arsen.[119]

Neben dem Fleisch von Fischen erwähnen Fardet und Boirie auch Milch. Diese hat zwar laut der Meta-Meta-Studie im Blick auf die Gesamtheit der Zivilisationskrankheiten beziehungsweise der Altersleiden eine überwiegend neutrale Wirkung. Diese Erkenntnis ist jedoch mit Vorsicht zu betrachten, schließlich ist ein nicht unerheblicher Anteil der Studien, die den Einfluss von Kuhmilch oder Kuhmilchprodukten auf die menschliche Gesundheit bewerten sollen, nicht aus öffentlichen Mitteln finanziert. Abstrahiert man von industriegeförderten Untersuchungen, die, um die Quelle für Fördergelder nicht versiegen zu lassen, in der Regel auch zu industriefreundlichen Schlussfolgerungen kommen,[120] bleibt die Einsicht, dass Milch, die immer wieder als gesundes und vor allem essenzielles Nahrungsmittel angepriesen wird, für eine ganze Reihe an gesundheitsschädlichen Auswirkungen verantwortlich gemacht werden muss. Im Fokus stehen hier unter anderem Akne[121], Fettleibigkeit[122], Diabetes[123], Bluthochdruck[124], Krebs[125] oder auch das Risiko, Knochenbrüche zu erleiden oder generell frühzeitig zu sterben[126]. Kuhmilch ist die natürliche Nahrungsquelle für Kälber – und nicht für menschliche Babys oder gar Menschen im Erwachsenenalter gedacht. Kuhmilch besitzt im Vergleich zu menschlicher Muttermilch eine unverhältnismäßig hohe Menge an Proteinen. Damit wirkt Kuhmilch um ein Vielfaches wachstumsfördernder als menschliche Milch. So führt der Konsum von Kuhmilch unter anderem zu einer starken Ausschüttung von insulinähnlichen Wachstumsfaktoren.[127] Diese Wachstumsfaktoren forcieren jedoch den Alterungsprozess des Körpers, sodass auch die Wahrscheinlichkeit des Auftretens von Erkrankungen gesteigert wird.

In der Reihe der aus Milch hergestellten Produkte nimmt Käse eine besondere Stellung im Kontext der Umstellung auf eine pflanzliche Ernährung ein. Vielen Menschen, die sich dazu entschlossen haben, fällt es am schwersten, speziell auf Käse zu verzichten. Dies erklärt sich aus seiner latenten Suchtwirkung. Käse enthält in hoher Konzentration Morphin.[128] Das Morphin erfüllt einen Sinn, sofern man bedenkt, dass Milch – egal ob jene von Menschen oder jene von Kühen – für Kleinkinder gedacht ist. »Morphin und die Opioidpeptide«, schreibt der Mediziner Eli Hazum in einem seiner Aufsätze, »können eine wichtige Rolle im Bindungsmechanismus von Mutter und Kind spielen, da die Säuglinge von der eigenen Muttermilch ›abhängig‹ sein können.«[129] Jener Mechanismus, der Kleinkinder beruhigt und an ihre Mütter bindet, wird jedoch beim Käse gewissermaßen zum Verhängnis, nämlich dann, wenn Menschen über das Kleinkindalter hinaus ein zudem noch artfremdes Milchprodukt konsumieren, das nicht nur gesundheitsschädlich ist, sondern auch abhängig macht. »Was für die Gans gut ist,« heißt es in einer anderen Studie zum Milchkonsum lakonisch, »kann für den Ganter gut sein, aber was für die Kuh gut ist, könnte für den Menschen schädlich sein.«[130] Da sich Kuhmilch in seiner chemischen Zusammensetzung von menschlicher Muttermilch unterscheidet, hat die Milch von Kühen in menschlichen Kleinkindern eine andere Wirkung als arteigene Milch.[131] Tatsächlich wirkt das in der Kuhmilch enthaltene »β-Casomorphin-7«, wie es genau bezeichnet wird, ursächlich für und verschlimmernd auf Allergien, Ekzeme oder Krankheiten wie Autismus, Diabetes, Schizophrenie und weitere.[132]

In Kenntnis der vorgetragenen Studien entspricht es der Erwartung, dass Veganer im Vergleich zu Mischköstlern eine um fünfzehn Prozent reduzierte Gesamtmortalität haben.[133] In der Konsequenz empfiehlt beispielsweise die Academy of Nutrition and Dietetics – neben anderen großen Ernährungsorganisationen – die vegane Ernährung in sämtlichen Lebenslagen, also auch für Kinder, Jugendliche, Schwangere und Stillende.[134] Gegen diese Aussage wird – unter anderem auch von der Deutschen Gesellschaft für Ernährung[135] –

insbesondere die Notwendigkeit der Supplementierung des Vitamins B12 angeführt. Dieses kann bei einer veganen Ernährung nicht in ausreichenden Mengen aufgenommen werden, sodass die Zufuhr dieses Vitamins durch Nahrungsergänzungsmittel erfolgen muss. Viele Menschen sehen darin den Beweis für die Unnatürlichkeit der pflanzlichen Ernährung sowie für die Notwendigkeit, Tierprodukte zu essen. Das Vitamin B12 dient demnach als willkommener Aufhänger anti-veganer Diskurse. Es kann daher nicht allein aus ernährungswissenschaftlicher Perspektive betrachtet werden. Es erfüllt gewissermaßen auch eine psychologische oder ideologische Funktion. Wie bei keinem anderen ernährungsbezogenen Aspekt wird im Zusammenhang mit Vitamin B12 massenmedial erworbenes Halbwissen instrumentalisiert, um über das Aufzeigen der vermeintlichen Defizite einer pflanzenbasierten Ernährung den etablierten karnistischen Konsumstil zu verteidigen.

Was aber hat es tatsächlich mit dem Vitamin B12 auf sich? Es wird von Mikroorganismen erzeugt und ist wichtig unter anderem für die Synthese von Desoxyribonukleinsäure, die Bildung roter Blutkörperchen und die Zellteilung. Die Mikroorganismen sitzen vornehmlich in der Erde oder in kontaminiertem Wasser. Um sich ausreichend Vitamin B12 zuzuführen, müsste man, wie in vormodernen Zeiten, ungereinigte Pflanzen essen oder ungereinigtes Wasser trinken. Die hygienischen Standards der modernen Welt jedoch bedingen, dass für Menschen und »Nutztiere« überwiegend sauberes Essen und gereinigtes Wasser bereitgestellt werden. Auch produziertes Tierfutter ist in der Regel frei von Erdrückständen oder anderen Verschmutzungen. Deshalb wird das Futter der Tiere, um einem Vitaminmangel vorzubeugen, künstlich mit Vitamin B12 – genauso wie mit diversen weiteren Vitaminen und Mineralstoffen – angereichert. So gesehen supplementieren auch Menschen, die Fleisch oder andere Tierprodukte zu sich nehmen, Vitamin B12 auf unnatürliche Weise. Bloß tun sie dies indirekt und nicht, wie vegan lebende Menschen, direkt. Vitamin B12 hat also weniger mit der Frage nach einer fleischlosen oder fleischhaltigen Ernährung zu tun, als vielmehr mit der Frage nach den hygienischen Standards der Ernährung. »Der seltene Fall von B12-Mangel kann eine wichtige Folge von zu viel Sauberkeit sein«, fasst der Arzt John McDougall zusammen[136].

Mit Blick auf die Vielzahl an gesellschaftlichen Diskursen, die sich auf Fragen der richtigen und gesunden Ernährung beziehen, fällt auf, dass die vegane Ernährung in den allermeisten Fällen aus der Perspektive möglicherweise auftretender Mangelerscheinungen betrachtet wird. Selbst in jenen Abhandlungen, die einer vegetarischen oder veganen Ernährung positiv gegenüberstehen, wird stets betont, wie aufwendig es sei, sich ausgewogen pflanzlich zu ernähren. Suggeriert wird, man müsse bei der Ernährung auf zahlreiche Details achten, um sich gezielt diejenigen Nährstoffe zuzuführen, die in Verdacht stehen, in zu geringem Maß in Pflanzen enthalten zu sein. Wer wirklich so weit gehen möchte und sich vegetarisch oder gar vegan ernähren will, der müsse, so die klare Botschaft, sich zahlreiche ernährungswissenschaftliche Fachkenntnisse aneignen. Die vegane Ernährung wird so als eine zwar gesunde, aber gleichzeitig auch riskante Form der Ernährung dargestellt. Vegan lebende Menschen sind – im Gegensatz zu Mischköstlern – vermeintlich stets dem Risiko ausgesetzt, Mangelerscheinungen zu bekommen.

Faktisch hat jede Form der Ernährung ein gewisses Risiko, einen Mangel an essenziellen Nährstoffen mit sich zu bringen. Während jedoch im Kontext einer pflanzlichen Ernährung in den allermeisten Fällen eine unrealistische Überbetonung der Risiken stattfindet, werden diese im Kontext einer Ernährung mit Tierprodukten nur in seltenen Fällen angemessen geschildert. Stattdessen wird betont, dass Tierprodukte der Versorgung mit hochwertigem Eiweiß oder anderen Nährstoffen dienen. Die Art, wie über das tägliche Essen in Fachzeitschriften, Büchern oder anderen Publikationen referiert wird, orientiert sich dabei kaum an einer verantwortungsbewussten Wiedergabe wissenschaftlicher Erkenntnisse. Vielmehr geht es um die Perpetuierung einer Kultur, in der Schweine, Kühe und bestimmte Vogelarten als essbar gelten sollen. Angemessener, als beständig die vermeintlich so vielfältigen Risiken einer pflanzlichen Ernährung zu betonen, wäre es, das präventive Potential verschiedener Ernährungsstile zu untersuchen.

Dies hätte zweierlei zur Folge: Zum einen würde die vegane Ernährung dafür geschätzt, Gesundheit zu erhalten und zu stärken. Zum anderen würde deutlich, dass all jene, die Tiere und Tierprodukte als wesentlichen Teil ihrer Ernährung sehen, in vielen Fällen eine gewisse Verantwortung dafür tragen, an bestimmten Krankheiten zu leiden. Schließlich vermindert, wie erwähnt, der regelmäßige und reichliche Verzehr von Obst und Gemüse sowie Vollkornprodukten, Nüssen oder anderen Pflanzen das Risiko für diverse chronisch-degenerative Erkrankungen.[137] Dagegen steigert der Verzehr von Tieren oder Tierprodukten dieses Risiko.[138] Würde allein mehr Obst und Gemüse gegessen, könnten weltweit unzählige Menschenleben gerettet werden.[139] Die Weltgesundheitsorganisation schätzt, dass weltweit jährlich über anderthalb

Millionen Todesfälle in Verbindung stehen mit einer Ernährung, die zu wenig Obst und Gemüse und damit nährstoffreiche, lebenswichtige Nahrungsmittel umfasst.[140] Diese unvorstellbare Zahl an Menschenleben hängt allein von der Art der Ernährung, einer gerne als unbedeutend eingeschätzten, im Rahmen des Privaten angesiedelten Praxis ab.

***

Darüber, was die »richtige« Ernährung ist, um ein langes und gesundes Leben führen und Krankheiten verhindern zu können, gibt es trotz der geschilderten Befundlagen unterschiedlichste Meinungen.[141] Experten und andere Wortführer sind in ihren Einschätzungen unterschiedlicher Ernährungsstile, die als problematisch bezeichnet werden, zumeist voreingenommen. Sie sprechen Empfehlungen aus, welche Nahrungsmittel besser sparsam zu konsumieren sind. Dabei werden diese häufig nicht direkt benannt, sondern nur deren nutritive Bestandteile. Insbesondere im Rahmen offizieller Empfehlungen von großen Ernährungsorganisationen ist typischerweise nicht explizit die Rede davon, man solle weniger Fleisch, Milch oder Eier zu sich nehmen oder derartige Produkte gar gänzlich vom Speiseplan streichen. Stattdessen wird von biochemischen Komponenten wie beispielsweise gesättigten Fettsäuren oder Cholesterin gesprochen, deren Aufnahme durch die Ernährung reduziert werden sollte. Letztlich sind gerade Ernährungsorganisationen Erfüllungsgehilfen der Tierindustrie und geraten auf diese Weise in einen Widerspruch zwischen Wirtschaftshilfe und Gesundheitskommunikation. Ein ähnliches Spannungsfeld zeigt sich, wenn Wirtschaftsverbände aus dem Bereich der Tierindustrie wissenschaftliche Forschung finanzieren. Die Ergebnisse solcher industriegesponserten Studien, nämlich, dass Tierprodukte positive gesundheitliche Effekte zeitigen, werden durch ein den gewünschten Aussagen entsprechend geschicktes Studiendesign erzielt. Industriegesponserte Forschung, wie sie gerade im Ernährungsbereich besonders häufig vorkommt, diskreditiert nicht zwangsläufig deren Wissenschaftlichkeit. Dennoch muss bedacht werden, dass Forscher, deren Arbeit an Industriegeldern hängt, tendenziell keine Ergebnisse publizieren werden, die sich als irgendwie hinderlich für das ökonomische Gewinnstreben herausstellen könnten.

Wie einfach es ist, beispielsweise missliebige Statistiken zu verzerren, ist hinlänglich bekannt. Gerade das sogenannte »p-Hacking«, also die nachträgliche Anpassung von statistischen Verfahren, Parametern oder Forschungsdaten, wird gerne dazu eingesetzt, um Forschungsresultate so anzupassen, dass sie ein ausreichendes Signifikanzniveau erhalten, sich somit leichter veröffentlichen lassen und möglicherweise für Aufsehen sorgen. Aufgrund dieser methodisch falschen Vorgehensweise ist hinterher für Außenstehende nicht mehr feststellbar, ob es sich um einen Zufallsbefund oder ein zuverlässiges Ergebnis handelt. Weltberühmte Ernährungswissenschaftler wie etwa Brian Wansink wurden des p-Hackings überführt, was gleichzeitig zur Zurücknahme von diversen seiner Forschungsaufsätze in einschlägigen Journals führte.[142]

Dass industriegesponserte Forschung mit großer Sicherheit nicht zu industriefeindlichen Ergebnissen kommen wird, ist den Geldgebern aus der Wirtschaft bewusst, sodass diese, ohne dass dies explizit zur Sprache käme, in den Wissenschaftlern wichtige Verbündete sehen, um für das je eigene Produkt zu werben. Diese unheilvolle Allianz manifestiert sich in besonders starkem Maße in jenem Bereich der Forschung, welcher der Frage nachgehen soll, wie eine gesunde und ausgeglichene Ernährung aussieht. So werden insgesamt eine große Verwirrung und Verunsicherung darüber erzeugt, was zu essen in diesem Sinne ratsam ist. Dies belegt nicht zuletzt eine Studie mit dem bezeichnenden Titel »Is Everything We Eat Associated With Cancer?«.[143] In dieser wurden fünfzig typische Zutaten aus zufällig ausgewählten Rezepten in einem Kochbuch herausgegriffen und daraufhin untersucht, ob sie laut wissenschaftlichen Studien das Risiko, an Krebs zu erkranken, erhöhen oder erniedrigen. Das Ergebnis der Untersuchung war, dass zu achtzig Prozent der ausgewählten Nahrungsmittel eine mehr oder weniger große Anzahl an Studien gefunden werden konnten, die diese mit einer Auswirkung auf verschiedene Krebserkrankungen assoziieren. Der Glaube, dass quasi alles, was Menschen essen, einen signifikanten Einfluss auf das Krebsrisiko hat, ist allerdings mit großer Skepsis zu betrachten. Ernährungswissenschaftliche Studien haben mit zahlreichen Unwägbarkeiten zu kämpfen. Diese resultieren aus der Vagheit von Befragungen über Ernährungsgewohnheiten bei Probanden, aus Störfaktoren bei der Forschung, worunter etwa Dinge wie die sportliche Aktivität von Probanden, deren genetische Disposition oder individuelle Umwelteinflüsse gezählt werden können. Dementsprechend ist es wenig überraschend, dass beispielsweise im renommierten Journal *The Lancet* ein Aufsatz erschien, der eine kohlehydratreiche Ernährung mit einer höheren Sterberate in Verbindung bringt, während eine fettreiche Ernährung gegenteilige Effekte hat.[144]

Nicht einmal ein Jahr später jedoch erschien im Schwesterjournal *The Lancet Public Health* eine Studie, die exakt gegenteilige Erkenntnisse zutage förderte, nämlich dass Ernährungsformen mit einem geringen Kohlehydratanteil sowie einem hohen Konsum tierlicher Fette zu einer erhöhten Mortalitätsrate führen.[145] Letztlich sind ernährungswissenschaftliche Studien stets mit gewissen Vorbehalten zu betrachten, da Vorannahmen, wirtschaftliche Interessen oder Ernährungsideologien der jeweils forschenden Wissenschaftler sich in der Art, wie Forschungsdesigns gestaltet und wie Forschungsergebnisse aufbereitet werden, niederschlagen können. Die Ernährungswissenschaften sind wie kaum eine andere wissenschaftliche Disziplin überformt von kulturellen, politischen oder religiösen Überzeugungen,[146] sodass eine besondere Anfälligkeit für Verzerrung oder Betrug besteht, die sich bis in die Praxis der Verbreitung von Pressemitteilungen im Rahmen universitärer Öffentlichkeitsarbeit fortsetzt.[147] Es wäre daher zu fordern, dass Ernährungswissenschaftler sich mehr mit den wissenschaftstheoretischen sowie -ethischen Implikationen ihrer Arbeit auseinandersetzen.

Die Ernährungswissenschaften produzieren in vielen Fällen einander widersprechende Empfehlungen, wobei die jeweiligen Forscherteams gleichermaßen für sich reklamieren, wissenschaftlich fundierte Ergebnisse präsentiert zu haben. Um der eigenen Position zusätzliches Gewicht verleihen zu können, wird nicht selten argumentiert, diese oder jene Art der Ernährung sei die »natürlichere«. Doch gerade die Beantwortung der Frage, welches tatsächlich die natürliche beziehungsweise »artgerechte« Ernährung des Menschen ist, kann mit vielen gängigen Irrtümern aufräumen, die den Diskussionen über Ernährungsstile anhängen. Dabei hilft in einem ersten Schritt bereits die gesunde Intuition. Schließlich reagieren Menschen anders, wenn sie dem Kadaver eines toten Tieres begegnen, als wenn sie einen Baum voller Früchte erblicken. Während Tierkadaver primär Ekel hervorrufen, wirken reife Früchte automatisch anziehend. Dass Menschen dennoch mit Genuss die toten Körper von Tieren essen, erklärt sich dadurch, dass die Zubereitung eines abstrakten Stück Fleischs die Herkunft desselben, also das Tier, von dem es stammt, als solches unkenntlich macht. Je mehr Fleisch daran erinnert, dass es von einem einstmals lebenden Tier stammt, desto mehr fällt es schwer, es zu essen.[148] Dieser Effekt wird noch verstärkt, wenn das Tier, dessen Körperteile verspeist werden sollen, ein kindliches, süßes Aussehen hat.[149] Sicher ist, dass es Menschen unter normalen Bedingungen nicht in den Sinn kommen würde, das rohe

Fleisch eines noch unverarbeiteten Tieres zu essen. Damit die dabei aufkommenden Ekelgefühle gewissermaßen überlistet werden, wird das Fleisch vom Tier getrennt und zur abstrakten Entität, es wird erhitzt, gewürzt, geräuchert oder anderweitig behandelt. Erst diese technische »Behandlung« des Tieres führt dazu, dass Menschen Teile desselben essen, ohne dass Ekelgefühle hervorgerufen werden. Dabei böten genau diese Ekelgefühle die beste Entscheidungshilfe bezüglich der Art der Ernährung.

Neben der Intuition kann mithilfe der Wissenschaften aufgeklärt werden, welches die »artgerechte« Ernährung des Menschen ist. Dabei hilft insbesondere ein Blick in die Entwicklungsgeschichte des Menschen und seiner Vorfahren. Es gilt, herauszufinden, wie die Ernährung beschaffen war, an die sich der Mensch im Laufe seiner Evolution angepasst hat. Dabei gibt es im Wesentlichen drei Theorien im Kontext des Komplexes von Ernährung, Evolution und gesundheitlicher Konstitution.[150] Die erste Theorie besagt, dass Menschen primär an den Konsum von Getreide angepasst sind, das zusammen mit Gemüse und Früchten konsumiert wird. Demnach könnte eine rein pflanzliche Ernährung als natürlich betrachtet werden. Die zweite Theorie geht davon aus, dass der Mensch sich in den vergangenen zehntausend Jahren an eine paläolithische Ernährung mit einem hohen Konsum von magerem Fleisch angepasst hat. Demnach wäre eine »Steinzeiternährung« oder Paleo-Diät die natürliche Art der Ernährung.[151] Die dritte Theorie nimmt an, dass der Mensch letztlich an denselben Ernährungsstil angepasst ist wie die mit ihm verwandten Primaten. Deren Ernährung besteht aus Blättern, Samen, Nüssen, Früchten von Bäumen oder Sträuchern sowie Insekten oder anderen kleinen Tieren. Alle drei Theorien stimmen darin überein, dass die Art der Ernährung, wie sie menschliche Vorfahren gepflegt haben, sich radikal von dem typischen westlichen Ernährungsstil unterscheidet. Fest steht, dass Menschen in modernen Gesellschaften eine Art der Ernährung praktizieren, die nicht kompatibel ist mit der arteigenen Konstitution. Die Biologie des Menschen und seines Verdauungsapparats ist ähnlich der Biologie anderer Affen. Da erscheint es naheliegend, am Ernährungsstil von Primaten abzulesen, was die artangemessene Form der Ernährung des Menschen ist.

Genau dieser Frage ist die Ernährungswissenschaftlerin Katharine Milton nachgegangen. In einer Studie mit dem Untertitel »Do the diets of our closest living relatives have lessons for us?« stellt Milton fest, dass die Grundlage der Ernährung aller Hominiden Pflanzen bilden.[152] Alle Vorgänger des Menschen lebten primär herbivor. Wenngleich sich die Größenverhältnisse der Verdauungstrakte von Menschen leicht von denen anderer Affen unterscheiden, so sind die Anatomie und spezifischen Funktionsweisen der Verdauungsorgane doch sehr ähnlich. Genau wie andere Affen, so benötigt auch der Mensch bestimmte Nährstoffe zum Überleben. Obwohl weltweit in Abhängigkeit von verschiedenen Kulturen unterschiedlichste Ernährungsstile gepflegt werden und obwohl je nach Person individuelle Unterschiede hinsichtlich des Nährstoffbedarfs und physiologischer Reaktionen auf verschiedene Nahrungsmittel bestehen, gibt es doch gleichzeitig kulturunabhängig eine bestimmte Bandbreite an Nährstoffen, die ein Mensch notwendigerweise zur Lebenserhaltung braucht.

Es ist davon auszugehen, dass Menschen innerhalb weniger Jahrtausende, um nicht zu sagen innerhalb weniger Jahrhunderte ihre Ernährung so drastisch umgestellt haben, dass ihr Verdauungsapparat sowie die Verdauungsphysiologie sich nicht ausreichend schnell an die veränderten Bedingungen anpassen konnten. Wissenschaftliche Erkenntnisse deuten darauf hin, dass der Nährstoffbedarf des Menschen und die meisten Merkmale der menschlichen Verdauungsmorphologie und -physiologie – eine Ausnahme ist hier die Synthese von Laktase im Erwachsenenalter[153] – sozusagen »konservativ« beziehungsweise das Ergebnis einer zigtausend Jahre währenden Evolution sind, in der selbst die »kurze« Phase der Jäger-und-Sammler-Gesellschaften kaum einen Einfluss entfalten konnte.[154] Bedingt wurde die heutige Fehlanpassung der menschlichen Ernährung an seine biologische Ausstattung durch Praktiken wie beispielsweise den Konsum von nur wenigen, speziellen domestizierten Getreiden, die züchterische Veränderung von Früchten und Gemüse, den Konsum hochverarbeiteter Nahrungsmittel sowie insbesondere den erhöhten Konsum von Zucker, gesättigten Fetten und tierlichen Proteinen.[155]

***

Um herauszufinden, wie die Ernährung des Menschen beschaffen war, bevor die genannten Veränderungen auftraten, muss man sich mit der Art der Ernährung ihrer nächsten Verwandten, der nicht-menschlichen Primaten, beschäftigen.[156] Hier geraten vorrangig Schimpansen, Gorillas und Orang-Utans in den Blick. Affen sowie die ersten bekannten Hominiden lebten und leben insbesondere in Regenwaldgebieten. Dort finden die Tiere alle benötigten pflanzlichen Nahrungsmittel vor. Der Konsum tierlicher Nahrungsmittel in Form etwa von Insekten, Würmern oder anderen Wirbellosen bildet die Ausnahme. Dennoch stellen beispielsweise Larven und Insekten, die sich in Früchten verstecken, einen wichtigen Bestandteil der Nahrung dar – nicht etwa als Proteinquelle, sondern als Lieferanten von Vitamin B12. Davon unabhängig steht fest, dass der Mensch aus einer Abstammungslinie hervorging, in der reife Früchte und junge Blätter tropischer Bäume und Sträucher einen bedeutenden Anteil an der Ernährung ausmachten.[157] Darauf deuten paläontologische, phylogenetische und morphologische Befunde hin. Zwar unterscheiden sich moderne, durch Züchtung veränderte Früchte und Gemüsearten in verschiedener Hinsicht von den genannten Nahrungsmitteln, dennoch bleibt die Feststellung, dass eine roh-vegane Ernährungsweise dem »artgerechten« Stil der Nahrungsaufnahme des Menschen am ehesten entspricht und damit auch eine besonders gesunde Art der Ernährung darstellt. Je weiter der Mensch nun von dieser urtümlichen Art der Ernährung abweicht, desto wahrscheinlicher wird es, dass Zivilisationskrankheiten wie Krebs, Diabetes, Herz-Kreislauf-Erkrankungen et cetera auftreten. Insbesondere an den Konsum von tierlichen Proteinen beziehungsweise Muskelfleisch ist der menschliche Verdauungsapparat nicht angepasst, da er in seiner Morphologie sowie Physiologie dem der verwandten Menschenaffen ähnelt, die allesamt Herbivore sind.[158] »Es gibt beträchtliche Belege dafür,« schreibt Katharine Milton, »dass die Vorfahrenlinie, die den Menschen hervorgebracht hat (Homo spp.), ebenfalls stark herbivor (pflanzenessend) war.«[159] Das bedeutet nicht, dass Menschen kein Fleisch oder andere tierliche Nahrungsmittel verdauen könnten. Ganz im Gegenteil überleben Menschen auch dann, wenn sie einen großen Teil ihrer Nahrung über tierliche Nahrungsmittel beziehen – wie dies etwa bei den alaskischen Eskimos der Fall ist[160] –, solange sämtliche essenziellen Nährstoffe in der Nahrung enthalten sind. Und die Tatsache, dass der Mensch von Natur aus kein Karnivore ist, bedeutet auch nicht, dass er aus tierlichen Nahrungsmitteln keine wertvollen Vitamine und Mineralien ziehen kann. Jedoch kommen ebendiese wiederum durch die pflanzliche Ernährung der verspeisten Tiere in deren Fleisch, sodass der direkte Konsum pflanzlicher Lebensmittel effektiver ist. Und schließlich entspricht die pflanzenbasierte Ernährung, wie erwähnt, dem Ernährungsstil der Vorfahren moderner Menschen, sodass ein gesunder Lebensstil gekennzeichnet ist durch Minimierung oder Streichung tierlicher Stoffe und umgekehrt durch Maximierung pflanzlicher Lebensmittel.[161] Eine pflanzliche Ernährung entspricht nicht zuletzt auch deswegen der natürlichen Form der Ernährung von Menschen, weil sie schlichtweg sterben würden, würden sie keine pflanzliche Nahrung mehr zu sich nehmen. Dies begründet sich bereits dadurch, dass Menschen – genau wie die mit ihm verwandten Affen – nicht in der Lage sind, Vitamin C selbst zu synthetisieren. Anstatt die Möglichkeit einer energieaufwendigen endogenen Herstellung von Ascorbinsäure, also Vitamin C, zu entwickeln, hat sich der Mensch im Lauf der Evolution an eine »energiesparende« äußere Zufuhr von Vitamin C durch eine pflanzenreiche Ernährung angepasst.[162]

Nun ist mit der Paleo-Diät ein wirkmächtiger Ernährungstrend entstanden, der ebenfalls für sich reklamiert, die natürliche Form der menschlichen Ernährung abzubilden[163]. Die Fürsprecher einer Paleo-Diät berufen sich auf die Art der Ernährung, wie sie vor mehr als zehntausend Jahren gepflegt wurde, und nehmen diese als Vorbild für aktuelle Ernährungsgewohnheiten. Es wird ebenfalls davon ausgegangen, dass die meisten modernen Ernährungsformen nicht den qua Evolution entstandenen, physiologischen Bedürfnissen des menschlichen Körpers entsprechen. Moderne Nahrungsmittel sind nicht der menschlichen Biologie angepasst. Laut der Theorie hinter der Paleo-Diät erfüllt nur eine Ernährung, die auf Milchprodukte, Getreide und Hülsenfrüchte verzichtet, dafür aber den Verzehr von kleinen Mengen Gemüse, Nüssen, Früchten und Beeren sowie im Wesentlichen Fleisch vorsieht, die Bedürfnisse des menschlichen Körpers.

Anders jedoch als propagiert, kann die Paleo-Diät zumindest gemäß den Erkenntnissen einer einschlägigen Langzeitstudie[164] die Lebenserwartung signifikant verkürzen. Die Idee der Paleo-Diät fußt darüber hinaus auf einer Reihe falscher Annahmen. Dies betrifft erstens den Irrtum, menschliche Vorfahren hätten kein Getreide gegessen. Tatsächlich wurden bereits vor circa dreißigtausend Jahren mit Steinwerkzeugen Körner zermahlen.[165] Zweitens ist die Annahme ein Irrtum, dass es in der heutigen Zeit nach Jahrhunderten der Züchtung von »Nutzpflanzen« noch möglich wäre, exakt jene Pflanzen zu konsumieren, die menschliche Vorfahren aßen. Ein dritter Irrtum betrifft ferner den Fleischkonsum. Wie gezeigt werden konnte, sind Menschen weder anatomisch, physiologisch noch genetisch an den Konsum von Fleisch angepasst. Die einzige genetische Anpassung, die innerhalb einiger weniger Bevölkerungsgruppen in diesem Zusammenhang stattgefunden hat, betrifft den Konsum von Milch, nicht aber den von Fleisch.[166] Es steht nahezu außer Zweifel, dass menschliche Vorfahren Fleisch aßen, allerdings taten sie dies vermutlich nur in äußerst geringen Mengen. In versteinertem Zahnbelag von Neandertalern konnte nachgewiesen werden, dass eine ganze Bandbreite pflanzlicher Nahrungsmittel konsumiert wurde, wobei nur geringe oder gar keine Reste tierlicher Fette oder Proteine gefunden wurden.[167]

Wenngleich die Ernährung mit Tierfleisch einigen Völkern in nördlichen Regionen der Erde in kargen Zeiten das Überleben sicherstellt, so bleibt doch die Tatsache bestehen, dass die gesundheitlichen Auswirkungen des Fleischkonsums damals wie heute negativ waren und sind. Eine fleischreiche Ernährung hilft zwar dabei, rasch satt sowie muskulös und leistungsstark zu werden. Sie erweist sich bei der heutigen Lebenserwartung allerdings als besonders negativ bezüglich ihrer gesundheitlichen Auswirkungen. Bereits der tägliche Konsum von nur geringen Mengen verarbeiteten oder roten Fleisches erhöht das Sterblichkeitsrisiko signifikant.[168] Berücksichtigt werden muss darüber hinaus, dass die Nahrungsmittelbeschaffung traditioneller oder vorzeitlicher Bevölkerungen kein Vorbild für die heutige Zeit sein kann, weil der Fleischkonsum sowohl hinsichtlich der hinter ihr stehenden, lebenszerstörerischen Industrie als auch hinsichtlich der ernährungsphysiologischen Beschaffenheit des Fleisches nichts mehr mit der vorzeitlichen Art der Ernährung von Tierfleisch gemein hat.

Unabhängig von den Diskussionen über die gesundheitlichen Vor- und Nachteile verschiedener Diätformen bleibt eine übergeordnete Erkenntnis. Die gesündeste beziehungsweise »beste« Ernährung für den Menschen kann nicht exakt festgelegt werden. Wer dies behauptet, trifft eine wissenschaftlich unredliche Aussage. In einer der wohl datenintensivsten Ernährungsstudien, in der achthundert Personen sowie die Effekte von knapp siebenundvierzigtausend Mahlzeiten untersucht wurden, fanden die beteiligten Forscher heraus, dass es eine hohe Variabilität physiologischer Reaktionen auf identische Mahlzeiten bei verschiedenen Personen gibt.[169] Dies beweist, dass universelle Ernährungsempfehlungen immer gewissen Limitationen unterliegen. Es hängt vom eigenen Körper und den jeweiligen Lebensumständen ab, wie Menschen auf verschiedene Diäten reagieren. Dieser Relativismus gilt jedoch in allererster Linie für Fragen wie die, ob man nun beispielsweise auf einen besonders kohlehydratreichen oder doch einen eher fettreichen Ernährungsstil vorteilhaft reagiert. Strikte Ernährungsrichtlinien, die für alle Menschen gleich gelten sollen, sind unangemessen. Dennoch bestehen klare Hinweise, wie eine gesunde und biologisch adäquate Ernährung tendenziell aussehen sollte. Sie umfasst, kurz gesagt, möglichst viele verschiedene Arten frischer, nicht oder nur wenig verarbeiteter pflanzlicher Lebensmittel.

***

Ohne an dieser Stelle noch ausführlicher auf ernährungswissenschaftliche Fragen einzugehen, gilt es, den Bogen von der Diätetik hin zur Ethik zu schlagen, da das eine unmittelbar mit dem anderen verbunden ist. Dies zu begreifen wäre gerade für die Ernährungswissenschaften, die Lebensmittelindustrie und die Agrarverbände von größter Bedeutung. Schließlich haben Diätetik und Ethik einen gemeinsamen Nenner, nämlich das individuelle sowie kollektive Wohlergehen. Wenn Menschen durch die Schmerzen, die von ihren Herz-Kreislauf-Erkrankungen, ihrem Krebs oder ihrer Fettleibigkeit herrühren, selbst einfachste Aktivitäten des täglichen Lebens nicht mehr ausführen können, ihren Leiden jedoch durch das einfache Mittel einer Ernährungsumstellung ein Ende gesetzt werden könnte,[170] dann verschränken sich Diätetik und Ethik unmittelbar. Schließlich scheint es eine moralische Pflicht zu sein, das Wissen um den Zusammenhang von Ernährung und persönlichem Wohlergehen kollektiv zu teilen, um die Desinformationsschleifen von ernährungsbezogenen Diskursen zu durchbrechen. Dies beginnt bereits damit, die irreführende Bezeichnung der »chronischen« Krankheiten aufzugeben. Zwar lassen sich mit Krankheiten, die als chronisch gekennzeichnet werden, durch die auf Dauer gestellten Therapien die größten ökonomischen Gewinne erzielen. Gleichzeitig aber wird eine Verstetigung von Leiden verursacht, obgleich dies häufig unnötig ist. Auch sogenannte »chronische« Krankheiten lassen sich oftmals überwinden.[171] Gleiches gilt für diverse »Altersleiden«. Vielen scheint es als ein unabwendbarer Vorgang, ab einem gewissen Alter von Krankheiten wie Demenz, Krebs, Typ-2-Diabetes oder Durchblutungsstörungen des Herzmuskels »heimgesucht« zu werden. Stattdessen könnte man der Idee einer möglichst zu erreichenden Kompression von Morbidität, also einer Verringerung der Zeitspanne, an der man an lebenseinschränkenden Krankheiten leidet, Raum gegeben. Das Wissen um die praktische Umsetzung einer gesunden Ernährung vorausgesetzt, lässt sich sowohl ein längeres Leben führen, als auch eines, in dem man weniger durch eigentlich vermeidbare Krankheiten gequält und eingeschränkt wird. Hier zeigt sich wiederum die direkte Verbindung von Diätetik und Ethik. Auf den ersten Blick scheint es so zu sein, als hafte Ernährungsfragen etwas Triviales an. Bedeutung erlangen sie häufig nur in einer Hinsicht, nämlich wenn es um den Genusswert von Lebensmitteln geht. Dabei hängen an der Art der Ernährung so überaus viele Folgewirkungen, dass man sagen kann, dass nur wenige andere Handlungen eine derartige politische und ethische Tragweite haben wie das tägliche Essen. Essen bedeutet, Macht auszuüben. Diese Macht kann unterdrückend wirken, wenn sie über diejenigen Individuen ausgeübt wird, deren Körperteile und Körperprodukte konsumiert werden. Die Macht kann jedoch auch befreiend wirken, wenn sie dazu eingesetzt wird, um Leiden bei sich selbst und bei anderen zu verhindern. Zu verstehen, dass Menschen über diese Macht verfügen, ist eine der großen gesellschaftlichen Herausforderungen dieser Zeit.

Frieden

Im Hintergrund einer jeden Handlung kann eine bewusste Entscheidung stehen. Sobald dies erkannt ist und Handlungsketten als Entscheidungsketten wahrgenommen werden, können Menschen anders handeln, als sie dies in der Vergangenheit getan haben. Sie können sich für oder gegen Handlungen entscheiden und damit Freiheit und Autonomie erlangen. Das bedeutet gleichzeitig, dass sie sich erlauben, diejenigen Kräfte kritisch zu hinterfragen, die auf die eigene Persönlichkeit wirken: Sozialisation, Gruppennormen, Medienwirkungen, Gesetze, politische Vorgänge, Ängste, Verdrängung, Selbstbetrug und anderes mehr. Menschen befinden sich gemeinhin in einem Zustand der sozialen »Zähmung«[1] und sind in ihrem Spektrum an Handlungen determiniert durch das, was als normal und normgerecht gilt. Ethisch geboten wäre indes, das Normale radikal infrage zu stellen. Schließlich kann es als normal gelten, dass Menschen versäumen, sich zu umfassend fürsorglichen, mitfühlenden, freien und mutigen Individuen zu entwickeln. Als solche jedoch könnten sie erkennen, dass sie in einer beschädigten Kultur leben. Daraus ließe sich die Aufgabe ableiten, diese Schäden zu beheben zugunsten eines Lebens in Frieden und Wohlergehen unter Wahrung der natürlichen Lebensgrundlagen.

Von allen sozialen Problemlagen sticht eine durch ihre Grausamkeit sowie ihr natur- und lebenszerstörerisches Ausmaß besonders hervor. Es ist der Umgang der Menschen mit den Tieren. Hier Veränderungen zu beschließen, bedeutet, Gesellschaft fundamental zu wandeln. Wer bereit ist, die Tiere wieder in den Kreis jener einzuschließen, denen mit Achtsamkeit und Fürsorge begegnet wird, der begegnet auch seinesgleichen unter dieser Maxime. Es ist eine große, um nicht zu sagen gigantische Herausforderung, die kulturell etablierten Verdrängungs-, Selbstbetrugs- und Distanzierungsmechanismen zu durchbrechen, um Tiere als empfindungsfähige, zu respektierende Individuen anzuerkennen. Doch auf dem Weg zur Realisierung der Idee des Friedens ist dies der wohl bedeutendste Schritt. Bei aller Dringlichkeit der Problemlagen, die zwischenmenschliche Diskriminierung und Gewalt betreffen, ist doch die Voraussetzung zur nachhaltigen Lösung derselben gleichsam die Befreiung der Tiere. Die Beendigung des globalen Verbrechens, das die Tierindustrie darstellt, bahnt erst den Weg zu einer weitreichend von Achtsamkeit, Empathie und Gerechtigkeit geprägten Gesellschaft. Dabei ist das Moment der Fürsorge die wesentliche Charakterdisposition, deren Unterdrückung beendet und deren freie Entfaltung ermöglicht werden muss.

Die Ausbildung einer dementsprechenden Persönlichkeit bedeutet für die heutige Welt zweierlei, nämlich großes Glück und Unglück zugleich. Diese Paradoxie wird sich nicht auflösen lassen. Momente des Glücks und der Zufriedenheit werden sich abwechseln mit Phasen des Unglücks und der Trauer. Erstere ergeben sich, wenn Menschen sich anderen menschlichen oder tierlichen Individuen gegenüber fürsorglich, großzügig oder kooperativ verhalten. Geben macht, wie inzwischen sogar wissenschaftlich bewiesen ist,[2] glücklicher als nehmen. Es kann gleichsam auf neurobiologischer Grundlage gezeigt werden, dass Kooperation beziehungsweise altruistisches Handeln sowie die Ausschüttung von Glückshormonen miteinander einhergehen.[3] Werden sie nicht durch andere, kulturelle Anreizsysteme überlagert, bestärken biologische Belohnungssysteme ein Handeln, dass nicht schadet, sondern nützt und das von Fürsorglichkeit und Achtsamkeit geprägt ist. Menschen erleben selbst dann noch ein erhebendes Gefühl, wenn sie bei anderen achtsames Handeln beobachten – und dieses erhebende Gefühl sorgt wiederum dafür, selbst achtsamer zu agieren.[4] Selbstlos zu sein, etwas Gutes zu tun, jemand anderem zu helfen, erzeugt ein »warmes«, wohltuendes Gefühl. Es verbindet stärker mit anderen, es verschafft Selbstachtung, es lindert möglicherweise vorhandene Schuldgefühle – und es verschafft Anerkennung. Indem Menschen diese erhalten, wenn sie sich moralisch richtig verhalten, wird das entsprechende Verhalten verstärkt und sich mit hoher Wahrscheinlichkeit wiederholen. Was aber geschieht, wenn der Einzelne seinen moralischen Überzeugungen entsprechend handelt und keine Anerkennung, sondern eher Missachtung dafür erhält? An diesem Punkt schlägt Glück in Unglück um.

Die Freilegung einer Moral, die auf Achtsamkeit, Fürsorge und Empathie basiert, bedeutet eine Art Erwachen. Sie ist ein Erkenntnisgewinn über die faktische Rücksichtslosigkeit vieler Menschen sowie über die Kluft zwischen den kulturellen Werten, die in der Gesellschaft hochgehalten werden, und den von diesen Werten mitnichten gedeckten Handlungen und Praxen. Dieser Erkenntnisgewinn versetzt einen in eine Einsamkeit, in der man – entsprechend der Verachtung, die man von anderen für seine Haltung erfährt – geneigt sein kann, die anderen ebenfalls zu verachten. Die eigene Moral geht hier eine enge Verbindung ein mit Trauer und einem Gefühl des Unglücks. Belohnt wird schließlich hauptsächlich die Rückkehr in die gemeine, entlang der Gesellschaft verbreitete Moralwelt. Bestraft wird das Beharren auf der legitimen Geltung der eigenen Motive und des eigenen Handelns. Noch schwieriger wird es dann, wenn die Fürsorge oder der empathische Einsatz das Leben von Individuen verbessert, die anonym sind – und die niemals einen Dank aussprechen können, wie dies bei »Nutztieren« der Fall ist. Ihnen gegenüber Achtsamkeit entgegenzubringen, scheint gewissermaßen eine besonders integre Form moralischen Handelns darzustellen, schlicht aus dem Grund, da der biologisch sowie sozial etablierte Mechanismus moralischen Handelns dieses stets in Verbindung bringt mit Eigeninteressen in Form von Reputations- oder Anerkennungsgewinnen. Die höchste Spende auf einer Charity-Veranstaltung oder das größte Geschenk bei einer Geburtstagsfeier signalisieren weniger die Großzügigkeit und Selbstlosigkeit der Spender oder Schenker. Sie zeigen vielmehr deren Bedürfnis an, über das Mittel eines bestimmten moralischen Verhaltens soziale Anerkennung zu erhalten. Dieser Mechanismus, aus dem sich im Wesentlichen erklärt, warum Menschen motiviert sind, prosozial zu handeln, greift also nicht oder nur bedingt, wenn es um »Nutztiere« oder andere marginalisierte Individuen geht. Zu erwarten, dass der Einsatz für selbige und die gelebte Achtsamkeit gegenüber ihren natürlichen Bedürfnissen das eigene Lebensglück steigert, dürfte sich als ein Fehler erweisen. Und genau, weil dies so ist, besteht das Ziel dieses Buches darin, daran mitzuwirken, dass dieser Umstand verändert wird – damit das, was heute noch als sozial abweichend gilt und sanktioniert wird, in Zukunft als das ethisch wie moralisch Gebotene erkannt und anerkannt wird und menschliche sowie nicht-menschliche Tiere ein friedliches Zusammenleben führen können.

***

Doch was ist unter einem friedlichen Zusammenleben, unter Frieden überhaupt zu verstehen? Frieden kann, wie dies in der Konfliktforschung häufig getan wird, aus seinem Gegenteil abgeleitet werden im Sinne der Abwesenheit von Unfrieden, gewalttätigen oder kriegerischen Auseinandersetzungen. Eine positive Definition von Frieden hingegen meint die Abwesenheit nicht nur direkter, sondern auch indirekter, struktureller Gewalt im Sinne der Verwirklichung umfassender sozialer Gerechtigkeit und Gewaltfreiheit.[5] Frieden kann darüber hinaus weniger als ein Zustand begriffen werden, sondern vielmehr als ein Prozess, im Laufe dessen die Ursachen und Auslöser von Unfrieden sukzessive beseitigt werden. Dies kann insbesondere über die Schaffung in etwa gleicher Lebenschancen für alle erreicht werden. Frieden herzustellen ist jedoch nicht gleichbedeutend mit völliger Konfliktfreiheit. Konflikte sind essenzieller Bestandteil einer jeden sozialen Gemeinschaft, denn sie zeigen an, wo Bedürfnisse verletzt sind und wo Veränderung Not tut. Sie entfalten konstruktive Potenziale, solange sie gewaltfrei ausgetragen werden. Dabei lassen sich aus der anthropozentrischen Perspektive der Friedensforschung mehrere Faktoren als Bedingungen für zwischenmenschlichen Frieden in modernen, funktional differenzierten Gesellschaften identifizieren.[6] So bedarf es zuvorderst der Entprivatisierung von Gewalt, also eines staatlichen Gewaltmonopols, das durch demokratische Partizipation kontrolliert und legitimiert wird. Das Gewaltmonopol muss ferner in verfassungsmäßige Prinzipien des Rechtsstaats eingebettet sein, die den Schutz von Grundfreiheiten und Menschenrechten sicherstellen. Zudem bedarf es der Aufrechterhaltung einer zivilisatorischen Grundordnung, in der ein möglichst hohes Ausmaß an sozialer Gerechtigkeit sowie eine von Gewaltfreiheit geprägte Konfliktkultur etabliert sind und in der Aggressionen nicht beliebig ausgelebt werden. Diese Reihe an Bedingungen für Frieden stellt weniger eine Liste an arbiträr gewählten Aspekten dar als vielmehr eine Zusammenstellung an Faktoren, die im Zweifelsfall unabdingbare Voraussetzungen für das Überleben der Menschheit sind.

Während es bei vielen Konflikten in Krisenregionen außerhalb Europas um handfeste Destabilisierung und physische, militärisch organisierte oder terroristische Gewaltanwendung geht, spielen hierzulande eher ideologische Konfliktdimensionen eine Rolle. Hierunter zu rechnen sind insbesondere Formen der Diskriminierung beziehungsweise der gruppenbezogenen Menschenfeindlichkeit. Diese sind allerdings die Vorläufer und Wegbereiter jener physischen Gewaltanwendung und kriegerischen Akte, wie sie sich in vielen Nationen manifestieren oder manifestiert haben. Auf Deutschland bezogen kommen empirische Erhebungen zu gruppenbezogener Menschenfeindlichkeit zu erschreckenden Ergebnissen. Wenngleich über die Jahre hinweg

Auf- und Abwärtstrends zu verzeichnen sind, so neigt im Mittel jeder zweite Deutsche zu rechtspopulistischen Einstellungen, jeder dritte Deutsche ist fremdenfeindlich eingestellt, jeder vierte äußert sich islamfeindlich, circa jeder fünfte homophob, jeder zehnte rassistisch oder antisemitisch.[7] Ein Drittel der Befragten reklamiert »Etabliertenvorrechte« für sich, was nichts anderes heißt, als dass ungerechte soziale Hierarchien befürwortet werden. Insgesamt findet sich also bei einem nicht unerheblichen, um nicht zu sagen wesentlichen Anteil der Bevölkerung eine mehr oder minder subtil ausgeprägte Diskriminierungsakzeptanz. Dabei ist nicht nur als problematisch zu erachten, dass diese Formen von Akzeptanz für sich genommen eine Gefahr darstellen, da sie, wie erwähnt, eine Vorstufe zu handfester Gewaltanwendung sind. Darüber hinaus gilt es, zu bedenken, dass mit den Erhebungen nur zwischenmenschliche Konfliktdimensionen beleuchtet werden. Ausgeklammert werden speziesistische und naturfeindliche Haltungen und Handlungen. Friedenswissenschaftliche Überlegungen besitzen, wie man das auch für andere wissenschaftliche Disziplinen behaupten kann, einen rein anthropozentrischen Zuschnitt. Der Gedanke eines friedlichen Umgangs mit der Natur und den nicht-menschlichen Tieren wird übergangen. Wenn in der friedens- und konfliktwissenschaftlichen Literatur von Diskriminierungsfreiheit oder gleichen Lebenschancen für alle die Rede ist, dann gilt dies nicht für Tiere. Zwar fanden durch die Entstehung von Atom- beziehungsweise Massenvernichtungswaffen und der damit verbundenen Gefahr des »Overkills« zumindest ökologische Aspekte Einzug in friedensethische Überlegungen. Dies geschah jedoch wiederum hauptsächlich aufgrund der damit verbundenen Gefahren für den Menschen – nicht etwa, weil der Natur und den in ihr lebenden Tieren grundsätzlich ein Eigenwert zugeschrieben würde. Echte Friedenspädagogik sollte daher nicht ausschließlich die Erlangung von Fähigkeiten und Kompetenzen für eine konstruktive Auseinandersetzung mit zwischenmenschlichen Konflikten umfassen.[8] Es bedarf einer universellen Sensibilität für das Erkennen von Gewalt, egal welchem Lebewesen gegenüber sie verübt wird, sowie den Erwerb von Praktiken zur Gewaltüberwindung.

Das Ziel friedenspädagogischer Bemühungen ist nicht die Herstellung eines per se harmonischen Gesellschaftszustands, sondern der Erwerb von Methoden zur konstruktiven Konfliktlösung. Damit wird jedoch ein menschenzentriertes Verständnis von Konflikten und Friedensbeziehungen bedient. Das bedeutet, dass man von einem Verhältnis zwischen den Protagonisten eines

Konflikts ausgeht, das durch Symmetrie gekennzeichnet ist – im Sinne gleicher Fähigkeiten zur Vertretung der eigenen Interessen. Eine Friedenspädagogik, die sich nicht anthropozentrisch verengen und auch asymmetrische Beziehungen aufgreifen würde, müsste sich auf die Ausprägung einer umfassenden Achtsamkeit, Fürsorge und Autonomie fokussieren. Aus den sich daraus entwickelnden Charakterdispositionen heraus entstehen entsprechend negative Einstellungen gegenüber gewalttätigen oder gar kriegerischen Auseinandersetzungen. Das Problem dabei liegt nicht darin, dass friedensethische Werte unbekannt oder verdrängt wären. Das eigentliche Problem besteht in der Missachtung jener Werte in den alltäglichen sozialen Routinen und Praktiken sowie in den selbstbetrügerischen, kollektiv erlernten Rechtfertigungsmechanismen für jene Missachtungen. Friedenspädagogik muss demgemäß weniger die eigenen Werte und Zielvorgaben betonen, als vielmehr der Frage nachgehen, warum jene Werte und Zielstellungen trotz ihrer Erwünschtheit und beständigen Aktualisierung nur dürftigen Niederschlag in der gesellschaftlichen Praxis finden. Sicherlich spielt die Überwindung von bestehenden Feindbildern und Hass eine wichtige Rolle. Doch auch ohne Feindbilder und Hass können Menschen sich an Handlungskontexten beteiligen, die Grausamkeit und Leid verursachen, indem beides verleugnet, kaschiert, verzerrt oder verdrängt wird. Wenn Gewalt nicht als solche ausgewiesen wird, kann sie durch friedenspädagogische Bemühungen gar nicht erst adressiert werden. Eine solche Blindheit kann jedoch für das Projekt der Friedensförderung zur Gefahr werden – schließlich bedeutet eine selektive Gewaltwahrnehmung nicht nur, dass es zum Ausschluss von bestimmten Individuen aus dem Kreis der moralisch zu Berücksichtigenden kommt. Dieselben Mechanismen, die speziesistisches Denken und Handeln bedingen, erzeugen gleichsam andere Diskriminierungsformen, die sich auf der Ebene zwischenmenschlicher Interaktionen auswirken. Denn die Diskriminierung und Abwertung von Tieren ist, wie bereits beschrieben, nicht von derjenigen zu trennen, die auch Menschen trifft. Tatsächlich geht das eine mit dem anderen einher.[9] Formen von Diskriminierung sind nicht getrennt voneinander zu betrachten, sondern verschränken sich ineinander.[10] Mit Begriffen wie »gruppenbezogene Menschenfeindlichkeit«, »Entmenschlichung« oder »soziale Dominanzorientierung« wird in der psychologischen Forschung gefasst, was als übergeordnete Faktoren einen wesentlichen Einfluss hat auf die Tendenz, Lebewesen zu auszuschließen, zu missachten, zu misshandeln oder zu töten. Ob die Opfer letztlich menschliche oder nicht-menschliche Tiere sind, spielt so gut wie keine Rolle. Dies ist bislang in der Friedensforschung nicht ausreichend berücksichtigt worden. Andernfalls würde sie sich weniger auf zwischenmenschliche Konflikte oder Kriege fokussieren, sondern aussprechen, dass die Ablegung speziesistischer Haltungen und die Überwindung kulturell etablierter Distanzierungs- und Gewaltverleugnungsmechanismen gegenüber Tieren der Schlüssel sind zur Tilgung weiterführender, zwischenmenschlicher Diskriminierung und destruktiver Konfliktführung. Die entscheidende Mentalitäts- und Praxisveränderung für den Frieden beginnt bei den Tieren.

***

Die Mission, Frieden herzustellen, nimmt ihren Ausgang in Überlegungen der Ethik und kann durch die Friedenspädagogik einen klaren Anwendungsbezug finden. Hierbei geht es nicht um das Ersinnen hochgradig abstrakter Formeln, die im Sinne universeller Prinzipien wirken und die Menschen in ihrem Handeln disziplinieren sollen. Ethisch reflektiertes Handeln ist immer situationsspezifisch. Es ordnet sich einem bestimmten sozialen Kontext ein und ist nicht zwingend verallgemeinerbar. Es geht letztlich um das Erlangen der Fähigkeit eines »empfindlichen« Denkens. Gemeint ist damit eine Art der Weltwahrnehmung mit einem Gespür für das Feine, Vage, Kleine, schwer Erkennbare. Es meint umgekehrt eine Weltwahrnehmung ohne scharfe Grenzziehungen, ohne Kampflinien, ohne klare Regeln. Eine Ethik, die im Kleinen ansetzt, löst letztlich die großen Probleme, indem »von unten« Veränderungen angestoßen werden. Erlernt werden kann jenes »empfindliche« Denken als Quelle achtsamen Handelns in der Beziehung zu Tieren. Indem Menschen aber Teil einer gigantischen, global agierenden Vernichtungsindustrie geworden sind, haben sie eher erlernt, sich selbst zu betrügen, zu verdrängen, zu verleugnen und Mitgefühl selektiv auszuschalten. Die Gesellschaft weiß um die Missstände, die sie selbst verursacht, jedoch hört sie nicht auf, selbige weiter zu fördern.

Das ethische Projekt, für dessen Erfüllung dieses Buch plädiert, beinhaltet, die Kluft zwischen verinnerlichten Werten und praktiziertem Handeln zu schließen. Dazu bedarf es nicht, wie die akademische Ethik dies klassischerweise vorsieht, in seinem Handeln weiter eingeschränkt und diszipliniert zu werden. Typisch gedachte Wirkungsrichtungen müssen einer Korrektur unterzogen werden. Während die philosophische Ethik davon ausgeht, dass aus moralischen Überlegungen Handlungsentscheidungen resultieren, die dann als Gewohnheiten aushärten, verhält es sich tatsächlich andersherum. Kinder erlernen Alltagsroutinen durch Nachahmung der sozialen Umwelt, bevor sie zu deren Reflexion in der Lage sind. Im späteren Leben sind Menschen dann bei Nachfragen geneigt, die Routinen als vermeintlich bewusste Entscheidungen auszugeben, für die wiederum passende moralische Prinzipien konstruiert werden. So entstehen mitunter hochgradig irrationale Rechtfertigungsstrategien, die beispielsweise zur Abwehr von ernährungsbezogenen Verhaltensänderungen konstruiert werden. Man erzeugt passende Prinzipien und Rechtfertigungsstrategien, um das zu verteidigen, was als Gewohnheiten angeeignet wurde – noch bevor selbige kritisch hinterfragt werden konnten. Der als Normalität empfundene Kontakt zu Tierprodukten, insbesondere zu Fleisch, findet statt, bevor das Wissen um winzige Käfige, verkotete Mastbuchten, überfüllte Kadavertonnen und blutbeschmierte Bolzenschussgeräte vorhanden ist und auf empathische Regungen stoßen kann, welche die gelebte Praxis zu irritieren vermögen. Zu dem Zeitpunkt, zu dem Kenntnis erlangt wird von den etablierten Zuständen in Tierzucht, -mast und -tötung und dem Faktum, dass andere Individuen zur beiläufigen Befriedigung von Geschmacksbedürfnissen ihr Leben lassen, sind Menschen in der Regel bereits inflexibel ausgerichtet auf den Konsum von Fleisch und anderen Tierprodukten. Sie sind zudem bestens bewaffnet mit Argumenten und psychologischen Strategien, um die Erkenntnis des gewaltförmigen Verhältnisses zwischen Menschen und Tieren zu verzerren, zu verdrängen oder zu verleugnen. Wer in modernen Gesellschaften Tiere isst, tut dies nicht, weil er sich selbst dazu entschieden hat, sondern weil er den Weg des geringsten sozialen Widerstands gegangen ist. Demgegenüber bedeutet das tatsächliche Ausleben von autonom und selbstbestimmt erlangten ethischen Überzeugungen in der heutigen Gesellschaft, sich Feinde zu machen, sozialen Sanktionen standhalten zu müssen, missachtet zu werden.

Konsequent gelebt, ist der Veganismus ein Ausdruck der Realisierung persönlicher Autonomie. Menschen werden nicht dazu aufgefordert, im Gegenteil – viele soziale Gründe sprechen dagegen, vegan zu leben. Menschen müssen aus eigenem Mut heraus den Schritt gehen, sich von dem, was als normal gilt, zu unterscheiden. Als soziale Bewegung wirkt der Veganismus dabei nicht nur befreiend auf einen selbst, sondern desgleichen auf andere. Dennoch bedeutet vegan zu leben nicht, »besser« zu sein als andere. Es heißt lediglich, das Wissen und die Fähigkeit zu erlangen, achtsame Entscheidungen zu treffen, die nicht die grundlose Verletzung, Schädigung oder den Tod anderer Lebewesen implizieren. Dabei vertreten die meisten Menschen die Werte des Veganismus zumindest in ihren Überzeugungen, ohne sich dessen bewusst zu sein. Lediglich in ihrem Handeln sind sie Mitwirkende an gewaltsamen und schädigenden Praktiken. Diese Diskrepanz gilt es, aufzuheben, indem Menschen ihr Handeln wieder in Einklang bringen mit ihren Überzeugungen und nicht, indem sie ihre Überzeugungen verbiegen und verzerren, bloß um an alten Gewohnheiten festhalten zu können.

Der Veganismus steht in einer direkten Assoziation mit dem Tierschutz. Wenngleich dies nicht falsch ist, so ist es dennoch kritisch zu sehen, dass der Tierschutz gleichzeitig als Zuschreibung für Personen gebraucht wird, sodass diese einer bestimmten Sparte im Spektrum sozial engagierter Menschen zugeordnet werden können. Wer »Tierschützer« ist, stellt vermeintlich einen bestimmten Personentypus dar, der ein stereotypisch fixiertes Set an Charaktereigenschaften zugeschrieben bekommt. Das Engagement für den Schutz von Tieren wird gern wie die Wahl eines bestimmten, mit wenig Ansehen gepaarten Hobbys betrachtet. Der Tierschutz wird damit oftmals zu einer arbiträren Schrulle abgewertet, die sich zu anderen Schrullen gesellt, die jene sich aneignen können, die neben beruflichen, sportlichen oder kulturellen Tätigkeiten nichts weiter zu tun haben. Aufgrund dieser sozialen Dynamik verbergen Menschen, die sich in engagierter Weise den gängigen Praktiken der Tiervernichtung in den Weg stellen, dieses Tun nicht selten in bestimmten sozialen Kontexten, in denen sie auf ein »reibungsloses« und konfliktfreies Kooperieren mit anderen Menschen angewiesen sind. Als »Tierschützer« muss man opportunistisch sein, um nicht einer teilweisen sozialen Exklusion zu unterliegen. Das ist eine kollektive Blamage für eine sich als fortschrittlich und tolerant begreifende Gesellschaft. Tatsächlich sollte das, was als tierschützendes Engagement schubladenartig einzelnen Menschen zugeschrieben wird, ein Grundelement einer jeden Persönlichkeitsentwicklung sein. Tieren mit Achtsamkeit zu begegnen, ist keine bloße Schrulle, sondern Ausdruck einer wesentlichen Charaktereigenschaft, welche die logische Ableitung einer gesunden Entwicklung der menschlichen Empathiefähigkeit ist. Wer wirklich Frieden befürwortet, muss daran mitwirken, eine Gesellschaft herbeizuführen, in welcher der Einsatz für Tiere nicht mehr als Besonderheit wahrgenommen wird, sondern als Normalität, von der abzuweichen der eigentliche Ausnahmefall ist. Tiere zu schützen und zu achten, das ist nichts, was im Sinne eines »Hobbys« zufällig adaptiert wird. Vielmehr ist es die Grundvoraussetzung dafür, auch in zwischenmenschlichen Interaktionen friedlich und gewaltfrei miteinander umgehen zu können. Es ist ein Fehler, zu glauben, dass erst die Konflikte zwischen den Menschen gelöst werden müssen, bevor die Gesellschaft sich den »Luxus« tierschützender Tätigkeiten erlauben kann. Tatsächlich verhält es sich umgekehrt. Erst, wenn eine Mehrheit sich dazu durchringen kann, sich von den sozialen Normen zu befreien, die das Verletzen, Quälen und Töten tierlicher Lebewesen zur Routine machen, und denen verständnisvoll in die Augen sehen kann, die so gänzlich anders sind als sie selbst, wird ein achtsamerer Umgang auch unter Menschen praktiziert werden können und eine friedliche Gesellschaft sich erwirken lassen.

Die praktische Aneignung dessen, was mit dem Begriff des Veganismus gefasst oder in einer Ethik der Achtsamkeit beschrieben wird, ist ebenso wie das Bekenntnis zum Tierschutz eine ökologische und soziale Notwendigkeit. Gelingt den Menschen die so profan wirkende Veränderung hin zu einer pflanzenbasierten Ernährungsweise nicht, werden sie mit zunehmenden Umweltschäden konfrontiert werden, die das Überleben großer Teile der eigenen Spezies bedrohen. Was wie von apokalyptischen Szenarien inspirierte Panikmache klingt, ist letztlich nicht mehr als eine in nüchternen wissenschaftlichen Untersuchungen festgestellte Wahrheit.[11] Die Naturzerstörung, vor der seit vielen Jahrzehnten gewarnt wird, werden die Mitglieder reicher Nationen erst mit so großer Verzögerung und nach dem Eintreten einer Migrationsbewegung bisher ungekannten Ausmaßes in Form konkreter lebenspraktischer Einschränkungen zu spüren bekommen, dass Verhaltensänderungen, politische Reformen oder generell Interventionen jeglicher Art bereits zu spät sein werden.[12] Angesichts sich verschlimmernder ökologischer Krisen ragt die Notwendigkeit des Umweltschutzes wie ein Stachel in das kollektive Bewusstsein hinein. Und doch scheint es gegen die Stabilität etablierter Praktiken der Naturzerstörung kein Ankommen zu geben. Jene, die dennoch Achtsamkeit gegenüber den natürlichen Lebensgrundlagen walten lassen, werden heute noch, nicht anders als Tierschützer, als »Gutmenschen«, als Personen mit einem mehr oder weniger willkürlich ausfallenden Faible betrachtet. Dabei wird eine Zeit des Massensterbens unter den Menschen anbrechen[13], zu der genau jene Personen als historisch zu verortende Vorkämpfer gelten werden, die sich bereits heute als kleine Minderheit dem gemeinschaftlichen Vernichtungstreiben verweigern. Als Helden werden diejenigen angesehen werden, die derzeit noch als Spinner gelten, weil sie vegan leben, auf die Benutzung von Autos und Flugzeugen verzichten, möglichst wenige Rohstoffe zum Leben benötigen, wenig Eigentum besitzen oder generell bescheidene Ansprüche haben. Widerstand gegen die Umweltzerstörung zu leisten bedeutet daher in vielen Fällen auch, Widerstand gegen sich selbst zu üben, gegen eigene, sozialisationsbedingt erworbene Erwartungen und Ansprüche.

Sich dem Veganismus, dieser schönen, friedlichen Universallösung für die Großprobleme der Moderne anzuschließen, bedeutet, in einen Zustand zu geraten, in dem man sich fragt, ob man selbst verrückt ist oder doch nahezu alle anderen. Sich häufig einsam zu fühlen mit dem, wie man ist und was man tut, kann als ein gutes Zeichen gedeutet werden, das Richtige zu tun. Dementsprechend intellektuell wie praktisch Einspruch zu erheben gegen den allgegenwärtigen Wahnsinn der industriellen Schlacht- und Vernichtungsmaschinerie bedeutet, gegenüber seiner sozialen Umwelt eine Art von ethischer und charakterlicher Differenz zu entwickeln, bei der man so rasch keine Gleichgesinnten findet. Ethik wird hier subversiv, das Normale unterwandernd. Verständnis dafür bringen nur jene auf, welche die aufgerissenen Augen sehen, den brutalen Sadismus, das fließende Blut, die Schreie und zuckenden Todeskämpfe misshandelter Tiere. Wer das Leiden der Kreaturen wahrnimmt und in seinem Handeln die Konsequenzen daraus zieht, wird Teil der Lösung für die drängendsten Probleme der heutigen Zeit. Die Macht, Frieden zu schaffen, stammt von dem simplen Akt, Nein zu sagen und Opposition zu beziehen. Tatsächlich ist es mitunter nicht das eigene aktive Handeln oder Wirken, das Veränderung bringt, sondern vielmehr das eigene Unterlassen. Der schärfste Angriff gegen die Netze, Käfige und Spaltenböden, gegen die Zuchtanlagen und Mastbuchten sowie die Transporter und Todeskammern, in denen Milliarden von Tieren des letzten Bisschens beraubt werden, was ein Leben erträglich machen könnte, ist die ebenso schlichte wie radikale Verneinung derselben.

Endnoten

Einleitung

1 Samuel K. Wasser u. a., »The Ivory Trail«, in: *Scientific American* 301 (2009), S. 68–76.

2 Brian Handwerk, »Elephants Attack as Humans Turn Up the Pressure«, https://www.nationalgeographic.com/animals/2005/06/news-elephants-attack-humans-pressure/, letzter Zugriff 05.08.2019.

3 Gay. A. Bradshaw, Allan N. Schore, »How Elephants are Opening Doors. Developmental Neuroethology, Attachment and Social Context«, in: *Ethology* 113 (2007), S. 426–436; Gay. A. Bradshaw u. a., »Elephant breakdown«, in: *Nature* 433 (2005), S. 807.

4 Thilo Thielke, »Amoklauf der Überlebenden«, in: *Der Spiegel* 3 (2010), S. 109.

5 Hans Kummer, »Soziales Verhalten einer Mantelpaviangruppe«, in: *Beiheft zur Schweizerischen Zeitschrift für Psychologie und ihre Anwendungen* 33 (1951), S. 1–91.

6 Lucy P. Birkett, Nicholas E. Newton-Fisher, »How Abnormal Is the Behaviour of Captive, Zoo-Living Chimpanzees«, in: *PloS One* 6 (2011), S. 1–7.

7 Elke Bodderas, Per Hinrichs, »Die Tiere in deutschen Zoos stehen unter Drogen«, https://www.welt.de/wissenschaft/umwelt/article127612535/Die-Tiere-in-deutschen-Zoos-stehen-unter-Drogen.html, letzter Zugriff 05.03.2018.

8 Charles H. Southwick, »An Experimental Study of Intragroup Agonistic Behavior in Rhesus Monkeys (Macaca mulatta)«, in: *Behavior* 28 (1967), S. 182–209; Charles H. Southwick u. a., »Rhesus Monkeys in North India«, in: Irven DeVore (Hg.), *Primate Behavior. Field Studies of Monkeys and Apes*, New York 1965, S. 111–159.

9 Erich Fromm, *Anatomie der menschlichen Destruktivität*, Reinbek bei Hamburg 1977, S. 125.

10 Peter H. Klopfer, Daniel I. Rubenstein, »The Concept Privacy and Its Biological Basis«, in: *Journal of Social Issues* 33 (1977), S. 52–65.

11 Marc Bekoff, Jessica Pierce, *Wild Justice. The Moral Lives Of Animals*, Chicago, IL 2009, S. 106.

12 Theodor W. Adorno, *Minima Moralia. Reflexionen aus dem beschädigten Leben*, Frankfurt am Main 1951.

13 Steven Pinker, *The Better Angels Of Our Nature. Why Violence Has Declined*, London 2012.

14 Raffael Heiss, Jörg Matthes, »Who ›Likes‹ Populists? Characteristics of Adolescents Following Right-Wing Populist Actors on Facebook«, in: *Information, Communication & Society* 20 (2017), S. 1408–1424; Oliver Decker u. a., »Die stabilisierte Mitte. Rechtsextreme Einstellungen«, Gießen 2014.

15 Sandra C. Matz u. a., »Psychological Targeting as an Effective Approach to Digital Mass Persuasion«, in: *Proceedings of the National Academy of Sciences of the United States of America* (2017), S. 1–6.

16 Cass R. Sunstein, *Going to Extremes. How Like Minds Unite and Divide*, Oxford 2009.

17 Harald Welzer, *Alles könnte anders sein. Eine Gesellschaftsutopie für freie Menschen*, Frankfurt am Main 2019; Steven Pinker, *Enlightment Now. The Case For Reason, Science, Humanism, And Progress*, New York 2018.

18 Jeremy Lent, »Steven Pinker's Ideas are Fatally Flawed. These Eight Graphs Show Why.«, https://www.opendemocracy.net/en/transformation/steven-pinker-s-ideas-are-fatally-flawed-these-eight-graphs-show-why/, letzter Zugriff 30.07.2019.

19 Aengus Collins, »The Global Risks Report 2018. 13th Edition«, Geneva 2018.

20 Patrick Rössler, *Agenda-Setting. Theoretische Annahmen und empirische Evidenzen einer Medienwirkungshypothese*, Opladen 1997.

21 Arthur Schopenhauer, *Die beiden Grundprobleme der Ethik*, Leipzig 1860, S. 242.

22 Amy J. Fitzgerald u. a., »Slaughterhouses and Increased Crime Rates. An Empirical Analysis of the Spillover From ›The Jungle‹ Into the Surrounding Community«, in: *Organization & Environment* 22 (2009), S. 158–184.

23 Petra Veser u. a., »Diet, Authoritarianism, Social Dominance Orientation, and Predisposition to Prejudice: Results of a German Survey«, in: *British Food Journal* 117 (2015), S. 1949–1960.

24 Ulrich Beck, *Gegengifte. Die organisierte Unverantwortlichkeit*, Frankfurt am Main 1988.

25 Corine Pelluchon, *Ethik der Wertschätzung. Tugenden für eine ungewisse Welt*, Darmstadt 2019, S. 141.

26 Yuval Noah Harari, *Homo Deus: A Brief History of Tomorrow*, London 2015; Nick Bostrom, *Superintelligence. Paths, Dangers, Strategies*, Oxford 2014; Alex Tegmark, *Life 3.0. Being Human in the Age of Artificial Intelligence*, New York 2017.

Vernichtung

1 Michael C. Appleby, »Eating Our Future. The Environmental Impact of Industrial Animal Agriculture« 2008, S. 1–30.

2 Yuval Noah Harari, »Industrial Farming is One of the Worst Crimes in History«, http://www.theguardian.com/books/2015/sep/25/industrial-farming-one-worst-crimes-history-ethical-question?CMP=fb_gu, letzter Zugriff 25.09.2015.

3 Yinon M. Bar-On u. a., »The Biomass Distribution on Earth«, in: *Proceedings of the National Academy of Sciences of the United States of America* (2018), S. 1–6.

4 Bar-On u. a. »The Biomass Distribution on Earth«.

5 Alison Mood, Phil Brooke, »Estimating the Number of Fish Caught in Global Fishing Each Year«, http://fishcount.org.uk/published/std/fishcountstudy.pdf, letzter Zugriff 01.05.2017.

6 Daniel Pauly, Dirk Zeller, »Catch Reconstructions Reveal that Global Marine Fisheries Catches Are Higher Than Reported and Declining«, in: *Nature Communications* 7 (2016), S. 1–9.

7 Statistisches Bundesamt, »Fleischerzeugung erreicht im Jahr 2016 erneut Höchstwert«, https://www.destatis.de/DE/ZahlenFakten/Wirtschaftsbereiche/LandForstwirtschaftFischerei/TiereundtierischeErzeugung/AktuellSchlachtungen.html, letzter Zugriff 01.05.2017.

8 Steven Pinker, *The Better Angels Of Our Nature. Why Violence Has Declined*, London 2012.

9 John Mueller, »War Has Almost Ceased to Exist. An Assessment«, in: *Political Science Quarterly* 124 (2009), S. 297–321.

10 Yuval Noah Harari, »Industrial Farming is One of the Worst Crimes in History«, http://www.theguardian.com/books/2015/sep/25/industrial-farming-one-worst-crimes-history-ethical-question?CMP=fb_gu>.

11 Margo DeMello, *Animals and Society. An Introduction to Human-Animal Studies*, New York 2012, 134f.

12 Sandra Düpjan, Birger Puppe, »Abnormales Verhalten mit dem Schwerpunkt Stereotypien. Indikator für Leiden und beeinträchtiges Wohlbefinden«, in: *Berliner und Münchener Tierärztliche Wochenschrift* 129 (2016), S. 93–102, hier: S. 94.

13 Kathleen N. Morgan, Chris T. Tromborg, »Sources of Stress in Captivity«, in: *Applied Animal Behaviour Science* 102 (2007), S. 262–302.

14 Carel van Schaik, Kai Michel, *Das Tagebuch der Menschheit. Was die Bibel über unsere Evolution verrät*, Reinbek bei Hamburg 2016.

15 Harari, »Industrial Farming is One of the Worst Crimes in History«.

16 Jürn Sanders, Jürgen Heß, »Leistungen des ökologischen Landbaus für Umwelt und Gesellschaft. Thünen Report 65«, Braunschweig 2019, S. 1–361.

17 DeMello, *Animals and Society*, 86f.

18 Jürgen Weiß u. a., *Tierproduktion*, Stuttgart 2005, S. 271.

19 Appleby, *Eating our Future*; Henning Steinfeld u. a., *Livestock's Long Shadow. Environmental Issues and Options*, Rom 2006.

20 Jennie I. Macdiarmid u. a., »Eating Like There's No Tomorrow. Public Awareness of the Environmental Impact of Food and Reluctance to Eat Less Meat as Part of a Sustainable Diet«, in: *Appetite* 96 (2016), S. 487–493.

21 Silke Engl, *Untersuchungen zur Eignung einer neuen GnRH-Variante zur Brunstinduktion bei pluriparen Sauen*, Leipzig 2006.

22 Richard B. D'Eath u. a., »›Freedom From Hunger‹ and Preventing Obesity. The Animal Welfare Implications of Reducing Food Quantity or Quality«, in: *Animal Behaviour* 77 (2009), S. 275–288.

23 Düpjan/Puppe, »Abnormales Verhalten mit dem Schwerpunkt Stereotypien«.

24 Weiß u. a., *Tierproduktion*, S. 515.

25 Eckhard Meyer, »Auf dem Weg zur optimalen Abferkelbucht. Verletzungen am Gesäuge verringern!«, https://www.landwirtschaft.sachsen.de/landwirtschaft/download/MeyerZitzenverletz_Fachinfo.pdf, letzter Zugriff 09.06.2017, Köllitsch 2010, S. 1–6, hier: S. 4.

26 Pablo Emilio Arellano u. a., »Stereotyped Behaviour, Social Interactions and Suckling Pattern of Pigs Housed in Groups or in Single Crates«, in: *Applied Animal Behaviour Science* 35 (1992), S. 157–166.

27 Martin von Wenzlawowicz, »Stellungnahme zur Nottötung von Saugferkeln (bis 5 kg KGW) durch den Tierhalter«, http://www.tierschutz-tvt.de/index.php?id=50&eID=tx_rtgfiles_download&tx_rtgfiles_pi1%5Buid%5D=224, letzter Zugriff 09.06.2017 2014.

28 Marietheres Reinke, »Zuchtsauen«, https://albert-schweitzer-stiftung.de/wp-content/uploads/Zuchtsauen-Albert-Schweitzer-Stiftung-f%C3%BCr-unsere-Mitwelt-1.-Februar-2017.pdf, letzter Zugriff 09.06.2017.

29 Sabine Oberländer, *Untersuchunge zum Vorkommen von akzessorischen Bursen bei Mastschweinen*, München 2015.

30 Donald M. Broom u. a., »Pigs Learn What a Mirror Image Represents and Use It to Obtain Information«, in: *Animal Behaviour* 78 (2009), S. 1037–1041.

31 Lars Schrader u. a., »Anforderungen an eine tiergerechte Nutztierhaltung. Verhalten von Schweinen«, Darmstadt 2006, S. 1–10, hier: S. 4.

32 Deutscher Bundestag, »Tierschutz bei der Tötung von Schlachttieren. Antwort der Bundesregierung auf die Kleine Anfrage der Abgeordneten Bärbel Höhn, Friedrich Ostendorff, Undine Kurth (Quedlinburg), weiterer Abgeordneter und der Fraktion BÜNDNIS 90/DIE GRÜNEN«, 2012, S. 1–20, hier: S. 5.

33 Deutscher Bundestag, »Tierschutz bei der Tötung von Schlachttieren«, S. 6.

34 Statistisches Bundesamt, »Land- und Forstwirtschaft, Fischerei. Viehbestand« 2016, S. 1–64.

35 Weiß u. a., *Tierproduktion*, 356ff.

36 Harry F. Harlow, »The Nature of Love«, in: *American Psychologist* 13 (1958), S. 673–685; Harry F. Harlow, Robert R. Zimmermann, »Affectional Response in the Infant Monkey. Orphaned Baby Monkeys Develop a Strong and Persistent Attachment to Inanimate Surrogate Mothers«, in: *Science* 130 (1959), S. 421–432.

37 Kristina Lipp, *Feldstudie zur kolostralen Immunglobulin-Versorgung neugeborener Kälber in Abhängigkeit von der Verweildauer beim Muttertier*, München 2005, S. 17.

38 Bo Algers u. a., »Scientific Opinion on the Overall Effects of Farming Systems on Dairy Cow Welfare and Disease. Scientific Opinion of the Panel on Animal Health and Animal Welfare«, in: *EFSA Journal* 7 (2009), S. 1–38.

39 René Althammer u. a., »Tierquälerei – amtlich genehmigt«, https://www.tagesschau.de/inland/lebendtierexporte-101.html, letzter Zugriff 17.06.2019.

40 Josef Markus Endres, *Effektivität der Schuss-Schlag-Betäubung im Vergleich zur Bolzenschussbetäubung von Rindern in der Routineschlachtung*, München 2005, S. 26.

41 Eisenhart von Loeper, »Tierrechte – Entwicklungsdynamik und in der Praxis entschiedene Konflikte«, in: Interdisziplinäre Arbeitsgemeinschaft Tierethik (Hg.), *Tierrechte. Eine interdisziplinäre Herausforderung*, Erlangen 2007, S. 158–176, hier: 168f.

42 Andy Lamey, »Primitive Self-Consciousness and Avian Cognition«, in: *The Monist* 95 (2012), S. 1–31.

43 Weiß u. a., *Tierproduktion*, S. 547.

44 Weiß u. a., *Tierproduktion*, S. 534.

45 Detlef W. Fölsch u. a., »Hühnerhaltung. Eine Herausforderung«, in: Engelhard Boehncke, Glorita Martin (Hg.), *Artgemässe Nutztierhaltung und ökologisch orientierte Landwirtschaft*, Basel 1989, S. 71–89, hier: 78f.

46 Ruth M. Wokac, »Ökomorphologie von Hochleistungshennen – eine Untersuchung an Skeletten aus Batterie- und Bodenhaltung«, in: Engelhard Boehncke, Glorita Martin (Hg.), *Artgemässe Nutztierhaltung und ökologisch orientierte Landwirtschaft*, Basel 1989, S. 91–99.

47 Weiß u. a., *Tierproduktion*, S. 531.

48 Bernhard Hörning, »Stark belastet. Intensive Haltungsformen und mögliche Folgen für die Gesundheit der Tiere«, *Der kritische Agrarbericht 2014*, Hamm 2014, S. 140–144, hier: S. 142.

49 Marion Staudt, *Vergleichende Studie zur Tiergesundheit und Leistung von sättigungsdeprivierten Mastelterntieren unter dem Einfluss von drei Fütterungsvarianten*, München 2007.

50 Shana Maria Bergmann, *Vergleichende Untersuchung von Mastputenhybriden Vergleichende Untersuchung von Mastputenhybriden (B.U.T. Big 6) und einer Robustrasse (Kelly Bronze) bezüglich Verhalten, Gesundheit und Leistung in Freilandhaltung*, München 2006, S. 3.

51 Christine Westermaier, *Vergleichende Untersuchung zur Tiergesundheit von konventionell gehaltenenen Ross 308 und Cobb Sasso Masthühnern mit einem neuen Aufzuchtkonzept im Rahmen der konzeptionellen Ausarbeiten von Richtlinien für eine tiergerechte Masthühnerhaltung*, München 2015, 43ff.

52 Josef Kamphues, »Zur Bedeutung von Fütterung und Haltung für die Fußballengesundheit beim Mastgeflügel«, in: Annette Zeyner (Hg.), 12. Tagung Schweine- und Geflügelernährung, Halle 2013, S. 108–121.

53 Maria-Elisabeth Krautwald-Junghanns, Kasten Fehlhaber, »Abschlussbericht zum Forschungsauftrag 06HS015 »Indikatoren einer tiergerechten Mastputenhaltung« 2009, hier: 30 ff.

54 Klaus Reiter, »Verhalten und Wohlbefinden bei Masthühnern«, in: *Archiv Geflügelkunde* 70 (2006), S. 208–215.

55 Ute Knierim u. a., »Mindestanforderungen an die Haltung von Moschusenten (Cairina moschata dom.). Schlussbericht des Forschungsauftrags 01HS039«, Hannover 2005, hier: S. 118.

56 Lynne U. Sneddon, »The Evidence for Pain in Fish. The Use of Morphine as an Analgesic«, in: *Applied Animal Behaviour Science* 83 (2003), S. 153–162; Helmut Segner, *Fish. Nociception and pain*, Bern 2012; Markus Wild, *Fische. Kognition, Bewusstsein und Schmerz*, Bern 2012.

57 Jonathan P. Balcombe, *What a Fish Knows. The Inner Lives of Our Underwater Cousins*, New York 2016.

58 Redouan Bshary u. a., »Fish Cognition. A Primate's Eye View«, in: *Animal Cognition* 5 (2002), S. 1–13; Culum Brown, »Fish Intelligence, Sentience and Ethics«, in: *Animal Cognition* 18 (2015), S. 1–17.

59 Robin Davies u. a., »Defining and Estimating Global Marine Fisheries Bycatch«, in: *Marine Policy* 33 (2009), S. 661–672.

60 Davies u. a. »Defining and Estimating Global Marine Fisheries Bycatch«, S. 661.

61 Alison Mood, »Worse Things Happen at Sea: The Welfare of Wild-Caught Fish« 2010, S. 1–139, hier: S. 26.

62 David Robb, Steve Kestin, »Methods Used to Kill Fish. Field Obervations And Literature Reviewed«, in: *Animal Welfare* (2002), S. 269–282.

63 Norm Sharber u. a., »Reducing Electrofishing-Induced Injury of Rainbow Trout«, in: *North American Journal of Fisheries Management* (1994), S. 340–349.

64 Frigga Wirths, »Stummes Leiden. Das Töten von Fischen – ein unerhörtes Tierschutzproblem«, *Der kritische Agrarbericht 2011*, Hamm 2011, S. 233–236.

65 Henriette Mackensen, »Aquakulturen – ein vernachlässigtes Tierschutzthema«, *Der kritische Agrarbericht 2011*, Hamm 2011, S. 227–232, hier: S. 229.

66 Marco A. Vindas u. a., »Brain Serotonergic Activation in Growth-Stunted Farmed Salmon. Adaption Versus Pathology«, in: *Royal Society Open Science* 3 (2016), S. 160030.

67 Mackensen, »Aquakulturen – ein vernachlässigtes Tierschutzthema«, S. 230.

68 Albert Tacon, Marc Metian, »Global Overview on the Use of Fish Meal and Fish Oil in Industrially Compounded Aquafeeds. Trends and Future Prospects«, in: *Aquaculture* 285 (2008), S. 146–158.

69 Mohan Raj u. a., »Species-Specific Welfare Aspects of the Main Systems of Stunning and Killing of Farmed Seabass and Seabream. Scientific Opinion of the Panel on Animal Health and Welfare«, in: *EFSA Journal* 7 (2009), S. 1–52, hier: 10 ff.

70 Grahame J. Coleman u. a., »Predicting Stockperson Behaviour Towards Pigs From Attitudinal and Job-Related Variables and Empathy«, in: *Applied Animal Behaviour Science* 58 (1998), S. 63–75.

71 Jens Bülte, »Zur faktischen Straflosigkeit institutionalisierter Agrarkriminalität«, in: *Goltdammer's Archiv für Strafrecht* 165 (2018), S. 35–56.

72 Bundesrepublik Deutschland, *Antwort der Bundesregierung auf die Kleine anfrage der Abgeordneten Carina Konrad, Dr. Gero Clemens Hocker, Frank Sitta, weiterer Abgeordneter und der Fraktion der FDP. Druchsacke 19/2820* 2018; Bundesrepublik Deutschland, *Antwort der Bundesregierung auf die Kleine Anfrage der Abgeordneten Friedrich Ostendorff, Harald Eb-*

ner, Matthias Gastel, weiterer Abgeordneter und der Fraktion BÜNDNIS 90/DIE GRÜNEN. Drucksache 19/3167, 2018.

73 Katharina Heckendorf, »Arme Schweine«, https://www.zeit.de/2018/24/tierschutz-landwirtschaft-schlachthoefe-amtstieraerzte-veterinaeramt/komplettansicht, letzter Zugriff 14.08.2018.

74 Gail A. Eisnitz, *Slaughterhouse. The Shocking Story of Greed, Neglect, and Inhumane Treatment Inside the U.S. Meat Industry*, New York 2007.

75 Eisnitz, *Slaughterhouse*, S. 93.

76 Donna Mo, »Unhappy Cows and Unfair Competition. Using Unfair Competition Laws to Fight Farm Animal Abuse«, in: *UCLA Law Review* (2004–2005), S. 1313–1357; Bill Winders, David Nibert, »Consuming the Surplus. Expanding ›Meat‹ Consumption and Animal Oppression«, in: *International Journal of Sociology and Social Policy* 24 (2004), S. 76–96.

77 Jo Warrick, »›They Die Piece by Piece‹«, https://www.washingtonpost.com/archive/politics/2001/04/10/they-die-piece-by-piece/f172dd3c-0383-49f8-b6d8-347e04b68da1/, letzter Zugriff 04.08.2017.

78 David J. Glasscock u. a., »Psychosocial Factors and Safety Behaviour as Predictors of Accidental Work Injuries in Farming«, in: *Work & Stress* 20 (2006), S. 173–189.

79 Debbie Berkowitz, Hooman Hedayati, »OSHA Severe Injury Data From 29 States. 27 Workers a Day Suffer Amputation or Hospitalization; Poultry Processing Among Most Dangerous Industries« 2017, S. 1–7.

80 Maya Nadimpalli u. a., »Persistence of Livestock-Associated Antibiotic-Resistant Staphylococcus aureus Among Industrial Hog Operation Workers in North Carolina Over 14 Days«, in: *Occupational and Environmental Medicine* 72 (2015), S. 90–99.

81 Bengt Gustafsson, »The Health and Ssafety of Workers in a Confined Animal Xystem«, in: *Livestock Production Science* 49 (1997), S. 191–202; Peter Lundqvist, Bengt Gustafsson, »Accidents and Accident Prevention in Agriculture: A Review of Selected Studies«, in: *International Journal of Industrial Ergonomics* 10 (1992), S. 311–319.

82 Jennifer Dillard, »A Slaughterhouse Nightmare. Psychological Harm Suffered by Slaughterhouse Employees and the Possibility of Redress through Legal Reform«, in: *Georgetown Journal on Poverty Law & Policy* (2007), S. 1–18, hier: S. 15.

83 Dillard, »A Slaughterhouse Nightmare«, S. 5.

84 Rachel MacNair, *Perpetration-Induced Traumatic Stress. The Psychological Consequences of Killing*, London 2002.

85 Dillard, »A Slaughterhouse Nightmare«, S. 11.

86 Jocelyne Porcher u. a., »Affective Components of the Human-Animal Relationship in Animal Husbandry. Development and Validation of a Questionnaire«, in: *Psychological Reports* 95 (2004), S. 275–290, hier: S. 287.

87 Adelma M. Hills, »The Motivational Bases of Attitudes Toward Animals«, in: *Society & Animals* 1 (1997), S. 111–128.

88 Frank R. Ascione, Randall Lockwood (Hg.), *Cruelty to Animals and Interpersonal Violence. Readings in Research and Application*, West Lafayette, IN 1998.

89 Fitzgerald u. a. »Slaughterhouses and Increased Crime Rates«.

90 Virgil Butler, »Tyson Torture Tactics – Introduction«, http://www.webring.org/l/rd?ring=ar;id=25;url=http%3A%2F%2Fcyberactivist%2Eblogspot%2Ede%2F2003, letzter Zugriff 07.08.2017.

91 Virgil Butler, »Tyson Torture Tactics – Knots of Fun«, http://www.webring.org/l/rd?ring=ar;id=25;url=http%3A%2F%2Fcyberactivist%2Eblogspot%2Ede%2F2003, letzter Zugriff 07.08.2017.

92 Virgil Butler, »Tyson Torture Tactics – Culling the Runts«, http://www.webring.org/l/rd?ring=ar;id=25;url=http%3A%2F%2Fcyberactivist%2Eblogspot%2Ede%2F2003, letzter Zugriff 07.08.2017.

93 Virgil Butler, »Tyson Torture Tactics – Twisted and Bizarre«, http://www.webring.org/l/rd?ring=ar;id=25;url=http%3A%2F%2Fcyberactivist%2Eblogspot%2Ede%2F2003, letzter Zugriff 07.08.2017.

94 Harari, »Industrial Farming is One of the Worst Crimes in History«.

95 Bülte, »Zur faktischen Straflosigkeit institutionalisierter Agrarkriminalität«.

Ausbruch

1 João Graça u. a., »Situating Moral Disengagement. Motivated Reasoning in Meat Consumption and Substitution«, in: *Personality and Individual Differences* 90 (2016), S. 353–364.

2 Albert Bandura u. a., »Mechanisms of Moral Disengagement in the Exercise of Moral Agency«, in: *Journal of Personality and Social Psychology* 71 (1996), S. 364–374; Albert Bandura, »Moral Disengagement in the Perpetration of Inhumanities«, in: *Personality and Social Psychology Review* 3 (1999), S. 193–209.

3 Graça u. a. »Situating Moral Disengagement«.

4 Oberverwaltungsgericht NRW, »Tötung männlicher Eintagsküken«, http://www.justiz.nrw.de/nrwe/ovgs/ovg_nrw/j2016/20_A_488_15_Urteil_20160520.html, letzter Zugriff 23.01.2018 20.05.2016.

5 Thomas Gabor, *›Everybody Does It!‹. Crime by the Public*, Toronto 1994.

6 Herbert C. Kelman, V. Lee Hamilton, *Crimes of Obedience. Toward A Social Psychology of Authority and Responsibility*, New Haven 1989.

7 Bandura, »Moral Disengagement in the Perpetration of Inhumanities«, S. 195.

8 Dennis Longmire u. a., »Moral Disengagement and Attitudes about Violence Toward Animals«, in: *Society & Animals* 12 (2004), S. 209–235.

9 Heather J. Bray u. a., »Not Appropriate Dinner Table Conversation? Talking to Children About Meat Production«, in: *Appetite* 100 (2016), S. 1–9.

10 Karen M. Hussar, Paul L. Harris, »Children Who Choose Not to Eat Meat. A Study of Early Moral Decision-Making«, in: *Social Development* 19 (2010), S. 627–641.

11 Graça u. a. »Situating Moral Disengagement«.

12 Theodor W. Adorno, *Negative Dialektik*, Frankfurt am Main 1966, S. 49.

13 Charles Taylor, *Quellen des Selbst*, Frankfurt am Main 1994, 737 f.

14 William von Hippel, »Self-Deception«, in: Virgil Zeigler-Hill, Lisa L. M. Welling u. a. (Hg.), *Evolutionary Perspectives on Social Psychology*, Heidelberg 2015, S. 149–158.

15 Jonas T. Kaplan u. a., »Neural Correlates of Maintaining One's Political Beliefs in the Face of Counterevidence«, in: *Scientific Reports* 6 (2016), S. 1–11.

16 Stéphane Hessel, *Empört Euch!*, Berlin 2011; Stéphane Hessel, *Engagiert Euch! Im Gespräch mit Gilles Vanderpooten*, Berlin 2011.

17 Herbert Marcuse, *Der eindimensionale Mensch. Studien zur Ideologie der fortgeschrittenen Industriegesellschaft*, Neuwied 1970.

18 Harald Welzer, *Täter. Wie aus ganz normalen Menschen Massenmörder werden*, Frankfurt am Main 2005.

19 Welzer, *Täter*, S. 38.

20 Susan T. Fiske u. a., »Social Psychology. Why Ordinary People Torture Enemy Prisoners«, in: *Science* 306 (2004), 1482 f.

21 Christopher R. Browning, *Ganz normale Männer. Das Reserve-Polizeibataillon 101 und die »Endlösung« in Polen*, Hamburg 2009.

22 Sönke Neitzel, *Abgehört. Deutsche Generäle in britischer Kriegsgefangenschaft*, Berlin 2005; Sönke Neitzel, Harald Welzer, *Soldaten. Protokolle vom Kämpfen, Töten und Sterben*, Frankfurt am Main 2011.

23 Neitzel/Welzer, *Soldaten.*

24 Philip Zimbardo, *The Lucifer Effect. Understanding How Good People Turn Evil*, New York 2007.

25 Stanley Milgram, »Behavioral Study of Obedience«, in: *Journal of Abnormal Psychology* 67 (1963), S. 371–378; Stanley Milgram, *Das Milgram-Experiment. Zur Gehorsamsbereitschaft gegenüber Autorität*, Hamburg 1982.

26 Jerry M. Burger, »Replicating Milgram: Would People Still Obey Today?«, in: *The American Psychologist* 64 (2009), S. 1–11; Dariusz Doliński u. a., »Would You Deliver an Electric Shock in 2015? Obedience in the Experimental Paradigm Developed by Stanley Milgram in the 50 Years Following the Original Studies«, in: *Social Psychological and Personality Science* 108 (2017), S. 1–7.

27 Solomon E. Asch, »Studies of Independence and Conformity. I. A Minority of One Against a Unanimous Majority«, in: *Psychological Monographs: General and Applied* 70 (1956), S. 1–70; Solomon Asch, »Effects of Group Pressure Upon the Modification and Distortion of Judgment«, in: Harold Steere Guetzkow (Hg.), *Groups, Leadership and Men. Research in Human Relations*, Pittsburgh 1951, S. 177–190.

28 Craig Haney u. a., »A Study of Prisoners and Guards in a Simulated Prison«, in: *Naval Research Review* 30 (1973), S. 4–17.

29 Jay Joseph van Bavel, »Rethinking the Nature of Cruelty. The Role of Identity Leadership in the Stanford Prison Experiment«, in: *PsyArXiv* (2018), S. 1–43.

30 David Sztybel, »Can the Treatment of Animals be Compared to the Holocaust«, in: *Ethics and the Environment* 11 (2006), S. 97–132; Karen Davis, *The Holocaust and the Henmaids Tale. A Case for Comparing Atrocities*, New York 2005; Charles Patterson, *Eternal Treblinka. Our Treatment of Animals and the Holocaust*, New York 2002.

31 Patterson, *Eternal Treblinka.*

Exklusion

1 Jaques Derrida, *Das Tier, das ich also bin*, Wien 2010, S. 50.

2 Michel Foucault, *Abnormal. Lectures at the Collège de France 1974–1975*, New York 2003.

3 Jens Bülte, »Zur faktischen Straflosigkeit institutionalisierter Agrarkriminalität«, in: *Goltdammer's Archiv für Strafrecht* 165 (2018), S. 35–56.

4 Theodor W. Adorno, *Negative Dialektik*, Frankfurt am Main 1966, S. 353.

5 Kurt Maria Zrenner, Rolf Haffner, *Lehrbuch für Fleischkontrolleure*, Stuttgart 1999, S. 338.

6 Dave Grossman, *On Killing. The Psychological Cost of Learning to Kill in War and Society*, New York 1995.

7 Roy L. Swank, Walter E. Marchand, »Combat Neuroses. Development of Combat Exhaustion«, in: *Archives of Neurology & Psychiaty* 55 (1946), S. 236–247.

8 Grossman, *On Killing.*

9 Grossman, *On Killing*.
10 Giorgio Agamben, *Homo sacer. Die Souveränität der Macht und das nackte Leben*, Frankfurt am Main 2002.
11 Jens Bülte, »Massentierhaltung – Ein blinder Fleck bei der Verfolgung von Wirtschaftskriminalität?«, in: *Neue Juristische Wochenschrift* 1–2 (2019), S. 19–23.
12 Steffanie Richter, »Schwein gehabt? Zur Ahndung von Rechtsverstößen in der Massentierhaltung«, https://heigos.hypotheses.org/4329, letzter Zugriff 16.06.2018.
13 Bülte, »Zur faktischen Straflosigkeit institutionalisierter Agrarkriminalität«.
14 Richter, »Schwein gehabt? Zur Ahndung von Rechtsverstößen in der Massentierhaltung«.
15 Bülte, »Zur faktischen Straflosigkeit institutionalisierter Agrarkriminalität«, S. 56.
16 John Berger, *Why Look at Animals?*, London 2009, S. 21.
17 Kelly Oliver, *Animal Lessons. How They Teach Us to Be Human*, New York 2009, S. 11.
18 Berger, *Why Look at Animals?*, 12 ff.
19 Colin Goldner, *Lebenslänglich hinter Gittern. Die Wahrheit über Gorilla, Orang Utan & Co in deutschen Zoos*, Aschaffenburg 2014.
20 Marti Kheel, »Nature and Feminist Sensitivity«, in: Tom Regan, Peter Singer (Hg.), *Animal Rights and Human Obligations*, Englewood Cliffs 1989, S. 256–265, hier: S. 260.
21 Reinhard Heuberger, »Das Tier in der Sprache«, Reingard Spannring, Karin Schachinger u. a. (Hg.), *Disziplinierte Tiere? Perspektiven der Human-Animal-Studies für die wissenschaftlichen Disziplinen*, Bielefeld 2015, S. 123–136, hier: S. 127.
22 Jürgen Weiß u. a., *Tierproduktion*, Stuttgart 2005, S. 271.
23 Weiß u. a., *Tierproduktion*, S. 451.

Abwehr

1 Melanie Joy, *Psychic Numbing and Meat Consumption. The Psychology of Carnism*, San Francisco, California 2002.
2 Christopher A. Monteiro u. a., »The Carnism Inventory: Measuring the Ideology of Eating Animals«, in: *Appetite* 113 (2017), S. 51–62; Adelma M. Hills, »The Motivational Bases of Attitudes Toward Animals«, in: *Society & Animals* 1 (1997), S. 111–128; Lauri L. Hyers, »Myths Used to Legitimize the Exploitation of Animals. An Application of Social Dominance Theory«, in: *Anthrozoos: A Multidisciplinary Journal of The Interactions of People & Animals* 19 (2006), S. 194–210; Marleen C. Onwezen, van der Weele, Cor N., »When Indifference Is Ambivalence. Strategic Ignorance About Meat Consumption«, in: *Food Quality and Preference* 52 (2016), S. 96–105; Veser u. a. »Diet, Authoritarianism, Social Dominance Orientation, and Predisposition to Prejudice: Results of a German Survey«; João Graça u. a., »Attached to Meat? (Un)Willingness and Intentions to Adopt a More Plant-Based Diet«, in: *Appetite* 95 (2015), S. 113–125; João Graça u. a., »Meat, beyond the plate. Data-Driven Hypotheses for Understanding Consumer Willingness to Adopt a More Plant-Based Diet«, in: *Appetite* 90 (2015), S. 80–90; Brock Bastian u. a., »When Closing the Human–Animal Divide Expands Moral Concern«, in: *Social Psychological and Personality Science* 3 (2012), S. 421–429.
3 Jared Piazza u. a., »Rationalizing Meat Consumption. The 4Ns«, in: *Appetite* 91 (2015), S. 114–128.
4 Melanie Joy, *Why We Love Dogs, Eat Pigs, and Wear Cows. An Introduction to Carnism*, 2011.

5 Steve Loughnan u. a., »The Psychology of Eating Animals«, in: *Current Directions in Psychological Science* 23 (2014), S. 104–108.

6 Boyka Bratanova u. a., »The Effect of Categorization as Food on the Perceived Moral Standing of Animals«, in: *Appetite* 57 (2011), S. 193–196.

7 Hein Te Velde u. a., »Dealing With Ambivalence. Farmers' and Consumers' Perceptions of Animal Welfare in Livestock Breeding«, in: *Journal of Agricultural and Environmental Ethics* 15 (2002), S. 203–219.

8 Julia A. Minson, Benoît Monin, »Do-Gooder Derogation Disparaging Morally Motivated Minorities to Defuse Anticipated Reproach«, in: *Social Psychological and Personality Science* 3 (2012), S. 200–207.

9 Cara C. MacInnis, Gordon Hodson, »It Ain't Easy Eating Greens. Evidence of Bias Toward Vegetarians and Vegans From Both Source and Target«, in: *Group Processes & Intergroup Relations* 20 (2016), S. 721–744.

10 Matthew Cole, Karen Morgan, »Vegaphobia. Derogatory Discourses of Veganism and the Reproduction of Speciesism in UK National Newspapers«, in: *The British Journal of Sociology* 62 (2011), S. 134–153.

11 Megan Earle, Gordon Hodson, »What's your Beef With Vegetarians? Predicting Anti-Vegetarian Prejudice From Pro-Beef Attitudes Across Cultures«, in: *Personality and Individual Differences* 119 (2017), S. 52–55.

12 Bernd Ulrich, »Verschärfte Wahrnehmung«, https://www.zeit.de/zeit-magazin/2018/32/vegan-leben-fleisch-tiere-tierschutz, letzter Zugriff 11.01.2019.

13 Iveta Šedová u. a., »Coping With Unpleasant Knowledge. Meat Eating Among Students of Environmental Studies«, in: *Appetite* 107 (2016), S. 415–424; Diana Gregory-Smith u. a., »Emotions and Dissonance in ›Ethical‹ Consumption Choices«, in: *Journal of Marketing Management* 29 (2013), S. 1201–1223.

14 João Graça u. a., »Situating Moral Disengagement. Motivated Reasoning in Meat Consumption and Substitution«, in: *Personality and Individual Differences* 90 (2016), S. 362.

15 Malcolm Hamilton, »Disgust Reactions to Meat Among Ethically and Health Motivated Vegetarians«, in: *Ecology of Food and Nutrition* 45 (2006), S. 125–158; Jonathan Haidt u. a., »Body, Psyche, and Culture. The Relationship Between Disgust and Morality«, in: *Psychology and Developing Societies* 9 (2016), S. 107–131.

16 April E. Fallon, Paul Rozin, »The Psychological Bases of Food Rejections by Humans«, in: *Ecology of Food and Nutrition* 13 (1983), S. 15–26.

17 Paul Rozin, April Fallon, »The Psychological Categorization of Foods and Non-Foods. A Preliminary Taxonomy of Food Rejections«, in: *Appetite* 1 (1980), S. 193–201.

18 Jonas R. Kunst, Sigrid M. Hohle, »Meat Eaters by Dissociation. How We Present, Prepare and Talk About Meat Increases Willingness to Eat Meat by Reducing Empathy and Disgust«, in: *Appetite* 105 (2016), S. 758–774.

Gesellschaft

1 Melanie Bujok, »Tierkapital, Spezieszugehörigkeit und soziale Ungleichheit«, in: Renate Brucker, Melanie Bujok u. a. (Hg.), *Das Mensch-Tier-Verhältnis. Eine sozialwissenschaftliche Einführung*, Wiesbaden 2015, S. 107–187, hier: S. 113.

2 Niklas Luhmann, *Soziale Systeme. Grundriß einer allgemeinen Theorie*, Frankfurt am Main 1984; Niklas Luhmann, *Die Gesellschaft der Gesellschaft*, Frankfurt am Main 1997.

3 Karen Barad, *Meeting the Universe Halfway. Quantum Physics and the Entanglement of Matter and Meaning*, Durham 2007; Donna Haraway, *Simians, Cyborgs, and Women. The Reinvention of Nature*, New York 1991; Katherine N. Hayles, *How We Became Posthuman. Virtual Bodies in Cybernetics, Literature, and Informatics*, Chicago 1999.

4 Bruno Latour, *Das Parlament der Dinge: Für eine politische Ökologie*, Frankfurt am Main 2001; Bruno Latour, *Reassembling the Social. An Introduction to Actor-Network-Theory*, New York 2005.

5 Jane Bennett, *Vibrant Matter. A Political Ecology of Things*, London 2010, S. xvi.

6 Max Weber, *Wirtschaft und Gesellschaft*, Tübingen 1922; George Herbert Mead, *Geist, Identität und Gesellschaft*, Frankfurt am Main 1968.

7 Clifton D. Bryant, »The Zoological Connection. Animal-Related Human Behavior«, in: *Social Forces* 58 (1979), S. 399–421.

8 Kay Peggs, *Animals and Sociology*, Hampshire 2012.

9 Peter Singer, *Animal Liberation*, New York 1975; Tom Regan, *The Case for Animal Rights*, London 2004; Gary L. Francione, *Animals, Property, and the Law*, Philadelphia 1995.

10 Edward O. Wilson, »Biophilia and the Conservation Ethic«, in: Stephen R. Kellert, Edward O. Wilson (Hg.), *The Biophilia Hypothesis*, Washington, D. C. 1993, S. 31–41.

11 Susan Philips Cohen, »Can Pets Function as Family Members?«, in: *Western Journal of Nursing Research* 24 (2002), S. 621–638.

12 Kate Wong, »Scrappy Pets«, in: *Scientific American* 308 (2013), S. 24.

13 Eniko Kubinyi u. a., »Social Mimetic Behaviour and Social Anticipation in Dogs: Preliminary Results«, in: *Animal Cognition* 6 (2003), S. 57–63; Brian Hare, Michael Tomasello, »Human-Like Social Skills in Dogs?«, in: *Trends in Cognitive Sciences* 9 (2005), S. 439–444.

14 Pim Martens u. a., »The Emotional Lives of Companion Animals. Attachment and Subjective Claims by Owners of Cats and Dogs«, in: *Anthrozoos: A Multidisciplinary Journal of The Interactions of People & Animals* 29 (2016), S. 73–88.

15 Carola Otterstedt, »Grundlagen der Mensch-Tier-Beziehung. Der heilende Prozess in der Interaktion zwischen Mensch und Tier«, in: Erhard Olbrich, Carola Otterstedt (Hg.), *Menschen brauchen Tiere. Grundlagen und Praxis der tiergestützten Pädagogik und Therapie*, Stuttgart 2003, S. 58–68.

16 Stephen E. G. Lea, Britta Osthaus, »In What Sense Are Dogs Special? Canine Cognition in Comparative Context«, in: *Learning & Behavior* 46 (2018), S. 335–363.

17 Berger, *Why Look at Animals?*

18 Goldner, *Lebenslänglich hinter Gittern.*

19 Jennifer Wolch, »Zoöpolis«, in: Jennifer Wolch, Jody Emel (Hg.), *Animal Geographies. Place, Politics, and Identity in the Nature-Culture Borderlands*, London 1998, S. 119–138, hier: S. 120.

20 Sue Donaldson, Will Kymlicka, *Zoopolis. Eine politische Theorie der Tierrechte*, Berlin 2013.

21 Sven Wirth u. a. (Hg.), *Das Handeln der Tiere. Tierliche Agency im Fokus der Human-Animal Studies*, Bielefeld 2016.

22 Kelly Oliver, *Animal Lessons. How They Teach Us to Be Human*, New York 2009.

23 Fahim Amir, *Schwein und Zeit. Tiere, Politik, Revolte* 2017.

24 Donaldson/Kymlicka, *Zoopolis*, S. 241.

25 Martin Balluch, *Der Hund und sein Philosoph. Plädoyer für Autonomie und Tierrechte*, Wien 2015, 60 f.

26 Harald Welzer, *Alles könnte anders sein. Eine Gesellschaftsutopie für freie Menschen*, Frankfurt am Main 2019, S. 9.

27 Richard Louv, *Last Child in the Woods. Saving Our Children From Nature-Deficit Disorder*, Chapel Hill 2008.

28 Jules Pretty u. a., »Natur, Childhood, Health and Life Pathways«, http://www.se-ed.co.uk/sites/default/files/resources/Nature%20Childhood%20and%20Health%20iCES%20Occ%20Paper%202009-2%20FINAL.pdf, letzter Zugriff 06.12.2017 2009, S. 1–37.

29 Cheryl Charles, Richard Louv, »Children's Nature Deficit. What We Know – and Don't Know«, https://www.childrenandnature.org/wp-content/uploads/2015/04/CNNEvidenceoftheDeficit.pdf, letzter Zugriff 06.12.2017 2009, S. 1–32.

30 Margaret M. Hansen u. a., »Shinrin-Yoku (Forest Bathing) and Nature Therapy: A State-of-the-Art Review«, in: *International journal of environmental research and public health* 14 (2017), S. 1–48.

31 Edward O. Wilson, *Biophilia. The Human Bond With Other Species*, Cambridge, Massachusetts 1984; Stephen R. Kellert, Edward O. Wilson (Hg.), *The Biophilia Hypothesis*, Washington, D. C. 1993.

32 Peter H. Kahn, »Developmental Psychology and the Biophilia Hypothesis. Children's Affiliation With Nature«, in: *Developmental Review* 17 (1997), S. 1–61.

33 Vanessa Lobue u. a., »Young Children's Interest in Live Animals«, in: *The British Journal of Developmental Psychology* 31 (2013), S. 57–69.

34 Gail F. Melson, *Why the Wild Things Are. Animals in the Lives of Children*, Cambridge, Massachusetts 2001.

35 Colter Ellis, Leslie Irvine, »Reproducing Dominion. Emotional Apprenticeship in the 4-H Youth Livestock Program«, in: *Society & Animals* 18 (2010), S. 21–39.

36 Ellis/Irvine, »Reproducing Dominion«, S. 29.

37 Gail F. Melson, »Child Development and the Human-Companion Animal Bond«, in: *American Behavioral Scientist* 47 (2016), S. 31–39.

38 Deborah L. Wells, »The Effects of Animals on Human Health and Well-Being«, in: *Journal of Social Issues* 65 (2009), S. 523–543.

39 Erika Friedmann u. a., »Animal Companions and One-Year Survival of Patients After Discharge From a Coronary Care Unit«, in: *Public Health Reports* 95 (1980), S. 307–312; Carl J. Charnetski u. a., »Effect of petting a dog on immune system function«, in: *Psychological Reports* 95 (2004), S. 1087–1091.

40 Rebecca A. Johnson u. a., »Human-Animal Interaction«, in: *American Behavioral Scientist* 47 (2016), S. 55–69.

41 Sandra B. Barker, Kathryn S. Dawson, »The Effects of Animal-Assisted Therapy on Anxiety Ratings of Hospitalized Psychiatric Patients«, in: *Psychiatric Services* 49 (1998), S. 797–801

42 Annette M. Geisler, »Companion Animals in Palliative Care. Stories From the Bedside«, in: *The American Journal of Hospice & Palliative Care* 21 (2004), S. 285–288.

43 Froma Walsh, »Human-Animal Bonds I. The Relational Significance of Companion Animals«, in: *Family Process* 48 (2009), S. 462–480; James J. Lynch, John F. McCarthy, »Social Responding in Dogs. Heart Rate Changes to a Person«, in: *Psychophysiology* 5 (1969), S. 389–393.

44 Bruce Headey, Markus M. Grabka, »Pets and Human Health in Germany and Australia: National Longitudinal Results«, in: *Social Indicators Research* 80 (2007), S. 297–311; Wells, »The Effects of Animals on Human Health and Well-Being«.

45 Stephen R. Kellert, »American Attitudes Toward and Knowledge of Animals: An Update«, in: Michael W. Fox, Linda D. Mickley (Hg.), *Advances in Animal Welfare Science 1984*, Dordrecht 1985, S. 177–213.

46 Michel de Montaigne, *Essais*, Stuttgart 1984, S. 206.

47 Steve Loughnan u. a., »The Role of Meat Consumption in the Denial of Moral Status and Mind to Meat Animals«, in: *Appetite* 55 (2010), S. 156–159; Brock Bastian u. a., »Don't

Mind Meat? The Denial of Mind to Animals Used for Human Consumption«, in: *Personality and Social Psychology Bulletin* 38 (2012), S. 247–256.

Instinkte

1 Donald R. Griffin, *Question of Animal Awareness. Evolutionary Continuit of Mental Experience*, Birmingham, Alabama 1976.

2 Marc Bekoff, *Minding Animals. Awareness, Emotions, and Heart*, Oxford 2002.

3 Juliane Bräuer, *Klüger als wir denken. Wozu Tiere fähig sind*, Berlin 2014.

4 Sandra Caramujo Balseiro, Hamilton. R. Correia, »Is Olfactory Detection of Human Cancer by Dogs Based on Major Histocompatibility Complex-Dependent Odour Components? – A Possible Cure and a Precocious Diagnosis of Cancer«, in: *Medical Hypotheses* 66 (2006), S. 270–272; Michael McCulloch u. a., »Diagnostic Accuracy of Canine Scent Detection in Early- and Late-Stage Lung and Breast Cancers«, in: *Integrative Cancer Therapies* 5 (2006), S. 30–39; Martin Balluch, *Der Hund und sein Philosoph. Plädoyer für Autonomie und Tierrechte*, Wien 2015, 93 f.

5 Deborah L. Wells, »The Effects of Animals on Human Health and Well-Being«, in: *Journal of Social Issues* 65 (2009), S. 523–543, 532 ff.

6 Jonathan P. Balcombe, *Pleasurable Kingdom. Animals and the Nature of Feeling Good*, London 2006, 106 ff.

7 Hanno Würbel, »Biologische Grundlagen zum ethischen Tierschutz«, in: Interdisziplinäre Arbeitsgemeinschaft Tierethik (Hg.), *Tierrechte. Eine interdisziplinäre Herausforderung*, Erlangen 2007, S. 11–30, hier: S. 19.

8 Con Slobodchikoff u. a., *Prairie Dogs. Communication and Community in an Animal Society*, Cambridge, Massachusetts 2009.

9 Francine Patterson, Eugene Linden, *The Education of Koko*, New York 1981; Francine Patterson, »Conversations With a Gorilla«, in: *National Geographic* 154 (1978), S. 438–465.

10 Roberto Cazzolla Gatti, »Self-Consciousness. Beyond the Looking-Glass and What Dogs Found There«, in: *Ethology Ecology & Evolution* 7 (2015), S. 1–9.

11 David Premack, Guy Woodruff, »Does the Chimpanzee Have a Theory of Mind?«, in: *Behavioral and Brain Sciences* 1 (1978), S. 515–526; Josep Call, Michael Tomasello, »Does the Chimpanzee Have a Theory of Mind? 30 Years Later«, in: *Trends in Cognitive Sciences* 12 (2008), S. 187–192.

12 Christian Manteuffel, *The Technical Manipulation of the Behaviour of Sows Exemplified by Call Feeding and Active Crushing Prevention*, Kiel 2014; Katrin Ernst u. a., »A Complex Automatic Feeding System for Pigs Aimed to Induce Successful Behavioural Coping by Cognitive Adaptation«, in: *Applied Animal Behaviour Science* 91 (2005), S. 205–218.

13 Christian Nawroth u. a., »Goats Prefer Positive Human Emotional Facial expressions«, in: *Royal Society Open Science* 5 (2018), S. 1–8.

14 Susann Oesterwind u. a., »Impact of Structural and Cognitive Enrichment on the Learning Performance, Behavior and Physiology of Dwarf Goats (Capra aegagrus hircus)«, in: *Applied Animal Behaviour Science* 177 (2016), S. 34–41.

15 Maren Kreiser, *Untersuchung zur Impulskontrolle bei Schweinen hinsichtlich quantitativer und qualitativer Unterschiede in der Belohnung*, Rostock 2016.

16 Walter Mischel, *The Marshmallow Test. Mastering Self-Control*, New York, NY 2014.

17 Tom Regan, *The Case for Animal Rights*, London 2004; Gary L. Francione, *Animals, Property, and the Law*, Philadelphia 1995.

18 Kelly Oliver, *Animal Lessons. How They Teach Us to Be Human*, New York 2009, S. 29.

19 Jim Mason, *Unnatural Order. Why We Are Destroying the Planet and Each Other*, New York 2005; Pierre Bourdieu, *Die feinen Unterschiede. Kritik der gesellschaftlichen Urteilskraft*, Frankfurt am Main 1987; Albert Bandura, »Impeding Ecological Sustainability Through Selective Moral Disengagement«, in: *International Journal of Innovation and Sustainable Development* 2 (2007), S. 8–35.

20 Sigmund Freud, *Gesammelte Werke. Band 10*, Frankfurt am Main 1967, S. 330.

21 Franz M. Wuketits, *Naturkatastrophe Mensch. Evolution und Fortschritt*, Düsseldorf 1998, S. 200.

22 Jonathan Haidt, »The Emotional Dog and Its Rational Tail. A Social Intuitionist Approach to Moral Judgment«, in: *Psychology Review* 108 (2001), S. 814–834.

23 Kenneth E. Mathews, Lance Kirkpatrick Canon, »Environmental Noise Level as a Determinant of Helping Behavior«, in: *Journal of Personality and Social Psychology* 32 (1975), S. 571–577.

24 Milgram, »Behavioral Study of Obedience«.

25 Alice. M. Isen, Paula. F. Levin, »Effect of Feeling Good on Helping. Cookies and Kindness«, in: *Journal of Personality and Social Psychology* 21 (1972), S. 384–388.

26 John M. Darley, C. Daniel Batson, »›From Jerusalem to Jericho‹. A Study of Situational and Dispositional Variables in Helping Behavior«, in: *Journal of Personality and Social Psychology* 27 (1973), S. 100–108.

27 Yoel Inbar u. a., »Disgusting Smells Cause Decreased Liking of Gay Men«, in: *Emotion (Washington, D. C.)* 12 (2012), S. 23–27.

28 Bibb Latané, John M. Darley, »Group Inhibition of Bystander Intervention in Emergences«, in: *Journal of Personality and Social Psychology* 10 (1968), S. 215–221.

29 Shai Danziger u. a., »Extraneous Factors in Judicial Decisions«, in: *Proceedings of the National Academy of Sciences of the United States of America* 108 (2011), S. 6889–6892.

30 Lawrence E. Williams, John A. Bargh, »Experiencing Physical Warmth Promotes Interpersonal Warmth«, in: *Science* 322 (2008), 606 f.

31 Chen-Bo Zhong, Katie Liljenquist, »Washing Away Your Sins. Threatened Morality and Physical Cleansing«, in: *Science* 313 (2006), 1451 f.; Lauren N. Harkrider u. a., »Threats to Moral Identity. Testing the Effects of Incentives and Consequences of One's Actions on Moral Cleansing«, in: *Ethics & Behavior* 23 (2013), S. 133–147.

Evolution

1 Roy Bennett, *Evolution and Ethics. A Critique of Sociobiology*, New York 2015.

2 John H. Cartwright, *Evolutionary Explanations of Human Behaviour*, New York 2001.

3 Bruno Latour, *We Have Never Been Modern*, Cambridge, Massachusetts 2012; Michel Foucault, *Die Hauptwerke*, Frankfurt am Main 2008.

4 David Buss, *Evolutionäre Psychologie*, München 2004, S. 82.

5 Buss, *Evolutionäre Psychologie*, 83 ff.

6 Dennis L. Krebs, »Prosocial Behavior«, in: Virgil Zeigler-Hill, Lisa L. M. Welling u. a. (Hg.), *Evolutionary Perspectives on Social Psychology*, Heidelberg 2015, S. 231–242, hier: S. 234.

7 Steven Pinker, *The Blank Slate. The Modern Denial of Human Nature*, New York 2002.

8 Jared Diamond, *Guns, Germs, and Steel. The Fates of Human Societies*, New York 1999.

9 Carel van Schaik, Kai Michel, *Das Tagebuch der Menschheit. Was die Bibel über unsere Evolution verrät*, Reinbek bei Hamburg 2016.

10 Robert M. Sapolsky, *Behave. The Biology of Humans at Our Best and Worst*, New York 2017, S. 326.

11 Marc Bekoff, Jessica Pierce, *Wild Justice. The Moral Lives Of Animals*, Chicago, IL 2009.

12 Van Schaik/Michel, *Das Tagebuch der Menschheit.*

13 Yew-Kwang Ng, »Towards Welfare Biology: Evolutionary Economics of Animal Consciousness and Suffering«, in: *Biology & Philosophy* 10 (1995), S. 255–285; Rainer Ebert, Tibor R. Machan, »Innocent Threats and the Moral Problem of Carnivorous Animals«, in: *Journal of Applied Philosophy* 29 (2012), S. 146–159.

14 Jonathan P. Balcombe, *Pleasurable Kingdom. Animals and the Nature of Feeling Good*, London 2006, S. 41.

15 Robert W. Sussman u. a., »Importance of Cooperation and Affiliation in the Evolution of Primate Sociality«, in: *American Journal of Physical Anthropology* 128 (2005), S. 84–97.

16 Vernon Reynolds, Frances Reynolds, »The Chimpanzees of the Bodongo Forest«, in: Irven DeVore (Hg.), *Primate Behavior. Field Studies of Monkeys and Apes*, New York 1965, S. 368–424.

17 Sarah F. Brosnan u. a., »Tolerance for Inequity May Increase With Social Closeness in Chimpanzees«, in: *Proceedings of the Royal Society of London B: Biological Sciences* 272 (2005), S. 253–258.

18 Gerald S. Wilkinson, »Reciprocal Food Sharing in the Vampire Bat«, in: *Nature* 308 (1984), S. 181–184; Gerald G. Carter, Gerald S. Wilkinson, »Food Sharing in Vampire Bats. Reciprocal Help Predicts Donations More Than Relatedness or Harassment«, in: *Proceedings of the Royal Society B* 280 (2013), S. 1–6; Claudia Rutte, Michael Taborsky, »Generalized Reciprocity in Rats«, in: *PLoS Biology* 5 (2007), 1421–1425.

19 K. Z. Meyza u. a., »The Roots of Empathy. Through the Lens of Rodent Models«, in: *Neuroscience and Biobehavioral Reviews* 76 (2017), S. 216–234.

20 Stanley Wechkin u. a., »Shock to a Conspecific as an Aversive Stimulus«, in: *Psychonomic Science* 1 (1964), 17 f.

21 Martin Balluch, *Der Hund und sein Philosoph. Plädoyer für Autonomie und Tierrechte*, Wien 2015, S. 93.

22 Bekoff/Pierce, *Wild Justice*, S. 9.

23 A. Bradshaw u. a., »Elephant Breakdown«, in: *Nature* 433 (2005).

24 Bekoff/Pierce, *Wild Justice*, S. 9.

25 Roger Scruton, »Die Quellen moralischen Denkens«, in: Ursula Wolf (Hg.), *Texte zur Tierethik*, Stuttgart 2008, S. 164–169, hier: S. 165.

26 Raymond Geuss, *Privatheit. Eine Genealogie*, Frankfurt am Main 2002; Christian Heller, *Post Privacy. Prima leben ohne Privatsphäre*, München 2011.

27 Thilo Hagendorff, *Das Ende der Informationskontrolle. Zur Nutzung digitaler Medien jenseits von Privatheit und Datenschutz*, Bielefeld 2017; Michael Seemann, *Das Neue Spiel. Strategien für die Welt nach dem digitalen Kontrollverlust*, Freiburg 2014; Alice Marwick, »The Public Domain. Social Surveillance in Everyday Life«, in: *Surveillance & Society* 9 (2012), S. 378–393; Mark Andrejevic, »The Work of Watching One Another. Lateral Surveillance, Risk, and Governance«, in: *Surveillance & Society* 2 (2002), S. 479–497.

28 Niklas Luhmann, *Die Moral der Gesellschaft*, Frankfurt am Main 2008.

29 Wolfgang Grunwald, »Ethik und Konfliktregelung in Unternehmen«, in: *Zeitschrift für Personalführung* 5 (2005), S. 73–83.

30 Bekoff/Pierce, *Wild Justice*, S. 14.

31 Bekoff/Pierce, *Wild Justice*, S. 17.

32 Eric Rakowski, *Equal Justice*, New York 1991.

33 Marc Bekoff, *Animal Passions and Beastly Virtues. Reflections on Redecorating Nature*, Philadelphia 2006, S. 13.

34 Victor Nell, »Cruelty‘s Rewards. The Gratifications of Perpetrators and Spectators«, in: *Behavioral and Brain Sciences* 29 (2006), S. 211–257.

35 Erich Fromm, *Anatomie der menschlichen Destruktivität*, Reinbek bei Hamburg 1977, S. 123.

36 Richard W. Wrangham, Dale Peterson, *Demonic Males. Apes and the Origins of Human Violence*, Boston 1996.

37 John Tooby, Irven DeVore, »The Reconstruction of Hominid Behavioral Evolution Through Strategic Modeling«, in: Warren G. Kinzey (Hg.), *The Evolution of Human Behavioral Evolution Through Strategic Modeling*, Albany, NY 1987, S. 183–237.

38 Buss, *Evolutionäre Psychologie*, S. 123.

39 Sarah Blaffer-Hrdy, *The Woman That Never Evolved. With a New Preface and Bibliographical Updates*, Cambridge 1999.

40 Jared Diamond, *Vermächtnis. Was wir von traditionellen Gesellschaften lernen können*, Frankfurt am Main 2012.

41 Jane Teas u. a., »Aggressive Behavior in the Free-Ranging Rhesus Monkeys of Kathmandu, Nepal«, in: *Aggressive Behavior* 8 (1982), S. 63–77.

42 Sarah Lucia Hoagland, *Lesbian Ethics. Toward New Values*, Palo Alto 1988, S. 3.

43 Zit. n. Robert Jay Lifton, *Ärzte im Dritten Reich*, Stuttgart 1988, S. 36.

44 Jean-Jacques Rousseau, *Abhandlung über den Ursprung und die Grundlagen der Ungleichheit unter den Menschen*, Stuttgart 1998.

45 Thomas Hobbes, *Leviathan*, Stuttgart 1986.

46 Jaques Derrida, *Grammatologie*, Frankfurt am Main 1974.

47 Latour, *We Have Never Been Modern.*

48 Rousseau, *Abhandlung über den Ursprung und die Grundlagen der Ungleichheit unter den Menschen*, S. 64.

49 Douglas P. Fry, Patrik Söderberg, »Lethal Aggression in Mobile Forager Bands and Implications for the Origins of War«, in: *Science* 341 (2013), S. 270–273.

50 Melvin Konner, *Die unvollkommene Gattung. Biologische Grundalgen und die Natur des Menschen*, Basel 1984, S. 27.

51 Jonathan Haidt, *The Happiness Hypothesis. Putting Ancient Wisdom and Philosopy to the Test of Modern Science*, London 2006.

52 Michael Ruse, *Sociobiology. Sense or Nonsense?*, Dordrecht 1985; David J. Buller, *Adapting Minds. Evolutionary Psychology and the Persistent Quest for Human Nature*, Cambridge 200

53 Eve-Marie Engels, »Evolutionäre Ethik«, in: Marcus Düwell, Christoph Hübenthal u. a. (Hg.), *Handbuch Ethik*, Stuttgart 2002, S. 347–352.

54 Philip Kitcher, »Biology and Ethics«, David Copp (Hg.), in: *The Oxford Handbook of Ethical Theory*, New York 2006, S. 163–187.

55 Marie I. Kaiser, »Der evolutionäre Naturalismus in der Ethik«, in: Jochen Oehler (Hg.), *Der Mensch. Evolution, Natur und Kultur*, Berlin 2010, S. 261–283.

56 George Edward Moore, *Principia ethica*, Mineola N.Y. 2004.

57 John M. Doris, Stephen P. Stich, »As a Matter of Fact. Empirical Perspectives on Ethics«, Frank Jackson, Michael Smith (Hg.), in: *The Oxford Handbook of Contemporary Philosophy*, New York 2005, S. 114–154.

58 Michael J. Gentle, »Attention Shifts Alter Pain Perception in the Chicken«, in: *Animal Welfare* 10 (2001), S. 187–194.

59 Mark Schaller, »The Behavioural Immune System and the Psychology of Human Sociality«, in: *Philosophical Transactions of the Royal Society B: Biological Sciences* 366 (2011), S. 3418–3426; Mark Schaller u.a., »Implications of the Behavioural Immune System for Social Behaviour and Human Health in the Modern World«, in: *Philosophical Transactions of the Royal Society B: Biological Sciences* 370 (2015), S. 1–10.

60 Michele J. Gelfand u.a., »Differences Between Tight and Loose Cultures. A 33-Nation Study«, in: *Science* 332 (2011), S. 1100–1104.

61 John Calhoun, »Population Density and Social Pathology«, in: *Scientific American* 206 (1962), S. 139–148.

62 Alan S. Parkes, »The Future of Fertility Control«, in: James Edward Meade (Hg.), *Biological Aspects of Social Problems. A Symposium Held by the Eugenics Society in October 1964*, Boston, MA 1965, S. 205–212.

63 Sapolsky, *Behave*, S. 298 f.

64 John Bohannon, »Social Science. Study Links Climate Change and Violence, Battle Ensues«, in: *Science* 341 (2013), 444 f.; Solomon M. Hsiang u.a., »Quantifying the Influence of Climate on Human Conflict«, in: *Science* 341 (2013), S. 1212; Katharine J. Mach u.a., »Climate as a Risk Factor for Armed Conflict«, in: *Nature* (2019), S. 1–21; Harald Welzer, *Climate Wars. Why People Will Be Killed in the Twenty-First Century*, Cambridge 2012.

65 Craig A. Anderson u.a., »Temperature and Aggression«, in: *Advances in Experimental Social Psychology* 32 (2000), S. 63–133.

66 Roy Scranton, *Learning to Die in the Anthropocene. Reflections on the End of Civilization*, San Francisco, California 2015; David Wallace-Wells, *The Uninhabitable Earth. Life After Warming*, New York 2019.

67 Ulrich Horstmann, *Das Untier. Konturen einer Philosophie der Menschenflucht*, Frankfurt am Main 1993; Roy Scranton, »Lessons From a Genocide Can Prepare Humanity for Climate Apocalypse«, https://www.technologyreview.com/s/613343/lessons-from-a-genocide-can-prepare-humanity-for-climate-apocalypse/, letzter Zugriff 05.04.2019.

68 Frank Schwab, »Darwin als Sehhilfe für die Psychologie – Evolutionspsychologie«, in: Jochen Oehler (Hg.), *Der Mensch. Evolution, Natur und Kultur*, Berlin 2010, S. 75–90, hier: 82 ff.

69 Bischof-Köhler, *Spiegelbild und Empathie. Die Anfänge der sozialen Kognition*, Bern 1989, S. 45.

70 Dacher Keltner, *Born To Be Good. The Science of a Meaningful Life*, New York 2009, 228 ff.

71 Frans de Waal, *The Age of Empathy. Nature's Lessons for a Kinder Society*, New York 2009.

72 Meyza u.a. »The Roots of Empathy«.

73 Bischof-Köhler, *Spiegelbild und Empathie*, S. 148.

74 Robert Hepach u.a., »Young Children Are Intrinsically Motivated to See Others Helped«, in: *Psychological Science* 23 (2012), S. 967–972.

75 Jean Decety, Jason M. Cowell, »Friends or Foes: Is Empathy Necessary for Moral Behavior?«, in: *Perspectives on Psychological Science* 9 (2014), S. 525–537.

76 Mark Levine u.a., »Identity and Emergency Intervention. How Social Group Membership and Inclusiveness of Group Boundaries Shape Helping Behavior«, in: *Personality and Social Psychology Bulletin* 31 (2005), S. 443–453.

77 Erich Fromm, *Anatomie der menschlichen Destruktivität*, Reinbek bei Hamburg 1977; C. Daniel Batson u.a., »Empathic joy and the empathy-altruism hypothesis«, in: *Journal of Personality and Social Psychology* 61 (1991), S. 413–426; Keltner, *Born To Be Good*; Waal, *The Age of Empathy*

78 Marti Kheel, *Nature Ethics. An Ecofeminist Perspective*, Lanham, MD 2008, S. 207 ff.

Achtsamkeit

1 Wolfram Eilenberger, »Wattiertes Denken«, http://www.zeit.de/2018/10/philosophie-deutschland-universitaeten-wissenschaft-konformismus/komplettansicht, letzter Zugriff 19.03.2018; Jennifer Schuessler, »Hoaxers Slip Breastaurants and Dog-Park Sex Into Journals«, https://www.nytimes.com/2018/10/04/arts/academic-journals-hoax.html, letzter Zugriff 20.12.2018; Alan D. Sokal, Jean Bricmont, *Fashionable nonsense. Postmodern intellectuals' abuse of science*, New York 1999.

2 Helmut Willke, *Symbolische Systeme. Grundriss einer soziologischen Theorie*, Weilerswist 2005, S. 307.

3 Helmut Willke, *Ironie des Staates. Grundlinien einer Staatstheorie polyzentrischer Gesellschaft*, Frankfurt am Main 1992, S. 26.

4 Bert Heinrichs, »Zum Beispiel. Über den methodologischen Stellenwert von Fallbeispielen in der Angewandten Ethik«, in: *Ethik in der Medizin* 20 (2008), S. 40–52.

5 Philippa Foot, »The Problem of Abortion and the Doctrine of Double Effect«, in: *Oxford Review* 5 (1967), S. 5–15; Philippa Foot, *Virtues and Vices and Other Essays in Moral Philosophy*, Oxford 2002.

6 Lawrence Kohlberg, *Die Psychologie der Moralentwicklung*, Frankfurt am Main 1995.

7 John Rawls, *Eine Theorie der Gerechtigkeit*, Frankfurt am Main 1975.

8 Thilo Hagendorff, »Ethik und Weltkontakt«, in: Cordula Brand, Jessica Heesen u. a. (Hg.), *Ethik in den Kulturen – Kulturen in der Ethik. Eine Festschrift für Regina Ammicht Quinn*, Tübingen 2017, S. 27–32.

9 John M. Doris, Stephen P. Stich, »As a Matter of Fact. Empirical Perspectives on Ethics«, in: Frank Jackson, Michael Smith (Hg.), in: *The Oxford Handbook of Contemporary Philosophy*, New York 2005, S. 114–154.

10 Nathaniel C. Smith, »Replication Studies: A Neglected Aspect of Psychological Research«, in: *The American Psychologist* 25 (1970), S. 970–975; John P. A. Ioannidis, »Why Most Published Research Findings are False«, in: *PLoS Medicine* 2 (2005), 696–701; Jens B. Asendorpf u. a., »Recommendations for Increasing Replicability in Psychology«, in: *European Journal of Personality* 27 (2013), S. 108–119.

11 Marc Bekoff, *Animal Passions and Beastly Virtues. Reflections on Redecorating Nature*, Philadelphia 2006, S. 221.

12 Corine Pelluchon, *Ethik der Wertschätzung. Tugenden für eine ungewisse Welt*, Darmstadt 2019.

13 Harald Welzer, *Alles könnte anders sein. Eine Gesellschaftsutopie für freie Menschen*, Frankfurt am Main 2019.

14 Tom Regan, »Von Menschenrechten zu Tierrechten«, in: Friederike Schmitz (Hg.), *Tierethik*, Berlin 2014, S. 88–114, hier: S. 90.

15 Tom Regan, *Animal Rights, Human Wrongs. An Introduction to Moral Philosophy*, Lanham, MD 2003.

16 Peter Carruthers, »Warum Tiere moralisch nicht zählen«, in: Friederike Schmitz (Hg.), *Tierethik*, Berlin 2014, S. 219–242.

17 Juliane Bräuer, *Klüger als wir denken. Wozu Tiere fähig sind*, Berlin 2014.

18 Brian Luke, »Selbstzähmung oder Verwilderung? Für eine nicht-patriarchalische Metaethik der Tierbefreiung«, in: Friederike Schmitz (Hg.), *Tierethik*, Berlin 2014, S. 407–444, hier: S. 410.

19 Marti Kheel, »Vegetarianism and Ecofeminism. Toppling Patriarchy With a Fork«, in: Steve F. Sapontzis (Hg.), *Food for Thought. The Debate Over Eating Meat*, New York 2004, S. 327–341.

20 Brian Luke, »Taming Ourselves or Going Feral? Toward a Nonpatriarchal Metaethic of Animal Liberation«, in: Carol J. Adams, Josephine Donovan (Hg.), *Animals & Women. Feminist Theoretical Explorations*, Durham 1995, S. 290–319.

21 Hagendorff, »Ethik und Weltkontakt«.

22 Peter Carstens, »›Wir müssen Tiere vermenschlichen‹«, http://www.geo.de/natur/tierwelt/17442-rtkl-wissenschaftler-bricht-ein-biologie-tabu-wir-muessen-tiere-vermenschlichen?utm_source=Facebook&utm_medium=Post, letzter Zugriff 06.10.2017.

23 Pelluchon, *Ethik der Wertschätzung*, S. 33.

24 Virginia Held, »The Ethics of Care«, in: David Copp (Hg.), *The Oxford Handbook of Ethical Theory*, New York 2006, S. 537–566.

25 Carol Gilligan, *In A Different Voice. Psychological Theory and Women's Development*, Cambridge, Massachusetts 1982.

26 Gilligan, *In A Different Voice*, S. 62.

27 Joan C. Tronto, *Moral Boundaries. A Political Argument for an Ethic of Care*, New York 1993.

28 Virginia Held, »Non-Contractual Society. A Feminist View«, in: *Canadian Journal of Philosophy* 17 (2013), S. 111–137.

29 Luhmann, *Soziale Systeme*; Latour, *Reassembling the Social*; Will Steffen u. a., »Trajectories of the Earth System in the Anthropocene«, in: *Proceedings of the National Academy of Sciences of the United States of America* 115 (2018), S. 8252–8259.

30 Pierre Bourdieu, *Die feinen Unterschiede. Kritik der gesellschaftlichen Urteilskraft*, Frankfurt am Main 1987.

31 Elisabeth Conradi, *Take Care. Grundlagen einer Ethik der Achtsamkeit*, Frankfurt am Main 2001, 51 f.

32 George B. Schaller, »The Behavior of the Mountain Gorilla«, in: Irven DeVore (Hg.), *Primate Behavior. Field Studies of Monkeys and Apes*, New York 1965, S. 324–367, hier: S. 137.

33 Brock Bastian u. a., »The Positive Consequences of Pain. A Biopsychosocial Approach«, in: *Personality and Social Psychology Review* 18 (2014), S. 256–279; Siri Leknes, Brock Bastian, »The Benefits of Pain«, in: *Review of Philosophy and Psychology* 5 (2014), S. 57–70.

34 Iris Marion Young, *Justice and the Politics of Difference*, Princeton, NJ 1990, S. 5.

35 David Buss, *Evolutionäre Psychologie*, München 2004, 344 ff.

Charakter

1 Kimberly Costello, Gordon Hodson, »Explaining Dehumanization Among Children: the interspecies model of prejudice«, in: *The British Journal of Social Psychology* 53 (2014), S. 175–197.

2 Kristof Dhont u. a., »Social Dominance Orientation Connects Prejudicial Human–Human and Human–Animal Relations«, in: *Personality and Individual Differences* 61–62 (2014), S. 105–108; Kristof Dhont u. a., »Common Ideological Roots of Speciesism and Generalized Ethnic Prejudice. The Social Dominance Human-Animal Relations Model (SD-HARM)«, in: *European Journal of Personality* 30 (2016), S. 507–522.

3 Andreas Zick u. a., »The Syndrome of Group-Focused Enmity. The Interrelation of Prejudices Tested With Multiple Cross-Sectional and Panel Data«, in: *Journal of Social Issues* 64 (2008), S. 363–383.

4 Iris Marion Young, *Justice and the Politics of Difference*, Princeton, NJ 1990.

5 Magnus Schwantje, »Tiermord und Menschenmord, Vegetarismus und Pazifismus«, in: Leo Tolstoi, Clara Wichmann u. a. (Hg.), *Das Schlachten beenden! Zur Kritik der Gewalt an Tieren. Anarchistische, feministische, pazifistische und linkssozialistische Traditionen*, Heidelberg 2010, S. 109–119.

6 Schwantje, »Tiermord und Menschenmord, Vegetarismus und Pazifismus«, S. 113.

7 Kelly Oliver, *Animal Lessons. How They Teach Us to Be Human*, New York 2009, S. 60.

8 Bill C. Henry, »The Relationship Between Animal Cruelty, Delinquency, and Attitudes Toward the Treatment of Animals«, in: *Society & Animals* 12 (2004), S. 185–207.

9 Arnold Arluke u. a., »The Relationship of Animal Abuse to Violence and Other Forms of Antisocial Behavior«, in: *Journal of Interpersonal Violence* 14 (2016), S. 963–975.

10 Margo DeMello, *Animals and Society. An Introduction to Human-Animal Studies*, New York 2012, S. 245; Alex Duncan, Catherine Miller, »The Impact of an Abusive Family Context on Childhood Animal Cruelty and Adult Violence«, in: *Aggression and Violent Behavior* 7 (2002), S. 365–383, hier: S. 365; Randall Lockwood, Guy Hodge, »The Tangled Web of Animal Abuse. The Links Between Cruelty to Animals and Human Violence«, in: *Human Society News* 31 (1986), S. 10–15.

11 Stephanie Verlinden u. a., »Risk Factors in School Shootings«, in: *Clinical Psychology Review* 20 (2000), S. 3–56.

12 Elizabeth DeViney u. a., »The Care of Pets Within Child Abusing Families«, in: *International Journal of the Study of Animal Problems* 4 (1983), S. 321–329.

13 Alexander Duncan u. a., »Significance of Family Risk Factors in Development of Childhood Animal Cruelty in Adolescent Boys With Conduct Problems«, in: *Journal of Family Violence* 20 (2005), S. 235–239.

14 Frank R. Ascione u. a., »Cruelty to Animals in Normative, Sexually Abused, and Outpatient Psychiatric Samples of 6- to 12-Year-Old Children. Relations to Maltreatment and Exposure to Domestic Violence«, in: *Anthrozoos: A Multidisciplinary Journal of The Interactions of People & Animals* 16 (2015), S. 194–212.

15 Camilla Pagani u. a., »Italian Youths' Attitudes Toward, and Concern for, Animals«, in: *Anthrozoos: A Multidisciplinary Journal of The Interactions of People & Animals* 20 (2007), S. 275–293.

16 Lawrence A. Kurdek, »Pet Dogs as Attachment Figures«, in: *Journal of Social and Personal Relationships* 25 (2008), S. 247–266.

17 Carol D. Raupp, »Treasuring, Trashing or Terrorizing. Adult Outcomes of Childhood Socialization About Companion Animals«, in: *Society & Animals* 7 (1999), S. 141–159; Christopher Hensley u. a., »The Predictive Value of Childhood Animal Cruelty Methods on Later Adult Violence. Examining Demographic and Situational Correlates«, in: *International Journal of Offender Therapy and Comparative Criminology* 56 (2012), S. 281–295; Kelly L. Thompson, Eleonora Gullone, »An Investigation Into the Association Between The Witnessing of Animal Abuse and Adolescents' Behavior Toward Animals«, in: *Society & Animals* 14 (2006), S. 221–243.

18 Robert Agnew, »The Causes of Animal Abuse«, in: *Theoretical Criminology* 2 (1998), S. 177–209.

19 Frank R. Ascione, »Animal Abuse and Youth Violence«, 2001, S. 1–16.

20 Frank R. Ascione, »Emerging Research on Animal Abuse as a Risk Factor for Intimate Partner Violence«, in: Kathleen A. Kendall-Tackett, Sarah M. Giacomoni (Hg.), *Intimate partner violence*, Kingston, NJ 2007, 3.1–3.17.

21 Ascione, »Emerging Research on Animal Abuse as a Risk Factor for Intimate Partner Violence«.

22 Lisa Lembke, »Animal Abuse and Family Violence in a Rural Environment«, in: Frank R. Ascione, Phil Arkow (Hg.), *Child Abuse, Domestic Violence and Animal Abuse. Linking the*

Circles of Compassion for Prevention and Intervention, West Lafayette, IN 1999, S. 228–240, hier: S. 234.

23 Anna C. Baldry, »Animal Abuse and Exposure to Interparental Violence in Italian Youth«, in: *Journal of Interpersonal Violence* 18 (2016), S. 258–281.

24 Mark R. Dadds u. a., »Associations Among Cruelty to Animals, Family Conflict, and Psychopathic Traits in Childhood«, in: *Journal of Interpersonal Violence* 21 (2006), S. 411–429.

25 Baldry, »Animal Abuse and Exposure to Interparental Violence in Italian Youth«.

26 Thilo Hagendorff, »Ambivalenz des Privaten«, in: Michael Friedewald (Hg.), *Privatheit und selbstbestimmtes Leben in der digitalen Welt. Interdisziplinäre Perspektiven auf aktuelle Herausforderungen des Datenschutzes*, Wiesbaden 2018, S. 13–32.

27 Cheryl L. Currie, »Animal Cruelty by Children Exposed to Domestic Violence«, in: *Child Abuse & Neglect* 30 (2006).

28 Nik Taylor, Amy Fitzgerald, »Understanding Animal (Ab)use. Green Criminological Contributions, Missed Opportunities and a Way Forward«, in: *Theoretical Criminology* 22 (2018), S. 402–425.

29 Duncan/Miller, »The Impact of an Abusive Family Context on Childhood Animal Cruelty and Adult Violence«, 367 ff.

30 Duncan/Miller, »The Impact of an Abusive Family Context on Childhood Animal Cruelty and Adult Violence«, 372 ff.

31 Ascione, *Animal Abuse and Youth Violence*, S. 10.

32 Frank R. Ascione, »Children Who Are Cruel To Animals. A Review Of Research And Implications for Developmental Psychopathology«, in: *Anthrozoos: A Multidisciplinary Journal of The Interactions of People & Animals* 6 (1993), S. 226–247, hier: S. 228.

33 DeMello, *Animals and Society*, S. 257.

34 Marjorie Spiegel, *The Dreaded Comparison. Human and Animal Slavery*, London 1996.

35 Brooke Dixon Preylo, Hiroko Arikawa, »Comparison of Vegetarians and Non-Vegetarians on Pet Attitude and Empathy«, in: *Anthrozoos: A Multidisciplinary Journal of The Interactions of People & Animals* 21 (2008), S. 387–395.

36 Graham F. Wagstaff, »Attitudes Toward Animals and Human Beings«, in: *The Journal of Social Psychology* 131 (1991), S. 573–575.

37 Dave Grossman, *On Killing. The Psychological Cost of Learning to Kill in War and Society*, New York 1995.

38 Randall Collins, *Violence. A Micro-Sociological Theory*, Princeton 2008.

39 R. Nathan Spreng u. a., »The Toronto Empathy Questionnaire. Scale Development and Initial Validation of a Factor-Analytic Solution to Multiple Empathy Measures«, in: *Journal Of Personality Assessment* 91 (2009), S. 62–71, hier: S. 62.

40 Massimo Filippi u. a., »The Brain Functional Networks Associated to Human and Animal Suffering Differ Among Omnivores, Vegetarians and Vegans«, in: *PloS One* 5 (2010), S. 1–9.

41 N. Taylor, T. D. Signal, »Empathy and Attitudes to Animals«, in: *Anthrozoos: A Multidisciplinary Journal of The Interactions of People & Animals* 18 (2005), S. 18–27.

42 Ann C. Eckardt Erlanger, Sergei V. Tsytsarev, »The Relationship Between Empathy and Personality in Undergraduate Students' Attitudes Toward Nonhuman Animals«, in: *Society & Animals* 20 (2012), S. 21–38; Adrian Furnham u. a., »Personality, Empathy and Attitudes to Animal Aelfare«, in: *Anthrozoos: A Multidisciplinary Journal of The Interactions of People & Animals* 16 (2003), S. 135–146.

43 Kristian Ellingsen u. a., »The Relationship Between Empathy, Perception of Pain and Attitudes Toward Pets Among Norwegian Dog Owners«, in: *Anthrozoos: A Multidisciplinary Journal of The Interactions of People & Animals* 23 (2010), S. 231–243.

44 Frank R. Ascione, »Enhancing Children's Attitudes About the Humane Treatment of Animals. Generalization to Human-Directed Empathy«, in: *Anthrozoos: A Multidisciplinary Journal of the Interactions of People & Animals* 5 (2015), S. 176–191; Frank R. Ascione, Claudia V. Weber, »Children's Attitudes About the Humane Treatment of Animals and Empathy. One-Year Follow up of a School-Based Intervention«, in: *Anthrozoos: A Multidisciplinary Journal of The Interactions of People & Animals* 9 (2015), S. 188–195.

45 Michael W. Allen, Sik Hung Ng, »Human Values, Utilitarian Benefits and Identification. The Case of Meat«, in: *European Journal of Social Psychology* 33 (2003), S. 37–56; Lauri L. Hyers, »Myths Used to Legitimize the Exploitation of Animals. An Application of Social Dominance Theory«, in: *Anthrozoos: A Multidisciplinary Journal of The Interactions of People & Animals* 19 (2006), S. 194–210.

46 Hyers, »Myths Used to Legitimize the Exploitation of Animals«; Randall F. White u. a., »Vegetarianism Among Us Women Physicians«, in: *Journal of the American Dietetic Association* 99 (1999), S. 595–598.

47 Michael W. Allen u. a., »Values and Belief of Vegetarians and Omnivores«, in: *The Journal of Social Psychology* 140 (2000), S. 405–422; Kristof Dhont, Gordon Hodson, »Why Do Right-Wing Adherents Engage in More Animal Exploitation and Meat Consumption?«, in: *Personality and Individual Differences* 64 (2014), S. 12–17; Tamara M. Pfeiler, Boris Egloff, »Examining the ›Veggie‹ Personality. Results From a Representative German Sample«, in: *Appetite* 120 (2018), S. 246–255.

48 Gordon Hodson, Megan Earle, »Conservatism Predicts Lapses From Vegetarian/Vegan Diets to Meat Consumption (Through Lower Social Justice Concerns and Social Support)«, in: *Appetite* 120 (2017), S. 75–81.

49 Adelma M. Hills, »The Motivational Bases of Attitudes Toward Animals«, in: *Society & Animals* 1 (1997), S. 111–128.

50 Dhont/Hodson, »Why Do Right-Wing Adherents Engage in More Animal Exploitation and Meat Consumption?«.

51 Theodor W. Adorno u. a., *The Authoritaran Personality*, New York 1993.

52 Veser u. a. »Diet, Authoritarianism, Social Dominance Orientation, and Predisposition to Prejudice: Results of a German Survey«, S. 1950.

53 Michal Bilewicz u. a., »The Humanity of What We Eat. Conceptions of Human Uniqueness Among Vegetarians and Omnivores«, in: *European Journal of Social Psychology* 41 (2011), S. 201–209.

54 Bastian u. a. »Don't Mind Meat? The Denial of Mind to Animals Used for Human Consumption«.

55 Sarah Knight u. a., »Attitudes Towards Animal Use and Belief in Animal Mind«, in: *Anthrozoos: A Multidisciplinary Journal of The Interactions of People & Animals* 17 (2015), S. 43–62.

56 A. Worsley, G. Skrzypiec, »Teenage Vegetarianism. Prevalence, Social and Cognitive Contexts«, in: *Appetite* 30 (1998), S. 151–170; Allen u. a. »Values and Belief of Vegetarians and Omnivores«; Filippi u. a. »The Brain Functional Networks Associated to Human and Animal Suffering Differ Among Omnivores, Vegetarians and Vegans«; Alan Beardsworth, Alan Bryman, »Meat Consumption and Vegetarianism Among Young Adults in the UK«, in: *British Food Journal* 101 (1999), S. 289–300; Preylo/Arikawa, »Comparison of Vegetarians and Non-Vegetarians on Pet Attitude and Empathy«; Pfeiler/Egloff, »Examining the ›Veggie‹ Personality«; Tamara M. Pfeiler, Boris Egloff, »Personality and Attitudinal Correlates of Meat Consumption. Results of Two Representative German Samples«, in: *Appetite* 121 (2018), S. 294–301.

57 Catharine R. Gale u. a., »IQ in Childhood and Vegetarianism in Adulthood. 1970 British Cohort Study«, in: *BMJ (Clinical Research ed.)* 334 (2007), S. 1–4.

58 René Mõttus u. a., »The Associations Between Personality, Diet and Body Mass Index in Older People«, in: *Health Psychology. Official Journal of the Division of Health Psychology, American Psychological Association* 32 (2013), S. 353–360.

59 Hank Rothgerber, »Real Men Don't Eat (Vegetable) Quiche. Masculinity and the Justification of Meat Consumption«, in: *Psychology of Men & Masculinity* 14 (2013), S. 363–375; Matthew B. Ruby, Steven J. Heine, »Meat, Morals, and Masculinity«, in: *Appetite* 56 (2011), S. 447–450; Paul Rozin u. a., »Is Meat Male? A Quantitative Multimethod Framework to Establish Metaphoric Relationships«, in: *Journal of Consumer Research* 39 (2012), S. 629–643.

60 Hills, »The Motivational Bases of Attitudes Toward Animals«.

61 Suzanne Ashley Schenk u. a., »The Genesis and Correlates of Attitudes Toward Pets«, in: *Anthrozoos: A Multidisciplinary Journal of The Interactions of People & Animals* 7 (1994), S. 60–68.

62 Gordon G. Gallop, Jason W. Beckstead, »Attitudes Toward Animal Research«, in: *American Psychologist* 43 (1988), S. 474–476.

63 John Broida u. a., »Personality Differences Between Pro- and Antivivisectionists«, in: *Society & Animals* 1 (1993), S. 129–144.

64 Dorothy Tennov, »Pain-Infliction in Animal Research«, in: Nancie Brownley, Heather McGiffin (Hg.), *Animals in Education. Use of Animals in High School Biology Classes and Science Fairs*, Washington, D. C. 1980, S. 35–40.

65 Aline H. Kidd, Robert M. Kidd, »Factors in Children's Attitudes Toward Pets«, in: *Psychological Reports* 66 (1990), S. 775–786.

66 Knight u. a. »Attitudes Towards Animal Use and Belief in Animal Mind«, S. 45.

67 Steve Loughnan u. a., »The Role of Meat Consumption in the Denial of Moral Status and Mind to Meat Animals«, in: *Appetite* 55 (2010), S. 156–159; Brock Bastian u. a., »Don't Mind Meat? The Denial of Mind to Animals Used for Human Consumption«, in: *Personality and Social Psychology Bulletin* 38 (2012), S. 247–256.

68 Adrian Furnham, Andrea Pinder, »Young People's Attitudes to Experimentation on Animals«, in: *The Psychologist* 10 (1990), S. 444–448; Heather D. Craft u. a., »Labels and the Treatment of Animals. Archival and Experimental Cases«, in: *Society & Animals* 1 (1993), S. 45–60; Knight u. a. »Attitudes Towards Animal Use and Belief in Animal Mind«.

69 Emily Gaarder, »Where the Boys Aren't. The Predominance of Women in Animal Rights Activism«, in: *Feminist Formations* 23 (2011), S. 54–76.

70 Jr. Harold A. Herzog u. a., »Gender, Sex Role Orientation, and Attitudes Toward Animals«, in: *Anthrozoos: A Multidisciplinary Journal of The Interactions of People & Animals* 4 (1991), S. 184–191.

71 Margaret A. Thomas, »Are Vegans the Same as Vegetarians? The Effect of Diet on Perceptions of Masculinity«, in: *Appetite* 97 (2016), S. 79–86.

72 Carol J. Adams, Josephine Donovan (Hg.), *Animals & Women. Feminist Theoretical Explorations*, Durham 1995; Josephine Donovan, »Caring to Dialogue. Feminism and the Treatment of Animals«, in: Josephine Donovan, Carol J. Adams (Hg.), *The Feminist Care Tradition In Animal Ethics. A Reader*, New York 2007, S. 360–370.

73 Linda Handlin u. a., »Associations Between the Psychological Characteristics of the Human–Dog Relationship and Oxytocin and Cortisol Levels«, in: *Anthrozoos: A Multidisciplinary Journal of The Interactions of People & Animals* 25 (2012), S. 215–228.

Wohlbefinden

1 Hein Te Velde u. a., »Dealing With Ambivalence. Farmers' and Consumers' Perceptions of Animal Welfare in Livestock Breeding«, in: *Journal of Agricultural and Environmental Ethics* 15 (2002), S. 203–219.

2 Stephanie Jenkins, Richard Twine, »On the Limits of Food Autonomy. Rethinking Choice and pPrivacy«, in: Nik Taylor, Richard Twine (Hg.), *The Rise of Critical Animal Studies. From the Margins to the Centre*, Abingdon, Oxon 2014, S. 225–240, hier: S. 235.

3 Jonas R. Kunst, Sigrid M. Hohle, »Meat Eaters by Dissociation. How We Present, Prepare and Talk About Meat Increases Willingness to Eat Meat by Reducing Empathy and Disgust«, in: *Appetite* 105 (2016), S. 758–774.

4 Jasper Faber u. a., »Behavioural Climate Change Mitigation Options and Their Appropriate Inclusion in Quantitative Longer Term Policy Scenarios«, Delft 2012.

5 Toni Meier, Olaf Christen, »Environmental Impacts of Dietary Recommendations and Dietary styles. Germany as an Example«, in: *Environmental Science & Technology* 47 (2013), S. 877–888; L. Baroni u. a., »Evaluating the Environmental Impact of Various Dietary Patterns Combined With Different Food Production Systems«, in: *European Journal of Clinical Nutrition* 61 (2007), S. 279–286.

6 Faber u. a., *Behavioural Climate Change Mitigation Options and Their Appropriate Inclusion in Quantitative Longer Term Policy Scenarios*, S. 7.

7 Joseph Poore, Thomas Nemecek, »Reducing Food's Environmental Impacts Through Producers and Consumers«, in: *Science* 360 (2018), S. 987–992.

8 Poore/Nemecek, »Reducing Food's Environmental Impacts Through Producers and Consumers«, S. 987.

9 Darrin Qualman, »Emissions Impossible. How Big Meat and Dairy Are Heating Up the Planet« 2018, S. 1–28.

10 Andrew W. Joyce u. a., »The Cow in the Room. Public Knowledge of the Links Between Dietary Choices and Health and Environmental Impacts«, in: *Environmental Health Insights* 1 (2008), S. 31–34.

11 Jürgen Hellbrück, Elisabeth Kals, *Umweltpsychologie*, Wiesbaden 2012, S. 91; Garrett Hardin, »The tragedy of the commons«, in: *Science* 162 (1968), S. 1243–1248.

12 Gordon T. Kraft-Todd u. a., »Credibility-Enhancing Displays Promote the Provision of Non-Normative Public Goods«, in: *Nature* 563 (2018), S. 245–248; Bryan Bollinger, Kenneth Gillingham, »Peer Effects in the Diffusion of Solar Photovoltaic Panels«, in: *Marketing Science* 31 (2012), S. 900–912; Sibel Eker u. a., »Modelling the Drivers of a Widespread Shift to Sustainable Diets«, in: *Nature Sustainability* 8 (2019), S. 1–13.

13 Drew Shindell u. a., »Quantified, Localized Health Benefits of Accelerated Carbon Dioxide Emissions Reductions«, in: *Nature Climate Change* 8 (2018), S. 291–295.

14 Camilo Mora u. a., »Global Risk of Deadly Heat«, in: *Nature Climate Change* 7 (2017), S. 501–506.

15 David Wallace-Wells, *The Uninhabitable Earth. Life After Warming*, New York 2019.

16 Andrew D. King, Luke J. Harrington, »The Inequality of Climate Change From 1.5 to 2 °C of Global Warming«, in: *Geophysical Research Letters* 45 (2018), S. 5030–5033.

17 Paul A. Murtaugh, Michael G. Schlax, »Reproduction and the Carbon Legacies of Individuals«, in: *Global Environment Change* (2009), S. 14–20.

18 Ulrich Brand, Markus Wissen, *Imperiale Lebensweise. Zur Ausbeutung von Mensch und Natur im globalen Kapitalismus*, München 2017.

19 Tobias Gaugler u. a., »›How Much Is the Dish?‹ – Was kosten uns Lebensmittel wirklich?«, Augsburg 2018, S. 1–39.

20 Elke Stehfest u. a., »Climate Benefits of Changing Diet«, in: *Climatic Change* 95 (2009), S. 83–102.

21 Hildegard Bedarff, Cord Jakobeit, »Klimawandel, Migration und Vertreibung. Die unterschätzte Katastrophe«, Hamburg 2017; Anouch Missirian, Wolfram Schlenker, »Asylum Applications Respond to Temperature Fluctuations«, in: *Science* 358 (2017), S. 1610–1614; Colin P. Kelley u. a., »Climate Change in the Fertile Crescent and Implications of the Recent Syrian Drought«, in: *Proceedings of the National Academy of Sciences of the United States of America* 112 (2015), S. 3241–3246.

22 Tom Levitt, »The Smell, the Noise, the Dust: My Neighbour, the Factory Farm«, https://www.theguardian.com/environment/2019/jul/24/the-smell-the-noise-the-dust-my-neighbour-the-factory-farm, letzter Zugriff 12.08.2019.

23 Dick Heederik u. a., »Emissies van endotoxinen uit de veehouderij. Emissiemetingen en verspreidingsmodellering«, Wageningen 2016.

24 Jos Lelieveld u. a., »The Contribution of Outdoor Air Pollution Sources to Premature Mortality on a Global Scale«, in: *Nature* 525 (2015), S. 367–371.

25 Tara Garnett u. a., »Grazed and Confused? Ruminating on Cattle, Grazing Systems, Methane, Nitrous Oxide, the Soil Carbon Sequestration Question – And What It All Means for Greenhouse Gas Emissions«, http://www.fcrn.org.uk/sites/default/files/project-files/fcrn_gnc_report.pdf, letzter Zugriff 20.10.2017 2017, S. 1–127.

26 Henning Steinfeld u. a., *Livestock's Long Shadow. Environmental Issues and Options*, Rom 2006, S. xxi.

27 Robert Goodland, Jeff Anhang, »Livestock and Climate Change. What If the Key Actors in Climate Change are Cows, Pigs, and Chickens?«, in: *World Watch* (2009), S. 10–19.

28 Stehfest u. a. »Climate Benefits of Changing Diet«.

29 Emily S. Cassidy u. a., »Redefining Agricultural Yields. From Tonnes to People Nourished Per Hectare«, in: *Environmental Research Letters* 8 (2013), S. 1–9, hier: S. 3.

30 Thomas Kastner u. a., »Global Changes in Diets and the Consequences for Land Requirements for Food«, in: *Proceedings of the National Academy of Sciences of the United States of America* 109 (2012), S. 6868–6872.

31 Kostas Stamoulis u. a., »The State of Food and Agriculture. Food Systems for Better Nutrition«, Rom 2013.

32 Anne Mottet u. a., »Livestock. On Our Plates or Eating at Our Table? A New Analysis of the Feed/Food Debate«, in: *Global Food Security* 14 (2017), S. 1–8.

33 Cassidy u. a. »Redefining Agricultural Yields«.

34 Alon Shepon u. a., »The Opportunity Cost of Animal Based Diets exceeds all Food Losses«, in: *Proceedings of the National Academy of Sciences of the United States of America* (2018), S. 1–6

35 Marco Springmann u. a., »Analysis and Valuation of the Health and Climate Change Cobenefits of Dietary Change«, in: *Proceedings of the National Academy of Sciences of the United States of America* 113 (2016), S. 4146–4151.

36 Karl-Heinz Erb u. a., »Exploring the Biophysical Option Space for Feeding the World Without Deforestation«, in: *Nature Communications* 7 (2016), S. 1–9.

37 Jonathan L. Beckett, James W. Oltjen, »Estimation of the Water Requirement for Beef Production in the United States«, in: *Journal of Animal Science* 71 (1993), S. 818–826; P. W. Gerbens-Leenes u. a., »The Water Footprint of Poultry, Pork and Beef. A Comparative Study in Different Countries and Production Systems«, in: *Water Resources and Industry* 1–2 (2013), S. 25–36.

38 David Pimentel u. a., »Water Resources. Agricultural and Environmental Issues«, in: *BioScience* 54 (2004), S. 909–918.

39 Mesfin M. Mekonnen, Arjen Y. Hoekstra, »A Global Assessment of the Water Footprint of Farm Animal Products«, in: *Ecosystems* 15 (2012), S. 401–415.

40 Robert J. Gilliom, Pixie A. Hamilton, »Pesticides in the Nation's Streams and Ground Water, 1992–2001 – A Summary«, Sacramento, CA 2006, S. 1–6.

41 Brian Machovina u. a., »Biodiversity Conservation. The Key is Reducing Meat Consumption«, in: *The Science of the Total Environment* 536 (2015), S. 419–431.

42 Louise H. Taylor u. a., »Risk Factors for Human Disease Emergence«, in: *Philosophical Transactions of the Royal Society B: Biological Sciences* 356 (2001), S. 983–989; Jason R. Rohr u. a., »Emerging Human Infectious Diseases and the Links to Global Food Production«, in: *Nature Sustainability* 2 (2019), S. 445–456.

43 Maged Gomaa Hemida, Abdelmohsen Alnaeem, »Some One Health Based Control Strategies for the Middle East Respiratory Syndrome Coronavirus«, in: *One health (Amsterdam, Netherlands)* 8 (2019), S. 1–6.

44 Elmoubasher Farag u. a., »Drivers of MERS-CoV Emergence in Qatar«, in: *Viruses* 11 (2018).

45 Shuo Su u. a., »Epidemiology, Genetic Recombination, and Pathogenesis of Coronaviruses«, in: *Trends in microbiology* 24 (2016), S. 490–502.

46 Vincent C. C. Cheng u. a., »Severe Acute Respiratory Syndrome Coronavirus as an Agent of Emerging and Reemerging Infection«, in: *Clinical microbiology reviews* 20 (2007), S. 660–694.

47 Yi Fan u. a., »Bat Coronaviruses in China«, in: *Viruses* 11 (2019), S. 1–14.

48 Ping Liu u. a., »Viral Metagenomics Revealed Sendai Virus and Coronavirus Infection of Malayan Pangolins (Manis javanica)«, in: *Viruses* 11 (2019), S. 1–15; Tommy Tsan-Yuk Lam u. a., »Identifying SARS-CoV-2-related Coronaviruses in Malayan Pangolins«, in: *Nature* 583 (2020), S. 282–285.

49 Adolfo Arranz, Han Huang, »China's Wildlife Trade«, https://multimedia.scmp.com/infographics/news/china/article/3064927/wildlife-ban/index.html, letzter Zugriff 24.07.2020.

50 Roberto A. Saenz u. a., »Confined Animal Feeding Operations as Amplifiers of Influenza«, in: *Vector Borne and Zoonotic Diseases (Larchmont, N.Y.)* 6 (2006), S. 338–346.

51 Anthony S. Fauci u. a., »Covid-19 – Navigating the Uncharted«, in: *The New England Journal of Medicine* 382 (2020), 1268 f.

52 World Health Organization, »Cumulative Number of Confirmed Human Cases for Avian Influenza A(H5N1) reported to WHO, 2003–2009«, https://www.who.int/influenza/human_animal_interface/2020_10_07_tableH5N1.pdf, letzter Zugriff 27.07.2020.

53 Walter Silva u. a., »Estimating Disease Burden of a Potential A(H7N9) Pandemic Influenza Outbreak in the United States«, in: *BMC Public Health* 17 (2017), S. 1–13.

54 Robert P. de Vries u. a., »Three Mutations Switch H7N9 Influenza to Human-Type Receptor Specificity«, in: *PLoS Pathogens* 13 (2017), 1–16.

55 David Pimentel, Marcia Pimentel, »Sustainability of Meat-Based and Plant-Based Diets and the Environment«, in: *The American Journal of Clinical Nutrition* 78 (2003), S. 6605–6635; David Tilman u. a., »Agricultural Sustainability and Intensive Production Practices«, in: *Nature* 418 (2002), S. 671–677.

56 Gabriel Masset u. a., »Identifying Sustainable Foods. The Relationship Between Environmental Impact, Nutritional Quality, and Prices of Foods Representative of the French Diet«, in: *Journal of the Academy of Nutrition and Dietetics* 114 (2014), S. 862–869, hier: S. 862.

57 Baroni u. a. »Evaluating the Environmental Impact of Various Dietary Patterns Combined With Different Food Production Systems«.

58 James Allan, »Factory Farming. Assessing Investment Risks«, http://www.fairr.org/wp-content/uploads/FAIRR_Report_Factory_Farming_Assessing_Investment_Risks.pdf, 2016, S. 1–58.

59 Sacoby M. Wilson u. a., »Environmental Injustice and the Mississippi Hog Industry«, in: *Environmental Justice* 110 (2002), S. 195–201.

60 Carol J. Hodne, »Concentrating on Clean Water. The Challenge of Concentrated Animal Feeding Operations« 2005, S. 1–48.

61 Levitt, »The Smell, the Noise, the Dust: My Neighbour, the Factory Farm«.

62 Thomas Fischermann u. a., »Der gefährlichste Fisch der Welt«, in: *Die Zeit* (2018), S. 13–15.

63 Anne Kunze, »Die Schlachtordnung«, http://www.zeit.de/2014/51/schlachthof-niedersachsen-fleischwirtschaft-ausbeutung-arbeiter/komplettansicht, letzter Zugriff 22.08.20

64 Jens Bülte, »Zur faktischen Straflosigkeit institutionalisierter Agrarkriminalität«, in: *Goltdammer's Archiv für Strafrecht* 165 (2018), S. 35–56; Bülte, »Massentierhaltung – Ein blinder Fleck bei der Verfolgung von Wirtschaftskriminalität?«.

65 Jenkins/Twine, »On the Limits of Food Autonomy«.

66 John P. A. Ioannidis, »The Medicalization of Society is Becoming a Major Threat to Humanity«, https://youtu.be/C6Q7aStKJC4, letzter Zugriff 30.11.2020.

67 Marti Kheel, »From Healing Herbs to Deadly Drugs. Western Medicine's War Against the Natural World«, in: Judith Plant (Hg.), *Healing the Wounds: the Promise of Ecofeminism*, Philadelphia 1989, S. 96–111.

68 Jason Lazarou u. a., »Incidence of Adverse Drug Reactions in Hospitalized Patients: A Meta-Analysis of Prospective Studies«, in: *Jama* 279 (1998), S. 1200–1205.

69 Barbara Griggs, *Green Pharmacy. A History of Herbal Medicine*, New York 1982.

70 Michael Greger, Gene Stone, *How Not To Die*, New York 2015, S. 14.

71 Colin T. Campbell, Thomas M. Campbell, *The China Study. The Most Comprehensive Study of Nutrition Ever Conducted and the Startling Implications for Diet, Weight Loss and Long-term Health*, Dallas, Texas 2006, S. 109.

72 Colin E. Champ u. a., »Hospitals Lead by Poor Example: An Assessment of Snacks, Soda, and Junk Food Availability in Veterans Affairs Hospitals«, in: *Nutrition* 60 (2019), S. 70–73; Ashley Lederer u. a., »Understanding Hospital Cafeterias: Results From Cafeteria Manager Interviews«, in: *Journal of Public Health Management and Practice: JPHMP* 20 (2014), S50-S53; Aseem Malhotra, »It's Time to Ban Junk Food on Hospital Premises«, in: *BMJ (Clinical Research ed.)* 346 (2013), 1–2; Lenard I. Lesser u. a., »Assessment of Food Offerings and Marketing Strategies in the Food-Service Venues at California Children's Hospitals«, in: *Academic Pediatrics* 12 (2012), S. 62–67; Melanie R. Silverman u. a., »Current and Future Practices in Hospital Foodservice«, in: *Journal of the American Dietetic Association* 100 (2000), S. 76–80.

73 Kheel, »From Healing Herbs to Deadly Drugs«.

74 Norman J. Temple, Dennis P. Burkitt, »The War on Cancer – Failure of Therapy and Research. Discussion paper«, in: *Journal of the Royal Society of Medicine* 84 (1991), S. 95–98, hier: S. 96.

75 Graeme Morgan u. a., »The Contribution of Cytotoxic Chemotherapy to 5-year Survival in Adult Malignancies«, in: *Clinical Oncology (Royal College of Radiologists (Great Britain))* 16 (2004), S. 549–560.

76 Preetha Anand u. a., »Cancer Is a Preventable Disease that Requires Major Lifestyle Changes«, in: *Pharmaceutical Research* 25 (2008), S. 2097–2116.

77 T. Colin Campbell, »Cancer Prevention and Treatment by Wholistic Nutrition«, in: *Journal of Nature and Science* 3 (2017).

78 Dominique Boivin u. a., »Antiproliferative and Antioxidant Activities of Common Vegetables. A Comparative Study«, in: *Food Chemistry* 112 (2009), S. 374–380.

79 John P. A. Ioannidis, »Why Most Published Research Findings Are False«, in: *PLoS Medicine* 2 (2005), 696–701.

80 Edzard Ernst, »Homeopathy: What Does the ›Best‹ Evidence Tell Us?«, in: *Medical Journal of Australia* 192 (2010), S. 458–460.

81 John H. Knowles, »The Responsibility of the Individual«, in: *Daedalus* 106 (1977), S. 57–80.

82 Walter C. Willett, »Balancing Life-Style and Genomics Research for Disease Prevention«, in: *Science* 296 (2002), S. 695–698.

83 Niklas Luhmann, *Soziologische Aufklärung 5. Konstruktivistische Perspektiven*, Opladen 1990, 183 ff.

84 Robert A. J. Matthews, »Medical Progress Depends on Animal Models – Doesn't It?«, in: *Journal of the Royal Society of Medicine* 101 (2008), S. 95–98.

85 Margo DeMello, *Animals and Society. An Introduction to Human-Animal Studies*, New York 2012, S. 182.

86 Thomas Luechtefeld u. a., »Machine Learning of Toxicological Big Data Enables Read-Across Structure Activity Relationships (RASAR) Outperforming Animal Test Reproducibility«, in: *Toxicological Sciences* (2018), S. 1–38.

87 John B. McKinlay, Sonja M. McKinlay, »The Questionable Contribution of Medical Measures to the Decline of Mortality in the United States in the Twentieth Century«, in: *The Milbank Memorial Fund Quarterly. Health and Society* 55 (1977), S. 405–428.

88 Eileen M. Crimmins, Hiram Beltran-Sanchez, »Mortality and Morbidity Trends: Is There Compression of Morbidity?«, in: *The Journals of Gerontology* 66 (2011), S. 75–86; R. J. M. Perenboom u. a., »Trends in Disability-Free Life Expectancy«, in: *Disability and Rehabilitation* 26 (2004), S. 377–386.

89 Emmanuelle Cambois u. a., »Trends in Disability-Free Life Expectancy at Age 65 in France. Consistent and Diverging Patterns According to the Underlying Disability Measure«, in: *European Journal of Ageing* 5 (2008), S. 287; Cameron Lynch u. a., »Use of Western Australian Linked Hospital Morbidity and Mortality Data to Explore Theories of Compression, Expansion and Dynamic Equilibrium«, in: *Australian Health Review: A Publication of the Australian Hospital Association* 31 (2007), S. 571–581.

90 Somnath Chatterji u. a., »Health, Functioning, and Disability in Older Adults – Present Status and Future Implications«, in: *The Lancet* 385 (2015), S. 563–575.

91 Anne Innis Dagg, Troy K. Seidle, »Levels of Citation of Nonhuman Animal Studies Conducted at a Canadian Research Hospital«, in: *Journal of Applied Animal Welfare Science* 7 (2004), S. 205–213.

92 Toni Lindl u. a., »Tierversuche in der biomedizinischen Forschung«, in: *Altex* 22 (2005), S. 143–151.

93 Jörn C. W. Salén, »Animal Models. Principles and Problems«, in: Per Svendsen, Jann Hau (Hg.), *Handbook of Laboratory Animal Science. Animal Models*, Boca Raton 1994, S. 1–6, hier: S. 6.

94 Niall Shanks u. a., »Are Animal Models Predictive for Humans?«, in: *Philosophy, Ethics, and Humanities in Medicine* 4 (2009), S. 1–20.

95 H. Bart van der Worp u. a., »Can Animal Models of Disease Reliably Inform Human Studies?«, in: *PLoS Medicine* 7 (2010), S. 1–8.

96 Ray C. Greek, Jean Swingle Greek, *Specious Science. How Genetics and Evolution Reveal Why Medical Research on Animals Harms Humans*, New York 2002; Ray Greek, Andre Menache, »Systematic Reviews of Animal Models: Methodology Versus Epistemology«, in: *International Journal of Medical Sciences* 10 (2013), S. 206–221; Toni Lindl u. a., »Evaluation von beantragten und genehmigten tierexperimentellen Versuchsvorhaben in Bezug auf das For-

schungsziel, den wissenschaftlichen Nutzen und die medizinische Relevanz«, in: *Altex* 18 (2001), S. 171–178.

97 Lazarou u. a. »Incidence of Adverse Drug Reactions in Hospitalized Patients: A Meta-Analysis of Prospective Studies«.

98 Lorenz Wagner, Jakob Schnetz, »Leben Lassen«, in: *Süddeutsche Zeitung Magazin* (2019), S. 8–15.

99 Daniele Fanelli, »How Many Scientists Fabricate and Falsify Research? A Systematic Review and Meta-Analysis of Survey Data«, in: *PloS One* 4 (2009), S. 1–11.

100 Iain Chalmers, Paul Glasziou, »Avoidable Waste in the Production and Reporting of Research Evidence«, in: *The Lancet* 374 (2009), S. 86–89.

101 Constance Holman u. a., »Where Have All the Rodents Gone? The Effects of Attrition in Experimental Research on Cancer and Stroke«, in: *PLoS Biology* 14 (2016), S. 1–12.

102 C. Glenn Begley, John P. A. Ioannidis, »Reproducibility in Science: Improving the Standard for Basic and Preclinical Research«, in: *Circulation Research* 116 (2015), S. 116–126.

103 Karin Knorr Cetina, *Wissenskulturen. Ein Vergleich naturwissenschaftlicher Wissensformen*, Frankfurt am Main 2002, S. 130.

104 Jonathan P. Balcombe u. a., »Laboratory Routines Cause Animal Stress«, in: *Journal of the American Association for Laboratory Animal Science* 43 (2004), S. 42–51.

105 Campbell/Campbell, *The China Study*, S. 59 f.

106 Campbell/Campbell, *The China Study*, S. 66.

107 Mingyang Song u. a., »Association of Animal and Plant Protein Intake With All-Cause and Cause-Specific Mortality«, in: *JAMA Internal Medicine* 176 (2016), S. 1453–1463.

108 Vasanti S. Malik u. a., »Dietary Protein Intake and Risk of Type 2 Diabetes in US Men and Women«, in: *American Journal of Epidemiology* 183 (2016), S. 715–728; Chesney K. Richter u. a., »Plant Protein and Animal Proteins. Do They Differentially Affect Cardiovascular Disease Risk?«, in: *Advances in Nutrition* 6 (2015), S. 712–728.

109 Willett, »Balancing Life-Style and Genomics Research for Disease Prevention«.

110 Heather Fields u. a., »Is Meat Killing Us?«, in: *The Journal of the American Osteopathic Association* 116 (2016), S. 296–300.

111 Greger/Stone, *How Not To Die*.

112 Walter Willett u. a., »Food in the Anthropocene: the EAT–Lancet Commission on Healthy Diets From Sustainable Food Systems«, in: *The Lancet* 393 (2019), S. 447–492.

113 Stephen S. Lim u. a., »A Comparative Risk Assessment of Burden of Disease and Injury Attributable to 67 Risk Factors and Risk Factor Clusters in 21 Regions, 1990–2010: A Systematic Analysis for the Global Burden of Disease Study 2010«, in: *The Lancet* 380 (2013), S. 2224–2260, hier: S. 2239.

114 Chen-Chou Wu u. a., »Barbecue Fumes. An Overlooked Source of Health Hazards in Outdoor Settings?«, in: *Environmental Science & Technology* 49 (2015), S. 10607–10615; Joanna Trafialek, Wojciech Kolanowski, »Dietary Exposure to Meat-Related Carcinogenic Substances. Is There a Way to Estimate the Risk?«, in: *International Journal of Food Sciences and Nutrition* 65 (2014), S. 774–780.

115 Song u. a. »Association of Animal and Plant Protein Intake With All-Cause and Cause-Specific Mortality«.

116 Jennifer Couzin-Frankel, »Nutrition. Diet Studies Challenge Thinking on Proteins Versus Carbs«, in: *Science* 343 (2014), S. 1068; Morgan E. Levine u. a., »Low Protein Intake Is Associated With a Major Reduction in IGF-1, Cancer, and Overall Mortality in the 65 and Younger But Not Older Population«, in: *Cell Metabolism* 19 (2014), S. 407–417.

117 Anthony Fardet, Yves Boirie, »Associations Between Food and Beverage Groups and Major Diet-Related Chronic Diseases. An Exhaustive Review of Pooled/Meta-Analyses and Systematic Reviews«, in: *Nutrition Reviews* 72 (2014), S. 741–762.

118 Kozue Yaginuma-Sakurai u. a., »Hair-to-blood Ratio and Biological Half-Life of Mercury. Experimental Study of Methylmercury Exposure Through Fish Consumption in Humans«, in: *The Journal of Toxicological Sciences* 37 (2012), S. 123–130.

119 Malene Outzen u. a., »Effect of Increased Intake of Fish and Mussels on Exposure to Toxic Trace elements in a healthy, middle-aged population«, in: *Food Additives & Contaminants. Part A, Chemistry, Analysis, Control, Exposure & Risk Assessment* 32 (2015), S. 1858–1866.

120 Marion Nestle, »Food Industry Funding of Nutrition Research. The Relevance of History for Current Debates«, in: *JAMA Internal Medicine* 176 (2016), 1685 f.; Lenard I. Lesser u. a., »Relationship Between Funding Source and Conclusion Among Nutrition-Related Scientific Articles«, in: *PLoS Medicine* 4 (2007), 1–6.

121 Bodo Melnik, »Dietary Intervention in Acne. Attenuation of Increased mTORC1 Signaling Promoted by Western Diet«, in: *Dermato-Endocrinology* 4 (2012), S. 20–32; Bodo C. Melnik, Christos C. Zouboulis, »Potential Role of FoxO1 and mTORC1 in the Pathogenesis of Western Diet-Induced Acne«, in: *Experimental Dermatology* 22 (2013), S. 311–315.

122 Karina Arnberg u. a., »Skim Milk, Whey, and Casein Increase Body Weight and Whey and Casein Increase the Plasma C-Peptide Concentration in Overweight Adolescents«, in: *The Journal of Nutrition* 142 (2012), S. 2083–2090.

123 Bodo C. Melnik, »Leucine Signaling in the Pathogenesis of Type 2 Diabetes and Obesity«, in: *World Journal of Diabetes* 3 (2012), S. 38–53.

124 Shannon M. Harlan u. a., »Hypothalamic mTORC1 Signaling Controls Sympathetic Nerve Activity and Arterial Pressure and Mediates Leptin Effects«, in: *Cell Metabolism* 17 (2013), S. 599–606.

125 Helena Populo u. a., »The mTOR Signalling Pathway in Human Cancer«, in: *International Journal of Molecular Sciences* 13 (2012), S. 1886–1918.

126 Karl Michaelsson u. a., »Milk Intake and Risk of Mortality and Fractures in Women and Men: Cohort Studies«, in: *BMJ (Clinical Research ed.)* 349 (2014), S. 1–15.

127 Li-Qiang Qin u. a., »Milk Consumption and Circulating Insulin-Like Growth Factor-I Level: A Systematic Literature Review«, in: *International Journal of Food Sciences and Nutrition* 60 Suppl 7 (2009), S. 330–340.

128 Eli Hazum u. a., »Morphine in Cow and Human Milk. Could Dietary Morphine Constitute a Ligand for Specific Morphine (Mu) Receptors?«, in: *Science* 213 (1981), S. 1010–1012.

129 Eli Hazum, »Neuroendocrine Peptides in Milk«, in: *Trends in Endocrinology and Metabolism* 2 (1991), S. 25–28, hier: S. 27.

130 Mark J. Miller u. a., »Casein. A Milk Protein With Diverse Biologic Consequences«, in: *Proceedings of the Society for Experimental Biology and Medicine. Society for Experimental Biology and Medicine (New York, N.Y.)* 195 (1990), S. 143–159, hier: S. 154.

131 Natalya V. Kost u. a., »Beta-casomorphins-7 in Infants on Different Type of Feeding and Different Levels of Psychomotor Development«, in: *Peptides* 30 (2009), S. 1854–1860.

132 Maciej Kaczmarski u. a., »Hypersensitivity to Hydrolyzed Cow's Milk Protein Formula in Infants and Young Children With Atopic Eczema/Dermatitis Syndrome With Cow's Milk Protein Allergy«, in: *Roczniki Akademii Medycznej w Bialymstoku (1995)* 50 (2005), S. 274–278; Oleg Sokolov u. a., »Autistic Children Display Elevated Urine Levels of Bovine Casomorphin-7 Immunoreactivity«, in: *Peptides* 56 (2014), S. 68–71; Isabelle M. E. Lacroix, Eunice C. Y. Li-Chan, »Investigation of the Putative Associations Between Dairy Consumption and Incidence of Type 1 and Type 2 Diabetes«, in: *Critical Reviews in Food Science and Nutrition* 54 (2014), S. 411–432; Zhongjie Sun, Robert J. Cade, »A Peptide Found in Schizophrenia

and Autism Causes Behavioral Changes in Rats«, in: *Autism* 9 (1999), S. 85–95; Zhongjie Sun u. a., »Relation of Beta-Casomorphin to Apnea in Sudden Infant Death Syndrome«, in: *Peptides* 24 (2003), S. 937–943.

133 Michael J. Orlich, Gary E. Fraser, »Vegetarian Diets in the Adventist Health Study 2: A Review of Initial Published Findings«, in: *The American Journal of Clinical Nutrition* 100 Suppl 1 (2014), 353–358.

134 Winston J. Craig, Ann Reed Mangels, »Position of the American Dietetic Association: Vegetarian diets«, in: *Journal of the American Dietetic Association* 109 (2009), S. 1266–1282; Vesanto Melina u. a., »Position of the Academy of Nutrition and Dietetics: Vegetarian Diets«, in: *Journal of the Academy of Nutrition and Dietetics* 116 (2016), S. 1970–1980.

135 Margrit Richter u. a., »Vegane Ernährung. Position der Deutschen Gesellschaft für Ernährung e. V. (DGE)«, in: *Ernährungs Umschau international* 4 (2016), 92–102.

136 John A. McDougall, Mary McDougall, *The Starch Solution. Eat the Foods You Love, Regain Your Health, and Lose the Weight for Good!*, Emmaus, Pennsylvania 2013, S. 167.

137 Alexander Strohle u. a., »Vegetarische Ernahrung. Präventives Potenzial und mogliche Risiken«, in: *Wiener klinische Wochenschrift* 118 (2006), S. 580–593.

138 Fields u. a. »Is Meat Killing Us?«.

139 Lim u. a. »A Comparative Risk Assessment of Burden of Disease and Injury Attributable to 67 Risk Factors and Risk Factor Clusters in 21 Regions, 1990–2010: A Systematic Analysis for the Global Burden of Disease Study 2010«, S. 2239.

140 Reetica Rekhy, Robyn McConchie, »Promoting Consumption of Fruit and Vegetables for Better Health. Have Campaigns Delivered on the Goals?«, in: *Appetite* 79 (2014), S. 113–123, hier: S. 113.

141 John P. A. Ioannidis, »Implausible Results in Human Nutrition Research«, in: *BMJ (Clinical Research ed.)* 347 (2013), 1–2.

142 Howard Bauchner, »Notice of Retractions«, in: *JAMA Internal Medicine* (2018), S. 1.

143 Jonathan D. Schoenfeld, John P. A. Ioannidis, »Is Everything We Eat Associated With Cancer? A Systematic Cookbook Review«, in: *The American Journal of Clinical Nutrition* 97 (2013), S. 127–134.

144 Mahshid Dehghan u. a., »Associations of Fats and Carbohydrate Intake With Cardiovascular Disease and Mortality in 18 Countries From Five Continents (PURE). A Prospective Cohort Study«, in: *The Lancet* 390 (2017), S. 2050–2062.

145 Sara B. Seidelmann u. a., »Dietary Carbohydrate Intake and Mortality. A Prospective Cohort Study and Meta-Analysis«, in: *The Lancet Public Health* 3 (2018), 1–10.

146 Robert B. Rucker, Michael R. Rucker, »Nutrition. Ethical Issues and Challenges«, in: *Nutrition Research* 36 (2016), S. 1183–1192.

147 Petroc Sumner u. a., »Exaggerations and Caveats in Press Releases and Health-Related Science News«, in: *PloS One* 11 (2016), 1–15.

148 Kunst/Hohle, »Meat Eaters by Dissociation«.

149 Jared Piazza u. a., »Are Baby Animals Less Appetizing? Tenderness Toward Baby Animals and Appetite for Meat«, in: *Anthrozoös* 31 (2018), S. 319–335.

150 Geoffrey Cannon, »Out of the Box«, in: *Public Health Nutrition* 8 (2005), S. 344–347, hier: S. 345.

151 S. Boyd Eaton u. a., *The Paleolithic Prescription. A Program of Diet & Exercise and a Design for Living*, New York 1989; Walter L. Voegtlin, *The Stone Age Diet. Based on In-Depth Studies of Human Ecology and the Diet of Man*, New York 1975.

152 Katharine Milton, »Nutritional Characteristics of Wild Primate Foods. Do the Diets of Our Closest Living Relatives Have Lessons for Us?«, in: *Nutrition* 15 (1999), S. 488–498.

153 Dallas M. Swallow, »Genetics of Lactase Persistence and Lactose Intolerance«, in: *Annual Review of Genetics* 37 (2003), S. 197–219.

154 Katharine Milton, »Back to basics. Why foods of Wild Primates have Relevance for Modern Human Health«, in: *Nutrition* 16 (2000), S. 480–483.

155 Milton, »Nutritional Characteristics of Wild Primate Foods«, S. 488 f.

156 Katharine Milton, »Micronutrient Intakes of Wild Primates. Are Humans Different?«, in: *Comparative Biochemistry and Physiology. Part A, Molecular & Ontegrative Physiology* 136 (2003), S. 47–59.

157 Milton, »Nutritional Characteristics of Wild Primate Foods«, S. 495.

158 Katharine Milton, »A Hypothesis to Explain the Role of Meat-Eating in Human Evolution«, in: *Evolutionary Anthropology: Issues, News, and Reviews* 8 (1999), S. 11–21.

159 Katharine Milton, »Hunter-Gatherer Diets – A Different Perepective«, in: *The American Journal of Clinical Nutrition* 71 (2000), S. 665–667, hier: S. 47.

160 Kang-Jey Ho u. a., »Alaskan Arctic Eskimo. Responses to a Customary High Fat Diet«, in: *The American Journal of Clinical Nutrition* 25 (1972), S. 737–745.

161 Milton, »Hunter-Gatherer Diets – A Different Perepective«, S. 667.

162 Iris F. F. Benzie, »Evolution of Dietary Antioxidants«, in: *Comparative Biochemistry and Physiology. Part A, Molecular & Ontegrative Physiology* 136 (2003), S. 113–126.

163 Voegtlin, *The Stone Age Diet*; Arthur Vany, *The New Evolution Diet. What Our Paleolithic Ancestors Can Teach Us About Weight Loss, Fitness, and Aging*, Pennsylvania 2011.

164 Seidelmann u. a. »Dietary Carbohydrate Intake and Mortality«.

165 Anna Revedin u. a., »Thirty Thousand-Year-Old Evidence of Plant Food Processing«, in: *Proceedings of the National Academy of Sciences of the United States of America* 107 (2010), S. 18815–18819.

166 C. Warinner u. a., »Direct Evidence of Milk Consumption From Ancient Human Dental Calculus«, in: *Scientific Reports* 4 (2014), S. 1–6.

167 Karen Hardy u. a., »Neanderthal Medics? Evidence for Food, Cooking, and Medicinal Plants Entrapped in Dental Calculus«, in: *Naturwissenschaften* 99 (2012), S. 617–626.

168 Susanna C. Larsson, Nicola Orsini, »Red Meat and Processed Meat Consumption and All-Cause Mortality. A Meta-Analysis«, in: *American Journal of Epidemiology* 179 (2014), S. 282–289.

169 David Zeevi u. a., »Personalized Nutrition by Prediction of Glycemic Responses«, in: *Cell* 163 (2015), S. 1079–1094.

170 Caldwell B. Esselstyn, »Resolving the Coronary Artery Disease Epidemic Through Plant-Based Nutrition«, in: *Preventive Cardiology* 4 (2001), S. 171–177.

171 Emilia L. Lim u. a., »Reversal of Type 2 Diabetes. Normalisation of Beta Cell Function in Association With Decreased Pancreas and Liver Triacylglycerol«, in: *Diabetologia* 54 (2011), S. 2506–2514.

Frieden

1 Brian Luke, »Taming Ourselves or Going Feral? Toward a Nonpatriarchal Metaethic of Animal Liberation«, in: Carol J. Adams, Josephine Donovan (Hg.), *Animals & Women. Feminist Theoretical Explorations*, Durham 1995, S. 290–319.

2 Elizabeth W. Dunn u. a., »Spending Money on Others Promotes Happiness«, in: *Science* 319 (2008), 1687 f.

3 James Rilling u. a., »A Neural Basis for Social Cooperation«, in: *Neuron* 35 (2002), S. 395–405.

4 Jennifer A. Silvers, Jonathan Haidt, »Moral Elevation Can Induce Nursing«, in: *Emotion (Washington, D. C.)* 8 (2008), S. 291–295.

5 Thorsten Bonacker, Peter Imbusch, »Zentrale Begriffe der Friedens- und Konfliktforschung. Konflikt, Gewalt, Krieg, Frieden«, in: Peter Imbusch, Ralf Zoll (Hg.), *Friedens- und Konfliktforschung. Eine Einführung*, Wiesbaden 2010, S. 67–178.

6 Dieter Senghaas, »Frieden als Zivilisationsprozess«, ders. (Hrsg.), *Den Frieden denken. Si vis pacem, para pacem*, Frankfurt am Main 1995, S. 196–223.

7 Kurt Möller, »Entwicklung und Ausmaß gruppenbezogener Menschenfeindlichkeit«, in: Albert Scherr, Aladin El-Mafaalani u. a. (Hg.), *Handbuch Diskriminierung*, Wiesbaden 2017, S. 425–447; Andreas Zick, Beate Küpper, *Wut, Verachtung, Abwertung. Rechtspopulismus in Deutschland*, Bonn 2015.

8 Uli Jäger, »Friedenspädagogik. Grundlagen, Herausforderungen und Chancen einer Erziehung zum Frieden«, in: Peter Imbusch, Ralf Zoll (Hg.), *Friedens- und Konfliktforschung. Eine Einführung*, Wiesbaden 2010, S. 537–556.

9 Kimberly Costello, Gordon Hodson, »Explaining Dehumanization Among Children: The Interspecies Model of Prejudice«, in: *The British Journal of Social Psychology* 53 (2014), S. 175–197; Kristof Dhont u. a., »Social Dominance Orientation Connects Prejudicial Human–Human and Human–Animal Relations«, in: *Personality and Individual Differences* 61–62 (2014), S. 105–108.

10 Andreas Zick u. a., »The Syndrome of Group-Focused Enmity. The Interrelation of Prejudices Tested With Multiple Cross-Sectional and Panel Data«, in: *Journal of Social Issues* 64 (2008), S. 363–383.

11 Karl-Heinz Erb u. a., »Exploring the Biophysical Option Space for Feeding the World Without Deforestation«, in: *Nature Communications* 7 (2016), S. 1–9.

12 Roy Scranton, *Learning to Die in the Anthropocene. Reflections on the End of Civilization*, San Francisco, California 2015.

13 David Wallace-Wells, *The Uninhabitable Earth. Life After Warming*, New York 2019.